金融企業會計

（第3版）

主　編　章穎薇　王竹萍
副主編　黃靜如

第三版前言

Foreword

時光荏苒，距《金融企業會計》（第二版）出版已逾三年。期間，與本書相關的大量法律、規章、準則發生了變化。

首先，中國先後修訂了《中華人民共和國公司法》《金融租賃公司管理辦法》《中華人民共和國證券法》《中華人民共和國保險法》《中華人民共和國證券投資基金法》《中華人民共和國商業銀行法》等法律法規。

其次，財政部於2014年先後發布多項會計準則的增補或修訂版：《公允價值計量》《合營安排》《在其他主體中權益的披露》《財務報表列報（修訂）》《職工薪酬（修訂）》《合併財務報表（修訂）》《長期股權投資（修訂）》《金融工具列報（修訂）》。此外，財政部還發布了《金融負債與權益工具的區分及相關會計處理規定》及《企業會計準則解釋》第6號、第7號、第8號等若干會計處理規定。

最後，財政部及國家稅務總局於2016年3月24日共同頒布財稅〔2016〕第36號文件，規定自2016年5月1日起金融業開始實施全面「營改增」，最新公布的「營改增」法規使中國成為世界上第一個對金融服務業徵收增值稅的國家。

面對如此大規模的法律、法規及準則的修訂和增補，我們幾位編者認真地學習和梳理，修訂了書中所涉及的相關業務處理，特別是對於涉及營改增的具體問題，多次向相關從業人員諮詢，力求能客觀準確地反映最新的實務內容。

第三版共15章，由章穎薇、王竹萍任主編，黃靜如任副主編，劉小南參加編寫。其中第一章、第二章、第三章、第四章、第五章、第六章、第七章、第八章由章穎薇編寫；第九章、第十章、第十四章、第十五章由王竹萍編寫；第十一章、第十二章由黃靜如編寫；第十三章由劉小南編寫。第三版更換了每章前面的引導案例，且對每一章的內容都做了不同程度的修改、補充或更新，也修正了第二版中出現的一些錯誤。

西南財經大學出版社汪涌波編輯給予了本書極大的支持與協助，我們深表感謝。同時，我們也衷心感謝興業銀行王蕻昱女士在第三版修訂過程中及時的答疑解惑。

最后，感謝集美大學財經學院的幾位會計學碩士研究生，分別是孫光皓、郭姝麟、尹笑霞，他（她）們在此次改版修訂過程中幫忙查找了部分文獻和資料。

第三版在體系上仍以商業銀行會計為重點，兼顧其他非銀行金融機構會計。為了能給讀者帶來金融企業會計最新的內容和業務處理，我們竭盡所能，但理論與實務中依然有層出不窮的新問題尚待解決，同時由於學識有限，本書也仍然會存在錯誤與疏漏，懇請讀者諒解並不吝指正。

編者

目錄

第一章	金融企業會計總論	1
第一節	金融企業概述	2
第二節	金融企業會計目標、假設、信息質量要求及核算基礎	7
第三節	金融企業的會計要素、計量和報告	10
第四節	金融企業「營改增」的相關政策及規定	13
第五節	商業銀行會計基本核算方法	17

第二章	存款業務的核算	29
第一節	存款業務概述	30
第二節	單位存款業務的核算	35
第三節	個人存款業務的核算	39
第四節	存款利息的計算	46

第三章	貸款業務的核算	50
第一節	貸款業務概述	51
第二節	企業貸款業務的核算	55
第三節	個人貸款業務的核算	64

第四節	票據貼現業務的核算	68
第五節	貸款損失準備的核算	71
第六節	貸款利息的計算	75

第四章　支付結算工具的核算　79

第一節	支付結算概述	80
第二節	票據的核算	82
第三節	銀行卡的核算	99
第四節	其他支付工具的核算	103

第五章　往來業務的核算　109

第一節	支付系統	110
第二節	商業銀行與中央銀行往來的核算	121
第三節	商業銀行同業往來的核算	128

第六章　外匯業務的核算　134

第一節	外匯業務概述	135
第二節	外匯買賣的核算	139
第三節	國際貿易結算業務的核算	143
第四節	外匯存款業務的核算	150
第五節	外匯貸款業務的核算	153

第七章　中間業務的核算　　157

第一節　中間業務概述　　158
第二節　委託貸款業務的核算　　162
第三節　理財業務的核算　　165
第四節　保管箱業務的核算　　170

第八章　投資業務的核算　　174

第一節　投資業務概述　　175
第二節　交易性金融資產的核算　　177
第三節　持有至到期投資的核算　　181
第四節　可供出售金融資產的核算　　185
第五節　長期股權投資的核算　　189

第九章　信託投資公司業務的核算　　199

第一節　信託投資業務概述　　200
第二節　信託存款與委託存款業務的核算　　201
第三節　信託貸款與委託貸款業務的核算　　204
第四節　信託投資與委託投資業務的核算　　208
第五節　信託損益的核算　　211

第十章　租賃公司業務的核算　　214

第一節　租賃業務概述　　215

| 第二節 | 融資租賃業務的核算 | 220 |
| 第三節 | 經營租賃業務的核算 | 236 |

第十一章　保險公司業務的核算　240

第一節	保險公司業務概述	241
第二節	財產保險公司原保險業務的核算	244
第三節	人身保險公司原保險業務的核算	252
第四節	再保險業務的核算	256

第十二章　證券公司業務的核算　264

第一節	證券公司業務概述	265
第二節	證券經紀業務的核算	267
第三節	證券自營業務的核算	275
第四節	證券承銷業務的核算	279

第十三章　基金公司業務的核算　284

第一節	證券投資基金概述	285
第二節	證券投資基金發行及增減變動的核算	288
第三節	證券投資基金投資業務的核算	295

第十四章　　金融企業損益的核算　　302

第一節　收入的核算　　303
第二節　費用的核算　　312
第三節　利潤的核算　　316

第十五章　　金融企業財務報告　　326

第一節　財務會計報告概述　　327
第二節　資產負債表　　328
第三節　利潤表　　339
第四節　現金流量表　　347
第五節　所有者權益變動表　　364
第六節　會計報表附註　　367

參考文獻　　375

第一章 金融企業會計總論

**本章重點**

1. 金融業的概念及構成、金融業管理機關。
2. 金融企業會計目標、假設、信息質量特徵，金融企業的會計要素、計量屬性和財務報表。
3. 金融服務業「營改增」的徵稅範圍，不徵收項目及免稅項目。
4. 商業銀行會計科目、記帳方法、會計帳簿、帳務核算系統。

**引導案例**

　　互聯網金融是指借助於互聯網技術、移動通信技術實現資金融通、支付和信息仲介等業務的新興金融模式。它是既不同於商業銀行間接融資，也不同於資本市場直接融資的融資模式。它是傳統金融行業與互聯網精神相結合的新興領域。互聯網「開放、平等、協作、分享」的精神向傳統金融業態滲透，對人類金融模式產生了根本影響。近兩年來，大數據、雲計算、P2P平臺搭建以及移動互聯網技術的迅速完善，使得互聯網金融的快速發展成為可能。中國銀監會副主席閻慶民指出，互聯網金融兼具「互聯網」和「金融」的雙重基因，決定了其風險遠比互聯網和傳統金融本身的風險更為複雜。首先是流動性風險，其次是信用風險，最後是聲譽風險。除了傳統的金融機構風險，互聯網金融作為金融與互聯網技術的結合，還存在新的風險因素：①信息洩露風險；②技術安全風險。

2015年7月18日，中國人民銀行等十部門發布《關於促進互聯網金融健康發展的指導意見》。該指導意見指出：要落實監管責任，明確風險底線，保護合法經營，堅決打擊違法違規行為。其中，互聯網支付業務由中國人民銀行負責監管；股權眾籌融資業務由證監會負責監管；互聯網基金銷售業務由證監會負責監管；互聯網保險業務由保監會負責監管；互聯網信託業務、互聯網消費金融業務由銀監會負責監管。

思考：互聯網金融作為傳統金融的補充能發揮什麼樣的作用？互聯網金融監管相關法規的出抬對其未來發展會產生哪些影響？

（參考資料：http://www.zgjrjw.com/news/fmwz/2014819/15521344886.html 中國金融界網；http://www.gov.cn/xinwen/2015-07/18/content_2899360.htm 人民銀行網站）

第一節　金融企業概述

一、金融業

金融業是指經營金融商品的特殊企業，分為銀行業金融機構和非銀行業金融機構兩類，具體包括銀行（含信用社，下同）、保險公司、證券公司、信託投資公司、期貨公司、基金管理公司、租賃公司、財務公司等企業。和其他行業相比，金融業具有指標性、壟斷性、高風險性和高負債經營性等特點。金融業在國民經濟中處於牽一髮而動全身的地位，關係到經濟發展和社會穩定，具有優化資金配置和調節、反映、監督經濟的作用。

金融業的獨特地位和固有特點，使得各國政府都非常重視本國金融業的發展。從國內看，中國工業化、城鎮化、市場化、國際化進程加快，經濟結構調整和經濟社會發展對金融需求日益增加。從國際看，隨著金融全球化趨勢的深入發展，各國金融市場聯繫更加密切，金融創新日新月異，資本跨境流動規模不斷擴大，國際金融競爭日趨激烈。在這一新形勢下，中國金融業既有新的發展機遇，也面臨更為嚴峻的挑戰，正處於重要的轉折和發展時期。

二、金融業管理機關

中國金融業的管理機關主要是由中國人民銀行、中國銀監會、中國證監會和中國保監會組成。1983年9月，國務院決定中國人民銀行專門行使國家中央銀行職能。中國銀監會成立於2003年4月28日，根據國務院授權統一監督管理銀行、金融資產管理公司、信託投資公司以及其他存款類金融機構，維護銀行業的合法、穩健運行。中國證監會成立於1992年10月，經國務院授權依法對全國證券期貨市場進行集中統一監管。中國保監會成立於1998年11月18日，根據國務院授權統一監

督管理全國保險市場,維護保險業的合法、穩健運行。

三、銀行業金融機構

《中華人民共和國銀行業監督管理法》(2006年10月31日修正)規定:銀行業金融機構,是指在中華人民共和國境內設立的商業銀行、城市信用合作社、農村信用合作社等吸收公眾存款的金融機構以及政策性銀行。下面主要介紹商業銀行和政策性銀行。

(一)商業銀行

商業銀行是指依照《中華人民共和國商業銀行法》(2015年8月29日修訂)和《中華人民共和國公司法》(2013年12月28日修訂)設立的吸收公眾存款、發放貸款、辦理結算等業務的企業法人。中國的商業銀行主要包括國有商業銀行和股份制商業銀行、城市商業銀行、農村商業銀行和外資銀行。

設立商業銀行,應當經國務院銀行業監督管理機構審查批准。未經國務院銀行業監督管理機構批准,任何單位和個人不得從事吸收公眾存款等商業銀行業務,任何單位不得在名稱中使用「銀行」字樣。設立全國性商業銀行的註冊資本最低限額為10億元人民幣。設立城市商業銀行的註冊資本最低限額為1億元人民幣,設立農村商業銀行的註冊資本最低限額為5,000萬元人民幣。註冊資本應當是實繳資本。

商業銀行以安全性、流動性、效益性為經營原則,實行自主經營、自擔風險、自負盈虧、自我約束。商業銀行根據業務需要可以在中華人民共和國境內外設立分支機構。商業銀行對其分支機構實行全行統一核算,統一調度資金,分級管理的財務制度。商業銀行分支機構不具有法人資格,在總行授權範圍內依法開展業務,其民事責任由總行承擔。

(二)政策性銀行

政策性銀行,是指由政府設立,以貫徹國家產業政策、區域發展政策為目的,不以營利為目標的金融機構。1994年,中國組建了三家政策性銀行:國家開發銀行(1994年3月17日成立)、中國進出口銀行(1994年7月1日成立)、中國農業發展銀行(1994年11月8日成立)。

中國政策性銀行以國家信用為基礎,執行國家產業政策和區域政策,在特定領域從事資金融通、支持、保護相關生產與經營,促進國民經濟協調發展。其特殊性在於政策性銀行具有政策性和金融性雙重特徵,且著重於政策性。《中華人民共和國國民經濟和社會發展第十三個五年規劃綱要》提出:要健全商業性金融、開發性金融、政策性金融、合作性金融分工合理、相互補充的金融機構體系。構建多層次、廣覆蓋、有差異的銀行機構體系,擴大民間資本進入銀行業,發展普惠金融和多業

態中小微金融組織。

四、非銀行業金融機構

(一) 信託投資公司

信託公司，是指依照《中華人民共和國公司法》(2013年12月28日修訂) 和《信託公司管理辦法》(2007年3月1日起施行) 設立的主要經營信託業務的金融機構。信託公司註冊資本最低限額為3億元人民幣或等值的可自由兌換貨幣，註冊資本為實繳貨幣資本。信託公司從事信託活動，應當遵守法律法規的規定和信託文件的約定，不得損害國家利益、社會公共利益和受益人的合法權益。信託財產不屬於信託公司的固有財產，也不屬於信託公司對受益人的負債。信託公司終止時，信託財產不屬於其清算財產。

(二) 金融租賃公司

《金融租賃公司管理辦法》(2014年3月13日起施行) 規定：金融租賃公司，是指經銀監會批准，以經營融資租賃業務為主的非銀行金融機構。金融租賃公司名稱中應當標明「金融租賃」字樣。未經銀監會批准，任何單位不得在其名稱中使用「金融租賃」字樣。金融租賃公司應當合法取得租賃物的所有權。金融租賃公司的發起人包括在中國境內外註冊的具有獨立法人資格的商業銀行，在中國境內註冊的、主營業務為製造適合融資租賃交易產品的大型企業，在中國境外註冊的融資租賃公司以及銀監會認可的其他發起人。金融租賃公司至少應當有一名符合規定的發起人，且其出資比例不低於擬設金融租賃公司全部股本的30%。金融租賃公司的最低註冊資本為1億元人民幣或等值的自由兌換貨幣，註冊資本為實繳貨幣資本。

(三) 財務公司

《企業集團財務公司管理辦法》(2006年12月28修訂) 規定：財務公司是指以加強企業集團[①]資金集中管理和提高企業集團資金使用效率為目的，為企業集團成員單位提供財務管理服務的非銀行金融機構。申請設立財務公司，母公司董事會應當做出書面承諾，在財務公司出現支付困難的緊急情況時，按照解決支付困難的實際需要，增加相應資本金，並在財務公司章程中載明。設立財務公司的註冊資本金最低為1億元人民幣。財務公司的註冊資本金應當是實繳的人民幣或者等值的可自由兌換貨幣。

---

① 企業集團是指在中華人民共和國境內依法登記，以資本為聯結紐帶、以母子公司為主體、以集團章程為共同行為規範，由母公司、子公司、參股公司及其他成員企業或機構共同組成的企業法人聯合體。

（四）保險公司

《中華人民共和國保險法》（2015年4月24日修訂）規定：經營商業保險業務，必須是依照本法設立的保險公司，其他單位和個人不得經營商業保險業務。設立保險公司應當經國務院保險監督管理機構批准。國務院保險監督管理機構審查保險公司的設立申請時，應當考慮保險業的發展和公平競爭的需要。保險公司在中華人民共和國境內設立分支機構，應當經保險監督管理機構批准。保險公司分支機構不具有法人資格，其民事責任由保險公司承擔。設立保險公司，註冊資本的最低限額為人民幣2億元。保險公司註冊資本最低限額必須為實繳貨幣資本。保險公司應當在國務院保險監督管理機構依法批准的業務範圍內從事保險經營活動。保險公司應當按照合同約定和《保險法》規定，及時履行賠償或者給付保險金義務。

（五）證券公司

《中華人民共和國證券法》（2014年8月31日修訂）規定：證券公司是指依照《中華人民共和國公司法》和《中華人民共和國證券法》規定設立的經營證券業務的有限責任公司或者股份有限公司。設立證券公司，必須經國務院證券監督管理機構審查批准。未經國務院證券監督管理機構批准，任何單位和個人不得經營證券業務。證券公司可以經營下列部分或者全部業務：①證券經紀；②證券投資諮詢；③與證券交易、證券投資活動有關的財務顧問；④證券承銷與保薦；⑤證券自營；⑥證券資產管理；⑦其他證券業務。證券公司經營第①項至第③項業務的，註冊資本最低限額為人民幣5,000萬元；經營第④項至第⑦項業務之一的，註冊資本最低限額為人民幣1億元；經營第④項至第⑦項業務中兩項以上的，註冊資本最低限額為人民幣5億元。證券公司的註冊資本應當是實繳資本。

（六）基金管理公司

《中華人民共和國證券投資基金法》（2015年4月24日修訂）規定：在中華人民共和國境內，公開或者非公開募集資金設立證券投資基金（以下簡稱基金），是由基金管理人管理，基金託管人託管，為基金份額持有人的利益，以資產組合方式進行證券投資活動。通過公開募集方式設立基金的基金份額持有人按其所持基金份額享受收益和承擔風險，通過非公開募集方式設立基金的收益分配和風險承擔由基金合同約定。公開募集基金的基金管理人，由基金管理公司或者經國務院證券監督管理機構按照規定核準的其他機構擔任。其註冊資本不低於1億元人民幣，且必須為實繳貨幣資本。基金託管人由依法設立的商業銀行或者其他金融機構擔任。基金託管人與基金管理人不得為同一機構，不得相互出資或者持有股份。基金合同應當約定基金運作方式，可以採用封閉式、開放式或者其他方式。

（七）期貨公司

期貨公司是依照《中華人民共和國公司法》（2013年12月28日修訂）和《期貨交易管理條例》（2012年10月24日修訂）規定設立的經營期貨業務的金融機構。設立期貨公司，應當經國務院期貨監督管理機構批准，並在公司登記機關登記註冊。未經國務院期貨監督管理機構批准，任何單位或者個人不得設立或者變相設立期貨公司，經營期貨業務。期貨公司業務實行許可制度，由國務院期貨監督管理機構按照其商品期貨、金融期貨業務種類頒發許可證。期貨公司不得從事或者變相從事期貨自營業務。期貨公司從事經紀業務，接受客戶委託，以自己的名義為客戶進行期貨交易，交易結果由客戶承擔。設立期貨公司註冊資本最低限額為人民幣3,000萬元，註冊資本應當是實繳資本。國務院期貨監督管理機構根據審慎監管原則和各項業務的風險程度，可以提高註冊資本最低限額。

除上述機構以外，中國還有汽車金融公司、貨幣經紀公司、貸款公司和小額貸款公司等非銀行業金融機構。為加強對汽車金融公司的監督管理，促進中國汽車金融業的健康發展，中國銀監會修訂了《汽車金融公司管理辦法》（2008年1月24日起實施）。汽車金融公司是指經中國銀行業監督管理委員會批准設立的，為中國境內的汽車購買者及銷售者提供金融服務的非銀行金融機構。汽車金融公司註冊資本的最低限額為5億元人民幣或等值的可自由兌換貨幣。註冊資本為一次性實繳貨幣資本。

2005年，中國銀監會相繼頒布《貨幣經紀公司試點管理辦法》（2005年8月）及實施細則（2005年11月）。貨幣經紀公司是指經批准在中國境內設立的，通過電子技術或其他手段，專門從事促進金融機構間資金融通和外匯交易等經紀服務，並從中收取佣金的非銀行金融機構。貨幣經紀公司在提高銀行間市場價格透明度和流動性、降低價差和交易成本等方面，特別是在利率互換、貨幣互換等新興產品領域引導市場發行價格、促進交易達成方面發揮重要作用。貨幣經紀公司註冊資本的最低限額為2,000萬元人民幣或者等值的自由兌換貨幣，註冊資本為實繳貨幣資本。

當前，互聯網金融的迅速崛起，進一步推動了金融業的科學決策、精細服務和成本節約。同時，以互聯網支付為代表的第三方支付和以小額貸款、P2P和眾籌為代表的網路融資模式，已對銀行業的支付業務和融資業務形成挑戰。此外，部分機構打著互聯網金融的幌子，違規開展業務甚至大肆非法集資，給整個金融市場秩序帶來衝擊。因此，《中華人民共和國國民經濟和社會發展第十三個五年規劃綱要》提出：規範發展互聯網金融。穩妥推進金融機構開展綜合經營。推動民間融資陽光化，規範小額貸款、融資擔保機構等發展，提高金融機構管理水平和服務質量。

第一章　金融企業會計總論

 第二節　金融企業會計目標、假設、信息質量要求及核算基礎

一、金融企業會計目標

金融企業會計目標是通過對金融企業經營的業務進行確認、計量和報告，並對經營的結果加以披露，從而向財務會計報告使用者提供與企業財務狀況、經營成果和現金流量等有關的會計信息，反映企業管理層受託責任履行情況，有助於財務會計報告使用者做出正確的經濟決策。

二、金融企業會計核算的基本假設

(一) 會計主體

企業應當對其本身發生的交易或者事項進行會計確認、計量和報告。會計主體，是指會計工作為其服務的特定單位或組織。會計主體是企業進行會計確認、計量和報告的空間範圍。在會計主體假設下，企業應當對其本身發生的交易或者事項進行會計確認、計量和報告，反映企業本身所從事的各項生產經營活動。明確界定會計主體是開展會計確認、計量和報告工作的重要前提。

(二) 持續經營

企業會計確認、計量和報告應當以持續經營為前提。持續經營，是指企業或會計主體的生產經營活動將無限期地延續下去，也就是說，在可預見的未來不會進行清算。在持續經營的前提下，企業在會計信息的收集和處理上所使用的會計處理方法才能保持穩定。明確了這一基本假設，就意味著會計主體將按照既定用途使用資產，按照既定的合約條件清償債務，會計人員就可以在此基礎上選擇會計政策和估計方法。

(三) 會計分期

企業應當劃分會計期間，分期結算帳目和編制財務會計報告。會計分期，是指將企業持續不斷的生產經營活動劃分為若干連續的、長短相同的會計期間，據以結算帳目，編制會計報表，從而保證及時提供有關的財務信息。會計期間的劃分對於確定會計核算程序和方法具有極為重要的作用。會計期間分為年度和中期。年度和中期均按公歷起訖日期確定。中期是指短於一個完整的會計年度的報告期間，包括半年度、季度和月度。

(四) 貨幣計量

貨幣計量,是指會計主體在財務會計確認、計量和報告時以貨幣為計量單位,反映會計主體的財務狀況、經營成果和現金流量。以貨幣計量為假設,可以全面反映企業的各項生產經營活動和有關交易事項。但是,統一採用貨幣計量也存在缺陷,例如某些影響企業財務狀況和經營成果的因素,如企業經營戰略、研發能力、市場競爭力等往往難以用貨幣來計量,但這些信息對於使用者進行決策也很重要。為此,企業可以在財務報告中補充披露有關非財務信息來彌補上述缺陷。

三、金融企業會計核算的信息質量要求

(一) 可靠性

金融企業應當以實際發生的交易或者事項為依據進行會計確認、計量和報告。如實反映符合確認和計量要求的各項會計要素及其他相關信息,將符合會計要素定義及其確認條件的資產、負債、所有者權益、收入、費用和利潤等如實反映在財務報表中。在符合重要性和成本效益原則的前提下,保證會計信息真實可靠、內容完整。

(二) 相關性

金融企業提供的會計信息應當與財務會計報告使用者的經濟決策需要相關,有助於財務會計報告使用者對企業過去、現在或者未來的情況做出評價或者預測。相關的會計信息還應當具有預測價值,有助於使用者根據財務報告所提供的會計信息預測企業未來的財務狀況、經營成果和現金流量。

(三) 可理解性

金融企業提供的會計信息應當清晰明了,便於財務會計報告使用者理解和使用。要讓使用者有效使用會計信息,應當能使其瞭解會計信息的內涵,弄懂會計信息的內容,這就要求財務報告所提供的會計信息應當清晰明了,易於理解。

(四) 可比性

金融企業提供的會計信息應當具有可比性,具體分為縱向可比和橫向可比。縱向可比是指同一企業對於不同時期發生的相同或者相似的交易或者事項,應當採用一致的會計政策,不得隨意變更。企業確需變更的,其相關情況應當在附註中說明。橫向可比是指不同企業發生的相同或者相似的交易或者事項,應當採用一致的會計政策,確保會計信息口徑一致、相互可比。

（五）實質重於形式

金融企業應當按照交易或者事項的經濟實質進行會計確認、計量和報告，不應僅以交易或者事項的法律形式為依據。如果企業僅僅以交易或者事項的法律形式為依據進行會計確認、計量和報告，那麼就容易導致會計信息失真，無法如實反映經濟現實和實際情況。

（六）重要性

金融企業提供的會計信息應當反映與企業財務狀況、經營成果和現金流量等有關的所有重要交易或者事項。企業會計信息的省略或者錯報會影響使用者據此做出經濟決策的，該信息就具有重要性。重要性的應用需要依賴職業判斷，企業應當根據其所處環境和實際情況，從項目的性質和金額大小兩方面來判斷其重要性。

（七）謹慎性

金融企業對交易或者事項進行會計確認、計量和報告應當保持應有的謹慎，不應高估資產或者收益，低估負債或者費用。但是，謹慎性的應用並不允許企業故意低估資產或者收益，或者故意高估負債或者費用，損害會計信息質量，扭曲企業實際的財務狀況和經營成果，從而對使用者的決策產生誤導。

（八）及時性

金融企業對於已經發生的交易或者事項，應當及時進行會計確認、計量和報告，不得提前或者延后。在會計確認、計量和報告過程中貫徹及時性，就是要求及時收集會計信息，及時對經濟交易或者事項進行確認或者計量，及時將編制的財務報告傳遞給財務報告使用者，便於其及時使用和決策。

四、金融企業會計核算的基礎

金融企業應當以權責發生制為基礎進行會計確認、計量和報告。權責發生制的原則是指，凡是當期已經實現的收入和已經發生或應當負擔的費用，不論款項是否收付，都應作為當期的收入和費用處理；凡是不屬於當期的收入和費用，即使款項已經在當期收付，都不應作為當期的收入和費用處理。權責發生制的核心是根據權責關係的實際發生和影響期間來確認企業的收支和損益。

第三節 金融企業的會計要素、計量和報告

一、會計要素

金融企業應當按照交易或者事項的經濟特徵確定會計要素。會計要素包括資產、負債、所有者權益、收入、費用和利潤。

(一) 資產

資產是指企業過去的交易或者事項形成的、由企業擁有或者控制的、預期會給企業帶來經濟利益的資源。

符合資產定義的資源,在同時滿足以下條件時,確認為資產:

(1) 與該資源有關的經濟利益很可能流入企業;
(2) 該資源的成本或者價值能夠可靠地計量。

符合資產定義和資產確認條件的項目,應當列入資產負債表;符合資產定義、但不符合資產確認條件的項目,不應當列入資產負債表。

金融企業的資產按其流動性可以分為流動資產和非流動資產。金融企業的流動資產是指可以在1年內(含1年)變現或耗用的資產,主要包括:貨幣資金、拆出資金、交易性金融資產、衍生金融資產、買入返售金融資產、應收利息、具有本行業特點的各類應收款項;非流動資產主要包括可供出售金融資產、持有至到期投資、長期股權投資、投資性房地產、固定資產、無形資產、遞延所得稅資產、其他資產等。

(二) 負債

負債是指企業過去的交易或者事項形成的、預期會導致經濟利益流出企業的現時義務。現時義務是指企業在現行條件下已承擔的義務。未來發生的交易或者事項形成的義務,不屬於現時義務,不應當確認為負債。

符合負債定義的義務,在同時滿足以下條件時應確認為負債:

(1) 與該義務有關的經濟利益很可能流出企業;
(2) 未來流出的經濟利益的金額能夠可靠地計量。

符合負債定義和負債確認條件的項目,應當列入資產負債表;符合負債定義、但不符合負債確認條件的項目,不應當列入資產負債表。

金融企業的負債按其流動性可以分為流動負債和非流動負債。流動負債是指可以在1年內(含1年)償還的負債,包括短期借款、拆入資金、交易性金融負債、衍生金融負債、賣出回購金融資產款、具有本行業特點的各類應付及預收款項、應付職工薪酬、應交稅費、應付利息等;非流動負債包括預計負債、長期借款、應付債券、長期準備金、遞延所得稅負債、其他負債等。

第一章　金融企業會計總論

(三) 所有者權益

所有者權益是指企業資產扣除負債后由所有者享有的剩餘權益。公司的所有者權益又稱為股東權益。所有者權益的來源包括所有者投入的資本、直接計入所有者權益的利得和損失、留存收益等。直接計入所有者權益的利得和損失，是指不應計入當期損益、會導致所有者權益發生增減變動的、與所有者投入資本或者向所有者分配利潤無關的利得或損失。

所有者權益金額取決於資產和負債的計量。所有者權益項目應當列入資產負債表。金融企業的所有者權益具體包括實收資本、資本公積、其他綜合收益、一般風險準備、盈餘公積、未分配利潤等。

(四) 收入

收入是指企業在日常活動中形成的、會導致所有者權益增加的、與所有者投入資本無關的經濟利益的總流入。收入只有在經濟利益很可能流入從而導致企業資產增加或者負債減少，且經濟利益的流入額能夠可靠計量時才能予以確認。符合收入定義和收入確認條件的項目，應當列入利潤表。

金融企業的收入主要是指金融企業提供金融商品服務所取得的收入，主要包括利息收入、金融企業往來收入、手續費收入、貼現利息收入、保費收入、證券發行差價收入、證券自營差價收入、買入返售證券收入、匯兌收益和其他業務收入等。

(五) 費用

費用是指企業在日常活動中發生的、會導致所有者權益減少的、與所有者分配利潤無關的經濟利益的總流出。費用只有在經濟利益很可能流出從而導致企業資產減少或者負債增加，且經濟利益的流出額能夠可靠計量時才能予以確認。符合費用定義和費用確認條件的項目，應當列入利潤表。

金融企業的費用包括營業成本和營業費用兩大類。金融企業的營業成本，是指在業務經營過程中發生的與業務經營有關的支出，包括利息支出、金融企業往來支出、手續費支出、賣出回購證券支出、匯兌損失、賠款支出等。營業費用，是指金融企業在業務經營及管理工作中發生的各項費用，包括：固定資產折舊、業務宣傳費、業務招待費、電子設備運轉費、安全防衛費、企業財產保險費、職工工資、差旅費、水電費、修理費、職工福利費、職工教育經費、房產稅、車船使用稅、土地使用稅、印花稅、會議費、訴訟費、廣告費等。

(六) 利潤

利潤是指企業在一定會計期間的經營成果。利潤包括收入減去費用後的淨額、直接計入當期利潤的利得和損失等。直接計入當期利潤的利得和損失，是指應當

計入當期損益、會導致所有者權益發生增減變動的、與所有者投入資本或者向所有者分配利潤無關的利得或者損失。利潤金額取決於收入和費用、直接計入當期利潤的利得和損失金額的計量。利潤項目應當列入利潤表。

金融企業的利潤是指金融企業在一定會計期間的經營成果，包括營業利潤、利潤總額和淨利潤。

二、會計計量

金融企業在將符合確認條件的會計要素登記入帳並列報於會計報表及其附註時，應當按照下列規定的會計計量屬性進行計量，確定其金額。

(一) 歷史成本

在歷史成本計量下，資產按照購置時支付的現金或者現金等價物的金額，或者按照購置資產時所付出的對價的公允價值計量。負債按照因承擔現時義務而實際收到的款項或者資產的金額，或者承擔現時義務的合同金額，或者按照日常活動中為償還負債預期需要支付的現金或者現金等價物的金額計量。

(二) 重置成本

在重置成本計量下，資產按照現在購買相同或者相似資產所需支付的現金或者現金等價物的金額計量。負債按照現在償付該項債務所需支付的現金或者現金等價物的金額計量。

(三) 可變現淨值

在可變現淨值計量下，資產按照其正常對外銷售所能收到現金或者現金等價物的金額扣減該資產至完工時估計將要發生的成本、估計的銷售費用以及相關稅費後的金額計量。

(四) 現值

在現值計量下，資產按照預計從其持續使用和最終處置中所產生的未來淨現金流入量的折現金額計量。負債按照預計期限內需要償還的未來淨現金流出量的折現金額計量。

(五) 公允價值

在公允價值計量下，市場參與者在計量日發生的有序交易中，使用出售一項資產所能收到或者轉移一項負債所需支付的價格計量。

金融企業在對會計要素進行計量時，一般應當採用歷史成本。採用重置成本、

第一章　金融企業會計總論

可變現淨值、現值、公允價值計量的，應當保證所確定的會計要素金額能夠取得並可靠計量。如果這些金額無法取得或者可靠計量，則不允許採用其他計量屬性。

三、財務會計報告

金融企業應當編制財務會計報告，是指企業對外提供的反映企業某一特定日期的財務狀況和某一會計期間的經營成果、現金流量等會計信息的文件。財務會計報告包括會計報表及其附註和其他應當在財務會計報告中披露的相關信息和資料。金融企業的會計報表至少應當包括資產負債表、利潤表、現金流量表、所有者權益變動表等報表。

資產負債表是指反映企業在某一特定日期的財務狀況的會計報表。

利潤表是指反映企業在一定會計期間的經營成果的會計報表。

現金流量表是指反映企業在一定會計期間的現金和現金等價物流入和流出的會計報表。

所有者權益變動表是反映構成所有者權益的各組成部分當期的增減變動情況的報表。

附註是指對在會計報表中列示項目所做的進一步說明以及對未能在這些報表中列示項目的說明等。附註補充說明財務報表本身無法表達的情況，可以彌補財務報表本身表達方式的不足。

● 第四節　金融企業「營改增」的相關政策及規定

一、金融服務業「營改增」徵稅範圍

2016年3月24日，財政部和國家稅務總局公布了《關於全面推開營業稅改徵增值稅試點的通知》（財稅〔2016〕36號）（以下簡稱財稅36號文）。經國務院批准，自2016年5月1日起，在全國範圍內全面推開營業稅改徵增值稅（以下稱「營改增」）試點，建築業、房地產業、金融業、生活服務業等全部營業稅納稅人納入試點範圍，由繳納營業稅改為繳納增值稅。

財稅36號文附件1《營業稅改徵增值稅試點實施辦法》將金融服務納入「營改增」範圍。一般納稅人提供金融服務適用稅率為6%；小規模納稅人提供金融服務，以及特定金融機構中的一般納稅人提供的可選擇簡易計稅方法的金融服務，徵收率為3%。金融服務，是指經營金融保險的業務活動，包括貸款服務、直接收費金融服務、保險服務和金融商品轉讓。

（一）貸款服務

貸款，是指將資金貸與他人使用而取得利息收入的業務活動。

各種占用、拆借資金取得的收入，包括金融商品持有期間（含到期）利息（保本收益、報酬、資金占用費、補償金等）收入、信用卡透支利息收入、買入返售金融商品利息收入、融資融券收取的利息收入，以及融資性售後回租、押匯、罰息、票據貼現、轉貸等業務取得的利息及利息性質的收入，按照貸款服務繳納增值稅。

融資性售後回租，是指承租方以融資為目的，將資產出售給從事融資性售後回租業務的企業後，從事融資性售後回租業務的企業將該資產出租給承租方的業務活動。

以貨幣資金投資收取的固定利潤或者保底利潤，按照貸款服務繳納增值稅。

(二) 直接收費金融服務

直接收費金融服務，是指為貨幣資金融通及其他金融業務提供相關服務並且收取費用的業務活動。包括提供貨幣兌換、帳戶管理、電子銀行、信用卡、信用證、財務擔保、資產管理、信託管理、基金管理、金融交易場所（平臺）管理、資金結算、資金清算、金融支付等服務。

(三) 保險服務

保險服務，是指投保人根據合同約定，向保險人支付保險費，保險人對於合同約定的可能發生的事故因其發生所造成的財產損失承擔賠償保險金責任，或者當被保險人死亡、傷殘、疾病或者達到合同約定的年齡、期限等條件時承擔給付保險金責任的商業保險行為。包括人身保險服務和財產保險服務。

人身保險服務，是指以人的壽命和身體為保險標的的保險業務活動。

財產保險服務，是指以財產及其有關利益為保險標的的保險業務活動。

(四) 金融商品轉讓

金融商品轉讓，是指轉讓外匯、有價證券、非貨物期貨和其他金融商品所有權的業務活動。

其他金融商品轉讓包括基金、信託、理財產品等各類資產管理產品和各種金融衍生品的轉讓。

二、金融服務業「營改增」不徵收項目

財稅36號文附件2《營業稅改徵增值稅試點有關事項的規定》將下列與金融服務有關的收入作為不徵收增值稅的項目：

存款利息收入；

被保險人獲得的保險賠付。

三、金融服務業「營改增」免稅項目

財稅36號文附件3《營業稅改徵增值稅試點過渡政策的規定》對金融服務中的部分收入項目給予了免稅處理，這些政策主要包括：

第一章　金融企業會計總論

1. 符合規定的利息收入

符合規定的利息收入包括：

（1）2016 年 12 月 31 日之前的金融機構農戶小額貸款。小額貸款，是指單筆且該農戶貸款餘額總額在 10 萬元（含本數）以下的貸款。

（2）國家助學貸款。

（3）國債、地方政府債。

（4）人民銀行對金融機構的貸款。

（5）住房公積金管理中心用住房公積金在指定的委託銀行發放的個人住房貸款。

（6）外匯管理部門在從事國家外匯儲備經營過程中，委託金融機構發放的外匯貸款。

（7）統借統還業務中，企業集團或企業集團中的核心企業以及集團所屬財務公司按不高於支付給金融機構的借款利率水平或者支付的債券票面利率水平，向企業集團或者集團內下屬單位收取的利息。統借方向資金使用單位收取的利息，高於支付給金融機構借款利率水平或者支付的債券票面利率水平的，應全額繳納增值稅。

2. 被撤銷金融機構以貨物、不動產、無形資產、有價證券、票據等財產清償債務

被撤銷金融機構，是指經人民銀行、銀監會依法決定撤銷的金融機構及其分設於各地的分支機構，包括被依法撤銷的商業銀行、信託投資公司、財務公司、金融租賃公司、城市信用社和農村信用社。除另有規定外，被撤銷金融機構所屬、附屬企業，不享受被撤銷金融機構增值稅免稅政策。

3. 保險公司開辦的一年期以上人身保險產品取得的保費收入

4. 下列金融商品轉讓收入

（1）合格境外投資者（QFII）委託境內公司在中國從事證券買賣業務。

（2）香港市場投資者（包括單位和個人）通過滬港通買賣上海證券交易所上市 A 股。

（3）香港市場投資者（包括單位和個人）通過基金互認買賣內地基金份額。

（4）證券投資基金（封閉式證券投資基金、開放式證券投資基金）管理人運用基金買賣股票、債券。

（5）個人從事金融商品轉讓業務。

5. 金融同業往來利息收入

（1）金融機構與人民銀行所發生的資金往來業務。包括人民銀行對一般金融機構貸款，以及人民銀行對商業銀行的再貼現等。

（2）銀行聯行往來業務。同一銀行系統內部不同行、處之間所發生的資金帳務往來業務。

（3）金融機構間的資金往來業務。是指經人民銀行批准，進入全國銀行間同業拆借市場的金融機構之間通過全國統一的同業拆借網路進行的短期（一年以下含一年）無擔保資金融通行為。

(4)金融機構之間開展的轉貼現業務。

四、金融服務業「營改增」納稅期限

增值稅納稅人的具體納稅期限，由主管稅務機關根據納稅人應納稅額的大小分別核定。以1個季度為納稅期限的規定適用於小規模納稅人、銀行、財務公司、信託投資公司、信用社，以及財政部和國家稅務總局規定的其他納稅人。其他金融機構，如保險公司、基金公司和證券公司等，除非財政部、國家稅務總局有其他規定，一般按照月度申報繳納增值稅。不能按照固定期限納稅的，可以按次納稅。

納稅人以1個月或者1個季度為1個納稅期的，自期滿之日起15日內申報納稅。

五、金融服務業「營改增」納稅地點

固定業戶應當向其機構所在地或者居住地主管稅務機關申報納稅。總機構和分支機構不在同一縣（市）的，應當分別向各自所在地的主管稅務機關申報納稅；經財政部和國家稅務總局或者其授權的財政和稅務機關批准，可以由總機構匯總向總機構所在地的主管稅務機關申報納稅。

非固定業戶應當向應稅行為發生地主管稅務機關申報納稅；未申報納稅的，由其機構所在地或者居住地主管稅務機關補徵稅款。

六、其他重要政策及徵管規定

（一）貸款利息支出的進項稅額處理

財稅36號文規定，納稅人購進貸款服務的進項稅額不得抵扣；同時，納稅人接受貸款服務向貸款方支付的與該筆貸款直接相關的投融資顧問費、手續費、諮詢費等費用，其進項稅額亦不得從銷項稅額中抵扣。

（二）不良貸款處理

金融企業發放貸款后，自結息日起90天內發生的應收未收利息按現行規定繳納增值稅，自結息日起90天后發生的應收未收利息暫不繳納增值稅，待實際收到利息時按規定繳納增值稅。

（三）跨境金融服務

為出口貨物提供的保險服務（含出口貨物保險和出口信用保險）免徵增值稅。

為境外單位之間的貨幣資金融通及其他金融業務提供的直接收費金融服務（且該服務與境內的貨物、無形資產和不動產無關）免徵增值稅。

從境外單位或者個人購進金融服務的，由購買方代扣代繳增值稅，境內購買方

取得稅務機關開具的完稅憑證后憑票抵扣進項稅額。

(四) 關於金融機構同業往來等增值稅政策的補充通知

「營改增」實施后，金融業由於業務複雜，增值稅免徵範圍存在諸多不確定性。2016 年 6 月 30 日，財政部和稅務總局聯合發布《關於金融機構同業往來等增值稅政策的補充通知》(財稅〔2016〕70 號) (以下簡稱財稅 70 號文)，將以下業務納入《營業稅改徵增值稅試點過渡政策的規定》中的增值稅免徵範圍。

(1) 同業存款、同業借款、同業代付、同業存單、買斷式買入返售金融產品以及持有金融債券取得的利息收入，屬於金融同業往來利息收入。其中，將買斷式買入返售金融商品納入免徵增值稅範圍是首次明確，而持有金融債券納入免徵增值稅範圍則意味著所有金融債券持有利息均免稅。

(2) 商業銀行購買央行票據、與央行開展貨幣掉期和貨幣互存等業務屬於金融機構與人民銀行所發生的資金往來業務。

(3) 境內銀行與其境外的總機構、母公司之間，以及境內銀行與其境外的分支機構、全資子公司之間的資金往來業務屬於銀行聯行往來業務。

(4) 人民幣合格境外投資者 (RQFII) 委託境內公司在中國從事證券買賣業務，以及經人民銀行認可的境外機構投資銀行間本幣市場取得的收入屬於免徵增值稅的金融商品轉讓收入。銀行間本幣市場包括貨幣市場、債券市場以及衍生品市場。

第五節　商業銀行會計基本核算方法

一、會計科目

會計科目是對會計要素的具體內容進行分類核算的項目，即根據會計核算的需要，對資產、負債、所有者權益、收入、費用、利潤六個會計要素的具體內容進行科學的分類。正確使用會計科目，是合理組織會計核算，真實反映業務活動和財務活動的重要保證。

(一) 會計科目的分類

1. 按與會計報表的關係分為表內科目和表外科目

表內科目是指列入資產負債表和損益表內的，用來控製和反映資產、負債、資產負債共同類、所有者權益和損益類數字資料的會計科目。表內科目核算採用借貸復式記帳法。

表外科目是指不列入資產負債表內和損益表內的，只用來核算和反映或有事項和負責財產登記、重要憑證和有價單證的控制等輔助事項的會計科目。表外科目核算採用收付單式記帳法。

金融企業會計

2. 按反映的經濟內容分為資產類、負債類、資產負債共同類、所有者權益類、成本類和損益類

資產類用來反映企業資產的增減變動及其結存情況。負債類反映企業負債的增減變動及其結存情況。資產負債共同類既能反映資產業務，又能反映負債業務，編制報表時應根據餘額方向，分別納入資產類或負債類科目反映。所有者權益類反映企業所有者權益的增減變動及其結存情況。成本類核算成本的發生和歸集情況。損益類反映企業收入和費用的發生或歸集。

(二) 會計科目表

會計科目表依據企業會計準則中確認和計量的規定制定，涵蓋了各類企業的交易或者事項。商業銀行在不違反會計準則中確認、計量和報告規定的前提下，可以根據本單位的實際情況自行增設、分拆、合併會計科目。商業銀行不存在的交易或者事項，可不設置相關會計科目。會計科目編號供企業填制會計憑證、登記會計帳簿、查閱會計帳目、採用會計軟件系統參考，商業銀行可結合實際情況自行確定會計科目編號。

表 1-1　　　　　　　　　　商業銀行會計科目表

順序號	編號	會計科目名稱	順序號	編號	會計科目名稱
		一、資產類	17	1304	貸款損失準備
1	1001	庫存現金	18	1311	代理兌付證券
2	1002	銀行存款	19	1321	代理業務資產
3	1003	存放中央銀行款項	20	1431	貴金屬
4	1011	存放同業	21	1441	抵債資產
5	1012	其他貨幣資金	22	1461	融資租賃資產
6	1021	結算備付金	23	1501	持有至到期投資
7	1031	存出保證金	24	1502	持有至到期投資減值準備
8	1101	交易性金融資產	25	1503	可供出售金融資產
9	1111	買入返售金融資產	26	1511	長期股權投資
10	1131	應收股利	27	1512	長期股權投資減值準備
11	1132	應收利息	28	1521	投資性房地產
12	1221	其他應收款	29	1531	長期應收款
13	1231	壞帳準備	30	1532	未實現融資收益
14	1301	貼現資產	31	1541	存出資本保證金
15	1302	拆出資金	32	1601	固定資產
16	1303	貸款	33	1602	累計折舊

第一章 金融企業會計總論

表 2-1（續）

順序號	編號	會計科目名稱	順序號	編號	會計科目名稱
34	1603	固定資產減值準備	66	3002	貨幣兌換
35	1604	在建工程	67	3101	衍生工具
36	1605	工程物資	68	3201	套期工具
37	1606	固定資產清理	69	3202	被套期項目
38	1701	無形資產			四、所有者權益類
39	1702	累計攤銷	70	4001	實收資本
40	1703	無形資產減值準備	71	4002	資本公積
41	1711	商譽	72	4003	其他綜合收益
42	1801	長期待攤費用	73	4101	盈餘公積
43	1811	遞延所得稅資產	74	4102	一般風險準備
44	1901	待處理財產損溢	75	4103	本年利潤
		二、負債類	76	4104	利潤分配
45	2002	存入保證金	77	4201	庫存股
46	2003	拆入資金			五、成本類
47	2004	向中央銀行借款	78	5301	研發支出
48	2011	吸收存款			六、損益類
49	2012	同業存放	79	6011	利息收入
50	2021	貼現負債	80	6021	手續費及佣金收入
51	2101	交易性金融負債	81	6041	租賃收入
52	2111	賣出回購金融資產款	82	6051	其他業務收入
53	2211	應付職工薪酬	83	6061	匯兌損益
54	2221	應交稅費	84	6101	公允價值變動損益
55	2231	應付利息	85	6111	投資收益
56	2232	應付股利	86	6301	營業外收入
57	2241	其他應付款	87	6402	其他業務成本
58	2311	代理買賣證券款	88	6403	營業稅金及附加
59	2312	代理承銷證券款	89	6411	利息支出
60	2313	代理兌付證券款	90	6421	手續費及佣金支出
61	2502	應付債券	91	6602	業務及管理費
62	2702	未確認融資費用	92	6701	資產減值損失
63	2801	預計負債	93	6711	營業外支出
64	2901	遞延所得稅負債	94	6801	所得稅費用
		三、共同類	95	6901	以前年度損益調整
65	3001	清算資金往來			

金融企業會計

二、記帳方法

記帳方法就是對發生的經濟業務，按會計科目進行整理、分類和登記帳簿的方法。一般包括記帳方法的原理、記錄方式、記帳符號、記帳規則和試算平衡等幾個要素。商業銀行會計記帳方法按記帳方式的不同，可分為復式記帳法和單式記帳法兩種。

(一) 復式記帳法

復式記帳法是指對每一項經濟業務以相等的金額，通過兩個或兩個以上的帳戶進行對照登記的一種記帳方法。借貸記帳法是復式記帳法的一種，通常又稱為借貸復式記帳法。借貸記帳法是以「借」和「貸」為記帳符號，對每一筆經濟業務在兩個或兩個以上相互聯繫的帳戶中，做出方向相反、金額相等的記錄的一種復式記帳法。中國銀行系統的會計記帳自 1994 年起統一採用借貸記帳法。

運用借貸記帳法對各類業務的處理如下：

(1) 資金流入企業的業務。即資產與負債、所有者權益同時增加。資產增加記入有關帳戶的「借方」，負債和所有者權益增加記入有關帳戶的「貸方」。

(2) 資金在企業內部流動的業務。即資產、收入和費用之間或資產要素內部的增減。資產和費用的增加以及收入減少記入相關帳戶的「借方」，收入增加以及資產和費用的減少記入相關帳戶的「貸方」。

(3) 權益轉化的業務。即負債、所有者權益和利潤三者之間或一個要素內部有增有減。負債、所有者權益和利潤增加記入相關帳戶的「貸方」，減少則記入相關帳戶的「借方」。

(4) 資金退出企業的業務。即資產和負債、所有者權益同時減少。資產減少記入有關帳戶的「貸方」，負債及所有者權益減少則記入有關帳戶的「借方」。

[例1-1] 某儲戶以現金 50,000 元存入建設銀行廈門××支行的活期儲蓄存款帳戶。

借：庫存現金　　　　　　　　　　　　　　　　　　　　　　50,000
　貸：吸收存款　　　　　　　　　　　　　　　　　　　　　　50,000

[例1-2] 工商銀行廈門××支行發放給某企業流動資金貸款 1 筆，金額為 2,000,000 元，該貸款現已逾期。

借：逾期貸款　　　　　　　　　　　　　　　　　　　　　2,000,000
　貸：貸款　　　　　　　　　　　　　　　　　　　　　　2,000,000

[例1-3] 經股東大會決議通過，某商業銀行 2016 年分配給股東的利潤為 30,000,000 元，利潤尚未支付。

借：利潤分配　　　　　　　　　　　　　　　　　　　　30,000,000

第一章　金融企業會計總論

　　貸：應付股利　　　　　　　　　　　　　　　　　　30,000,000

　[例1-4]　光大銀行××分行歸還向同業拆借的資金，其中本金1,000,000元，利息3,000元。

　　借：拆入資金　　　　　　　　　　　　　　　　　　1,000,000
　　　　利息支出　　　　　　　　　　　　　　　　　　　　3,000
　　貸：存放中央銀行款項　　　　　　　　　　　　　　1,003,000

　　在借貸記帳法中，試算平衡的基本公式是：

　（1）全部帳戶的借方期初餘額合計數＝全部帳戶的貸方期初餘額合計數；

　（2）全部帳戶的借方發生額合計＝全部帳戶的貸方發生額合計；

　（3）全部帳戶的借方期末餘額合計＝全部帳戶的貸方期末餘額合計。

　　如果上述三個方面都能保持平衡，說明記帳工作基本上是正確的，否則就說明記帳工作發生了差錯。在實際工作中，這種試算平衡通常是通過編制試算平衡表來進行的。

（二）單式記帳法

　　單式記帳法是指對每項經濟業務只通過一個帳戶進行登記，是一種比較簡單的不完整的記帳方法。採用單式記帳法，手續比較簡單，但不能全面地、系統地反映經濟業務的全貌，不便於檢查帳戶記錄的準確性，單式記帳法僅適用於表外科目所涉及的會計事項。目前各商業銀行對表外科目的記錄，一般採用單式收付記帳方法。在業務發生時記收入，銷帳或減少時記付出，餘額表示結存或剩餘。

　[例1-5]　某商業銀行收到重要的空白憑證支票50本，單式記帳法記帳如下：
　　收入：重要空白憑證——支票　　50本

　[例1-6]　某開戶單位來商業銀行購買空白支票一本，單式記帳法記帳如下：
　　付出：重要空白憑證——支票　　1本

三、會計憑證

　　會計憑證是記錄經濟業務事項的發生和完成情況，明確經濟責任，並作為記帳依據的書面證明。填制、取得和審核會計憑證，既是會計核算工作的開始，也是對經濟業務事項進行監督的重要環節。商業銀行會計憑證俗稱「傳票」，因為會計憑證往往需要在銀行的幾個部門中傳遞。

（一）會計憑證的種類

　　1. 按憑證填制的程序和用途分為原始憑證和記帳憑證

　　原始憑證是在經濟業務事項發生時取得或填制的，用以記錄和證明經濟業務的發生或完成情況，明確經濟責任，並作為記帳原始依據的一種會計憑證。記帳憑證

是對經濟業務事項按其性質加以歸類，確定會計分錄，並據以登記會計帳簿的憑證。記帳憑證根據原始憑證另行編制，也可以用具備記帳憑證要素的原始憑證代替。

2. 按憑證表面形式分為單式憑證和復式憑證

復式記帳憑證是指一項經濟業務所涉及的會計科目都集中填列在一張記帳憑證上的記帳憑證。復式記帳憑證能全面反映某項經濟業務的全貌和所涉及的會計科目之間的對應關係，便於檢查會計分錄的正確性，但是不便於分工記帳。

單式記帳憑證，是指把一項經經濟業務所涉及的每個會計科目，分別填制記帳憑證，每張記帳憑證只填列一個會計科目的記帳憑證。其中，填列借方科目的稱為借項憑證，填列貸方科目的稱為貸項憑證。單式記帳憑證便於分工記帳，但是不能反映某項經濟業務的全貌和所涉及的會計科目之間的對應關係。

3. 按憑證的格式和用途分為基本憑證和特定憑證

基本憑證是會計部門根據合法的原始憑證及業務事項自行編制的具有統一格式的憑證。按其性質規定分為：現金收入憑證、現金付出憑證、轉帳借方憑證、轉帳貸方憑證、特種轉帳借方憑證、特種轉帳貸方憑證、外匯買賣借方憑證、外匯買賣貸方憑證、表外科目收入憑證、表外科目付出憑證十種。

特定憑證是根據各項業務的特殊需要而設置的各種專用憑證，一般由銀行印製，用以代替記帳憑證憑以記帳，如銀行匯票、商業匯票、支票、進帳單、電信匯憑證、委託收款憑證、托收承付憑證、計息憑證等。

此外，憑證還可以分為一般憑證、有價單證和重要空白憑證。重要空白憑證根據是否進行控號管理又分為控號重要空白憑證、非控號重要空白憑證。對有價單證、控號重要空白憑證，其出入庫、領用、簽發（發行）、出售、付款（兌付）實行嚴格的控、銷號管理。

(二) 會計憑證的基本要素

會計憑證應符合以下要素要求：

(1) 原始憑證的要素根據業務需要規定，中國人民銀行另有規定的除外。

(2) 記帳憑證基本要素主要包括：填制憑證的日期；收、付款人的戶名、帳號和開戶行；貨幣、金額及借貸方向；經濟業務摘要及附件張數；銀行辦理業務的印章及經辦、復核人員的簽名或蓋章；會計分錄和憑證編號等。

銀行電子網路傳輸的記帳信息，應具備規定的要素，並採取相應的安全防範措施，必要時需經會計主管或其授權人員確認，事後應根據監督和管理的需要按規定的格式打印紙質憑證。記帳過程中，紙質憑證轉為電子信息，或電子信息轉為紙質憑證，均不得改變憑證的基本要素和內容。憑證上由銀行填寫和由客戶填寫的內容應有明顯區分。規定由客戶填寫的，未經客戶授權，銀行工作人員不得代辦。

第一章　金融企業會計總論

（三）一般會計憑證的管理

1. 憑證的填制

憑證填制的基本要求是：要素齊全、內容真實、數字準確、字跡清楚、書寫規範、手續完備、不得任意塗改。具體要求如下：

（1）單聯式現金支票應用墨汁或碳素墨水填寫，單聯式憑證應用墨水筆書寫；多聯式套寫憑證可用圓珠筆、雙面復寫紙套寫，不準分張單寫。

（2）現金收、付業務不編制現金科目憑證，即發生一筆現金業務，只編制一張相應科目的現金收入憑證或現金付出憑證。

（3）票據的金額、日期、收款人的名稱不得更改，更改后票據無效。對票據上的其他記載事項，原記載人可以更改，更改時應當由原記載人簽章證明。

（4）轉帳業務，應編制轉帳借方和轉帳貸方憑證，以借方科目和貸方科目對轉，金額必須相等。

2. 憑證的審核

審核的內容除了是否符合憑證的基本要素外，還包括憑證的真實性、合法性以及完整性。具體審核要點是：

（1）是否為本行受理的憑證；

（2）使用的憑證種類是否正確，憑證的基本要素、聯數以及附件是否齊全，憑證是否超過有效期限；

（3）帳號、戶名是否正確、相符；

（4）大、小寫金額是否一致，字跡有無塗改；

（5）款項來源、用途是否符合信貸、結算管理等原則的規定；

（6）印鑒、密押和支付密碼是否真實齊全；

（7）計息、收費、罰金等的計算是否正確；

（8）支取金額是否透支或超過撥款限額等。

所有的會計憑證，必須按規定加蓋有關人員（如記帳、復核、事后監督、裝訂等人員）名章，並分別加蓋現金收訖章、現金付訖章或轉訖章等，傳票附件應加蓋「作附件」的戳記。

3. 憑證的傳遞

會計憑證的傳遞是指從受理外來憑證或編制憑證起，經過審核、記帳，直到進行整理裝訂保管的全過程。銀行的憑證傳遞分為內部傳遞和外部傳遞。

（1）憑證的內部傳遞，是指從受理或自行編制開始，經審核、記帳、復核等業務處理，直至裝訂保管為止的整個過程。在傳遞中必須按照綜合核算程序和收、付款程序辦理。

（2）憑證的外部傳遞，是指通過業務處理后應由本行發給其他銀行、單位的各種憑證的傳遞。

銀行的憑證傳遞過程，體現了銀行有關業務處理過程和會計核算過程的高度統一。會計憑證的傳遞必須做到手續嚴密、準確、及時；還應當做到「先外后內，先急后緩」，以方便客戶。另外，會計憑證的傳遞，除有關業務另有規定外（如銀行匯票等），一律在銀行內部傳遞，不得交客戶代為傳遞。

4. 憑證的整理、裝訂和保管

會計憑證應是按日裝訂，裝訂前應先檢查科目日結單張數、憑證及附件張數及有關戳記是否完整齊全，發現不符或不全的，必須由有關人員更正補齊。裝訂的順序為：先表內科目，后表外科目。科目按科目編號順序，科目內憑證先借方后貸方，先現金后轉帳；表外科目先收入后付出，原始憑證附於記帳憑證后面，並加蓋「附件」戳記。已裝訂的憑證要編列憑證順序號，並應與科目日結單的憑證總張數相符。已裝訂成冊的憑證，應在憑證封面上按日期順序編寫號碼。分冊裝訂的編一總號，再編若干個分號，並及時登記「會計憑證、帳簿、報表保管登記簿」，入庫妥善保管。

(四) 有價單證及重要空白憑證的管理

1. 有價單證

（1）有價單證是指印有固定面額的特定憑證，包括：金融債券、代理發行的各類債券、定額存單、定額匯票、定額本票以及印有固定面值金額的其他有價單證等。

（2）銀行自行印製的有價單證由總行統一設計和印刷，未經總行批准，各分支行不得擅自印刷或改制。

（3）有價單證調運視同現金調運辦理。

（4）有價單證的樣本和暗記，比照人民幣票樣管理辦法妥善保管。

（5）有價單證一律納入表外科目核算。以原面值金額列帳，會計部門按種類、期限、面額分別建立「有價單證登記簿」。專管人員變動必須辦好交接。

（6）已經兌付的有價單證，應加蓋付訖章並於付款的當時切角或打洞，由分行組織統一銷毀。

（7）凡因殘缺不全、簽發錯誤、號碼重、錯、漏和過期未發行等原因而註銷作廢的有價單證，應加蓋「作廢」「註銷」戳記，切角打洞，入庫保管，由分行組織統一銷毀。

（8）各分支行會計主管人員每月應至少檢查一次有價單證庫存，將庫存數量、金額與有關登記簿餘額核對相符，填寫查庫記錄，以備查考。

2. 重要空白憑證

（1）重要空白憑證是銀行印製無面額經銀行或單位填寫金額並簽章后，即具有支取款項效力的空白憑證，包括本票、支票、匯票、信用證、限額結算憑證、債券收款憑證、存單、存折、銀行卡、存款證明等重要空白憑證。

（2）重要空白憑證的印製、包裝、調運、領撥必須加強管理，明確責任，確保

安全，嚴防散失。重要空白憑證由總行統一進行管理。

（3）重要空白憑證實行「專人管理，入庫保管」的辦法，屬於銀行簽發的重要空白憑證，必須貫徹「證印分管，證押分管」原則。

（4）重要空白憑證一律納入表外科目進行核算。

（5）對櫃員使用重要空白憑證中發生填錯作廢時，應加蓋「作廢」戳記，作為當日表外付出憑證的附件裝訂。

（6）對外出售和內部領用的重要空白憑證，應建立領用簽收登記制度。

（7）嚴禁將重要空白憑證移作他用，不準在重要空白憑證上預先蓋好印章備用。凡應銀行簽發的重要空白憑證，嚴禁由客戶簽發使用。

（8）各分支行會計主管人員每月至少檢查一次重要空白憑證的保管情況和領用手續，核對帳實，填寫查庫記錄以備查考。

四、會計帳簿及帳務組織

（一）會計帳簿

商業銀行的會計帳簿，大體上可以分為分戶帳、總帳、登記簿、序時帳簿四種。

1. 分戶帳

分戶帳是商業銀行會計帳簿中詳細、具體地反映經濟業務的明細分類帳簿。它按貨幣種類、單位或資金性質開立帳戶，應根據傳票逐筆連續記載，並結計餘額。其通用格式一般有四種：甲種帳、乙種帳、丙種帳、丁種帳。

（1）甲種帳：設有借、貸發生額和餘額三欄，適用於不計息或用餘額表計息的帳戶。

（2）乙種帳：設有借、貸發生額、餘額、積數四欄，適用於在帳頁上計息的帳戶。

（3）丙種帳：設有借、貸發生額和借、貸餘額四欄，適用於借、貸雙方反映餘額的帳戶。

（4）丁種帳：設有借、貸發生額、餘額、銷帳四欄，適用於逐筆記帳、逐筆銷帳的一次性業務的帳戶。

2. 總帳

總帳是會計帳簿中綜合、總括核算和監督經濟業務的分類帳簿，對分戶帳起到控制和統馭作用，是定期編制各種會計報表的依據。總帳按會計科目設置，設有借、貸發生額和借、貸餘額四欄。每日營業終了，根據各科目日結單的借方、貸方合計數分別記入總帳各科目的發生額欄中，並計算出餘額。

3. 登記簿

登記簿是明細核算中的輔助性帳簿，凡是分戶帳上未能記載而又需要考查的業務事項，都可以設置登記簿進行登記。登記簿是一種輔助帳簿，屬備查簿性質，是

分戶帳的補充。一些不需要分戶帳進行明細核算又需要登記考查的業務，可以用登記簿進行登記控製。登記簿主要是反映表外科目的明細情況，可用來控製重要空白憑證、有價單證和實物。登記簿帳頁格式無統一規定，視業務需要而定。

4. 序時帳簿

序時帳簿是記載和控製現金收入、付出筆數和金額的帳簿，是現金收入、付出的明細記錄。每天營業終了，結計出現金收入、付出合計數，再計算出現金結存數，並與實際現金庫存數核對相符。現金收入、付出日記簿是分別逐筆、序時地記錄銀行現金收入、付出情況的帳簿。

(二) 帳務組織

銀行的帳務組織包括明細核算和綜合核算兩個系統。明細核算系統詳細反映各會計科目的核算情況，綜合核算系統綜合反映各會計科目的增減變化情況，對明細核算起控製作用。兩者根據同一憑證同時或分別進行，相互聯繫、相互制約，堅持總分核對，數字相符。

1. 明細核算系統

首先，根據會計憑證登記分戶帳（如果是現金收付業務則登記序時帳簿）；其次，對不能入帳而又需要記載的重要業務事項，在登記簿中進行記載；最后，每日營業終了，根據分戶帳編制餘額表。所以，明細核算系統由分戶帳、序時帳簿、登記簿和餘額表共同組成。

餘額表是用來填制分戶帳餘額的表格，其作用是據以核對總帳和分戶帳餘額，並計算利息。餘額表有兩種：

(1) 計息餘額表。適用於計息的各科目，按有關存、貸款科目分別設立。每日營業終了，根據各帳戶當天的最后餘額抄入表內。當天無發生額的帳戶或遇假日，將上一日的最后餘額填入表內。一定時期內各帳戶每天餘額合計數即為各帳戶在該時期內的計息積數，是計算利息的依據。

(2) 一般餘額表。適用於不計息的各科目，根據各分戶帳最后餘額抄列，使各帳戶餘額集中反映，便於各科目總帳與分戶帳餘額進行核對。一般餘額表可根據業務需要隨時編制。

2. 綜合核算系統

首先，根據會計憑證編制科目日結單；其次，根據科目日結單的發生額合計數登記總帳；最后，根據總帳各科目當日發生額和餘額編制日計表，該表中的各科目借、貸方發生額和餘額必須自動平衡。所以，綜合核算系統由科目日結單、總帳、日計表三項內容組成。

(1) 科目日結單

科目日結單是每一會計科目當天借貸方發生額和傳票張數的匯總記錄，又稱總傳票。它是軋平當日帳務和登記總帳的依據。科目日結單依據各科目當日的傳票來

編制，每個科目編制一張科目日結單，當天無發生額的科目不需編制科目日結單。科目日結單的編制方法如下：

①一般科目日結單編制方法。每日營業終了，將同一科目的所有傳票分別現金、轉帳、借方和貸方，加計筆數和金額填入科目日結單有關欄內。將傳票按順序排列附在科目日結單之後。

②現金科目日結單的編制方法。現金科目日結單是根據一般科目日結單中現金部分編制。將當天一般科目日結單現金部分分別借方和貸方計算合計數，然後反方向填入現金科目日結單中。現金科目日結單後不附傳票。

③全部科目日結單的借方發生額合計數與貸方發生額合計數必須加總平衡。

(2) 總帳

總帳的登記方法是：啟用帳頁時，帳首各欄包括（科目代號、科目名稱、年月時間、上年底餘額、本年累計發生額、上月底餘額等）都應填寫，並核對正確。

每日營業終了，根據各科目日結單的借方、貸方合計數登記入總帳各科目同一行的借方、貸方發生額欄中，並計算出餘額。對於單方向反映餘額的科目，餘額是將上日餘額加減當日發生額求得；對於借、貸雙方反映餘額的科目總帳則須分別計算出借方餘額合計和貸方餘額合計，分別登入總帳餘額的借、貸方，不得軋差登記總帳餘額。

(3) 日計表

日計表是反映當天全部銀行業務活動的會計報表，也是軋平當天全部帳務的重要工具。每日營業終了，根據總帳各科目的借貸方發生額和餘額填列。日計表內全部科目的借貸方發生額和餘額的合計數必須各自平衡。日計表由借方、貸方發生額和借方、貸方餘額四欄組成。

日計表的編制方法是：

①每日營業終了，分貨幣編制，當日某種貨幣無發生額，可以不編。

②根據總帳各科目當日發生額和餘額按科目代號順序抄入日計表中；當日沒有發生額的科目，按上日餘額填入日計表，不得遺漏。

③最后，計算出所有科目借方、貸方發生額合計數，兩者應平衡。

(三) 帳務核對

帳務核對是對綜合核算與明細核算兩個系統中的帳簿、帳表、單證的數字記錄進行檢查核對的工作。分為每日核對、定期核對。

1. 每日核對

每日核對是指每日會計核算結束後，對帳務的有關內容進行核對，主要核對以下內容：

(1) 總帳各科目餘額與同科目的分戶帳或餘額表的餘額核對相符；

(2) 總帳餘額與日計表餘額核對相符；

(3) 現金總帳借方、貸方發生額與序時帳簿的借方、貸方發生額核對相符,現金總帳餘額和序時帳簿結存數以及實際庫存現金核對相符;

(4) 表外科目餘額應與有關登記簿核對相符,其中重要空白憑證、有價單證,經營人員必須核對當天領入、使用、出售及庫存實物數。

2. 定期核對

定期核對是對未能納入每日核對的帳務按規定的時間進行的核對。凡未能每日核對的帳務,均屬於定期核對的內容。主要內容包括:

(1) 各種卡片帳每月與該科目總帳或有關登記簿核對相符;

(2) 各單位的存款、貸款、未收貸款利息(含復息)帳戶,都應按月或季填發「餘額對帳單」與企業單位對帳;

(3) 貸款借據必須按月與該科目分戶帳核對相符;

(4) 中央銀行往來、同業及系統內往來的帳戶餘額按月應核對相符;

(5) 表外科目核算的憑證應每月與登記簿結餘相核對,與所控製的實物(或帳卡)、單證、債券等核對相符;

對帳相符的應由銀行核對人員和會計主管人員簽章確認,核對不符的應查明原因並糾正。帳務核對包括帳帳、帳實、帳表、帳據、帳卡和內外帳務核對。經辦人員和會計主管人員在帳務核對全部相符後,應在有關帳、簿、卡上簽章。

計算機帳務核算系統應具有不同級別的保密設置、監督功能和故障應急處理及數據恢復措施。計算機系統帳務信息應備份保存;系統所提供的聯機歷史帳務數據時間應不短於1年。未經業務部門同意,電腦人員不得更改帳務數據和信息。

復習思考題

1. 金融業的管理機關有哪些?它們的主要職責是什麼?
2. 金融企業的會計要素包括什麼?
3. 金融企業的會計計量屬性有哪些選擇?
4. 「營改增」對金融業產生了哪些方面的影響?
5. 復式記帳法和單式記帳法的區別是什麼?
6. 如何對重要空白憑證進行管理?
7. 商業銀行的會計帳簿大體上可以分為哪幾類?
8. 帳務核對程序中每日核對和定期核對的不同是什麼?

第二章　存款業務的核算

本章重點

1. 銀行結算帳戶的種類與管理。
2. 銀行存款業務的核算程序及處理手續。
3. 銀行存款利息的計算方法。

引導案例

2015年6月2日，中國人民銀行（書中簡稱「央行」）正式對外發布《大額存單管理暫行辦法》，並從即日起開始執行。大額存單，簡單來說就是有流動性的定期存款，是由銀行業存款類金融機構面向非金融機構投資人發行的記帳式大額存款憑證，可以轉讓和質押。大額存單能為未來存款市場的定價提供參照，從國際經驗看，不少國家在存款利率市場化的過程中，都曾以發行大額存單作為推進改革的重要手段。根據該暫行辦法，大額存單分固定利率和浮動利率兩種，固定利率存單採用票面年化收益率的形式計息，浮動利率存單以上海銀行間同業拆借利率（Shibor）為浮動利率基準計息。央行相關負責人表示，大額存單利率實現市場化方式確定，是中國存款利率市場化改革的重要舉措，將為全面放開存款利率上限奠定更為堅實的基礎。

業內專家認為，大額存單的推出豐富了金融市場的投資工具，有利於進一步鍛煉金融機構自主定價能力，培育企業、個人等零售市場參與者的市場化定價理念，

為繼續推進存款利率市場化進行了有益探索。同時，大額存單在促進降低社會融資成本方面也有積極意義。

思考：中國人民銀行為什麼要推出大額存單？利率市場化改革對商業銀行及實體經濟會產生哪些方面的影響？

（資料來源：http://finance.ce.cn/rolling/201506/03/t20150603_5533685.shtml.中國經濟網）

第一節　存款業務概述

一、存款業務的種類

存款是商業銀行以信用方式吸收社會閒散資金的籌資活動，是銀行吸收信貸資金的主要渠道和開展信貸活動的重要前提。存款的種類很多，按存款對象可分為單位存款、個人存款；按存款資金性質及計息範圍分為財政性存款、一般性存款、居民個人儲蓄存款；按存款期限分為活期存款、定期存款；按存款幣種分為人民幣存款、外幣存款，等等。

二、銀行結算帳戶的種類與管理

(一) 銀行結算帳戶的種類

銀行結算帳戶，是指銀行為存款人開立的用於辦理現金存取、轉帳結算等資金收付活動的人民幣活期存款帳戶。按照存款人的不同，可分為單位銀行結算帳戶和個人銀行結算帳戶。存款人以單位名稱開立的銀行結算帳戶為單位銀行結算帳戶，存款人憑個人身分證件以自然人名稱開立的銀行結算帳戶為個人銀行結算帳戶，個體工商戶憑營業執照以字號或經營者姓名開立的銀行結算帳戶納入單位結算帳戶管理。

1. 單位銀行結算帳戶

根據《人民幣銀行結算帳戶管理辦法實施細則》（2005年1月31日起施行），中國人民銀行對下列單位銀行結算帳戶實行核準制度：

(1) 基本存款帳戶；

(2) 臨時存款帳戶（因註冊驗資和增資驗資開立的除外）；

(3) 預算單位專用存款帳戶；

(4) 合格境外機構投資者在境內從事證券投資開立的人民幣特殊帳戶和人民幣結算資金帳戶（簡稱「QFII專用存款帳戶」）。

上述銀行結算帳戶統稱核準類銀行結算帳戶。

一般存款帳戶是因借款或其他結算需要，在基本存款帳戶開戶銀行以外銀行機構開立的銀行結算帳戶。一般存款帳戶是存款人的輔助結算帳戶，借款轉存、借

第二章　存款業務的核算

歸還和其他結算的資金收付可通過該帳戶辦理。開立一般存款帳戶，實行備案制，無須中國人民銀行核準，該帳戶開立數量沒有限制。

2. 個人銀行結算帳戶

按《人民幣銀行結算帳戶管理辦法》（中國人民銀行令［2003］第5號）規定，個人銀行結算帳戶是指個人客戶憑個人有效身分證件以自然人名稱開立的，用於辦理資金收付結算的人民幣活期存款帳戶。個人銀行結算帳戶用於辦理個人轉帳收付和現金存取，下列款項可以轉入個人銀行結算帳戶：

（1）工資、獎金收入；
（2）稿費、演出費等勞務收入；
（3）債券、期貨、信託等投資的本金和收益；
（4）個人債權或產權轉讓收益；
（5）個人貸款轉存；
（6）證券交易結算資金和期貨交易保證金；
（7）繼承、贈與款項；
（8）保險理賠、保費退還等款項；
（9）納稅退還；
（10）農、副、礦產品銷售收入；
（11）其他合法款項。

(二) 銀行結算帳戶的開立、變更與撤銷

1. 單位銀行結算帳戶的開立

銀行與存款人簽訂銀行結算帳戶管理協議，存款人應填制開戶申請書，經審查後符合開立銀行結算帳戶條件的，銀行應辦理開戶手續，並於開戶之日起5個工作日內向中國人民銀行當地分支行備案。需要核準的，應及時報送人民銀行核準。

2. 單位銀行結算帳戶的變更

存款人銀行結算帳戶有變更的，如果變更名稱但不改變開戶銀行及帳號的，應於5日內向開戶銀行申請，開戶銀行2日內向人民銀行報告。單位法人、住址及其他開戶資料變更的，應於5日內書面通知開戶銀行並提供有關證明。銀行接到存款人的變更通知後，應及時辦理變更手續，並於2個工作日內向中國人民銀行報告。

3. 單位銀行結算帳戶的撤銷

存款人有以下情形之一的，應向開戶銀行提出撤銷[①]銀行結算帳戶的申請：
（1）撤並、解散、宣告破產或關閉的；
（2）註銷、被吊銷營業執照的；
（3）因遷址需要變更開戶銀行的；

---

① 撤銷是指存款人因開戶資格或其他原因終止銀行結算帳戶使用的行為。

(4) 其他原因需要撤銷銀行結算帳戶的。

存款人尚未清償其開戶銀行債務的，不得申請撤銷銀行結算帳戶。存款人撤銷銀行結算帳戶，必須與開戶銀行核對銀行結算帳戶存款餘額，交回各種重要空白憑證及結算憑證和開戶登記證，銀行核對無誤后方可辦理銷戶手續。

銀行撤銷單位銀行結算帳戶時應在其基本存款帳戶開戶登記證上註明銷戶日期並簽章，同時於撤銷銀行結算帳戶之日起2個工作日內，向中國人民銀行報告。銀行對一年未發生收付活動且未欠開戶銀行債務的單位銀行結算帳戶，應通知單位自發出通知之日起30日內辦理銷戶手續，逾期視同自願銷戶，未劃轉款項列入久懸未取專戶管理。

4. 個人銀行結算帳戶的開立與變更

2015年12月25日，中國人民銀行發布《關於改進個人銀行帳戶服務加強帳戶管理的通知》（以下簡稱《通知》），要求銀行改進個人銀行結算帳戶（以下簡稱個人銀行帳戶）服務，便利存款人開立和使用個人銀行帳戶，加強銀行內部管理，切實落實銀行帳戶實名制。

《通知》要求銀行建立帳戶分類管理機制，採用科學、合理的方法對存款人進行風險評級，根據存款人身分信息核驗方式及風險等級，審慎確定銀行帳戶功能、支付渠道和支付限額，並進行分類管理和動態管理（見表2-1）。在現有個人銀行帳戶基礎上，增加銀行帳戶種類，將個人銀行帳戶分為Ⅰ類銀行帳戶、Ⅱ類銀行帳戶和Ⅲ類銀行帳戶（以下分別簡稱Ⅰ類戶、Ⅱ類戶和Ⅲ類戶）。

表2-1　　　　　　　　　　個人銀行帳戶分類管理

帳戶類別	開戶方式	服務內容	限制
Ⅰ類帳戶	櫃面開戶、自助機具(現場核驗身分)	提供存款、購買投資理財產品等金融產品、轉帳、消費和繳費支付、支取現金等服務	基本無限制
Ⅱ類帳戶	櫃面開戶、自助機具（未現場核驗）、電子管道	提供存款、購買投資理財產品等金融產品、限定金額的消費和繳費支付等服務	不得為存款人提供存取現金服務 不得發放實體介質 消費和繳費支付的單日累計支付限額最高不得超過10,000元
Ⅲ類帳戶（「快捷支付」）	櫃面開戶、自助機具（未現場核驗）、電子管道	小額消費和繳費支付服務	不得為存款人提供存取現金服務 不得發放實體介質 帳戶餘額不得超過1,000元

Ⅰ類帳戶屬於全功能的個人銀行結算帳戶，Ⅱ類帳戶可以滿足直銷銀行、網上理財產品等支付需求，Ⅲ類帳戶則主要用於小額的消費及支付。Ⅱ類戶與Ⅰ類戶最

第二章 存款業務的核算

大的區別是不能存取現金、不能向非綁定帳戶轉帳。III類戶與II類戶最大的區別是僅能辦理小額消費及繳費支付，不得辦理其他業務。三種開戶方式具體如下：

（1）櫃面開戶：通過櫃面受理銀行帳戶開戶申請。

（2）自助機具開戶：通過遠程視頻櫃員機和智能櫃員機等自助機具受理銀行帳戶開戶申請。

（3）電子渠道開戶：通過網上銀行和手機銀行等電子渠道受理銀行帳戶開戶申請。

對於II類戶，銀行可按規定對存款人身分信息進行進一步核驗后，將其轉為I類戶。對於III類戶，銀行可按規定對存款人身分信息進行進一步核驗后，將其轉為I類戶或II類戶。

(三) 銀行結算帳戶的管理

中國人民銀行負責監督、檢查銀行結算帳戶的開立和使用，對存款人、商業銀行違反銀行結算帳戶管理規定的行為予以處罰。中國人民銀行當地分支通過帳戶管理系統與支付系統、同城票據交換系統等系統的連接，實現相關銀行結算帳戶信息的比對，依法監測和查處未經中國人民銀行核準或未向中國人民銀行備案的銀行結算帳戶。帳戶管理系統中的銀行機構代碼是按照中國人民銀行規定的編碼規則為銀行編制的、用於識別銀行身分的唯一標示，是帳戶管理系統的基礎數據。

商業銀行對單位銀行結算帳戶的管理主要包括：

（1）負責所屬營業機構銀行結算帳戶開立和使用的管理，監督和檢查其執行銀行結算辦法的情況，糾正違規開立和使用銀行結算帳戶的行為。

（2）明確專人負責銀行結算帳戶的開立、使用和撤銷的審查和管理，負責對存款人開戶申請資料的審查，建立健全開銷戶登記制度，建立銀行結算帳戶管理檔案，保管期限為銀行結算帳戶撤銷后10年。

（3）對已開立的單位銀行結算帳戶實行年檢制度。

商業銀行對個人銀行帳戶的管理主要包括：

銀行應於2016年4月1日在系統中實現對個人銀行帳戶I類戶、II類戶和III類戶的有效區分、標示，並按規定向人民幣銀行結算帳戶管理系統報備。同時，將銀行帳戶區分方法和標示方法向人民銀行備案。對於2016年4月1號之前按照《人民幣銀行結算帳戶管理辦法》相關規定開立的個人銀行帳戶，均納入I類戶管理。2016年4月1號之后開設個人銀行帳戶，銀行將明確讓客戶選擇開設哪類帳戶。

2016年9月30日，中國人民銀行發布《關於加強支付結算管理，防範電信網路新型違法犯罪有關事項的通知》，規定自2016年12月1日起，同一個人在同一家銀行只能開立一個I類戶，在同一家支付機構只能開立一個III類戶。該通知還要求加強帳戶實名制管理、加強轉帳管理、加強銀行卡業務管理、強化可疑交易監測、健全緊急止付和快速凍結機制、加大對無證機構的打擊力度、建立責任追究機制等。

三、會計科目設置

(一)「吸收存款」科目

「吸收存款」科目核算銀行吸收的除同業存放款項以外的其他各種存款,包括單位存款(企業、事業單位、機關、社會團體等)、個人存款、信用卡存款、特種存款、轉貸款資金和財政性存款等。

銀行收到客戶存入的款項,應按實際收到的金額,借記「庫存現金」「存放中央銀行款項」等科目,貸記本科目(本金),如存在差額,借記或貸記本科目(利息調整)。支付的存入資金利息,借記「應付利息」科目,貸記本科目。支付的存款本金,借記本科目(本金),貸記「存放中央銀行款項」「庫存現金」等科目,按應轉銷的利息調整金額,貸記本科目(利息調整),按其差額,借記「利息支出」科目。本科目期末貸方餘額,反映企業吸收的除同業存放款項以外的其他各項存款。

(二)「應付利息」科目

「應付利息」科目核算銀行按照合同約定應支付的利息,包括吸收存款、拆入資金、企業債券等應支付的利息。本科目可按存款人或債權人進行明細核算。

資產負債表日,應按攤餘成本和實際利率計算確定的利息費用,借記「利息支出」「在建工程」「研發支出」等科目,按合同利率計算確定的應付未付利息,貸記本科目,按其差額,借記或貸記「吸收存款——利息調整」「應付債券——利息調整」等科目。實際利率與合同利率差異較小的,也可以採用合同利率計算確定利息費用。實際支付利息時,借記本科目,貸記「銀行存款」等科目。本科目期末貸方餘額,反映企業應付未付的利息。

(三)「利息支出」科目

「利息支出」科目核算銀行發生的各項利息支出,包括吸收的各種存款(單位存款、個人存款、信用卡存款、特種存款、轉貸款資金等)、與其他金融機構(中央銀行、同業等)之間發生資金往來業務、賣出回購金融資產等產生的利息支出。本科目可按利息支出項目進行明細核算。

資產負債表日,企業應按攤餘成本和實際利率計算確定的利息費用金額,借記本科目,按合同利率計算確定的應付未付利息,貸記「應付利息」科目,按其差額,借記或貸記「吸收存款——利息調整」等科目。實際利率與合同利率差異較小的,也可以採用合同利率計算確定利息費用。期末,應將本科目餘額轉入「本年利潤」科目,結轉后本科目無餘額。

第二章　存款業務的核算

● 第二節　單位存款業務的核算

單位存款業務是指企業、事業、機關、部隊和社會團體等單位在金融機構辦理的人民幣存款，包括活期存款、定期存款、通知存款、協定存款及經中國人民銀行批准的其他存款。

一、單位活期存款業務的核算

單位活期存款是一種隨時可以存取、按結息期計算利息的存款。該存款的特點是不固定期限、客戶存取方便、隨時可以支取。單位活期存款按業務處理與核算手續不同，分為支票戶與存折戶兩種；按存取款的方式又分為現金存取和轉帳存取兩種。有關轉帳存取的業務主要通過運用各種結算方式和支付工具來實現，具體內容將在第五章講述，本節只敘述現金存取的會計處理。

(一) 存入現金的核算

存入現金時，單位應填寫一式兩聯現金繳款單，連同現金交銀行出納部門，經審核點收現金無誤後提交系統處理，系統自動在現金存款憑證上打印有關要素，並交繳款人簽字確認，在各聯上加蓋現訖章及記帳員私章。將第一聯作為回單退交存款人，第二聯憑以代現金收入傳票登記單位存款分戶帳。

[例 2-1] 工商銀行××支行收到客戶 A 公司存入的款項 10,000 元。
借：庫存現金　　　　　　　　　　　　　　　　　　　　　10,000
　貸：吸收存款——活期存款（A 公司）——本金　　　　　10,000

(二) 支取現金的核算

櫃員收到客戶提交的現金支票，審核現金支票的各項要素是否真實完整、是否符合有關規定，現金用途是否符合現金管理的有關規定。審核無誤後櫃員提交系統處理，現金支票代現金付出傳票登記分戶帳，按規定配款完畢核對現金與現金支票的金額一致后交付現金。

[例 2-2] 客戶 A 公司從工商銀行××支行支取現金 5,000 元。
借：吸收存款——活期存款（A 公司）——本金　　　　　5,000
　貸：庫存現金　　　　　　　　　　　　　　　　　　　　5,000

(三) 支付利息的核算

單位活期存款按季結息，結息日為每季末月的 20 日，利率按結息日掛牌活期利率執行。

[例2-3] 工商銀行××支行在客戶A公司的活期存款帳戶上存入利息18元。

借：利息支出　　　　　　　　　　　　　　　　　　　　　18
　　貸：吸收存款——活期存款（A公司）——本金　　　　　　18

如果單位是用存折戶存取現金，其相關會計核算與支票戶存取現金相同。

二、單位定期存款業務的核算

單位定期存款是單位在存入存款時約定期限、利率，到期支取本息的一種存款業務。單位定期存款的起存金額為1萬元，多存不限，存期分3個月、6個月、1年、2年、3年、5年六個檔次，一般不能提前支取，存款人支取定期存款只能以轉帳方式將存款轉入基本存款帳戶。存款人辦理定期存款時需提交開戶申請書、營業執照正本，並預留印鑒。財政撥款、預算內資金及銀行貸款不得作為單位定期存款存入銀行。

（一）單位存入定期存款

單位存入定期存款時，應按存款金額簽發活期存款帳戶轉帳支票交銀行會計部門。銀行按規定審核無誤後，以支票作轉帳借方傳票並憑以填制一式三聯單位定期存款證實書。經復核后，第一聯銀行存根聯代定期存款轉帳貸方傳票，第二聯加蓋業務公章和經辦人員名章後交存款人作存款憑據，第三聯作定期存款卡片帳。

[例2-4] 2016年7月1日，工商銀行××支行收到客戶B公司存入的2年期定期存款100,000元，到期一次支付本息。

借：吸收存款——活期存款（B公司）——本金　　　　　100,000
　　貸：吸收存款——定期存款（B公司）——本金　　　　　100,000
付出：重要空白憑證——單位定期存款證實書

（二）資產負債表日計算確定利息費用

實際利率與合同利率差異較小的，可以採用合同利率計算確定利息費用。

[例2-5] 2016年12月31日，設工商銀行××支行按合同利率計算的應付利息為1,125元。

借：利息支出　　　　　　　　　　　　　　　　　　　　1,125
　　貸：應付利息　　　　　　　　　　　　　　　　　　　1,125

（三）支取款項的核算

單位定期存款的支取包括提前支取、到期支取、逾期支取等情況。單位持存單支取定期存款時，銀行會計人員抽出該戶卡片進行核對。核對無誤後，計算出利息，填制利息清單，並在存單上加蓋「結清」戳記。以存單代定期存款轉帳借方傳票，卡片帳作附件，另編制三聯特種轉帳傳票，一聯代利息支出科目轉帳借方傳票，一

第二章 存款業務的核算

聯代活期存款帳戶轉帳貸方傳票，另一聯代收帳通知交存款人。

[例2-6] 2016年7月1日，工商銀行××支行支付B公司本息合計為104,500元，其中應付利息合計4,500元，本息計入B公司活期存款帳戶。

借：吸收存款——定期存款（B公司）——本金　　　　100,000
　　應付利息　　　　　　　　　　　　　　　　　　　4,500
　　貸：吸收存款——活期存款（B公司）——本金　　　104,500

(四) 單位定期存款帳戶的自動續存和銷戶

1. 自動續存

若單位在開戶時約定自動續存，可在單位定期存款開戶證實書上註明。單位定期存款到期時，系統自動結息並轉存。自動續存不產生新定期帳號，自動續存時單位定期存款登記簿上對應的原帳戶信息會被續存後帳戶信息所覆蓋。

會計分錄為：

借：吸收存款——定期存款（單位存款戶）——本金
　　應付利息
　　貸：吸收存款——定期存款（單位存款戶）——本金

2. 銷戶

櫃員接到客戶提交的單位定期存款開戶證實書第二聯，抽出第一聯銀行存根聯，審核憑證的真實性，如是否本機構簽發的證實書，證實書上簽章是否完整，兩聯證實書是否相符等。審核無誤後，作會計分錄同支取款項。

三、單位其他存款業務的核算

(一) 單位通知存款

單位通知存款是指存款人在存入款時不約定存期，支取時需提前通知金融機構，約定支取日期和金額方能支取的存款。

1. 開戶

開戶時單位需提交開戶申請書、營業執照正本、副本影印件等，並預留印鑒。銀行為客戶開出記名式「單位通知存款開戶證實書」（以下簡稱證實書），證實書僅對存款單位開戶證實，不得作為質押權利憑證。證實書如果遺失，銀行不予辦理掛失，不再補發新的證實書。支取存款時，客戶應向銀行出具證實書，銀行按約定的支取方式辦理取款手續。

2. 存入

通知存款不管實際存期的長短，統一按存款人取款提前通知的期限長短劃分為一天通知存款和七天通知存款兩個品種。一天通知存款必須至少提前一天通知約定支取存款，七天通知存款必須至少提前七天通知約定支取存款。單位選擇通知存款

金融企業會計

品種后不得變更。通知存款為記名式存款,起存金額50萬元,需一次全額存入,可以選擇現金存入或轉帳存入。

[例2-7] 工商銀行××支行收到客戶C公司活期存款轉入的7天通知存款500,000元。

借:吸收存款——活期存款(C公司)——本金　　　　　500,000
　　貸:吸收存款——通知存款(C公司)(7天)——本金　500,000

3. 通知

存款人進行通知時應向開戶銀行提交「單位通知存款取款通知書」。提交方式有客戶本人到銀行或者傳真通知,但支取時需向銀行遞交正式通知書。

4. 支取

單位通知存款可一次或分次支取,每次最低支取額為10萬元以上,支取存款利隨本清,支取的存款本息只能轉入存款單位的其他存款戶,不得支取現金。支取時,以支取日掛牌通知存款利率計息,如部分支取留存部分仍從原開戶日起計算存期。具體支取方式包括:

(1) 單筆全額支取,存款單位需出具單位通知存款證實書。

(2) 部分支取。部分支取需到開戶行辦理。部分支取時帳戶留存金額不得低於50萬元,低於50萬元起存金額的,做一次性清戶處理,並按清戶日掛牌活期利率計息辦理支取手續並銷戶。留存部分金額大於50萬元的,銀行按留存金額、原起存日期、原約定通知存款品種出具新的通知存款證實書。

[例2-8] C公司部分支取七天通知存款100,000元,工商銀行××支行計算的利息為200元。

借:吸收存款——通知存款(C公司)(7天)——本金　100,000
　　利息支出　　　　　　　　　　　　　　　　　　　　200
　　貸:吸收存款——活期存款(C公司)——本金　　　　100,200

(二) 單位協定存款

協定存款是指客戶通過與銀行簽訂《協定存款合同》,約定期限、商定結算帳戶需要保留的基本存款額度,由銀行對基本存款額度內的存款按結息日或支取日活期存款利率計息,超過基本存款額度的部分按結息日或支取日人行公布的高於活期存款利率、低於六個月定期存款利率的協定存款利率給付利息的一種存款。

1. 開戶

單位應與開戶行簽訂《協定存款合同》,合同期限最長為一年(含一年),到期任何一方如未提出終止或修改,則自動延期。凡申請在銀行開立協定存款帳戶的單位,需同時開立基本存款帳戶或一般存款帳戶(以下簡稱「結算戶」),用於正常經濟活動的會計核算,該帳戶稱為A戶,同時電腦自動生成協定存款帳戶(以下簡稱B戶)。B戶作為A戶的后備存款帳戶,不直接發生經濟活動,資金不得對外支付。

2. 存入

每日營業終了，由銀行計算機系統自動根據 A 戶的存款餘額超過基本存款額度部分轉存 B 戶，並以協定存款利率對 B 戶計息。會計分錄為：

借：吸收存款——協定存款（A 戶）
　　貸：吸收存款——協定存款（B 戶）

3. 支取

協定存款帳戶的 A 戶視同一般結算帳戶管理使用，可用於現金轉帳業務支出，A 戶、B 戶均不得透支。會計分錄為：

借：吸收存款——協定存款（A 戶）
　　貸：清算資金往來

在合同執行期間，當 A 戶帳戶餘額低於協定金額時，由 B 戶自動補足，不屬於透支。會計分錄為：

借：吸收存款——協定存款（B 戶）
　　貸：吸收存款——協定存款（A 戶）

4. 結息

每季末月 20 日應計算協定存款利息。季度計息統一於季度計息日的次日入帳。會計分錄為：

借：利息支出
　　貸：吸收存款——協定存款（B 戶）

如屬協定存款合同期滿終止續存，其銷戶前的未計利息於季度結息時一併計入結算戶（A 戶）。

5. 銷戶

協定存款合同期滿，若單位提出終止合同，應辦理協定存款戶銷戶，將 B 戶的存款本息結清后，全部轉入基本存款帳戶或一般存款帳戶中。結清 A 戶時，B 戶也必須同時結清。在合同期內原則上客戶不得要求清戶，如有特殊情況，必須提出書面聲明，經銀行審核無誤后辦理清戶手續。

第三節　個人存款業務的核算

商業銀行辦理儲蓄業務，必須遵循「存款自願、取款自由、存款有息和為儲戶保密」的原則。商業銀行各營業網點在開立個人存款帳戶時，必須按照《個人存款帳戶實名制規定》的要求開立個人存款帳戶。所謂實名是指符合國家法律、行政法規和國家有關規定的身分證件上使用的姓名。

個人存款業務主要包括活期儲蓄和定期儲蓄兩大類。其中定期儲蓄可以分為整存整取、零存整取、整存零取、存本取息等。此外，個人存款還有定活兩便、通知

存款、教育儲蓄等業務。

2014年10月29日國務院公布《存款保險條例》,並於2015年5月1日起正式實施。中國人民銀行負責存款保險制度的實施,存款保險實行限額償付,最高償付限額為人民幣50萬元。同一存款人在同一家投保機構(商業銀行、農村合作銀行、農村信用合作社等吸收存款的銀行業金融機構)所有被保險存款帳戶的存款本金和利息合併計算的資金數額在最高償付限額以內的,實行全額償付;超出最高償付限額的部分,依法從投保機構清算財產中受償。

一、活期儲蓄存款業務

活期儲蓄存款是一種不受存取款時間約束、可隨時存、取,沒有存取金額限制的一種存款。人民幣活期儲蓄存款基本規定:一元起存,多存不限,由開戶機構發給存折或借記卡,憑折或卡辦理存取款及其相關業務。開戶時可以預留密碼或印鑒,憑密碼支取活期存款帳戶可以在總行轄內任一營業網點辦理通存通兌。大額存取款業務必須執行中國人民銀行或外匯管理局有關大額現金管理的規定。

(一) 開戶

(1) 客戶開立活期儲蓄存折(含本、外幣)時,櫃員接收客戶遞交的身分證件、「個人客戶開戶申請書」(以下簡稱開戶申請書)、現金,審核開戶申請書要素填寫是否正確、齊全,根據開戶申請書上所填寫的金額清點現金。

(2) 審核無誤后,櫃員輸入證件種類、證件號碼,隨后櫃員輸入其他要素,當取款方式為憑密碼支取時,櫃員提示客戶輸入密碼,無誤后提交,系統對存折進行寫磁,依次打印開戶申請書、個人客戶存款憑證(以下簡稱存款憑證)、存折封面與存折內容。

(3) 櫃員審核系統打印的存款憑證及存折上的要素是否正確,存款憑證經客戶簽字確認后加蓋現訖章或轉訖章作為該筆交易流水傳票,開戶申請書加蓋「附件」章后作為傳票附件,並在存折上加蓋業務公章及方章后將存折、存款回單等交與客戶。

[例2-9] 建設銀行××支行收到儲戶李雲存入的活期儲蓄存款8,000元。
借:庫存現金 8,000
  貸:吸收存款——活期儲蓄存款(李雲)——本金 8,000

(二) 續存

(1) 客戶辦理活期存折續存業務時,櫃員需審核客戶遞交的存折,並清點現金。

(2) 櫃員按系統提示進行刷折操作,待系統讀出帳戶代號與憑證代號,核對無

第二章 存款業務的核算

誤后，輸入現轉標誌、鈔匯標誌與交易金額。無誤后提交，系統依次打印存款憑證、存折，並返回證件種類和證件號碼供櫃員核對。

（3）櫃員審核存款憑證與存折上打印的內容正確無誤後，將存款憑證交客戶簽字確認，在存款憑證上加蓋現訖章或轉訖章作為該筆交易流水傳票，將存折與回單聯交與客戶。

[例2-10] 建設銀行××支行收到儲戶李雲續存的活期儲蓄存款3,000元。
借：庫存現金　　　　　　　　　　　　　　　　　3,000
　　貸：吸收存款——活期儲蓄存款（李雲）——本金　　3,000

（三）取款

（1）櫃員接收客戶遞交的活期存折，問清客戶的取款金額。

（2）櫃員按系統的提示進行刷折操作，待系統讀出帳戶代號與憑證代號核對無誤，逐一輸入各項內容，包括取款方式、現轉標誌與交易金額。輸入正確後提交，系統依次打印「個人客戶取款憑證」（以下簡稱取款憑證）、存折。系統返回證件種類和證件號碼供櫃員核對。

（3）櫃員審核取款憑證及存折上打印的要素正確無誤後，將取款憑條交由客戶簽字確認後加蓋現訖章或轉訖章作為該筆交易流水傳票。根據取款金額配好現金，將存折、取款回單、現金一併交與客戶。

[例2-11] 儲戶李雲在建設銀行××支行櫃臺上取款5,000元。
借：吸收存款——活期儲蓄存款（李雲）——本金　　5,000
　　貸：庫存現金　　　　　　　　　　　　　　　　　5,000

（四）銷戶

（1）櫃員接收客戶遞交的活期存折，審核存單的相關要素，並問清客戶是否銷戶。

（2）櫃員按系統的提示進行刷折操作，具體程序同取款。輸入正確後確認提交，依次打印取款憑證、存折與利息清單。

（3）櫃員審核取款憑證和利息清單上打印的要素正確無誤後，在取款憑證和利息清單上加蓋現訖章或轉訖章，將取款憑證及利息清單交客戶簽字確認；同時，審核存折餘額是否結為零，在末欄是否有打印「結清」字樣，並在存折上逐頁加蓋「結清」戳及「附件」章。取款憑證作為該筆交易流水傳票，利息清單第一聯、存折作為傳票附件。

（4）櫃員按利息清單實付本息合計金額配好現金，確認後將取款回單、利息清單第二聯、現金一併交與客戶。

[例2-12] 儲戶李雲要求建設銀行××支行將其在該行的活期儲蓄帳戶銷戶，銀行結清本利，支付現金，其中本金6,000元，利息26元。

借：吸收存款——活期儲蓄存款（李雲）——本金　　　　　　6,000
　　利息支出　　　　　　　　　　　　　　　　　　　　　　26
　　貸：庫存現金　　　　　　　　　　　　　　　　　　　　　6,026

個人持銀行借記卡辦理上述業務時，櫃員操作內容略有不同，但會計核算一致，此處略。

二、整存整取定期儲蓄

整存整取定期儲蓄，特點是本金一次性存入，約定存期，到期支取本息。本金50元起存，多存不限，存期分為3個月、6個月、1年、3年和5年。可辦理一次部分提前支取。客戶可開立整存整取定期存單、定期一本通存折或借記卡辦理人民幣整存整取儲蓄存款業務，還可根據需要約定到期自動轉存期限。憑密碼支取的定期儲蓄存款可在商業銀行分行轄內任一營業網點辦理通兌。

（一）開戶

整存整取定期儲蓄的開戶程序與前述活期儲蓄存款的開戶程序基本一致，不同之處主要在於開戶申請書、存款憑證和存單上打印的要素。

[例2-13] 2016年7月1日，建設銀行××支行收到儲戶張勤存入的1年期整存整取定期儲蓄兩筆，單筆金額為10,000元。

借：庫存現金　　　　　　　　　　　　　　　　　　　　　　20,000
　　貸：吸收存款——定期儲蓄存款（整存整取戶）——本金　　20,000
付出：重要空白憑證——定期儲蓄存款證實書

（二）提前支取

（1）櫃員審核客戶遞交的存單和身分證件。

（2）櫃員逐一輸入各項要素后提交，系統打印取款憑條、存單、利息清單（一式二聯），並返回證件種類和證件號碼供櫃員核對。

（3）櫃員審核打印內容無誤后，將利息清單交客戶簽字確認后加蓋現訖章，按利息清單上實付本息合計金額配好現金，確認后將存單、利息清單第二聯和現金交客戶。

（4）將取款憑條加蓋現訖章后作為該筆交易流水傳票，第一聯利息清單加蓋「附件」章后作為傳票附件。

[例2-14] 2016年10月1日，張勤向建設銀行××支行提前支取存入的1年期整存整取定期儲蓄，金額為10,000元，活期存款利率為0.3%。

借：吸收存款——定期儲蓄存款（整存整取戶）——本金　　　10,000
　　利息支出　　　　　　　　　　　　　　　　　　　　　　7.5

第二章　存款業務的核算

　　貸：庫存現金　　　　　　　　　　　　　　　　　　　10,007.5

(三) 銷戶

　　櫃員接收客戶遞交的存單，著重審核是否到期，倘若尚未到期，應提示客戶是否確定要提前支取。銷戶程序與前述活期儲蓄存款的銷戶程序基本一致。

　　[例 2 - 15] 2017 年 7 月 1 日，張勤向建設銀行××支行支取存入的 1 年期整存整取定期儲蓄，金額為 10,000 元，1 年期整存整取定期存款利率為 1.75%。假設利息每半年計提一次。

　　借：吸收存款——定期儲蓄存款（整存整取戶）——本金　　10,000
　　　　利息支出　　　　　　　　　　　　　　　　　　　　　87.5
　　　　應付利息　　　　　　　　　　　　　　　　　　　　　87.5
　　　貸：庫存現金　　　　　　　　　　　　　　　　　　　10,175

三、零存整取定期儲蓄

　　人民幣零存整取定期儲蓄，適用於生活中的小額節餘款存儲，積零為整。每月存入固定金額，5 元起存，多存不限，到期一次支取本息，存期分為 1 年、3 年和 5 年。可補、預存各一次，不辦理部分提前支取。客戶可開立零存整取存折或借記卡辦理零存整取存款業務。

(一) 開戶

　　開戶程序與整存整取帳戶開戶基本相同，只是「吸收存款」明細科目改為零存整取戶。

(二) 續存

　　(1) 櫃員接收客戶遞交的存折和現金，審核存折無誤後清點現金。
　　(2) 櫃員逐一輸入各項內容，包括帳號、交易金額、補預存標誌（補存上月、續存本月、預存下月）等。輸入正確後提交，依次打印存款憑證、存折。
　　(3) 櫃員審核存款憑證及存折上打印的各要素正確無誤後，在經客戶簽字確認的存款憑證上加蓋現訖章作為該筆交易流水傳票，將存款回單、存折交與客戶。

　　會計分錄為：
　　借：庫存現金
　　　貸：吸收存款——定期儲蓄存款（零存整取戶）——本金

(三) 銷戶

　　銷戶程序與整存整取帳戶銷戶基本相同，只是「吸收存款」明細科目改為零存

整取戶。

四、存本取息定期儲蓄

人民幣存本取息定期儲蓄，其特點是一次存入本金，到期一次支取本金，利息分期支取。本金5,000元起存。存期分為1年、3年和5年。銀行與客戶協商確定取息日期，可以一個月或幾個月取息一次，不辦理部分提前支取。客戶可開立存本取息存折或借記卡辦理存本取息存款業務。

（一）開戶

開戶程序與整存整取帳戶開戶基本相同，只是「吸收存款」明細科目改為「存本取息戶」。

（二）取息

（1）櫃員接收客戶遞交的存折，審核存折是否由本分行開出。

（2）櫃員逐一輸入各項要素並提交后，系統打印取款憑證、存折、利息清單（一式二聯），並返回證件種類和證件號碼供櫃員核對。

（3）櫃員審核上述的打印內容無誤后，將取款憑條及利息清單交由客戶簽字確認後加蓋現訖章，取款憑條作為該筆交易流水傳票，第一聯利息清單加蓋「附件」章後作為傳票附件。按利息清單上實付本息合計金額配置好現金，確認後將取款回單、存折、利息清單客戶聯和現金交與客戶。處理取息交易時，不扣收利息稅，待銷戶時一併扣收。會計分錄為：

借：利息支出
　　貸：庫存現金

（三）銷戶

銷戶程序與整存整取帳戶銷戶基本相同，只是「吸收存款」明細科目改為存本取息戶。

五、教育儲蓄

教育儲蓄是為了鼓勵城鄉居民以儲蓄存款方式，為其子女接受非義務教育［指九年義務教育之外的全日制高中（中專）、大學本科（大專）、碩士和博士研究生］積蓄資金，用於教育事業。教育儲蓄具有客戶特定、存期靈活、總額控製、利率優惠、利息免稅的特點。該優惠對象為在校小學四年級（含四年級）以上學生，教育儲蓄為零存整取定期儲蓄存款，存期分為1年、3年和6年。最低起存金額為50元，本金合計最高限額為2萬元。

第二章　存款業務的核算

教育儲蓄辦理開戶時，必須憑客戶本人身分證明以本人的姓名開立存款帳戶。開戶時約定每月固定存入的金額，分月存入可補存、預存各一次。到期支取時客戶憑存折、戶口簿和學校提供的正在接受非義務教育的學生身分證明（以下簡稱「證明」）一次支取本金和利息。客戶憑「證明」可以享受利率優惠，並免徵儲蓄存款利息所得稅。

教育儲蓄提前支取時必須全額支取。提前或到期支取時，客戶能提供「證明」的，按實際存期和開戶日同期同檔次整存整取定期儲蓄存款利率計付利息，並免徵儲蓄存款利息所得稅；客戶未能提供「證明」的，按實際存期和支取日活期儲蓄存款利率計付利息，並按有關規定徵收儲蓄存款利息所得稅。教育儲蓄逾期支取，其超過原定存期的部分，按支取日活期儲蓄存款利率計付利息，並按有關規定徵收儲蓄存款利息所得稅。

（一）開戶

開戶程序與整存整取帳戶開戶基本相同。會計分錄為：

借：庫存現金
　　貸：吸收存款——教育儲蓄存款——本金
付出：重要空白憑證——教育儲蓄存款證實書

（二）續存

續存程序與零存整取基本相同。會計分錄為：

借：庫存現金
　　貸：吸收存款——教育儲蓄存款——本金

（三）銷戶

櫃員審核客戶遞交的在校學生證明、戶口簿與存折，若尚未到期，應提示客戶確認是否提前支取。銷戶的其他程序與整存整取帳戶銷戶基本相同。會計分錄為：

借：吸收存款——教育儲蓄存款——本金
　　利息支出
　　貸：庫存現金

第四節 存款利息的計算

一、利息計算的規定

(一) 基本規定

利息是銀行財務收支的重要內容，關係到客戶和銀行的經濟利益，銀行應根據規定的利率、結息日期和計息方法正確結計利息。銀行於結息日結計利息，所計利息應入結息日次日帳。計息時間通常從上季末 21 日至本季末 20 日。

利率分為年利率、月利率、日利率三種，它們之間的關係如下：

年利率 ÷ 12 = 月利率

月利率 ÷ 30 = 日利率

年利率 ÷ 360（365） = 日利率（英鎊、港元使用 365 天換算）

2015 年 10 月 24 日，中國人民銀行決定，對商業銀行和農村合作金融機構等不再設置存款利率浮動上限。這是中國經濟改革的歷史性突破，標誌著歷時多年的利率市場化改革邁出了最為關鍵的一步。取消對利率的行政管制後，中國的利率市場化改革進入新階段。

(二) 計息規則

單位活期存款、單位定期存款、活期儲蓄存款、定期儲蓄存款、同業存款、保證金存款、單位協定存款等按以下規則計息：

（1）單位活期存款、同業存款在每季末月 20 日按結息日掛牌利率結息，次日列帳；

（2）儲蓄活期存款在每季末月 20 日按結息日掛牌利率結息，次日列帳；

（3）單位定期存款、定期儲蓄存款在每季末月 20 日按存入日掛牌利率計提利息，利隨本清，遇利率調整不分段計息，提前或逾期支取，按支取日掛牌公告的活期存款利率計息；

（4）單位通知存款、儲蓄通知存款按支取日掛牌利率和實際存期計息，利隨本清；

（5）保證金存款按單位存款計息、結息；

（6）單位協定存款按結息日或清戶日掛牌公告的利率計息；

（7）定期存款到期日為節假日，在節假日前最後一個營業日支取，應扣除到期日與支取日之間天數（算頭不算尾，下同）按合同利率計算的利息；節假日後支取存款，按過期支取存款計算利息。

第二章　存款業務的核算

二、存款利息的核算

存款利息屬於增值稅不徵稅項目，不徵增值稅。同時，企業取得的存款利息收入不需要開具發票，銀行對於存款利息支出也不需要發票進行入帳扣除。

計息基本方法通常有積數計息法和逐筆計息法兩種。

(一) 積數計息法

積數計息法是按實際天數每日累計帳戶餘額，以累計積數乘以日利率計算利息的方法。由於活期存款存取頻繁，存款餘額經常發生變動，因此銀行通常採用積數計息法。採用積數計息法，計算天數時，應「算頭不算尾」，即從存入的當日算起，至取出日的上一日止。如在結息日計算時，應包括結息日。計算公式為：

利息 = 累計計息積數 × 日利率

累計計息積數 = 帳戶每日餘額合計數

1. 餘額表積數計息

每日營業終了，根據分戶帳餘額抄寫餘額表（當日餘額未變動的，照抄上日餘額），每旬末、月末，加計累計未計息積數，如遇錯帳衝正應在餘額表內調整積數。結息日，逐戶將全季的累計積數乘以日利率，得出應付利息數。

[例2-16] 某公司6月21日至9月20日活期存款帳戶累計積數為2,600,000元，活期儲蓄存款年利率為0.3%。

要求：計算該公司活期存款帳戶利息並做出帳務處理。

利息 = 2,600,000 × (0.3% ÷ 360) = 21.67（元）

借：利息支出　　　　　　　　　　　　　　　　　　21.67
　　貸：吸收存款——活期存款——本金　　　　　　21.67

2. 分戶帳積數計息

採用分戶帳（乙種帳）計算積數，在登記分戶帳每次變動存款餘額后，計算一次積數，按前一次最后餘額乘以該餘額的實存天數計算出積數。待結息日營業終了，加計本結息期內的累計天數和累計積數，以積數乘以日利率，即可得出應付利息數。會計核算辦法同前。

[例2-17] 某儲戶活期儲蓄存款帳戶變動情況如表2-1所示，活期儲蓄存款利率為0.3%。

要求：計算該儲戶活期存款帳戶利息。

表 2-2　　　　　　　　　　活期儲蓄存款帳戶　　　　　　　　　單位：元

2016 年		摘要	借方	貸方	餘額	日數	積數
月	日						
9	1	開戶		1,000	1,000	2	2,000
9	3	存入		1,000	2,000	1	2,000
9	4	支取	1,000		1,000	1	1,000
9	5	補記 9 月 3 日帳		1,000	2,000	2	4,000
9	7	衝正 9 月 4 日帳		1,000	3,000	13	39,000
9	20	結息			3,000	1	3,000

按實際天數累計計息積數，按適用的活期儲蓄存款利率計付利息。

累計計息積數 = 2,000 + 2,000 + 1,000 + 4,000 + 39,000 + 3,000 = 51,000（元）

調整應加積數 = 1,000 × 2 + 1,000 × 3 = 5,000 （元）

調整后累計計息積數 = 51,000 + 5,000 = 56,000 （元）

應計利息 = 56,000 × 0.3% / 360 = 0.47 （元）

(二) 逐筆計息法

逐筆計息法是按預先確定的計息公式逐筆計算利息的方法。逐筆計息法便於對計息期間帳戶餘額不變的儲蓄存款計算利息，因此，銀行主要對定期儲蓄帳戶採取逐筆計息法計算利息。採用逐筆計息法時，銀行在不同情況下可選擇不同的計息公式。

計息期為整年（月）時，計息公式一為：

利息 = 本金 × 年（月）數 × 年（月）利率

計息公式二為：

利息 = 本金 × 實際天數 × 日利率

式中實際天數按照「算頭不算尾」原則確定。

在存款到期日支取本金的同時一併計付利息，但在資產負債表日需計提應付利息。其會計分錄為：

借：利息支出
　　貸：應付利息

［例 2-18］某客戶 2016 年 5 月 1 日存款 10,000 元，定期 6 個月，6 個月定期儲蓄存款的年利率為 1.55%，客戶在到期日（即 11 月 1 日）支取。

要求：計算該客戶定期存款的利息。

(1) 這筆存款計息為 6 個月，屬於計息期為整年（月）的情況，銀行可選擇「利息 = 本金 × 年（月）數 × 年（月）利率」的計息公式。

利息 = 10,000 × 6 × (1.55% ÷ 12) = 77.5 （元）

（2）銀行也可選擇「利息＝本金×實際天數×日利率」的計息公式，這筆存款的計息期間為 2008 年 5 月 1 日至 11 月 1 日，計息的實際天數為 184 天。

利息 = 10,000 × 184 × (1.55% ÷ 360) = 79.2（元）

由於不同計息公式計算利息存在差異，儲戶在存款時可向銀行諮詢計息方法的相關情況。

三、利息稅的核算

利息稅全稱為「儲蓄存款利息所得個人所得稅」，主要指對個人在中國境內存儲人民幣、外幣的利息所得徵收的個人所得稅。中國自 1999 年 11 月 1 日起，對儲蓄存款利息所得恢復徵收個人所得稅，即從 1999 年 11 月 1 日起在銀行的儲蓄存款產生的利息要交納 20% 的利息個人所得稅。自 2007 年 8 月 15 日起，國務院決定將儲蓄存款利息所得個人所得稅的適用稅率由 20% 調減為 5%。銀行作為代扣代繳義務人，設專戶暫掛，次月 7 日內上繳國庫。其會計分錄為：

借：利息支出或應付利息
　　貸：其他應付款——代收利息所得稅
借：其他應付款——代收利息所得稅
　　貸：待結算財政款項

國務院決定自 2008 年 10 月 9 日起，對儲蓄存款利息所得暫免徵收個人所得稅。

復習思考題

1. 銀行結算帳戶的種類有哪些？
2. 對個人銀行結算帳戶如何進行管理？
3. 教育儲蓄與其他個人儲蓄相比有何不同？
4. 存款的計息規則有哪些？
5. 積數計息法和逐筆計息法分別適用於什麼存款的計息？為什麼？

第三章 貸款業務的核算

本章重點

1. 各種貸款業務核算的基本要求及帳務處理。
2. 銀行貸款利息的計算方法及核算手續。
3. 貸款損失準備的核算。

引導案例

「綠色信貸」常被稱為可持續融資或環境融資,是指銀行在貸款的過程中將項目及其運作公司與環境相關的信息作為考察標準納入審核機制中,並通過該機制作出最終的貸款決定。同時也是環保部門和銀行業聯手抵禦企業環境違法行為,促進節能減排,規避金融風險的重要經濟手段。「綠色信貸」主要包含兩重含義,一是銀行對於綠色、低碳企業應給予信貸資金支持;二是需要關注和防範貸款項目出現環境問題,對於「兩高一剩」的項目不予支持。

《2015年度中國銀行業社會責任報告》顯示,截至2015年年底,銀行業金融機構綠色信貸餘額8.08萬億元;其中,21家主要銀行業金融機構綠色信貸餘額達7.01萬億元,較年初增長16.42%,占各項貸款餘額的9.68%。貸款所支持項目預計可節約標準煤2.21億噸、節約水7.56億噸、減排二氧化碳當量5.50億噸、二氧化硫484.96萬噸、化學需氧量355.23萬噸、氮氧化物227.00萬噸、氨氮38.43萬噸。銀行業金融機構逐步建立健全綠色信貸政策體系,加快綠色金融產品與服務創

第三章　貸款業務的核算

新，著重將信貸業務向綠色產業傾斜，助推傳統產業向綠色轉型。

目前，中國正處於新舊產業和發展動能轉換接續敏感期，著力化解過剩產能和降本增效是結構性改革攻堅階段的重要任務。銀行業金融機構逐步建立健全綠色信貸政策體系，加快綠色金融產品與服務創新，著重將信貸業務向綠色產業傾斜，助推傳統產業綠色轉型。

思考：銀行發展綠色信貸的動力是什麼？銀行發展綠色信貸會遇到哪些困難？

（資料來源：http://roll.sohu.com/20160624/n456120831.shtml．中國經濟網）

第一節　貸款業務概述

一、貸款業務的意義

貸款又稱放款，是金融企業對借款人提供的按約定的利率和期限還本付息的貨幣資金。商業銀行貸款，應當對借款人的借款用途、償還能力、還款方式等情況進行嚴格審查，實行審貸分離、分級審批的制度。

貸款業務的意義在於：①支持生產發展和商品流通；②調節產業結構和產品結構；③增加銀行的收入，提高銀行的經濟效益。

二、貸款業務的種類

(一) 按償還期限不同劃分為短期貸款、中期貸款和長期貸款

短期貸款指貸款期限在 1 年以內（含 1 年）的貸款，中期貸款指貸款期限在 1 年以上（不含 1 年）5 年以下（含 5 年）的貸款，長期貸款，指貸款期限在 5 年（不含 5 年）以上的貸款。

(二) 按保障程度不同劃分為信用貸款、擔保貸款和票據貼現

（1）信用貸款指銀行完全憑藉客戶的信譽而無須提供抵押物或第三者保證而發放的貸款。

（2）擔保貸款是指銀行依據借款人提供的經銀行認可的某種擔保方式，向借款人發放的貸款。根據還款保證的不同又可以分為保證貸款、抵押貸款、質押貸款。

（3）票據貼現是指貸款人以購買借款人未到期商業票據的方式發放的貸款。

(三) 按貸款對象不同可劃分為企業貸款和個人貸款

企業貸款可以具體分為流動資金貸款、固定資產貸款、房地產開發貸款、國內貿易融資、項目貸款、綜合授信等信貸品種。個人貸款業務包含的種類很多，常見

的有個人住房貸款、個人汽車消費貸款、助學貸款、個人定期存單質押貸款、個人旅遊貸款、個人授信業務等。

(四) 按銀行承擔責任不同可劃分為自營貸款和委託貸款

(1) 自營貸款是指貸款人以合法方式籌集的資金自主發放的貸款，其風險由貸款人承擔，並由貸款人收回本金和利息。自營貸款通常自主發放，自主收回。

(2) 委託貸款是指由政府部門、企事業單位及個人等委託人提供資金，由貸款人(即受託人)根據委託人確定的貸款對象、用途、金額、期限、利率等代為發放、監督使用並協助收回的貸款。貸款人(受託人)只收取手續費，不承擔貸款風險。委託貸款通常代理發放，監督使用、協助收回。

(五) 按貸款的質量和風險程度劃分為正常貸款、關注貸款、次級貸款、可疑貸款、損失貸款

(1) 正常貸款是指借款人能夠履行合同，沒有足夠理由懷疑貸款本息不能按時足額償還。

(2) 關注貸款是指儘管借款人目前有能力償還貸款本息，但存在一些可能對償還產生不利影響的因素。

(3) 次級貸款是指借款人的還款能力出現明顯問題，完全依靠其正常經營收入無法足額償還貸款本息，即使執行擔保，也可能會造成一定損失。

(4) 可疑貸款是指借款人無法足額償還貸款本息，即使執行擔保，也肯定要造成較大損失。

(5) 損失貸款是指在採取所有可能的措施或一切必需的法律程序之後，本息仍然無法收回，或只能收回極少部分。

(3)、(4)、(5) 類合稱為不良貸款。

(六) 按其本息是否逾期一定天數可劃分為應計貸款和非應計貸款

非應計貸款是指貸款本金或利息逾期90天沒有收回的貸款。應計貸款是指非應計貸款以外的貸款。

三、貸款的申請、審查與發放

(一) 貸款申請

借款人需要貸款，應當向主辦銀行或者其他銀行的經辦機構直接申請。借款人應當填寫包括借款金額、借款用途、償還能力及還款方式等主要內容的《借款申請書》，並提供銀行所需各項資料。

第三章 貸款業務的核算

(二) 貸款審查

貸款人受理借款人申請後,應當對借款人的信用等級以及借款的合法性、安全性、盈利性等情況進行調查,核實抵押物、質物、保證人情況,測定貸款的風險度。對借款人的信用進行審查通常包括5個方面,也就是所謂的「5C」原則,即:品質(Character)、能力(Capacity)、資本(Capital)、擔保(Collateral)和條件(Condition)。

(三) 貸款發放

所有貸款應當由貸款人與借款人簽訂借款合同。借款合同應當約定借款種類、借款用途、金額、利率、借款期限、還款方式,借、貸雙方的權利、義務、違約責任和雙方認為需要約定的其他事項。貸款人要按借款合同規定按期發放貸款。貸款人不按合同約定按期發放貸款的,應償付違約金。借款人不按合同約定用款的,應償付違約金。

四、會計科目設置

(一)「貸款」科目

「貸款」屬於資產類科目,核算銀行按規定發放的各種客戶貸款,包括質押貸款、抵押貸款、保證貸款、信用貸款等。商業銀行按規定發放的具有貸款性質的銀團貸款、貿易融資、協議透支、信用卡透支、轉貸款以及墊款等,均在本科目核算;也可以單獨設置「銀團貸款」「貿易融資」「協議透支」「信用卡透支」「轉貸款」「墊款」等科目。本科目可按貸款類別、客戶,分別按「本金」「利息調整」「已減值」等進行明細核算。

銀行發放的貸款,應按貸款的合同本金,借記本科目(本金),按實際支付的金額,貸記「吸收存款」「存放中央銀行款項」等科目,有差額的,借記或貸記本科目(利息調整)。

資產負債表日,應按貸款的合同本金和合同利率計算確定的應收未收利息,借記「應收利息」科目,按貸款的攤餘成本和實際利率計算確定的利息收入,貸記「利息收入」科目,按其差額,借記或貸記本科目(利息調整)。合同利率與實際利率差異較小的,也可以採用合同利率計算確定利息收入。

收回貸款時,應按客戶歸還的金額,借記「吸收存款」「存放中央銀行款項」等科目,按收回的應收利息金額,貸記「應收利息」科目,按歸還的貸款本金,貸記本科目(本金),按其差額,貸記「利息收入」科目。存在利息調整餘額的,還應同時結轉。本科目期末借方餘額,反映企業按規定發放尚未收回貸款的攤餘成本。

(二)「貸款損失準備」科目

「貸款損失準備」核算銀行貸款的減值準備。計提貸款損失準備的資產包括貼現資產、拆出資金、客戶貸款、銀團貸款、貿易融資、協議透支、信用卡透支、轉貸款和墊款等。本科目可按計提貸款損失準備的資產類別進行明細核算。

資產負債表日，貸款發生減值的，按應減記的金額，借記「資產減值損失」科目，貸記本科目。對於確實無法收回的各項貸款，按管理權限報經批准后轉銷各項貸款，借記本科目，貸記「貸款」「貼現資產」「拆出資金」等科目。已計提貸款損失準備的貸款價值以后又得以恢復，應在原已計提的貸款損失準備金額內，按恢復增加的金額，借記本科目，貸記「資產減值損失」科目。本科目期末貸方餘額，反映企業已計提但尚未轉銷的貸款損失準備。

(三)「應收利息」科目

「應收利息」屬於資產類科目，核算銀行對交易性金融資產、持有至到期投資、可供出售金融資產、發放貸款、存放中央銀行款項、拆出資金、買入返售金融資產等應收取的利息。本科目可按借款人進行明細核算。

銀行發放的貸款，應於資產負債表日按貸款的合同本金和合同利率計算確定的應收未收利息，借記本科目，按貸款的攤餘成本和實際利率計算確定的利息收入，貸記「利息收入」科目，按其差額，借記或貸記「貸款——利息調整」科目。應收利息實際收到時，借記「銀行存款」「存放中央銀行款項」等科目，貸記本科目。本科目期末借方餘額，反映企業尚未收回的利息。

(四)「利息收入」科目

本科目核算銀行確認的利息收入，包括發放的各類貸款（銀團貸款、貿易融資、貼現和轉貼現融出資金、協議透支、信用卡透支、轉貸款、墊款等）、與其他金融機構（中央銀行、同業等）之間發生資金往來業務、買入返售金融資產等實現的利息收入等。本科目可按業務類別進行明細核算。

資產負債表日，銀行應按合同利率計算確定的應收未收利息，借記「應收利息」等科目，按攤餘成本和實際利率計算確定的利息收入，貸記本科目，按其差額，借記或貸記「貸款——利息調整」等科目。實際利率與合同利率差異較小的，也可以採用合同利率計算確定利息收入。期末，應將本科目餘額轉入「本年利潤」科目，結轉后本科目無餘額。

(五)「逾期貸款」科目

「逾期貸款」是資產類科目，用以核算銀行發放的因借款人原因不能按期歸還的貸款。發生逾期貸款時，記入借方；收回逾期貸款及符合從貸款損失準備帳戶中

轉銷時，記入貸方；餘額在借方，表示尚未收回逾期貸款的數額。本科目可按貸款單位進行明細分類核算。

(六)「非應計貸款」科目

「非應計貸款」是資產類科目，用以核算銀行發放的本金或利息逾期90天沒有歸還的貸款。發生非應計貸款時，記入借方；收回非應計貸款及從貸款損失準備帳戶中轉銷時，記入貸方；餘額在借方，表示尚未收回非應計貸款的數額。本科目可按貸款單位進行明細分類核算。

(七)「應交稅費——應交增值稅」科目

「應交稅費——應交增值稅」是負債類科目，核算金融企業按照稅法規定計算應交納的增值稅。增值稅一般納稅人在「應交稅費——應交增值稅」明細帳內設置「進項稅額」「銷項稅額」「減免稅款」「進項稅額轉出」「已交稅金」「轉出未交增值稅」「轉出多交增值稅」等專欄，小規模納稅人不需要設置上述專欄。

「進項稅額」專欄，記錄金融企業購入貨物或接受勞務而支付的、按規定準予抵扣的進項稅額。金融企業購入貨物或接受勞務支付的進項稅額，用藍字登記；退回時應衝銷進項稅額，用紅字登記。「銷項稅額」專欄，記錄金融企業銷售貨物或提供勞務應收取的增值稅。「減免稅款」專欄，記錄金融企業按規定享受直接減免的增值稅款。「進項稅額轉出」專欄，核算金融企業購進的貨物發生非正常損失，以及將購進的貨物改變用途（如用於非應稅項目、集體福利或個人消費等），其進項稅額不應從銷項稅額中抵扣，按規定轉出的進項稅額。「已交稅金」專欄，記錄金融企業已交納的當月應交增值稅額。「轉出未交增值稅」專欄，記錄金融企業月終轉出應交未交的增值稅。「轉出多交增值稅」專欄，記錄金融企業月終轉出多交的增值稅。

第二節　企業貸款業務的核算

一、信用貸款的核算

信用貸款是憑藉借款人的信譽發放的貸款。其特徵就是債務人無須提供抵押品或第三方擔保僅憑自己的信譽就能取得貸款，並以借款人信用程度作為還款保證。信用貸款通常逐筆申請立據、逐筆審核、確定期限、到期歸還。

借款人申請信用貸款時，應向開戶銀行提交借款申請書，申請書上必須填寫借款金額、借款用途、償還能力和還款方式等內容，並向銀行提供相關資料。銀行信貸部門應按照審貸分離、分級審批的貸款管理制度進行貸款的審批。經審批同意貸款后，銀行（貸款人）應與借款人簽訂借款合同。

(一) 發放貸款的核算

借款合同簽訂后，借款人需要用款時，應填寫一式五聯借款借據，送信貸部門審批。其中第一聯為借方憑證，加蓋借款人預留銀行印鑒，送交信貸部門審核同意后，核定借款金額；第二聯為貸方憑證，作為銀行會計部門入帳的依據；第三聯為回單，加蓋轉訖章后退給借款人，作為其入帳的依據；第四聯為放款記錄，加蓋轉訖章后送信貸部門留存；第五聯為到期卡，由會計部門留存，按到期日排列保管，據以到期收回貸款。

會計部門收到借款憑證后，應認真審查信貸部門的審批意見，審核憑證各內容填寫是否正確、完整，大小寫金額是否一致，印鑒是否相符等。審核無誤后，以第一、第二聯借款憑證分別代替借方憑證和貸方憑證，辦理轉帳。會計分錄為：

借：貸款——短期貸款（單位貸款戶）——本金
　　貸：吸收存款——活期存款（單位存款戶）——本金
借或貸：貸款——利息調整

會計部門對保管的借據定期檢查，並與各科目分戶帳核對，以保證帳據相符。

[例3-1] 工商銀行××支行收到信貸部門轉來廈禾商場借款憑證一份，準予貸款，金額為100,000元，期限6個月，年利率為4.35%。經審核無誤后，予以轉帳。

借：貸款——短期貸款（廈禾商場）——本金　　　100,000
　　貸：吸收存款——活期存款（廈禾商場）——本金　　　100,000

資產負債表日，確認應收未收利息和利息收入。會計分錄為：

借：應收利息　　　（貸款的合同本金×合同利率）
　　貸：利息收入　　　（貸款的攤餘成本×實際利率）
借或貸：貸款——利息調整　　　（差額）

實際利率與合同利率差異較小的，也可以採用合同利率計算確定利息收入。

(二) 貸款收回的核算

1. 貸款到期收回

貸款到期，借款單位主動歸還貸款，應簽發轉帳支票並填制一式四聯的還款憑證辦理還款手續。銀行會計部門收到借款人提交的還款憑證和轉帳支票后，抽出留存的到期卡進行核對，審核無誤后於貸款到期日辦理收回貸款的轉帳手續。以轉帳支票代替轉帳借方傳票，以第一聯還款憑證作為其附件；以第二聯還款憑證代替轉帳貸方傳票入帳；第三聯還款憑證代轉交信貸部門核銷原放款記錄；第四聯還款憑證加蓋轉訖章后作為回單還給借款人作為歸還貸款的依據。會計分錄為：

借：吸收存款——活期存款（單位存款戶）——本金
　　貸：貸款——短期貸款（單位貸款戶）——本金
　　　　利息收入或應收利息

(三) 應計貸款轉非應計貸款

1. 基本規定

當應計貸款轉為非應計貸款時，應將已入帳的利息收入和應收利息予以衝銷。「已入帳的利息收入和應收利息」是指應收未收但已入帳的利息，而不是指已經實際收回的利息予以衝銷。從應計貸款轉為非應計貸款后，在收到該筆貸款的還款時，首先應衝減本金；本金全部收回后，再收到的還款則確認為當期利息收入。非應計貸款只包括以下六種：

（1）本金未逾期，應收利息已超過 90 天未收回的貸款；

（2）本金逾期但未超過 90 天，應收利息已超過 90 天未收回的貸款；

（3）本金逾期 90 天，利息正常的貸款；

（4）本金逾期 90 天，應收利息未超過 90 天的貸款；

（5）本金逾期 90 天，應收利息超過 90 天的貸款；

（6）貸款雖然未到期或逾期不滿 90 天但生產經營已停止、項目已停建的貸款。這種貸款系統不能自動轉為非應計貸款，需要使用人工交易操作。

2. 非應計貸款的結轉

非應計貸款的判斷標準主要是貸款本金或表內利息逾期 90 天沒有收回，此外，還可以該貸款能否為銀行帶來實際可能收回的利息作為判斷標準之一，而不僅是貸款逾期與否。

（1）系統自動結轉。當貸款本金或利息逾期 90 天尚未收回，系統會自動將逾期貸款本金轉入非應計貸款，非應計貸款產生的利息直接記入「未收貸款利息收入」並將已入帳的利息收入和應收利息予以衝銷，原貸款積數清空。

（2）手工結轉。若遇特殊情況如貸款逾期未滿 90 天或雖未逾期但生產已停止、項目已停建的貸款等應計貸款需要轉為非應計貸款時，櫃員應在接到信貸部門的有關書面資料經審核無誤后，將貸款轉為非應計貸款，結轉為非應計貸款后貸款帳號不變。會計分錄為：

借：非應計貸款
　　貸：逾期貸款
借：利息收入
　　貸：應收利息
收入：未收貸款利息

銀行發放貸款后，自結息日起 90 天內發生的應收未收利息按現行規定繳納增值稅，但自結息日起 90 天后發生的應收未收利息暫不繳納增值稅，待實際收到利息時按規定繳納增值稅。

［例 3-4］前述工商銀行××支行向廈禾商場發放的六個月貸款，本息逾期已 90 天，但廈禾商場仍無款歸還，銀行系統自動結轉為非應計貸款。

第三章　貸款業務的核算

[例3-2] 工商銀行××支行2016年6月30日收到廈禾商場提交的還款憑證和轉帳支票一張，金額為102,175元，其中100,000元為歸還6個月期限的貸款，2,175元為支付的貸款利息（利隨本清）。經審核無誤后，予以轉帳。

借：吸收存款——活期存款（廈禾商場）——本金　　　　102,175
　　貸：貸款——短期貸款（廈禾商場）——本金　　　　　100,000
　　　　利息收入　　　　　　　　　　　　　　　　　　　　2,175

「營改增」后銀行以提供貸款服務取得的全部利息及利息性質的收入為銷售額。通常情況下利息收入是含稅收入，需要將含稅收入還原並計算增值稅銷項稅額。

增值稅銷項稅額 = 含稅收入金額 - 不含稅收入金額
　　　　　　　 = 收到的收入 - 收到的收入/(1 + 稅率)

納稅人購進貸款服務的進項稅額不得抵扣；同時，納稅人接受貸款服務向貸款方支付的與該筆貸款直接相關的投融資顧問費、手續費、諮詢費等費用，其進項稅額亦不得從銷項稅額中抵扣。

承前例，假設其餘條件不變，金融服務適用增值稅稅率為6%，會計分錄為：

借：吸收存款——活期存款（廈禾商場）——本金　　　　102,175
　　貸：貸款——短期貸款（廈禾商場）——本金　　　　　100,000
　　　　利息收入　　　　　　　　　　　　　　　　　　　　2,052
　　　　應交稅費——應交增值稅（銷項稅額）　　　　　　　　123

實務中，銀行對於每日大量生成的業務，如貸款利息收入、手續費及佣金收入等業務，可於每日日終在總帳層面按稅收政策進行批處理價稅分離，即由系統對每日未價稅分離收入的發生額匯總進行價稅分離會計處理。需要注意的是，系統每日帳戶發生額中若既包含未價稅分離的也包含已價稅分離的金額，為避免批處理重複價稅分離，需將已價稅分離的發生額予以剔除。

每日收到貸款利息收入時：

借：吸收存款——活期存款——本金
　　貸：利息收入

每日日終系統批處理價稅分離時：

借：利息收入
　　貸：應交增值稅——應交增值稅（銷項稅額）

假設本章例題中利息收入的增值稅會計處理均採用批處理價稅分離，后文不再贅述。

2. 貸款展期

貸款展期是指借款人因特殊原因不能按期歸還貸款申請延期。借款人因故不能歸還貸款時，可向信貸部門提交一式三聯的「貸款展期申請書」，寫明展期原因，銀行信貸部門視具體情況決定是否展期。根據規定展期只限一次，一般不辦理轉帳手續。短期貸款不得超過原貸款期限；中長期貸款不得超過原貸款期限的一半；長

期貸款不得超過3年。貸款展期的具體內容如下：

（1）銀行會計部門接到信貸部門移送的展期合同后，應審核貸款是否將到期，展期合同上有無按信貸管理要求逐級審批，簽章是否完整等。

（2）審查無誤後使用「辦理貸款展期」交易，系統自動更改貸款到期日、借據號和展期金額，不改變原先的貸款帳號，不產生會計分錄，貸款繼續在原貸款帳戶按新利率計息。

（3）抽出原專類保管的借款借據第四聯，加註展期日期及展期金額，同時將展期合同附在借款借據后面一併保管。

（4）登記展期登記簿，按事先設定的展期金額進行順延，改變貸款戶到期日等相關信息，並進行相關計息處理。展期部分按展期利率計息，逾期部分按罰息比率計息。

3. 逾期貸款

逾期貸款是指借款人因到期（含展期後到期）不能歸還的貸款，銀行應將其轉入該單位的逾期貸款帳戶。銀行會計部門在貸款到期日營業終了前，根據原借據，分別編制特種轉帳借方、貸方傳票辦理轉帳。對該貸款帳戶前一計息日至到期日止的利息區分以下兩種情況分別處理（利率按原貸款利率）：扣息帳戶有餘額，則直接扣收；如原扣息帳戶餘額不夠扣息，則系統會自動開設相應的欠息帳戶。到期貸款轉入逾期貸款帳戶后，借據上批註「某年某月某日轉入逾期貸款」另行保管，加強催收。除按規定利率計息外，還應按實際逾期天數和人民銀行規定的罰息率計收罰息。會計分錄為：

借：逾期貸款——單位逾期貸款戶

　　貸：貸款——短期貸款（單位貸款戶）——本金

借：吸收存款——活期存款（原貸款戶的扣息戶）——本金

　　　應收利息

　　貸：利息收入

每日日終系統批處理價稅分離：

借：利息收入

　　貸：應交增值稅——應交增值稅（銷項稅額）

[例3-3] 工商銀行××支行發放廈禾商場的6個月貸款已到期，本息合計為102,175元，廈禾商場無款歸還，原扣息帳戶餘額不夠扣息，經審核后予以轉帳。

借：逾期貸款——廈禾商場　　　　　　　　　　100,000

　　貸：貸款——短期貸款（廈禾商場）——本金　　100,000

借：應收利息　　　　　　　　　　　　　　　　　2,175

　　貸：利息收入　　　　　　　　　　　　　　　　2,175

金融企業會計

  借：非應計貸款   100,000
   貸：逾期貸款   100,000
  借：利息收入   2,175
   貸：應收利息   2,175
  收入：未收貸款利息

二、擔保貸款的核算

  擔保貸款根據還款保證的不同可以分為保證貸款、抵押貸款和質押貸款。商業銀行應當對保證人的償還能力、抵押物、質物的權屬和價值以及實現抵押權、質權的可行性進行嚴格審查。借款人應當按期歸還擔保貸款的本金和利息。借款人到期不歸還擔保貸款的，商業銀行依法享有要求保證人歸還貸款本金和利息或者就該擔保物優先受償的權利。

（一）保證貸款的核算

  保證貸款是指按《中華人民共和國擔保法》（以下簡稱《擔保法》）規定的保證方式以第三人承諾在借款人不能償還貸款時，按約定承擔一般保證責任或者連帶責任而發放的貸款。《擔保法》規定具有代為清償債務能力的法人、其他組織或者公民，可以作為保證人。保證人和債權人約定，當債務人不能履行債務時，保證人按照約定履行或者承擔債務。國家機關、以公益為目的事業單位和社會團體，以及企業法人的分支機構和職能部門，不得擔當保證人，或只能在一定條件下擔當保證人。

  法律規定保證人與貸款銀行要以書面形式訂立保證合同。保證合同包括以下內容：被保證的主債權種類、數額；債務人履行債務的期限；保證的方式；保證擔保的範圍；保證的期間；雙方認為需要約定的其他事項。在實際執行中，若發現保證合同不完全具備規定內容的可以補正。

  1. 貸款發放的處理
  借：貸款——保證貸款（單位貸款戶）——本金
   貸：吸收存款——活期存款（單位存款戶）——本金
  收入：代保管有價值品——××單位戶
  2. 貸款收回的處理
  借：吸收存款——活期存款（單位存款戶）——本金
   貸：貸款——保證貸款（單位貸款戶）——本金
     利息收入或應收利息
  付出：代保管有價值品——××單位戶
  每日日終系統批處理價稅分離：

第三章　貸款業務的核算

借：利息收入
　　貸：應交增值稅——應交增值稅（銷項稅額）

3. 貸款到期不能收回的處理

貸款到期如借款人無力償還，直接向保證人收取，保證人承擔保證責任的期間為借款合同履行期屆滿，貸款本息未受清償之時起兩年。

借：吸收存款——活期存款（保證人戶）——本金
　　貸：貸款——保證貸款（單位貸款戶）——本金
　　　　利息收入或應收利息

（二）抵押貸款的核算

抵押貸款是指按《擔保法》規定的抵押方式以借款人或第三人的財產作為抵押物發放的貸款。《擔保法》規定下列財產可以抵押：抵押人所有的房屋和其他地上定著物；抵押人所有的機器、交通運輸工具和其他財產；抵押人依法有權處分的國有的土地使用權、房屋和其他地上定著物；抵押人依法有權處分的國有的機器、交通運輸工具和其他財產；抵押人依法承包並經發包方同意抵押的荒山、荒溝、荒丘、荒灘等荒地的土地使用權；依法可以抵押的其他財產。

商業銀行辦理抵押貸款，首先應確認抵押物的所有權或經營權，借款人只有擁有對財產的所有權，才可以作為抵押人向銀行申請抵押貸款。抵押物一般為具有變賣價值和可以轉讓的物品。抵押貸款的額度，以抵押物的現值為基數，乘以雙方確定的抵押率，抵押率通常掌握在50%~70%的幅度。抵押貸款中，流動資金貸款最長不超過1年，固定資產貸款一般為1~3年，最長不超過5年。抵押貸款到期歸還，一般不能展期。

1. 貸款發放

借款人申請抵押貸款時，應向銀行提交「抵押貸款申請書」，寫明借款金額、借款用途、還款日期、抵押品名稱、數量、價值、所有權權屬或者使用權權屬、存放地點等有關事項，經信貸部門審批同意後，簽訂抵押貸款合同，並將有關抵押品或抵押品產權證明移交銀行，經審核無誤後，簽發「抵押品保管證」一式兩聯，一聯交借款人，另一聯留存銀行。

借款人使用貸款時，由信貸部門根據確定的貸款額度，填寫一式五聯的借款憑證，簽字後加蓋借款人的預留印鑒，送信貸部門審批。會計部門接到信貸部門轉來的有關單證，經審核無誤後辦理轉帳。會計分錄為：

借：貸款——抵押貸款（單位貸款戶）——本金
　　貸：吸收存款——活期存款（單位存款戶）——本金
收入：代保管有價值品——××單位戶

［例3-5］工商銀行××支行2016年7月1日收到信貸部門轉來南方建材公司

61

借款憑證一份及抵押貸款的有關單證，南方建材公司用一套房產作為抵押品，評估價值500,000元。銀行準予貸款，貸款金額為300,000元，期限1年，年利率為6.09%。經審查無誤後，予以轉帳。

借：貸款——抵押貸款（南方建材）——本金　　　　　　300,000
　　貸：吸收存款——活期存款（南方建材）——本金　　　　　　300,000
收入：代保管有價值品——南方建材　　500,000

2. 貸款歸還

抵押貸款到期，借款人應主動向銀行提交還款憑證，連同簽發的轉帳支票和銀行出具的「抵押品保管證」辦理還款手續。會計分錄為：

借：吸收存款——活期存款（單位存款戶）——本金
　　貸：貸款——抵押貸款（單位貸款戶）——本金
　　　　利息收入——抵押貸款利息戶
付出：代保管有價值品——××單位戶

每日日終系統批處理價稅分離：

借：利息收入
　　貸：應交增值稅——應交增值稅（銷項稅額）

[例3-6] 2017年7月1日，工商銀行××支行收到南方建材公司提交的還款憑證和轉帳支票一張，金額為318,270元，其中300,000元為歸還1年期限的貸款，18,270元為支付貸款利息（利隨本清）。經審核無誤後，予以轉帳。假設利息每半年計提一次。

借：吸收存款——活期存款（南方建材）——本金　　　　　318,270
　　貸：貸款——抵押貸款（南方建材）——本金　　　　　　300,000
　　　　利息收入　　　　　　　　　　　　　　　　　　　　　9,135
　　　　應收利息　　　　　　　　　　　　　　　　　　　　　9,135
付出：代保管有價值品——南方建材　　500,000

3. 貸款到期不能收回的處理

抵押貸款到期不能收回時，商業銀行因行使抵押權而取得的不動產或者股權，應當自取得之日起二年內予以處分。銀行設置「抵債資產」科目，核算依法取得並準備按有關規定進行處置的實物抵債資產的成本。抵債資產不計提折舊或攤銷，發生減值時，單獨設置「抵債資產跌價準備與資產減值損失」科目進行核算。「抵債資產」可按抵債資產類別及借款人進行明細核算。該科目期末借方餘額，反映企業取得的尚未處置的實物抵債資產的成本。

（1）企業取得抵債資產，應按其公允價值入帳。

借：抵債資產
　　貸款損失準備
　　貸：貸款——抵押貸款（單位戶）——本金
　　　　應收利息

第三章 貸款業務的核算

　　利息收入
　　其他應收款
　　應交稅費
如為借方差額，借記「營業外支出」科目。如為貸方差額，貸記「資產減值損失」科目。

[例3-7] 假設南方建材公司未能按時歸還上述銀行貸款，銀行將其抵押的房產作為抵債資產入帳，該房產的公允價值為480,000元。抵押貸款金額300,000元，利息18,270元，已計提的貸款損失準備75,000元。暫不考慮稅費因素。

　借：抵債資產　　　　　　　　　　　　　　　　480,000
　　　貸款損失準備　　　　　　　　　　　　　　 75,000
　　貸：貸款——抵押貸款（南方建材）　　　　　 300,000
　　　　應收利息　　　　　　　　　　　　　　　　9,135
　　　　利息收入　　　　　　　　　　　　　　　　9,135
　　　　資產減值損失　　　　　　　　　　　　　 236,730

(2) 抵債資產保管期間取得收入。
　借：庫存現金、銀行存款或存放中央銀行款項
　　貸：其他業務收入
　　　　保管期間發生的費用
　借：其他業務成本
　　貸：庫存現金、銀行存款或存放中央銀行款項

(3) 出售抵押物。
　借：庫存現金、銀行存款或存放中央銀行款項
　　　抵債資產跌價準備
　　貸：抵債資產
　　　　應交稅費
處置抵債資產時若有差額計入營業外收支。

(三) 質押貸款的核算

　　質押貸款是指按《擔保法》規定的質押方式以借款人或第三人的動產或權利作為質物發放的貸款。動產質押，是指債務人或者第三人將其動產移交債權人佔有，將該動產作為債權的擔保。《擔保法》規定下列權利可以質押：匯票、支票、本票、債券、存款單、倉單、提單；依法可以轉讓的股份、股票；依法可以轉讓的商標專用權、專利權、著作權中的財產權；依法可以質押的其他權利。

　　法律規定出質人和貸款銀行要以書面形式訂立質押合同。質押合同自質物移交於質權人佔有時生效。質押合同應當包括以下內容：被擔保的主債權種類、數額；債務人履行債務的期限；質物的名稱、數量、質量、狀況；質押擔保的範圍；質物

移交的時間；當事人認為需要約定的其他事項。在實際執行中若發現質押合同不完備，可以補正。

質押與抵押相比，最大的特點是質物必須移交給銀行佔有。抵押的基本特徵是轉移抵押物的所有權而不轉移其佔有權，質押則要將質押品或權利憑證轉移給質權人，在質押期內，出質人不能佔有、使用質物。質押貸款的發放和收回與抵押貸款基本相同，質押貸款的核算與抵押貸款也基本相同。

第三節 個人貸款業務的核算

個人貸款，是指貸款人向符合條件的自然人發放的用於個人消費、生產經營等用途的本外幣貸款。貸款人應建立有效的個人貸款全流程管理機制，制定貸款管理制度及每一貸款品種的操作規程，明確相應貸款對象和範圍，實施差別風險管理，建立貸款各操作環節的考核和問責機制。隨著社會的進步和個人徵信體系的不斷完善，個人貸款業務蓬勃發展。目前商業銀行的個人貸款業務主要包括：個人住房貸款、個人商用房貸款、個人住房裝修貸款、個人汽車消費貸款、助學貸款、個人保單權利質押貸款、個人定期存單質押貸款、個人旅遊貸款、個人授信業務、住房公積金委託貸款等。

一、個人貸款業務

(一) 個人住房貸款

個人住房貸款是指向借款人發放的用於購買自用普通住房的貸款。借款人年齡與借款期限之和最長不超過70周歲；貸款期限最長30年；貸款利率執行中國人民銀行頒布的住房貸款利率；擔保方式有：抵押（抵押率不超過80%）、質押、保證。

(二) 個人商用房貸款

個人商用房貸款是指向借款人發放的用於購買商業用房的貸款。借款人年齡與借款期限之和最長不超過65周歲；貸款期限最長10年；貸款利率執行中國人民銀行頒布的期限貸款利率，可在規定範圍內上下浮動；擔保方式有：抵押（抵押率不超過60%）、質押、第三人連帶責任保證。

(三) 個人住房裝修貸款

個人住房裝修貸款是指向借款人發放的用於裝修個人住房的貸款。借款人年齡與借款期限之和最長不超過60周歲；貸款金額不超過裝修預算的70%，且最高金

第三章 貸款業務的核算

額不超過 50 萬元；貸款期限最長 5 年；借款利率執行中國人民銀行頒布的期限貸款利率，可在規定範圍內上下浮動；擔保方式有：抵押、質押、第三人連帶責任保證。

(四) 個人汽車消費貸款

個人汽車消費貸款是指向借款人發放的用於購買汽車的貸款。借款人年齡與借款期限之和最長不超過 55 周歲；貸款期限最長 5 年，其中法人借款期限最長 3 年，營運車貸款期限最長 2 年；借款利率執行中國人民銀行頒布的期限貸款利率，可在規定範圍內上下浮動；擔保方式有：抵押、質押、保證。

(五) 助學貸款

助學貸款是指以幫助高等學校中經濟確實有困難的全日制本科、專科和研究生支付在校期間的學費和日常生活費為目的而發放的貸款，分為國家助學貸款（國家助學貸款借款人在校期間只還息）和商業性助學貸款。國家助學貸款利息收入免徵增值稅。借款利率執行中國人民銀行頒布的期限貸款利率，不上浮；貸款期限最長不超過學生畢業后 4 年；貸款方式：信用或保證。

(六) 個人保單權利質押貸款

個人保單權利質押貸款是指借款人以保險公司簽發的保單作質押，而向銀行申請的一定金額的貸款。貸款金額起點為 1,000 元；貸款期限最長 5 年，但不超過保單保險期限；貸款利率執行中國人民銀行頒布的期限貸款利率，可在規定範圍內上下浮動；擔保方式：質押（質押率不超過 90%）。

(七) 個人定期存單質押貸款

個人定期存單質押貸款是指借款人以銀行簽發的未到期的個人本外幣定期儲蓄存單設置質押，從銀行取得一定金額的貸款。貸款金額起點為 1,000 元；貸款期最長 1 年且不得超過存單到期日；擔保方式：質押。

(八) 旅遊貸款

旅遊貸款是指本行向借款人發放的專門用於旅遊消費的貸款。貸款期限一般為一年，貸款金額不超過旅遊公司規定費用的 70%，且最高 2 萬元。貸款方式：質押或保證。

二、個人貸款業務的核算

(一) 分期還本付息貸款的核算

分期還本付息貸款包括個人住房貸款、個人住房裝修貸款、個人汽車消費貸款、

個人旅遊貸款等品種。

1. 貸款帳戶的開立

業務部門受理借款人按揭貸款申請，經審核同意后，向會計部門提交經批准的借款合同（副本）、借款借據和指標單時，櫃員認真審查貸款資料的完整性、合規性、一致性。櫃員將借款借據第一、二聯加蓋轉訖章及經辦員名章后作為該筆交易流水傳票，第三聯作為借款人回單，第四聯交業務部門作為貸款統計卡，第五聯借據與借款合同（副本）及「分期付款本息償還明細表」一併由會計部門專夾保管。指標單加蓋公章后，其中第一聯由會計部門專夾保管，第二聯匯總作為印花稅計稅依據或傳票附件，第三聯作為借款人回單，第四聯交計劃部門，第五聯交業務部門。如需劃轉貸款資金，櫃員應補制一借兩貸特種轉帳傳票，其中一借一貸作為傳票，另外一張貸方傳票作為開發商或委託收款單位回單。會計分錄為：

借：貸款——個人住房貸款、個人住房裝修貸款、個人汽車消費貸款
　　　　或個人旅遊貸款——本金

貸：清算資金往來

收入：代保管有價值品——個人戶

[例3-8] 工商銀行××支行收到信貸部門轉來張玲的借款憑證一份，準予對其發放個人汽車消費貸款，金額為100,000元，期限3年，採用等額本金還款方式，年利率為4.75%。經審核無誤后，予以轉帳。

借：貸款——個人汽車消費貸款（張玲）——本金　　　　100,000

　貸：清算資金往來　　　　　　　　　　　　　　　　　100,000

收入：代保管有價值品——張玲

2. 貸款每月批處理

（1）正常貸款扣收本息的會計分錄

借：吸收存款——活期儲蓄存款——本金

　貸：貸款——個人住房貸款、個人住房裝修貸款、個人汽車消費貸款
　　　　或個人旅遊貸款——本金

借：吸收存款——活期儲蓄存款——本金

　貸：利息收入

（2）信用貸款轉逾期、表內欠息的會計分錄

借：逾期貸款

　貸：貸款——個人住房貸款、個人住房裝修貸款、個人汽車消費貸款
　　　　或個人旅遊貸款——本金

借：應收利息

　貸：利息收入

（3）每日日終系統批處理價稅分離：

借：利息收入

　貸：應交增值稅——應交增值稅（銷項稅額）

第三章　貸款業務的核算

（4）逾期貸款轉非應計、表外欠息的會計分錄
借：非應計貸款
　貸：逾期貸款
借：利息收入
　貸：應收利息
收入：未收貸款利息

（5）抵押、質押、保證貸款的會計分錄：

抵押、質押、保證等方式的個人貸款業務與前述抵押、質押、保證的企業貸款業務基本相同，會計處理亦基本相似，此處略。

[例3-9] 沿用前例，張玲按期償還個人汽車消費貸款，採用等額本金還款方式，第一個月償還3,173.58元，其中應還本金2,777.78元，利息395.8元。

借：吸收存款——活期儲蓄存款（張玲）——本金　　　　3,173.58
　貸：貸款——個人汽車消費貸款（張玲）——本金　　　2,777.78
　　　利息收入　　　　　　　　　　　　　　　　　　　　395.8

3. 貸款全部提前歸還的核算

借款人提前歸還全部貸款，應經業務部門審批並出具「提前還貸通知書」，櫃員應確認借款人已還清所有貸款和利息後，打印計息單，櫃員將還款憑證和計息單第一、二聯加蓋轉訖章作為該筆交易流水傳票，提前還款通知書、借款合同及指標單作為附件，還款憑證及計息單回單聯交給客戶。有抵(質)押物的，按有關規定辦理抵(質)押物的出庫手續，櫃員進行抵(質)押物的出庫核算和憑證的解質押。會計分錄同正常貸款扣收本息。

此外，付出：代保管有價值品——個人戶

4. 貸款到期全部歸還的核算

貸款的最後一期還款通常採用手工處理，櫃員填制計息單，其他手續基本同借款人提前歸還全部貸款，會計分錄同上。

[例3-10] 沿用前例，張玲按期償還個人汽車消費貸款，最后一個月償還2,788.77元，其中應還本金2,777.78元，利息10.99元。

借：吸收存款——活期儲蓄存款（張玲）——本金　　　　2,788.77
　貸：貸款——個人汽車消費貸款（張玲）——本金　　　2,777.78
　　　利息收入　　　　　　　　　　　　　　　　　　　　10.99
付出：代保管有價值品——張玲

(二) 有價單證質押貸款的核算

1. 貸款發放

銀行審核一式五聯「借款借據」、借款合同和貸款審批表等相關資料以及審批部門及有權審批人的公章和私章，同時核對借款人在預留印鑒處的簽字或確認。借

款借據第一、二聯作為該筆交易流水傳票；第三聯借據回單交借款人；第四聯作為貸款統計卡；第五聯隨合同、申請審批表專夾保管，貸款結清后加蓋「註銷」戳記作憑證附件。櫃員開立一式三聯「代保管收據——質押物」，加蓋公章及經辦人私章，一聯交借款人作為回單，在貸款結清后憑以取回質物，一聯作為表外收入傳票的附件，一聯留底。會計分錄為：

　　借：貸款——個人短期質押貸款——本金
　　　貸：吸收存款——活期儲蓄存款——本金
　　　　　或庫存現金
　　收入：代保管有價值品——個人戶

2. 貸款展期

櫃員使用此交易辦理貸款展期應於貸款到期日前辦理，不得於貸款到期日后辦理。其手續基本同企業貸款展期。

3. 貸款償還

借款人到期或提前償還貸款本息時，應提交代保管質押物收據。抽出留存的第四、五聯借款借據、貸款合同及代保管質押物收據留底聯核對無誤后，由借款人填寫還款所需憑證。櫃員在還款憑證、計息單上加蓋轉訖章，計息單第一、二聯、還款憑證作為該筆交易流水傳票，借款借據第五聯註明還款日期、還款金額，加蓋「結清」章后與代保管質押物收據一起作為傳票附件，計息單、還款憑證回單聯退借款人。會計分錄為：

　　借：吸收存款——活期儲蓄存款——本金
　　　　或庫存現金
　　　貸：貸款——個人短期質押貸款——本金
　　　　　利息收入
　　付出：代保管有價值品——個人戶

貸款結清后辦理貸款戶銷戶，櫃員對存單進行解質押處理。若非本行簽發的存單，應及時向存單簽發機構發出《解除個人定期儲蓄存單質押通知書》。若借款人要求用質押物抵償貸款，櫃員應先對質押物進行出庫並解質押，結清質押物后再進行貸款償還手續。

第四節　票據貼現業務的核算

一、票據貼現的概念與特點

票據貼現是指借款人將未到期商業票據（銀行承兌匯票或商業承兌匯票）轉讓給銀行，取得扣除貼現利息后的資金，即銀行以購買借款人未到期商業票據的方式

第三章 貸款業務的核算

發放的貸款。商業銀行把票據轉讓給同行稱作轉貼現，把票據轉讓給中央銀行稱作再貼現。採用貼現方式貸款，銀行在貼現時要扣除利息，因此並不是按票面金額全部貼現的。貼現既是一項票據轉讓行為，又是一項融通資金的業務。票據貼現與一般貸款相比有如下特點：

(一) 信用關係涉及的當事人不同

一般貸款涉及銀行、借款人、保證人之間的關係。票據貼現則涉及貼現銀行、貼現申請人、承兌人、背書人、出票人的關係。

(二) 期限不同

一般貸款的期限較長。票據貼現的期限較短，最長6個月。

(三) 利息扣收方式不同

一般貸款是先發放貸款本金，貸款到期利隨本清或按定期計收利息。票據貼現是在貼現業務發生時預先扣收利息，貼現申請人得到的貸款是票面金額扣除利息后的淨額，其實際利率要比名義利率（即貼現率）略高。

(四) 資金週轉效率不同

一般貸款通常到期歸還。而票據貼現后，貼現行可將票據進行轉貼現或向人民銀行申請再貼現，從而實現資金的迅速回籠。

二、會計科目設置

設置「貼現資產」科目，屬於資產類，核算銀行辦理商業票據的貼現、轉貼現等業務所融出的資金。銀行買入的即期外幣票據，也通過本科目核算。本科目可按貼現類別和貼現申請人進行明細核算。

銀行辦理貼現時，按貼現票面金額，借記「貼現資產」（面值），按實際支付的金額，貸記「存放中央銀行款項」「吸收存款」等科目，按其差額，貸記「貼現資產」（利息調整）。資產負債表日，按計算確定的貼現利息收入，借記「貼現資產」（利息調整），貸記「利息收入」科目。貼現票據到期，應按實際收到的金額，借記「存放中央銀行款項」「吸收存款」等科目，按貼現的票面金額，貸記「貼現資產」（面值），按其差額，貸記「利息收入」科目。存在利息調整金額的，也應同時結轉。「貼現資產」期末借方餘額，反映銀行辦理的貼現、轉貼現等業務融出的資金。

三、票據貼現業務的核算

(一) 貼現銀行辦理貼現的會計分錄

貼現利息 = 貼現金額 × 貼現天數 × 月貼現率/30
實付貼現金額 = 貼現金額 - 貼現利息
借：貼現資產——面值
　　貸：吸收存款——活期存款（貼現申請人戶）
　　　　貼現資產——利息調整
收入：貼現買入商業匯票

(二) 貼現匯票到期，銀行收回貼現票款的會計分錄

1. 匯票承兌人在本行開戶
借：吸收存款——活期存款（承兌人戶）
　　貼現資產——利息調整
　　貸：貼現資產——面值
　　　　利息收入——貼現利息收入戶
付出：貼現買入商業匯票
承兌人帳戶餘額不足，則從貼現申請人帳戶扣收。
借：吸收存款——活期存款（貼現申請人戶）
　　貼現資產——利息調整
　　貸：貼現資產——面值
　　　　利息收入——貼現利息收入戶
付出：貼現買入商業匯票
貼現申請人帳戶餘額也不足，則將不足部分轉作逾期貸款。

2. 匯票承兌人在他行開戶
承兌人開戶行
借：吸收存款——活期存款（承兌人戶）
　　貸：清算資金往來
貼現銀行
借：清算資金往來
　　貼現資產——利息調整
　　貸：貼現資產——商業匯票戶
　　　　利息收入——貼現利息收入戶
付出：貼現買入商業匯票
銀行收取票據貼現利息收入，增值稅的會計處理同前述貸款業務，可以單筆償

稅分離，也可以每日日終系統批處理價稅分離，此處略。

[例3-11] 開戶單位新光機器廠2016年5月22日持一張面值為35,000元的銀行承兌匯票來行申請辦理貼現，該匯票出票日為2016年3月11日，承兌日為3月12日，期限6個月。銀行審核無誤后，當即按貼現率3.6%辦理貼現。設上述貼現匯票到期後，銀行向在本行開戶的承兌人廈榮公司收回貼現票款。

要求：計算實付貼現額，並做出辦理貼現及收回貼現票款的帳務處理。

(1) 辦理貼現時：

貼現息 = 35,000 × 112 × (3.6% ÷ 360) = 392（元）

實付貼現額 = 35,000 - 392 = 34,608（元）

借：貼現資產——面值　　　　　　　　　　　　　　　　35,000
　　貸：吸收存款——活期存款（新光機器廠）　　　　　34,608
　　　　貼現資產——利息調整　　　　　　　　　　　　　392
收入：貼現買入商業匯票

(2) 上述貼現匯票到期銀行收回貼現票款

借：吸收存款——活期存款（廈榮公司）　　　　　　　35,000
　　貼現資產——利息調整　　　　　　　　　　　　　　　392
　　貸：貼現資產——面值　　　　　　　　　　　　　　35,000
　　　　利息收入——貼現利息收入戶　　　　　　　　　　392
付出：貼現買入商業匯票

第五節　貸款損失準備的核算

為了進一步增強金融企業的風險抵禦能力，提高金融企業準備金計提的前瞻性和動態性，發揮金融企業準備金緩衝財務風險的逆週期調節作用，完善金融企業準備金計提辦法，財政部於2012年3月發布修訂后的《金融企業準備金計提管理辦法》。

一、準備金計提的有關規定

(一) 準備金的種類

金融企業準備金，又稱撥備，是指金融企業對承擔風險和損失的金融資產計提的準備金，包括資產減值準備和一般準備。

資產減值準備，是指金融企業對債權、股權等金融資產（不包括以公允價值計量並且其變動計入當期損益的金融資產）進行合理估計和判斷，對其預計未來現金流量現值低於帳面價值部分計提的，計入金融企業成本的，用於彌補資產損失的準備金。

金融企業會計

一般準備，是指金融企業運用動態撥備原理，採用內部模型法或標準法計算風險資產的潛在風險估計值后，扣減已計提的資產減值準備，從淨利潤中計提的、用於部分彌補尚未識別的可能性損失的準備金。

其中，動態撥備原理是金融企業根據宏觀經濟形勢變化，採取的逆週期計提撥備的方法，即在宏觀經濟上行週期、風險資產違約率相對較低時多計提撥備，增強財務緩衝能力；在宏觀經濟下行週期、風險資產違約率相對較高時少計提撥備，並動用累積的撥備吸收資產損失的做法。內部模型法，是指具備條件的金融企業使用內部開發的模型對風險資產計算確定潛在風險估計值的方法。標準法，是指金融企業根據金融監管部門確定的標準對風險資產進行風險分類后，按財政部制定的標準風險系數計算確定潛在風險估計值的方法。

(二) 提取範圍

金融企業承擔風險和損失的資產應計提準備金，具體包括發放貸款和墊款、可供出售類金融資產、持有至到期投資、長期股權投資、存放同業、拆出資金、抵債資產、其他應收款項等。對由金融企業轉貸並承擔對外還款責任的國外貸款，包括國際金融組織貸款、外國買方信貸、外國政府貸款、日本國際協力銀行不附條件貸款和外國政府混合貸款等資產，應當計提準備金。

金融企業不承擔風險的委託貸款、購買的國債等資產，不計提準備金。

二、準備金計提的會計處理

(一) 一般準備的計提

金融企業應當於每年年度終了對承擔風險和損失的資產計提一般準備。一般準備由金融企業總行（總公司）統一計提和管理。金融企業根據自身實際情況，選擇內部模型法或標準法對風險資產所面臨的風險狀況定量分析，確定潛在風險估計值。對於潛在風險估計值高於資產減值準備的差額，計提一般準備。當潛在風險估計值低於資產減值準備時，可不計提一般準備。一般準備餘額原則上不得低於風險資產期末餘額的1.5%。

具備條件的金融企業可採用內部模型法確定潛在風險估計值。運用內部模型法時應當使用至少包括一個完整經濟週期的歷史數據，綜合考慮風險資產存量及其變化、風險資產長期平均損失率、潛在損失平均覆蓋率、較長時期平均資產減值準備等因素，建立內部模型，並通過對銀行自身風險資產損失歷史數據的迴歸分析或其他合理方法確定潛在風險估計值。

金融企業不採用內部模型法的，應當根據標準法計算潛在風險估計值，按潛在風險估計值與資產減值準備的差額，對風險資產計提一般準備。其中，信貸資產根據金融監管部門的有關規定進行風險分類，標準風險系數暫定為：正常類1.5%、

第三章 貸款業務的核算

關注類3%、次級類30%、可疑類60%、損失類100%；對於其他風險資產可參照信貸資產進行風險分類，採用的標準風險係數不得低於上述信貸資產標準風險係數。標準法潛在風險估計值計算公式：

潛在風險估計值＝正常類風險資產×1.5%＋關注類風險資產×3%＋次級類風險資產×30%＋可疑類風險資產×60%＋損失類風險資產×100%

金融企業按規定計提的一般準備作為利潤分配處理，一般準備是所有者權益的組成部分。會計分錄為：

借：利潤分配——提取一般風險準備
　　貸：一般風險準備

金融企業履行公司治理程序，並報經同級財政部門備案后，可用一般準備彌補虧損，但不得用於分紅。因特殊原因，經履行公司治理程序，並報經同級財政部門備案后，金融企業可將一般準備轉為未分配利潤。會計分錄為：

借：一般風險準備
　　貸：利潤分配——未分配利潤

金融企業應當根據資產的風險程度及時、足額計提準備金。準備金計提不足的，原則上不得進行稅后利潤分配。

[例3－12] 某商業銀行總行2016年12月31日各項貸款餘額為：正常30,000萬元、關注20,000萬元、次級10,000萬元、可疑5,000萬元、損失2,000萬元。採用標準法計算潛在風險估計值，標準風險係數分別為1.5%、3%、30%、60%和100%，貸款損失準備的餘額為6,300萬元，要求計提該銀行2016年一般準備。

2016年末潛在風險估計值＝30,000×1.5%＋20,000×3%＋10,000×30%＋5,000×60%＋2,000×100%＝9,050（萬元）

2016年應計提的一般準備金額＝9,050－6,300＝2,750（萬元）

借：利潤分配——提取一般風險準備　　　　　　　　27,500,000
　　貸：一般風險準備　　　　　　　　　　　　　　27,500,000

(二) 貸款損失準備的計提

金融企業應當在資產負債表日對各項資產進行檢查，分析判斷資產是否發生減值，並根據謹慎性原則，計提資產減值準備。對發放貸款和墊款，至少應當按季進行分析，採取單項或組合的方式進行減值測試，計提貸款損失準備。

(1) 資產負債表日，銀行確定貸款發生減值的，按應減記的金額：

借：資產減值損失
　　貸：貸款損失準備

本期應計提的貸款損失準備大於其帳面餘額的，應按其差額計提；應計提的金額小於其帳面餘額的差額做相反的會計分錄。同時，應將貸款（本金、利息調整）

餘額以及應收未收的利息轉入貸款（已減值）。

　　借：貸款——已減值
　　　貸：貸款——本金
　　　　　　——利息調整
　　　　應收利息

（2）資產負債表日，應按貸款的攤餘成本和實際利率計算確定的利息收入確認減值損失的轉回：

　　借：貸款損失準備
　　　貸：利息收入

同時，將按合同本金和合同利率計算確定的應收利息金額進行表外登記。

　　收入：未收貸款利息

（3）收回減值貸款時：

　　借：吸收存款或存放中央銀行款項　　（實際收到的金額）
　　　　貸款損失準備　　　　　　　　　（相關貸款損失準備餘額）
　　　貸：貸款——已減值　　　　　　　（相關貸款餘額）
　　　　　資產減值損失　　　　　　　　（差額）

（4）已計提貸款損失準備的貸款價值以后又得以恢復的，應在原已計提的貸款損失準備金額內，按恢復增加的金額：

　　借：貸款損失準備
　　　貸：資產減值損失

（5）對於確實無法收回的各項貸款，按管理權限報經批准后轉銷各項貸款：

　　借：貸款損失準備
　　　貸：貸款——已減值

按管理權限報經批准后轉銷表外應收未收利息。

　　付出：未收貸款利息

[例3-13] 工商銀行××支行2016年1月1日向客戶A公司發放了一筆3年期信用貸款，本金為5,000萬元，貸款年利率為5%，借款人到期一次償還本金，利息按年收取。假設該貸款的實際利率也為5%，2016年12月31日確認並收到貸款利息。2017年由於外部新技術衝擊，客戶A公司的產品市場銷路不暢，存在嚴重財務困難。2017年12月31日，工商銀行××支行根據所掌握的資料，對貸款合同現金流量重新作了估計，預計未來現金流量現值為4,850萬元。

（1）2016年1月1日發放貸款：

　　借：貸款——中長期貸款（A公司）——本金　　　　50,000,000
　　　貸：吸收存款——活期存款（A公司）——本金　　50,000,000

（2）2016年12月31日確認並收到貸款利息：

　　借：應收利息　　　　　　　　　　　　　　　　　2,500,000

第三章 貸款業務的核算

  貸：利息收入   2,500,000
借：吸收存款——活期存款（A公司）——本金   2,500,000
  貸：應收利息   2,500,000
（3）2017年12月31日確認貸款利息：
借：應收利息   2,500,000
  貸：利息收入   2,500,000
2017年12月31日確認應計提的貸款減值損失
 =（貸款本金+應收未收利息）- 新預計未來現金流量現值
 =（5,000+250）- 4,850 = 400（萬元）
借：資產減值損失   4,000,000
  貸：貸款損失準備   4,000,000
同時，
借：貸款——已減值   52,500,000
  貸：貸款——中長期貸款（A公司）——本金   50,000,000
    應收利息   2,500,000

  [例3-14] 上述貸款因借款人破產，經追償后確實無法收回，經上級批准予以核銷。
借：貸款損失準備   40,000,000
  貸：貸款——已減值   40,000,000
付出：未收貸款利息

第六節 貸款利息的計算

一、計息前的準備工作

  櫃員在季度結息前應認真檢查各計息帳戶有關要素的準確性和正確性，具體內容包括：檢查計息積數需要調整時是否及時進行了調整；檢查上季結息所發現的問題是否得到糾正；對本季內新開帳戶著重檢查利率代號、利率浮動方式、浮動值、計息週期、自動扣帳標誌等。
  櫃員應於計息日前使用試算上一計息日至本次計息日止所有貸款戶的利息，並對打印出的貸款利息試算表進行核對（對本次計息日前到期的貸款戶，不提供試算利息）。系統產生的每筆欠息都在欠息戶登記簿中有記錄，欠息戶登記簿是進行欠息帳齡分析、應計貸款與非應計貸款結轉、欠息核銷的依據，不得隨意手工調整。

二、計息方法

  貸款的計息方法分為定期結息和利隨本清兩種方式。

(一) 定期結息

根據權責發生制，各種貸款應按規定的結息日期結息。按季收息的，以3、6、9、12月的20日為結息日；按年收息的，以12月的20日為結息日。定期計息一般採用餘額表或分戶帳以積數計算。其利息計算公式為：

利息 ＝ 計息日積數 × （月利率 ÷ 30）

貸款發生逾期的，自轉入逾期貸款帳戶之日起，餘額表應單獨立戶登記，積數應根據逾期金額和實際逾期天數單獨計算，利率改按規定逾期貸款利率計收。

(二) 利隨本清

利隨本清是銀行按借款合同約定的期限，於貸款歸還時收取利息的一種計息方法。貸款到期，計算自放款日起至還款之日止的貸款天數。貸款天數的計算，採用對年按360天，對月按30天，不滿月的零頭天數按實際天數計算，算頭不算尾。其利息計算公式為：

利息 ＝ 本金 × 期限 × 利率

貸款發生逾期，首先，逾期部分應先按合同約定的利率和期限計收到期貸款利息，其次，逾期金額應自轉入逾期貸款帳戶之日起，利率改按規定的比例計收罰息。

三、貸款利息的核算

2013年7月20日起，中國人民銀行全面放開金融機構貸款利率管制。取消金融機構貸款利率0.7倍的下限，由金融機構根據商業原則自主確定貸款利率水平。同時，取消票據貼現利率管制，改變貼現利率在再貼現利率基礎上加點確定的方式，由金融機構自主確定。

(一) 貸款利息的有關規定

（1）短期貸款：貸款合同期內遇利率調整不分段計息。貸款按季結息的，每季末的20日為結息日；按月結息的，每月的20日為結息日。具體結息方式由借貸雙方協商確定。

（2）中長期貸款：利率一年一定，按季結息。

（3）貸款展期：期限累計計算，累計期限達到新的利率期限檔次時，自展期之日起，按展期日掛牌的同檔次利率計息；達不到新的期限檔次時，按展期日的原檔次利率計息。

（4）逾期貸款或擠占挪用貸款：按罰息利率計收罰息，直至清償為止；遇罰息利率調整則分段計息。同一筆貸款逾期又被擠占挪用的，應責其重，不能並處。

第三章　貸款業務的核算

(二) 計息利率

1. 固定利率計息

每月（或每季）20日營業終了，銀行電腦系統自動進行貸款戶計息入帳。逾期貸款如遇調整利率，系統提供分段計息功能，計息全過程由電腦系統自動處理完成，每次計息完，帳戶累計積數清零。貸款戶的利息會出現下面兩種情況：①若扣息帳戶餘額夠扣息，系統自動扣息並打印出計息單。②若扣息帳戶餘額不夠扣息，系統自動開立欠息戶，將應計利息全額列入，並打印出計息單。

2. 浮動利率計息

貸款時選擇浮動利率，應按約定的浮動利率檔次，按浮動期對年對月對日選擇同檔次新浮動利率計息，在浮動日根據利率代號選擇最新利率，計算至下一個浮動日。浮動期內執行借據利率或上一浮動利率調整日的利率，浮動期內不隨浮動利率的調整而變動利率。計息期內按浮動期選擇了新的浮動利率應分段計息。若客戶部分還貸，只還本金的，對積數不作處理。

(三) 貸款利息的帳務處理

(1) 銀行按季計算貸款的應收利息，貸款利息當期實際收到時計入當期損益。每季末月的21日，根據計算的利息編制貸款利息清單或利息憑證一式三聯，分別代轉帳借、貸方傳票和支款通知交借款人。其會計分錄為：

結息時，
　借：應收利息
　　貸：利息收入
扣收時，
　借：吸收存款——活期存款——本金
　　貸：應收利息

貸款利息自結息日起，逾期90天（含90天）以內的應收未收利息，應繼續計入當期損益。逾期90天以上，無論貸款本金是否逾期，發生的應收未收利息不再計入當期損益，應專設「未收貸款利息」表外科目核算，實際收回時再計入損益，並銷記「未收貸款利息」表外科目。對已經納入損益的應收未收利息，逾期超過90天以後，要相應衝減利息收入並記入表外科目。

[例3-15] 工商銀行××支行6月20日編制的短期貸款計息表中天宏公司本季貸款累積積數為35,820,000元，貸款年利率4.35%，計算其應計利息並做出相關帳務處理。

天宏公司貸款利息 = 35,820,000 × 4.35% ÷ 360 = 4,328.25（元）

　借：應收利息　　　　　　　　　　　　　　　　　4,328.25
　　貸：利息收入　　　　　　　　　　　　　　　　　　4,328.25

銀行扣收利息時，

借：吸收存款——活期存款——本金　　　　　　　　　　　　4,328.25

　　貸：應收利息　　　　　　　　　　　　　　　　　　　　4,328.25

（2）銀行採用利隨本清方式計算利息，當銀行收回貸款時，應根據計算的利息，編制貸款利息通知單或特種轉借、貸方傳票，從借款單位帳戶收取利息。貸款跨年度的，資產負債表日需要計提相應的利息。計提和扣收利息的帳務處理基本同定期結息方式。

［例3-16］某銀行於2016年5月1日向太平洋商場發放短期貸款一筆，金額為50萬元，期限6個月，年利率4.35%，如該筆貸款於同年11月1日歸還，採用利隨本清的計息方法，計算銀行的應收利息並作出相關帳務處理。

到期利息＝500,000×4.35%×6÷12 ＝10,875（元）

借：吸收存款——活期存款（太平洋商場）——本金　　　　510,875

　　貸：貸款——短期貸款（太平洋商場）——本金　　　　500,000

　　　　利息收入　　　　　　　　　　　　　　　　　　　10,875

復習思考題

1. 什麼是貸款？如何進行貸款分類？
2. 什麼是信用貸款？其發放、收回、展期和逾期的核算手續如何？
3. 如何進行個人貸款業務的核算？
4. 什麼是票據貼現？其到期和收回的核算手續如何？
5. 計提貸款損失準備的資產包括哪些？其計提的方法及核算手續如何？
6. 貸款利息的計算方法有哪些？其利息分別是如何計算和核算的？

第四章 支付結算工具的核算

本章重點

1. 各種銀行票據的基本規定及會計核算。
2. 信用卡的基本規定及會計核算。

引導案例

2015年，中國赴澳大利亞旅客數量突破100萬人次，同比增長21%，這些遊客以觀光遊覽、休閒度假為主。中國銀聯有關負責人稱，在澳大利亞使用銀聯卡已比較方便，90%的ATM和65%的POS終端可用銀聯卡，這些商家覆蓋商場百貨、酒店餐飲、知名景點等場所。隨著澳大利亞四大行全面開通銀聯卡受理業務，2016年當地商戶的銀聯卡受理覆蓋面將提升到80%以上。其中銀聯雲閃付服務成為澳大利亞銀聯卡業務的亮點之一，主要因為雲閃付便利、安全的特點，受到越來越多商戶和持卡人的認可，成為商家提升服務能力、吸引遊客的重要手段。自2015年6月銀聯雲閃付落地澳大利亞以來，已有約27萬臺POS終端支持這一支付方式。澳大利亞成為銀聯雲閃付受理終端最多的境外市場。

銀聯國際正加快推動境外業務的本地化發展，加大境外發卡規模，支持境外消費者在本地，或到訪中國及其他國家和地區時使用銀聯卡支付。據中國銀聯2016年7月發布的最新數據，截至2016年6月底，境外發行的銀聯卡交易量同比增長約

40%，遠高於境內發行的銀聯卡在境外的交易增速。與此同時，境外發行的銀聯卡交易量約占據銀聯國際業務總量的50%。目前境外40個國家和地區已累計發行近5,800萬張銀聯卡。今年多個市場發卡取得突破，如黎巴嫩、約旦、卡塔爾等市場首次發行銀聯卡。美國發行了第一張銀聯信用卡，新加坡最大商業銀行星展銀行也首次發行銀聯卡。在「一帶一路」沿線，俄羅斯、哈薩克斯坦、烏茲別克斯坦等國家也大量發行多款銀聯卡。

思考：銀聯卡境外用卡交易量猛增的原因何在？支付結算工具作為資金清算和結算的一種載體，其未來的發展方向是什麼？

（資料來源：http://bank.xinhua08.com/a/20160923/1660809.shtml. 中國金融信息網）

第一節　支付結算概述

一、支付體系的構成

支付是社會經濟活動引起的資金轉移行為。支付體系是經濟金融體系的重要組成部分，是一國經濟金融運行的基礎。支付體系由支付系統、支付工具、支付服務組織及支付體系監督管理等要素組成。其中，支付系統是支撐各種支付工具應用、實現資金清算並完成資金轉移的通道。支付工具是傳達收付款人支付指令、實現債權債務清償和資金轉移的載體，分為現金和票據、銀行卡等非現金支付工具。支付服務組織是通過帳戶服務、支付系統、支付工具等手段為社會提供資金清算和結算服務的機構。支付體系監督管理是中央銀行為維護體系安全、穩定以及社會公眾對支付體系的信心，綜合運用經濟、法律和行政的手段，對支付系統、支付工具及支付組織進行監督管理的行為。

由於支付工具是資金轉移的載體，方便、快捷、安全的支付工具就是加快資金週轉、提高資金使用效率的保障。本章主要介紹支付工具的基礎知識、使用規範及相關會計帳務處理。支付系統的相關內容則在第五章中介紹。

二、支付工具的種類

(一) 按支付工具形式分類

根據支付工具形式的不同，可以將支付分為以票據、銀行卡、電子支付工具和其他支付工具進行支付。

(二) 按支付工具適用的地域分類

根據支付工具適用的地域不同，可以將支付工具分為同城支付工具、異地支付

第四章　支付結算工具的核算

工具和通用支付工具。
　　(1) 同城支付工具：銀行本票。
　　(2) 異地支付工具：銀行匯票；托收承付；匯兌。
　　(3) 通用支付工具：支票；委託收款；商業匯票；信用卡。

三、辦理支付結算的基本要求

(一) 支付結算的原則
　　(1) 恪守信用，履約付款；
　　(2) 誰的錢入誰的帳，由誰支配；
　　(3) 銀行不墊款。

(二) 支付結算的基本要求
　　(1) 單位、個人和銀行辦理支付結算，必須使用按中國人民銀行統一規定印製的票據憑證和統一規定的結算憑證，票據和結算憑證是辦理付結算的工具。未使用按中國人民銀行統一規定印製的票據，票據無效；未使用中國人民銀行統一規定的結算憑證，銀行不予受理。
　　(2) 單位、個人和銀行應當按照《人民幣銀行結算帳戶管理辦法》的規定開立、使用帳戶。沒有開立存款帳戶的個人向銀行交付款項後，也可以通過銀行辦理支付結算。
　　(3) 票據和結算憑證上的簽章或其他記載事項應當真實，不得偽造、變造。票據上有偽造、變造簽章的，不影響票據上其他當事人真實簽章的效力。出票或簽發日期、收款人名稱不得更改，更改的票據無效；更改的結算憑證，銀行不予受理。對票據和結算憑證上的其他記載事項，原記載人可以更改，更改時應當由原記載人在更改處簽章證明。
　　(4) 填寫票據和結算憑證必須做到標準化、規範化，要素齊全、數字正確、字跡清晰、不錯漏、不潦草，防止塗改。

(三) 支付結算的紀律
　1. 客戶的「四不準」
　　單位和個人辦理支付結算，不準簽發沒有資金保證的票據或遠期支票，套取銀行信用；不準簽發、取得和轉讓沒有真實交易和債權債務的票據，套取銀行和他人資金；不準無理拒絕付款，任意占用他人資金；不準違反規定開立和使用帳戶。
　2. 銀行的「十不準」
　　銀行辦理支付結算，不準以任何理由壓票、任意退票、截留挪用客戶和他行資金；不準無理拒絕支付應由銀行支付的票據款項，不準受理無理拒付、不扣少扣滯

81

納金；不準違章簽發、承兌、貼現票據、套取銀行資金；不準簽發空頭銀行匯票、銀行本票和辦理空頭匯款；不準在支付結算制度之外規定附加條件，影響匯路暢通；不準違反規定為單位和個人開立帳戶；不準拒絕受理、代理他行正常結算業務；不準放棄對企事業單位和個人違反結算紀律的制裁；不準逃避向人民銀行轉匯大額匯劃款項。

第二節　票據的核算

票據是指出票人約定自己或委託付款人在見票時或指定的日期向收款人或持票人無條件支付一定金額並可流通轉讓的有價證券。票據是中國企事業單位使用最廣泛的非現金支付工具。目前，中國使用的票據主要有支票、銀行匯票、商業匯票和銀行本票。隨著中國經濟的持續、快速發展，票據使用和流通量穩步上升，票據業務不斷創新，票據支付系統日趨完善。

票據行為具有四個特徵：①要式性。即票據行為必須依照《票據法》的規定在票據上載明法定事項並交付。②無因性。即票據行為不因票據的基礎關係無效或有瑕疵而受影響。③文義性。即票據行為的內容完全依據票據上記載的文義而定，即使其與實質關係的內容不一致，仍按票據上的記載而產生效力。④獨立性。即票據上的各個票據行為各自獨立發生效力，不因其他票據行為的無效或有瑕疵而受影響。

各級銀行機構應按照《票據法》《票據管理實施辦法》和《支付結算辦法》以及有關法律、行政法規，合理組織結算。

一、支票的核算

（一）支票的概念及有關規定

1. 概念

支票是出票人簽發的，委託辦理支票存款業務的銀行或其他金融機構在見票時無條件的支付確定的金額給收款人或持票人的票據。

2. 有關規定

（1）支票分為現金支票、轉帳支票、普通支票（畫線支票）。現金支票只能用於支取現金，轉帳支票只能用於轉帳，普通支票可以用於支取現金，也可以用於轉帳，在普通支票左上角劃兩條平行線的畫線支票只能用於轉帳。

（2）單位和個人在全國範圍內均可使用支票。

（3）出票人的資格為經中國人民銀行當地分支行批准辦理支票業務的銀行機構開立可以使用支票的存款帳戶的單位和個人。

（4）簽發支票必須記載下列事項：標明「支票」的字樣；無條件支付的委託；

第四章 支付結算工具的核算

確定的金額;付款人名稱;出票日期;出票人簽章。欠缺記載上列事項之一的,支票無效。支票的付款人為支票上記載的出票人開戶銀行。

(5) 支票的出票人簽發支票的金額不得超過付款時在付款人處實有的存款金額。禁止簽發空頭支票。

(6) 提示付款期限:自出票日起 10 日,中國人民銀行另有規定的除外。超過提示付款期限提示付款的,持票人開戶銀行不予受理,付款人不予付款。

(7) 支票一律記名,轉帳支票在批准的地區可以背書轉讓。

(二) 會計科目設置

1.「存放中央銀行款項」科目

「存放中央銀行款項」為資產類科目,核算銀行存放於中央銀行的各種款項,包括業務資金的調撥、辦理同城票據交換和異地跨系統資金匯劃、提取或繳存現金等。銀行按規定繳存的法定準備金和超額準備金存款,也通過本科目核算。銀行增加在中央銀行的存款,借記本科目,貸記「吸收存款」「清算資金往來」等科目;減少在中央銀行的存款做相反的會計分錄。本科目期末借方餘額,反映銀行存放在中央銀行的各種款項。

2.「清算資金往來」科目

「清算資金往來」為資產負債共同類科目,用於核算銀行間業務往來的資金清算款項。銀行應收清算資金時借記本科目,應付清算資金時貸記本科目。本科目可按資金往來單位,分別按「同城票據清算」「信用卡清算」等進行明細核算。本科目期末借方餘額,反映銀行應收的清算資金;期末貸方餘額,反映銀行應付的清算資金。

(三) 現金支票的核算

櫃員接到客戶提交的現金支票,審核各項要素是否真實完整、用途是否符合現金管理有關規定。按照出納制度有關規定配款,核對現金與現金支票的金額是否一致,並在支票背面登記券別后交付現金。在支票上加蓋現訖章、經辦名章及復核員名章,現金支票作為存款科目借方憑證。會計分錄為:

借:吸收存款——活期存款——本金
　　貸:庫存現金

(四) 轉帳支票的核算

1. 櫃員接到客戶提交的轉帳支票及進帳單認真進行審查

(1) 客戶是否提供規定的結算證、IC 卡或預留密碼,以核實身分;

(2) 支票是否為按規定印製的票據,提示付款期限是否超過,支票是否為遠期支票;

(3) 支票填明的收款人是否在本行開戶,持票人的名稱是否為該持票人,與進

83

帳單上的名稱是否一致，收款人名稱記載是否為全稱或者規範化簡稱，有無塗改痕跡，對於有疑問的大額付款還要向付款單位核實；

（4）出票人的簽章是否符合規定，與預留銀行的簽章是否相符，使用變碼印鑒或支付密碼的，其密碼是否正確；

（5）支票的大小寫金額是否一致，與進帳單的金額是否相符，支票金額有無塗改痕跡；

（6）支票必須記載的事項是否齊全，是否使用碳素墨水或墨汁填寫，出票金額、出票日期和收款人名稱是否更改，更改的支票無效，其他記載事項的更改是否由原記載人簽章證明；

（7）背書轉讓的支票是否按規定的範圍轉讓，其背書是否連續，簽章是否符合規定，背書使用粘單的是否按規定在粘接處簽章；

（8）持票人是否在支票的背面作委託收款背書；

（9）出票人帳戶是否有足夠支付的款項。

2. 審核無誤后的會計處理

審核無誤后在轉帳支票及進帳單上加蓋轉訖章和記帳員私章，第一聯進帳單加蓋轉訖章交給出票人，第三聯進帳單給收款人作收帳通知，支票和第二聯進帳單分別作借貸方憑證。會計分錄為：

（1）持票人和出票人在同一行處開戶。

借：吸收存款——活期存款（出票人戶）——本金

　　貸：吸收存款——活期存款（持票人戶）——本金

（2）持票人和出票人不在同一行處開戶。

1）持票人開戶行受理支票：

①持票人開戶行接到持票人送交的支票和兩聯進帳單，按有關規定審查無誤后進行帳務處理。

借：清算資金往來

　　貸：其他應付款

②支票按交換規定時間提出交換，待退票時間過后，即可為持票人進帳。

借：其他應付款

　　貸：吸收存款——活期存款（持票人戶）——本金

③如果出票人開戶行審查支票發現餘額不足，通知持票人開戶行退票，持票人開戶行將退回的支票退收款人。

借：其他應付款

　　貸：清算資金往來

④出票人開戶行收到交換提入的支票，審查無誤后足額支付。

借：吸收存款——活期存款（出票人戶）——本金

　　貸：清算資金往來

第四章 支付結算工具的核算

⑤出票人開戶行審查支票發現餘額不足，應在1小時內用電話通知持票人開戶行退票。

借：其他應收款
　　貸：清算資金往來
待下場交換將支票退還給持票人開戶行。
借：清算資金往來
　　貸：其他應收款
銀行扣收罰金（按票面金額5%但不低於1,000元扣收）。
借：吸收存款——活期存款（出票人戶）——本金
　　貸：營業外收入——結算罰款收入戶
　　　　應交稅費——應交增值稅（銷項稅額）

[例4-1] 建設銀行××支行收到開戶單位ABB變壓器廠解進的三聯房地產公司簽發的轉帳支票一份，金額268,000元，當即於第一場交換提出，下場沒有退票。建設銀行××支行的會計分錄為：

借：清算資金往來　　　　　　　　　　　　268,000
　　貸：其他應付款　　　　　　　　　　　268,000
借：其他應付款　　　　　　　　　　　　　268,000
　　貸：吸收存款——活期存款（ABB變壓器廠）——本金　268,000

[例4-2] 第一場票據交換提回後，工商銀行××支行發現開戶單位起重機廠簽發的一張金額為70,000元的支票，因存款餘額不足作退票處理，計收罰金，於下場交換提出退票。工商銀行××支行的會計分錄為：

借：其他應收款　　　　　　　　　　　　　70,000
　　貸：清算資金往來　　　　　　　　　　70,000
借：清算資金往來　　　　　　　　　　　　70,000
　　貸：其他應收款　　　　　　　　　　　70,000
借：吸收存款——活期存款（起重機廠）——本金　3,500
　　貸：營業外收入　　　　　　　　　　　3,302
　　　　應交稅費——應交增值稅（銷項稅額）　198

2）出票人開戶行受理支票：
①出票人開戶行審查支票無誤後足額支付。
借：吸收存款——活期存款（出票人戶）——本金
　　貸：清算資金往來
②持票人開戶行收到交換提入的進帳單
借：清算資金往來
　　貸：吸收存款——活期存款（持票人戶）——本金

出票人開戶行審查支票為空頭支票，不予受理。

（五）支票掛失的處理

支票丟失，失票人到付款行請求掛失時，應提交第一聯、第二聯「掛失止付通知書」。付款行收到「掛失止付通知書」後，按規定審查無誤並確認未付款的，第一聯「掛失止付通知書」加蓋業務公章作為受理回單交給失票人，第二聯在登記「票據掛失登記簿」後專夾保管，並在出票人帳戶首頁明顯處用紅字註明「××年×月×日第×號支票掛失止付」字樣，憑此字據止付。在掛失前款項已被支付的，銀行對其付款不承擔責任。

二、銀行匯票的核算

（一）銀行匯票的概念及有關規定

1. 概念

銀行匯票是出票銀行簽發的，由其在見票時按照實際結算金額無條件支付給收款人或持票人的票據。

2. 基本規定

（1）銀行匯票可以用於轉帳，填明「現金」字樣的銀行匯票也可以用於支取現金。

（2）單位和個人各種款項結算，均可使用銀行匯票。全國範圍限於中國人民銀行和各商業銀行參加「全國聯行往來」的銀行機構辦理。

（3）簽發銀行匯票必須記載下列事項：表明「銀行匯票」的字樣；無條件支付的承諾；出票金額；付款人名稱；收款人名稱；出票日期；出票人簽章。欠缺記載上列事項之一的，銀行匯票無效。

（4）提示付款期限自出票日起1個月。

（5）持票人向銀行提示付款時，必須同時提交銀行匯票和解訖通知，缺少其中任何一聯，銀行均不予受理。

（6）收款人受理申請人交付的銀行匯票時，應在出票金額以內，根據實際需要的款項辦理結算，並將實際結算金額和多餘金額準確、清晰地填入銀行匯票和解訖通知的有關欄目內。

（7）收款人可以將銀行匯票背書轉讓給被背書人。銀行匯票的背書轉讓以不超過出票金額的實際結算金額為準。

（二）會計科目設置

1.「匯出匯款」科目

「匯出匯款」為負債類科目，用以核算銀行受單位或個人的委託匯往異地的款

第四章　支付結算工具的核算

項。銀行受理委託人的匯出款項時，記入本科目貸方；匯入銀行已經解付，將匯票劃回時，記入本科目借方；餘額在貸方，表示尚未劃回匯票的數額。本科目按匯款單位或個人進行明細分類核算。

2.「應解匯款」科目

「應解匯款」為負債類科目，核算銀行收到異地匯入待解付的款項以及異地採購單位或個人臨時性存款和其他臨時性存款。異地匯入待解付和臨時性存入款項，記入本科目貸方；將匯入款項解付收款人或應收款人要求將款項退匯或轉匯時，記入本科目借方，餘額在貸方，表示尚待解付的款項。

(三) 銀行匯票的核算

1. 銀行匯票的出票

(1) 櫃員接到客戶提交的一式三聯「票匯委託書」時，認真審查申請書的內容填寫是否齊全、清晰，大小寫金額是否一致，有無塗改，銀行預留印鑒核對是否一致，實行支付密碼的還要校驗支付密碼是否正確；申請書填明「現金」字樣的，申請人和收款人是否均為個人，並繳存現金。會計分錄為：

轉帳交付，
　借：吸收存款——活期存款（申請人戶）——本金
　　貸：匯出匯款
現金交付，
　借：庫存現金
　　貸：匯出匯款

(2) 票匯委託書第一聯加蓋轉訖章後交申請人作為回單，第二、三聯票匯委託書加蓋轉訖章和記帳員私章後交授權人簽章，分別作借貸方憑證。交現金簽發現金匯票的，匯票委託書的第二聯註銷，第三聯作匯出匯款的貸方憑證。

(3) 櫃員簽發一式四聯銀行匯票：①卡片；②匯票聯；③解訖通知；④多餘款收帳通知。在第二聯匯票聯上加蓋匯票專用章和授權經辦人簽章，連同第三聯「解訖通知書」交申請人，第一聯上加蓋經辦、復核名章連同第四聯一併專夾保管。表外會計處理為：

付出：重要空白憑證——銀行匯票

2. 兌付

持票人同時提交匯票和解訖通知（第二、三聯），櫃員接到持票人提交的銀行匯票、解訖通知和進帳單，應認真審查下列各項是否有誤：

(1) 匯票和解訖通知是否齊全，內容是否相符，匯票號碼是否一致；
(2) 匯票是否是統一規定印製的銀行匯票版本，背面是否有二維防偽碼；
(3) 匯票記載內容是否齊全，是否有塗改、偽造或變造的痕跡；
(4) 匯票是否超過1個月的提示付款期；

（5）收款人或持票人是否在本行開戶，持票人名稱是否為該持票人，與進帳單上收款人的名稱是否相符；

（6）出票行的簽章是否為匯票專用章加蓋個人名章，匯票專用章是否與印模相符；

（7）壓數金額是否是由總行統一製作的壓數機壓印，與大寫金額是否一致；

（8）匯票的實際結算金額大小寫是否一致，是否在出票金額以內，與進帳單金額是否一致，多餘金額結計是否正確。

（9）匯票必須記載的事項是否齊全，出票日期、金額、收款人名稱是否被更改，其他記載事項的更改是否由原記載人簽章證明；

（10）收款人或持票人是否在匯票背面「持票人向銀行提示付款簽章」欄簽章；

（11）匯票正面記載「不得轉讓」字樣的匯票不得背書轉讓，允許背書的匯票，是否在規定範圍內轉讓，背書是否連續，簽章是否符合規定，背書使用粘單的是否按規定在粘接處簽章；

（12）匯票是否被法院止付；

（13）現金銀行匯票除審查以上內容外，還應審查：匯票的收款人和申請人是否為個人；匯票大寫金額前是否寫明「現金」字樣；代理付款行是否為本行，行名行號是否正確。

櫃員核對印鑒、密押無誤后進行會計處理。

（1）持票人在代理付款行開立帳戶：

借：清算資金往來

　貸：吸收存款——活期存款（持票人戶）——本金

（2）持票人未在代理付款行開立帳戶：

①銀行受理持票人的提示付款

借：清算資金往來

　貸：應解匯款

②轉帳支付

借：應解匯款

　貸：清算資金往來

③支取現金（個人）

借：應解匯款

　貸：庫存現金

3. 結清

出票行接到代理付款行傳來的報單及第三聯解訖通知，抽出原專夾保管的匯票卡片，經核對后確屬本行出票，按情況分別處理如下：

（1）匯票全額付清。在匯票卡片的實際結算金額欄填入全部金額，加蓋轉訖章作借方憑證，在第四聯多餘款收帳通知的「多餘金額」欄內填寫「—0—」，加蓋附

第四章　支付結算工具的核算

件章作附件。會計分錄為：

　　借：匯出匯款
　　　貸：清算資金往來
　　收入：重要空白憑證——銀行匯票

（2）匯票有多餘款，部分解付的，將多餘款轉入原存款戶，以系統內來帳報文作多餘款貸方憑證，在多餘款收帳通知的多餘金額欄內填寫多餘金額，加蓋轉訖章作客戶回單，通知申請人。會計分錄為：

　　借：匯出匯款
　　　貸：清算資金往來
　　　　　吸收存款——活期存款（申請人戶）——本金
　　收入：重要空白憑證——銀行匯票

（3）匯票退票。申請人由於匯票超過付款期限或其他原因要求退款時，應交回匯票和解訖通知，並按規定提交證明或身分證件。櫃員接到客戶提交的未用的銀行匯票和解訖通知、經辦人身分證和退票證明來行辦理退票時，應按規定審核憑證。抽出原專夾保管的匯票卡片和多餘款收帳通知與第二、三聯匯票核對，無誤後在實際結算金額大寫欄內填寫「未用退回」字樣。會計分錄為：

　　借：匯出匯款
　　　貸：吸收存款——活期存款（申請人戶）——本金
　　　　　或庫存現金
　　收入：重要空白憑證——銀行匯票

第一聯匯票和第三聯匯票上加蓋轉訖章和記帳員私章，分別作借、貸方憑證，第二聯匯票做借方憑證附件，第四聯作收帳通知交客戶。

[例4-3] 建設銀行××支行接受開戶單位興達公司轉帳交付10,000元，為其簽發銀行匯票一張。半個月後建設銀行××支行接到代理付款行傳來的報單及第三聯解訖通知，本行簽發的銀行匯票結算憑證實際結算金額7,000元，多餘金額3,000元轉入原存款戶。建設銀行××支行的會計分錄為：

（1）轉帳交付：
　　借：吸收存款——活期存款（興達公司）——本金　　　　10,000
　　　貸：匯出匯款　　　　　　　　　　　　　　　　　　　10,000
　　付出：重要空白憑證——銀行匯票　　10,000

（2）匯票結清：
　　借：匯出匯款　　　　　　　　　　　　　　　　　　　　10,000
　　　貸：清算資金往來　　　　　　　　　　　　　　　　　 7,000
　　　　　吸收存款——活期存款（興達公司）——本金　　　 3,000
　　收入：重要空白憑證——銀行匯票　　10,000

三、商業匯票的核算

(一) 商業匯票的概念及有關規定

1. 概念

商業匯票是由出票人簽發的、委託付款人在指定日期無條件支付確定的金額給收款人或持票人的票據。

2. 基本規定

(1) 簽發商業匯票應以真實合法的商品交易為基礎。

(2) 簽發商業匯票必須記載下列事項：表明「商業承兌匯票」或「銀行承兌匯票」的字樣；無條件支付的委託；確定的金額；付款人名稱；收款人名稱；出票日期；出票人簽章。

(3) 商業承兌匯票可以由付款人簽發並承兌，也可以由收款人簽發交由付款人承兌。銀行承兌匯票應由在承兌銀行開立存款帳戶的存款人簽發。

(4) 提示付款期限自匯票到期日起 10 天。

(5) 商業匯票的期限由交易雙方商定，最長不超過 6 個月。

(6) 商業匯票一律記名，允許貼現和背書轉讓。

(二) 會計科目的設置

1. 「業務及管理費」科目

「業務及管理費」為損益類科目，核算銀行在業務經營及管理過程中發生的各項費用，包括折舊費、業務宣傳費、業務招待費、電子設備運轉費、鈔幣運送費、安全防範費、郵電費、勞動保護費、外事費、印刷費、低值易耗品攤銷、職工工資及福利費、差旅費、水電費、職工教育經費、工會經費、會議費、訴訟費、公證費、諮詢費、無形資產攤銷、長期待攤費用攤銷、取暖降溫費、聘請仲介機構費、技術轉讓費、綠化費、董事會費、財產保險費、勞動保險費、待業保險費、住房公積金、物業管理費、研究費用、提取保險保障基金等。該科目按照費用項目進行明細核算。

發生各項費用時，借記本科目，貸記「庫存現金」「應付職工薪酬」「應交稅費」「其他應付款」等有關科目。期末結轉利潤時，借記「本年利潤」科目，貸記本科目。結轉后本科目無餘額。金融企業不設置「銷售費用」和「管理費用」科目。

銀行支付的各項費用，如果符合增值稅進項稅額抵扣的相關政策，在取得增值稅專用發票后，可以將支付的費用分為進項稅額和支出分別入帳。

銀行支付業務及管理費，收到對方的增值稅發票時的會計分錄：

借：業務及管理費

　　應交稅費——應交增值稅（進項稅額）

第四章 支付結算工具的核算

　　貸：資金清算往來
　　2.「手續費及佣金收入」科目
　　「手續費及佣金收入」為損益類科目，核算銀行確認的手續費及佣金收入，包括辦理結算業務、諮詢業務、擔保業務、代保管等代理業務以及辦理受託貸款及投資業務等取得的手續費及佣金，如結算手續費收入、佣金收入、業務代辦手續費收入、基金託管收入、諮詢服務收入、擔保收入、受託貸款手續費收入、代保管收入、代理買賣證券、代理承銷證券、代理兌付證券、代理保管證券、代理保險業務等代理業務以及其他相關服務實現的手續費及佣金收入等。本科目可按手續費及佣金收入類別進行明細核算。
　　銀行確認的手續費及佣金收入，按應收的金額，借記「應收手續費及佣金」「代理承銷證券款」等科目，貸記本科目。實際收到手續費及佣金，借記「存放中央銀行款項」「銀行存款」「結算備付金」「吸收存款」等科目，貸記「應收手續費及佣金」等科目。期末，應將本科目餘額轉入「本年利潤」科目，結轉后本科目無餘額。
　　手續費及佣金收入通常屬於含稅收入，需要將含稅收入還原並計算增值稅銷項稅額，銀行可以採用單筆業務價稅分離，也可以採用日終批處理價稅分離。假設本章例題採用單筆業務價稅分離。

(三) 商業承兌匯票的核算
　　商業承兌匯票是由付款人或收款人簽發，經付款人承兌，在指定日期無條件支付確定金額給收款人或者持票人的票據。商業承兌票據一式三聯：①卡片——承兌人；②匯票——持票人；③存根——出票人。
　　1. 持票人開戶行受理匯票的處理
　　收款人或持票人對將要到期的商業承兌匯票，委託開戶行向付款人提示付款時，應匡算至付款人開戶行的郵程，提前委託開戶行收款，填製郵劃或電劃委託收款憑證（一式五聯），並在「委託收款憑據名稱」欄註明「商業承兌匯票」及其匯票號碼，連同商業承兌匯票一併送開戶行。銀行應認真審查以下內容：
　　(1) 匯票是否是人民銀行統一規定印製的商業承兌匯票版本，提示付款期限是否超過；
　　(2) 匯票上填明的持票人是否在本行開戶；
　　(3) 出票人、承兌人的簽章是否符合規定；
　　(4) 匯票必須記載的事項是否齊全，出票金額、出票日期、收款人名稱是否更改，其他記載事項的更改是否由原記載人簽章證明；
　　(5) 是否做成委託收款背書，背書轉讓的匯票其背書是否連續，簽章是否符合規定，背書使用粘單的是否按規定在粘接處簽章；
　　(6) 委託收款憑證的記載事項是否與匯票記載的事項相符。

銀行審查無誤后,在委託收款憑證各聯上加蓋「商業承兌匯票」戳記,將第一聯退交持票人,第二聯委託收款憑證單獨保管,並登記發出委託收款憑證登記簿,其餘委託收款結算憑證第三、四、五聯與商業承兌匯票一併寄交付款人開戶行。

2. 付款人開戶行收到匯票的處理

付款人開戶行接到持票人開戶行寄來的委託收款憑證及匯票時,應按照上述有關內容認真審查,付款人確在本行開戶,承兌人在匯票上的簽章與預留銀行的簽章相符,將第五聯委託收款憑證交給付款人並簽收。付款人開戶行接到付款人的付款通知或在付款人接到開戶行的付款通知的次日起3日內仍未接到付款人的付款通知,應按照《支付結算辦法》規定的劃款日期和以下情況處理。

(1) 付款人的銀行有足夠票款支付的,第三聯委託收款憑證作借方憑證,匯票加蓋轉訖章作附件。會計分錄為:

借:吸收存款——活期存款(付款人戶)——本金
　　貸:清算資金往來

(2) 付款人的銀行帳戶不足支付的,付款人開戶行應填制付款人未付票款通知書一式三聯(用異地結算通知書代),在委託收款憑證備註欄註明「付款人無款支付」字樣,其中第二、三聯通知書連同第四聯委託收款結算憑證、商業承兌匯票一併郵寄持票人開戶銀行轉交持票人。

(3) 付款人拒付票款,付款人開戶行將有關拒付證明連同第四、五聯委託收款結算憑證及商業承兌匯票一起退回持票人開戶行。

[例4-4] 建設銀行××支行收到工商銀行××支行寄來的委託收款憑證及商業承兌匯票各一份,系開戶單位遠洋公司支付興達公司的商品款50,000元,經審核無誤后建設銀行××支行予以支付。建設銀行××支行的會計分錄為:

借:吸收存款——活期存款(遠洋公司)——本金　　　　50,000
　　貸:清算資金往來　　　　　　　　　　　　　　　　　　　　50,000

3. 持票人開戶行收到劃回款項或退回憑證的處理

(1) 持票人開戶行接到付款人開戶行寄來的委託收款憑證,將專夾保管的第二聯憑證抽出進行核對,第二聯委託收款憑證作貸方憑證,會計分錄為:

借:清算資金往來
　　貸:吸收存款——活期存款(收款人戶)——本金

(2) 持票人開戶行接到付款人開戶行發來的付款人未付通知書或付款人的拒絕付款證明和匯票以及委託收款憑證,將委託收款憑證,未付票款通知書或拒絕付款證明及匯票退給持票人,並由持票人簽收。銷記發出委託收款憑證登記簿。收到「未付款項通知書」或「拒付理由書」、匯票和委託收款憑證,退交持票人,由持票人與付款人自行交涉解決。

[例4-5] 工商銀行××支行收到建設銀行××支行寄來的委託銀行收款的收帳通知,為開戶單位興達公司的托收款,金額為50,000元,經審核無誤后予以入

第四章 支付結算工具的核算

帳。工商銀行××支行的會計分錄為：
 借：清算資金往來　　　　　　　　　　　　　　　50,000
 　貸：吸收存款——活期存款（興達公司）——本金　　50,000

(四) 銀行承兌匯票的核算

1. 辦理銀行承兌匯票

櫃員收到客戶提交的空白憑證領用單，出售銀行承兌匯票，收取工本費。會計分錄為：
 借：吸收存款——活期存款（單位戶）——本金
 　貸：業務及管理費——憑證工本費
 付出：重要空白憑證——銀行承兌匯票

2. 承兌銀行辦理匯票承兌

櫃員接到客戶經理提交的承兌協議（正、副本）及三聯承兌匯票，應審查匯票必須記載的事項是否齊全，出票人的簽章是否符合規定，出票人是否在本行開立存款戶，匯票上記載事項是否與協議相符，日期是否為大寫，匯票是否統一規定印刷的憑證。審核無誤后在第一、二聯匯票上註明承兌協議編號。在第二聯匯票「承兌人簽章」處加蓋匯票專用章並由授權的經辦人簽章后，第二、三聯銀行承兌匯票連同銀行承兌協議正本交承兌申請人保管。第一聯銀行承兌匯票和銀行承兌協議副本專夾保管，對銀行承兌匯票的餘額要經常與保存的第一聯匯票卡片進行核對，以保證帳卡相符。

承兌銀行按申請人客戶號開立保證金存款戶，根據銀行承兌匯票保證金協議規定的比例存入保證金。「存入保證金」屬於負債類，核算銀行收到客戶存入的各種保證金，如信用證保證金、承兌匯票保證金、保函保證金、擔保保證金等。會計分錄為：
 借：吸收存款——活期存款（承兌申請人戶）——本金
 　貸：存入保證金——銀行承兌匯票保證金

匯票簽發后，承兌銀行按票面金額萬分之五向出票人收取承兌手續費。
 借：吸收存款——活期存款（出票人戶）——本金
 　貸：手續費及佣金收入
 　　　應交稅費——應交增值稅（銷項稅額）
 收入：開出銀行承兌匯票

[例4-6] 廈豐公司簽發一張商業匯票向其開戶行建設銀行××支行申請承兌，經審查同意後，與銀行簽署銀行承兌協議。銀行承兌匯票金額為100,000元，根據銀行承兌匯票保證金協議規定的比例存入保證金20,000元，承兌銀行按票面金額5‰向出票人收取承兌手續費，金融服務適用增值稅稅率為6%。建設銀行××支行會計分錄為：

借：吸收存款——活期存款（廈豐公司）——本金　　　　　20,000
　　貸：存入保證金——銀行承兌匯票保證金　　　　　　　　　20,000
借：吸收存款——活期存款（廈豐公司）——本金　　　　　　50
　　貸：手續費及佣金收入　　　　　　　　　　　　　　　　　47
　　　　應交稅費——應交增值稅（銷項稅額）　　　　　　　　3
收入：開出銀行承兌匯票　　100,000

3. 持票人開戶行受理匯票

持票人持將要到期的銀行承兌匯票委託開戶行向承兌銀行收取票款時，應填制委託收款憑證，在「委託收款憑證名稱」欄註明「銀行承兌匯票」及其匯票號碼，連同匯票一併送交開戶行。開戶行審查無誤後，在委託收款結算憑證各聯上加蓋「銀行承兌匯票」戳記，第一聯退交持票人，第二聯委託收款憑證單獨保管，第三、四、五聯委託收款憑證與銀行承兌匯票一併寄交承兌行。

4. 承兌行對匯票到期付款

櫃員接到持票人開戶行寄來的委託收款憑證及銀行承兌匯票第二聯，抽出專夾保管的匯票卡片和承兌協議副本，並認真審查：該匯票是否為本行承兌，與匯票卡片的號碼和記載事項是否相符；是否做成收款背書，背書轉讓的匯票其背書是否連續，簽章是否符合規定，背書使用粘單的是否按規定在粘接處簽章；委託收款憑證的記載事項是否與匯票記載的事項相符；超過提示付款期限的應做出說明。

櫃員抽出專夾保管的第一聯銀行承兌匯票和銀行承兌協議，審核匯票是否已經到期。對到期匯票按承兌匯票自存款戶、保證金活期戶分別扣款。會計分錄為：

（1）出票人能足額支付票款：

借：吸收存款——活期存款（出票人戶）——本金
　　存入保證金——銀行承兌匯票保證金
　　貸：清算資金往來
付出：開出銀行承兌匯票

（2）出票人帳戶資金不足：銀行承兌匯票出票人在匯票到期日未能足額交存票款，承兌銀行憑票向持票人無條件付款外，對不足支付部分轉作逾期貸款，按有關規定計收利息，不得將不足部分列入其他非貸款科目。會計分錄為：

借：逾期貸款——出票人戶
　　存入保證金——銀行承兌匯票保證金
　　吸收存款——活期存款（出票人戶）——本金
　　貸：清算資金往來
付出：開出銀行承兌匯票

［例4-7］建設銀行××支行一個月前為出票人廈豐公司承兌的銀行承兌匯票一張，金額為100,000元，已經到期，廈豐公司能足額支付票款，經審核無誤後予以支付。建設銀行××支行會計分錄為：

第四章 支付結算工具的核算

借：吸收存款——活期存款（廈豐公司）——本金　　80,000
　　存入保證金——銀行承兌匯票保證金　　　　　　　20,000
　貸：清算資金往來　　　　　　　　　　　　　　　　　　100,000
付出：開出銀行承兌匯票　　100,000

[例4-8] 續前例，假設廈豐公司不能足額支付票款，其帳戶上只有50,000元的餘額，建設銀行××支行憑票向持票人無條件付款外，對不足支付部分轉作逾期貸款。建設銀行××支行會計分錄為：

借：逾期貸款（廈豐公司）　　　　　　　　　　　　　30,000
　　存入保證金——銀行承兌匯票保證金　　　　　　　20,000
　　吸收存款——活期存款（廈豐公司）——本金　　50,000
　貸：清算資金往來　　　　　　　　　　　　　　　　　　100,000
付出：開出銀行承兌匯票　　100,000

5. 持票人開戶行收到匯票款

持票人開戶行接到承兌銀行送來的報單或委託收款憑證，按照委託收款的款項劃回手續處理。會計分錄為：

借：清算資金往來
　貸：吸收存款——活期存款（持票人戶）——本金

6. 銀行承兌匯票未用退回

銀行承兌匯票簽發人未使用承兌匯票而要求註銷，可由簽發人備函說明原因，交回第二聯銀行承兌匯票，向承兌銀行申請註銷。承兌銀行應認真鑑別交回匯票的真偽，與留存的第一聯匯票、承兌協議副本、合同複印件、不可撤銷的承諾函等核對相符後，分別註明「未用註銷」字樣，將匯票第二聯代銀行承兌匯票表外科目付出憑證。會計處理為：

付出：開出銀行承兌匯票

7. 銀行承兌匯票掛失的處理

已承兌的銀行承兌匯票喪失，失票人到承兌銀行掛失時，應當提交三聯掛失止付通知書。承兌銀行審查掛失通知書記載的事項是否齊全。承兌銀行接到掛失止付通知書，應從專夾保管中抽出一聯匯票卡片和承兌協議副本、合同複印件，核對相符確未付款的方可受理。在第一聯掛失止付通知書上加蓋業務公章作為受理回單，第二、三聯於登記匯票掛失登記簿後，與第一聯匯票卡片一併另行保管，憑此控制付款。

8. 喪失銀行承兌匯票付款的處理

已承兌的銀行承兌匯票喪失，失票人憑人民法院出具的其享有票據權利的證明向承兌行請求付款時，承兌銀行經審查確未支付的，應根據人民法院出具的證明，抽出第一聯匯票卡片核對無誤，在匯票提示付款期滿後，將票款付給失票人。

95

四、銀行本票的核算

(一) 銀行本票的概念及有關規定

1. 概念

銀行本票是銀行簽發的,承諾其在見票時無條件支付確定的金額給收款人或持票人的票據。

2. 有關規定

(1) 同一票據交換區域的單位和個人均可使用銀行本票。

(2) 簽發銀行本票必須記載下列事項:標明「銀行本票」的字樣;無條件支付的承諾;確定的金額;收款人名稱;出票日期;出票人簽章。

(3) 提示付款期限自出票日起2個月。

(4) 現金銀行本票不得背書轉讓,轉帳銀行本票可以背書轉讓。

(5) 本票見票即付,但註明「現金」字樣本票的持有人只能到出票銀行支取現金。

(二) 會計科目設置

設置「開出本票」科目,屬於負債類,用以核算銀行簽發本票所吸收的款項。銀行簽發本票時,記入貸方;銀行兌付本票以及向中央銀行清算資金時,記入借方,期末無餘額。

(三) 銀行本票的核算

1. 簽發

申請人需要使用銀行本票時,應向銀行填寫一式三聯「銀行本票申請書」,櫃員審核無誤后在三聯申請書加蓋轉訖章,第一聯申請書作為回單交給申請人(回單只能作銀行受理依據),第二、三聯蓋私章后作為借、貸方憑證。現金交付的將第二聯註銷,以第三聯申請書作為貸方憑證。出票行在辦理轉帳或收受現金后,簽發銀行本票一式兩聯。定額本票正聯交給申請人,不定額本票第二聯交給申請人,第一聯卡片或存根聯上加蓋經辦、復核名章后留存專夾保管。會計分錄為:

借:吸收存款——活期存款(申請人戶)——本金
　　或庫存現金
貸:開出本票
付出:重要空白憑證——銀行本票

[例4-9] 工商銀行××支行收到開戶單位佳美商場交來的銀行本票申請書,申請簽發銀行本票15,000元,經審核無誤后,款項從其存款帳戶收取,當即簽發一

第四章 支付結算工具的核算

張銀行本票15,000元,票號23017。工商銀行××支行會計分錄為:

借:吸收存款——活期存款(佳美商場)——本金　　　　15,000
　貸:開出本票　　　　　　　　　　　　　　　　　　　15,000
付出:重要空白憑證——銀行本票　　15,000元

2. 兌付

代理付款行接到客戶交來的銀行本票和二聯進帳單時,應認真審查:

(1) 銀行本票是否真實、有無掛失止付,提示付款期限是否超過2個月;

(2) 銀行本票填明的持票人是否在本行開戶,持票人名稱是否為該持票人,與進帳單上的名稱是否相符;

(3) 出票行的簽章是否符合規定,加蓋的本票專用章是否與印模相符;

(4) 不定額本票是否有統一的壓數機壓印金額,與大寫的出票金額是否一致,有無塗改痕跡;

(5) 銀行本票必須記載的事項是否齊全,出票金額、出票日期、收款人名稱是否更改,更改的銀行本票無效,其他記載事項是否由原記載人簽章證明;

(6) 持票人是否在銀行本票背面「持票人向銀行提示付款簽章」處簽章,背書轉讓的本票是否按規定的範圍轉讓,其背書是否連續,簽章是否符合規定,背書使用的粘單是否按規定在粘接處簽章。

櫃員審核無誤後在進帳單上加蓋轉訖章,第一聯作為收帳通知交給持票人,第二聯作為貸方憑證。銀行本票上加蓋轉訖章,通過票據交換提給出票行。會計分錄為:

借:清算資金往來
　貸:吸收存款——活期存款(持票人戶)——本金

[例4-10] 建設銀行××支行開戶單位遠足鞋業公司持工商銀行××支行簽發的23017號本票一張,金額15,000元,隨進帳單要求入帳。經審核無誤後,建設銀行在進帳單上加蓋轉訖章,金額全部入帳。建設銀行××支行會計分錄為:

借:清算資金往來　　　　　　　　　　　　　　　　　15,000
　貸:吸收存款——活期存款(遠足鞋業)——本金　　　15,000

3. 結清

(1) 收到代理付款行通過同城票據交換提入的本票:出票行收到票據交換提入的轉帳本票時,櫃員抽出專夾保管的本票卡片或存根聯,經核對無誤後進行轉帳。會計分錄為:

借:開出本票
　貸:清算資金往來
收入:重要空白憑證——銀行本票

[例4-11] 工商銀行××支行收到票據交換提入的23017號轉帳本票,櫃員抽

出專夾保管的本票卡片或存根聯，經核對無誤后進行轉帳。

借：開出本票　　　　　　　　　　　　　　　　　　　15,000
　貸：清算資金往來　　　　　　　　　　　　　　　　　15,000
收入：重要空白憑證——銀行本票　　15,000

（2）收到本行開出的現金本票：櫃員抽出專夾保管的銀行本票卡片或存根，經核對相符確屬本行簽發。會計分錄為：

借：開出本票
　貸：庫存現金
收入：重要空白憑證——銀行本票

（3）收到本行開出的轉帳本票，最終收款人也在本行開戶：如果持票人和申請人在同一開戶行，則付款和結清同時進行。櫃員收到客戶提交的本票和二聯進帳單，抽出專夾保管的卡片聯。會計分錄為：

借：開出本票
　貸：吸收存款——活期存款（持票人戶）——本金
收入：重要空白憑證——銀行本票

在進帳單上加蓋轉訖章，第一聯給客戶作回單，第二聯作貸方憑證，本票加蓋轉訖章及私章作借方憑證，銀行本票卡片或存根作附件。

4. 銀行本票退票

（1）申請人因銀行本票超過提示付款期限或其他原因要求出票行退款時，填制進帳單連同銀行本票交給出票行，且申請人為單位的出具該單位證明，個人的應出具該個人的身分證件。櫃員抽出本票卡片核對無誤後，留存客戶的退票證明或身分證複印件，在本票上註明「未用退回」字樣。

（2）在進帳單上加蓋轉訖章，第一聯作為收帳通知交給申請人，第二聯蓋私章后作貸方憑證。如系退付現金，本聯作借方憑證附件，銀行本票作借方憑證，銀行本票卡片或存根聯作附件。會計分錄為：

借：開出本票
　貸：吸收存款——活期存款（申請人戶）——本金
　　或庫存現金
收入：重要空白憑證——銀行本票

5. 銀行本票掛失的處理

（1）確系填明「現金」字樣的銀行本票喪失，失票人到出票行掛失，應提交一式二聯掛失止付通知書。出票行收到通知書後應按規定審查，抽出原專夾保管的銀行本票卡片或存根核對，確屬本行簽發並確認未註銷時，方可受理。第一聯加蓋業務公章作為受理回單交給失票人，第二聯登記掛失登記簿后，與原卡片或存根一併專夾保管，憑以控製付款或退款。

（2）遺失銀行本票，失票人應憑人民法院出具的其享有該銀行本票票據權利的

第四章　支付結算工具的核算

證明，向出票行請求付款或退款時，出票行經審查確未支付的，應抽出原專夾保管的銀行本票卡片或存根核對無誤，並將款項付給失票人或申請人。

第三節　銀行卡的核算

一、銀行卡的分類

(一) 按銀行卡是否能提供信用透支功能分為信用卡和借記卡

1. 信用卡

信用卡是一種特殊的信用憑證，用於在指定商戶購物和消費，或在指定銀行機構存取現金。信用卡按是否向發卡銀行交存備用金，又分為貸記卡和準貸記卡兩種。

(1) 貸記卡，是指發卡銀行給予持卡人一定的信用額度，持卡人可在信用額度內先使用、后還款的銀行卡，並具有一定的免息還款期。

(2) 準貸記卡，是指持卡人需先按發卡銀行要求交存一定金額的備用金，當備用金帳戶餘額不足支付時，可在發卡銀行規定的信用額度內透支的信用卡。

2. 借記卡

借記卡是指沒有信用額度，持卡人先存款、后使用的銀行卡。借記卡按功能不同，又可分為轉帳卡、專用卡和儲值卡。

(1) 轉帳卡，是指實時扣帳的借記卡，具有轉帳結算、存取現金和消費的功能。

(2) 專用卡，是指具有專門用途、在特定區域使用的借記卡，它具有轉帳結算、存取現金和消費的功能。專門用途是指在百貨、餐飲、飯店、娛樂行業以外的用途。

(3) 儲值卡，是指發卡銀行根據持卡人要求將其資金轉至卡內儲存，交易時直接從卡內扣款的預付錢包式借記卡。

(二) 銀行卡的其他分類

銀行卡按發行對象不同分為單位卡和個人卡；按幣種不同分為人民幣卡和外幣卡；按信息載體不同分為磁條卡和芯片卡。

本節主要介紹單位和個人信用卡的會計處理。

二、信用卡的含義及有關規定

(一) 信用卡的含義

信用卡是指記錄持卡人帳戶相關信息，具備銀行授信額度和透支功能，並為持

卡人提供相關銀行服務的各類介質。

(二) 有關規定

《商業銀行信用卡業務監督管理辦法》（2011年1月施行）規定：信用卡業務，是指商業銀行利用具有授信額度和透支功能的銀行卡提供的銀行服務，主要包括發卡業務和收單業務。

發卡業務，是指發卡銀行基於對客戶的評估結果，與符合條件的客戶簽約發放信用卡並提供的相關銀行服務。發卡業務包括營銷推廣、審批授信、卡片製作發放、交易授權、交易處理、交易監測、資金結算、帳務處理、爭議處理、增值服務和欠款催收等業務環節。

收單業務，是指商業銀行為商戶等提供的受理信用卡，並完成相關資金結算的服務。收單業務包括商戶資質審核、商戶培訓、受理終端安裝維護管理、獲取交易授權、處理交易信息、交易監測、資金墊付、資金結算、爭議處理和增值服務等業務環節。

發卡銀行應當對信用卡申請人開展資信調查，充分核實並完整記錄申請人有效身分、財務狀況、消費和信貸記錄等信息，並確認申請人擁有的固定工作、穩定的收入來源或可靠的還款保障。銀行為符合條件的申領人開立信用卡存款帳戶，並發給信用卡。發卡銀行不得向未滿十八周歲的客戶核發信用卡（附屬卡除外）。發卡銀行應當建立信用卡激活操作規程，激活前應當對信用卡持卡人身分信息進行核對。信用卡未經持卡人激活，不得扣收任何費用。

單位卡帳戶的資金一律從其基本存款帳戶轉帳存入，不得交存現金，不得將銷貨收入的款項存入其帳戶。個人卡帳戶的資金以其持有的現金存入或以其工資性款項及屬於個人的勞務報酬收入轉帳存入。嚴禁將單位的款項存入個人卡帳戶。持卡人可持信用卡在特約單位購物、消費。單位卡不得用於10萬元以上的商品交易、勞務供應款項的結算。單位卡一律不得支取現金。

信用卡透支利息，自簽單日或銀行記帳日起15日內按日息5‰計算，超過15日按日息10‰計算，超過30日或透支金額超過規定限額的，按日息15‰計算。透支計息不分段，按最后期限或者最高透支額的最高利率檔次計息。免息期內不計利息，取現不享受免息期。

三、發行信用卡的核算

凡是申請辦理信用卡的單位和個人，應向發行信用卡的銀行填交信用卡申請書，經審查符合發卡條件批准發卡的，向申請人發出信用卡通知書，通知申請人到發卡行辦理開戶手續。

申請人按規定填制進帳單或現金交款單（用來交存信用卡存款和保證金）和結

第四章　支付結算工具的核算

算業務收費憑證后，應將根據交存的信用卡存款、交納的年費和交存的保證金的總金額填制的轉帳支票或應交納的現金，連同申請人的身分證、信用卡通知書一併交給發卡銀行信用卡部。信用卡部審核無誤后，在第一聯進帳單或現金交款單和第三聯結算業務收費憑證上加益「轉訖」章或「現金收訖」章后連同身分證退回申請人，通知其在若干天內到信用卡部憑回單及身分證領取信用卡。持卡人領到信用卡后，應立即在卡的背面簽上本人習慣的簽名式樣，簽名后不得塗改。

(一) 發行單位卡的會計處理

借：吸收存款——活期存款（申請人戶）——本金
　　貸：吸收存款——信用卡存款（申請人戶）——本金
　　　　手續費及佣金收入
　　　　應交稅費——應交增值稅（銷項稅額）

(二) 發行個人卡的會計處理

發行個人卡可以交存現金，其與發行單位卡的會計處理基本相同，此處略。
如果單位和個人在開卡時未交存存款和交納年費則不需要做上述會計分錄。

四、憑信用卡存取現金的核算

持卡人憑信用卡存取現金時，應填寫存現單或取現單，銀行經審核無誤后辦理存取款手續。持卡人在同城或異地存取現金，經辦行按規定標準收取費用。

1. 在發卡行存款
借：庫存現金
　　貸：吸收存款——信用卡存款（持卡人戶）——本金
2. 不在發卡行存款
非發卡行：
借：庫存現金
　　貸：清算資金往來
發卡行：
借：清算資金往來
　　貸：吸收存款——信用卡存款（持卡人戶）——本金
3. 在發卡行取款
借：貸款——短期貸款——信用卡透支（持卡人戶）——本金
　　貸：庫存現金
　　　　手續費及佣金收入
　　　　應交稅費——應交增值稅（銷項稅額）

4. 不在發卡行取款

非發卡行：

借：清算資金往來

貸：庫存現金

　　手續費及佣金收入

　　應交稅費——應交增值稅（銷項稅額）

發卡行：

借：貸款——短期貸款——信用卡透支（持卡人戶）——本金

貸：清算資金往來

[例4-12] 建設銀行××支行持卡人張明今日在ATM機取現金1,500元，手續費按取現金額1%收取，金融服務適用增值稅稅率為6%。建設銀行××支行的會計分錄為：

借：貸款——短期貸款——信用卡透支（張明）——本金　　1,515

貸：庫存現金　　　　　　　　　　　　　　　　　　　　1,500

　　手續費及佣金收入　　　　　　　　　　　　　　　　14.15

　　應交稅費——應交增值稅（銷項稅額）　　　　　　　　0.85

五、憑信用卡直接消費的核算

信用卡在特約單位購物、消費時，持卡人應將信用卡交特約單位。經特約單位審查無誤后打印簽購單，由持卡人簽名確認，將簽購單回單聯連同信用卡交還持卡人。每日營業終了，特約單位根據簽購單匯總表填制匯計單，計算手續費和淨計金額，連同簽購單和進帳單一併送交開戶行辦理轉帳。特約單位開戶行收到上述單證，經審核無誤后，應區別情況進行處理：

1. 收付款人在同一行處開戶

借：貸款——短期貸款——信用卡透支（持卡人戶）——本金

貸：吸收存款——活期存款（特約單位戶）——本金

　　手續費及佣金收入

　　應交稅費——應交增值稅（銷項稅額）

2. 收付款人不在同一行處開戶

經辦行：

借：清算資金往來

貸：吸收存款——活期存款（特約單位戶）——本金

　　手續費及佣金收入

　　應交稅費——應交增值稅（銷項稅額）

發卡行：

第四章　支付結算工具的核算

借：貸款——短期貸款——信用卡透支（持卡人戶）——本金
　　貸：清算資金往來

六、信用卡還款的核算

當持卡人的信用卡消費到達最后還款日期時，為了確保持卡人良好的信用記錄，持卡人需要歸還信用卡透支本息。還款后，信用卡額度即時恢復，款項一般在當天系統處理后，即可入帳。開卡行在收到持卡人歸還的款項時做會計分錄如下：

借：庫存現金
　　或吸收存款——信用卡存款（持卡人戶）——本金
　　或清算資金往來
　　貸：貸款——短期貸款——個人信用卡透支（持卡人戶）——本金
　　　　利息收入
　　　　應交稅費——應交增值稅（銷項稅額）

● 第四節　其他支付工具的核算

除票據、信用卡支付工具外，目前銀行客戶使用的其他結算方式主要有現金支付、匯兌、委託收款、托收承付、定期借記、定期貸記等。此外，電子支付工具也越來越多地出現。

一、現金支付

在中國，現金主要是指流通中的現鈔，是由中國人民銀行依法發行流通的人民幣，包括紙幣和硬幣。目前，在信用流通中共有1角、5角、1元、5元、10元、20元、50元、100元八種面額，其中1角、5角、1元有紙幣、硬幣兩種。此外，人民銀行每年還會根據一些重大題材，不定期地發行一定數量的可流通紀念幣（鈔）。現金基本上分佈在城鄉居民個人和企事業單位手中，只有極少部分現金流到國外。

在中國，現金交易大部分發生在儲蓄存取款、消費性現金支出、農副產品收購現金支出等。進入20世紀90年代以來，儲蓄現金支出成為現金支付的主渠道。客戶主要利用三種方式提取現金：一是使用儲蓄存折或儲蓄卡從各商業銀行儲蓄網點支取現金；二是使用銀行卡在自動櫃員機（ATM）上提取現金；三是通過簽發支票提取現金。

二、匯兌業務的核算

匯兌是匯款人委託銀行將其款項支付給收款人的結算方式。分為信匯和電匯兩

種，匯款人可根據需要選用。由於匯兌結算手續簡便，不受金額起點限制，長期以來一直是銀行異地匯劃資金的主要結算方式之一。

(一) 匯兌結算的有關規定

(1) 單位和個人異地結算各種款項均可使用。
(2) 匯款人可將款項直接匯給收款人，也可申請留行待取。
(3) 匯兌按憑證傳遞方式的不同，分為信匯、電匯兩種。
(4) 未在銀行開立帳戶的收款人，銀行應以收款人的名義開立應解匯款及臨時存款帳戶，只付不收，付完清戶，不計利息。
(5) 匯款人對款項可以撤銷、退匯，匯入行對收款人拒收的匯款應主動辦理退匯。

(二) 信匯的核算

信匯是指匯款人委託銀行以郵寄憑證的方式通知匯入行付款的一種結算方式。

1. 匯出行的核算

匯款人辦理信匯時，應向銀行填制一式四聯信匯憑證。第一聯為匯出行給匯款人的回單，第二聯由匯出行做支款憑證，第三聯由匯入行做收款憑證，第四聯由匯入行給收款人做收帳通知或取款憑證。匯出行受理信匯憑證后，經審核無誤辦理轉帳，匯出行的會計分錄為：

借：吸收存款——活期存款（匯款人戶）——本金
　　或庫存現金
　貸：清算資金往來
　　　手續費及佣金收入
　　　應交稅費——應交增值稅（銷項稅額）

2. 匯入行的核算

匯入行收到有關單證，經審核無誤后予以入帳。匯入行的會計分錄為：

(1) 直接收帳

借：清算資金往來
　貸：吸收存款——活期存款（收款人戶）——本金

(2) 不直接收帳

借：清算資金往來
　貸：應解匯款

(三) 電匯的核算

電匯是指匯款人委託銀行以拍發電報或通過計算機網路電子匯款的方式通知匯入行付款的一種結算方式。電匯的會計處理同信匯。

第四章 支付結算工具的核算

三、托收承付的核算

托收承付是收款人根據購銷合同發貨后,委託銀行向異地付款人收取款項,由付款人向銀行承認付款的一種結算方式。

(一) 托收承付結算的有關規定

(1) 使用托收承付結算方式的收、付款單位必須是國有企業、供銷合作社以及經營管理較好並經開戶銀行審查同意的城鄉集體所有制工業企業。

(2) 辦理托收承付的款項必須是商品交易以及因商品交易而產生的勞務供應的款項,代銷、寄銷、賒銷商品的款項不得辦理托收承付結算。

(3) 結算金額起點為 10,000 元,新華書店系統每筆的金額起點為 1,000 元。

(4) 托收承付結算款項的劃回方式分為郵劃和電劃兩種,由收款人選用。

(二) 托收承付的核算

1. 托收階段

收款人填制托收承付結算憑證一式五聯,連同有關單證一起提交開戶銀行。

銀行審核無誤后,第一聯加蓋業務公章退還收款人,第二聯專夾保管,其餘各聯及有關單證一併寄交付款人開戶行。

2. 承付階段

付款人開戶行收到有關單證,經審查無誤后,在憑證上填註收到日期和承付期限,及時通知付款人。承付期分驗單付款(3天)和驗貨付款(10天)兩種。

付款人開戶行的會計分錄為:

(1) 全額付款。

借:吸收存款——活期存款(付款人戶)——本金
　貸:清算資金往來

(2) 提前承付,處理同上。

(3) 部分付款。

付款的處理同上,此外要計算賠償金。

賠償金 = 延期支付金額 × 延期支付天數 × 賠償金率

(4) 逾期付款。

付款人開戶行要隨時掌握付款人帳戶餘額,等到有款時再將逾期付款的金額和賠償金一併劃給收款人,賠償金的金額同上。

(5) 拒絕付款。

付款人出具「拒付理由書」,由銀行審查,分為全部拒付和部分拒付。對無理拒付要強制扣款,對符合規定同意拒付,將拒付理由書、拒付證明連同有關單證一

併寄交收款人開戶行。如果是部分拒付,還要辦理劃款手續。

收款人開戶行的會計分錄為:

①全額劃回(正常或逾期)。

借:清算資金往來

　　貸:吸收存款——活期存款(收款人戶)——本金

②無款支付。

將托收承付結算憑證、無款支付通知及有關單證退收款人。

③拒絕付款。

將托收承付結算憑證、拒付理由書、拒付證明連同有關單證退收款人。

[例4-13] 工商銀行上海某支行收到建設銀行海南某支行寄來異地托收承付憑證一份,金額200,000元,6月18日(周三)承付期滿,因付款單位上海美飾公司帳戶資金不足,6月19日上午營業時,只能支付10萬元,6月24日支付6萬元,6月30日才全部付清。

要求:計算賠償金並做出相關帳務處理。

(1) 6月19日

借:吸收存款——活期存款(上海美飾公司)——本金　　100,000

　　貸:清算資金往來　　　　　　　　　　　　　　　　100,000

(2) 6月24日

借:吸收存款——活期存款(上海美飾公司)——本金　　60,000

　　貸:清算資金往來　　　　　　　　　　　　　　　　60,000

賠償金 = 延期支付金額 × 延期支付天數 × 賠償金率

　　　 = $100,000 \times 5 \times 5‰ + 40,000 \times 6 \times 5‰ = 370$ (元)

(3) 6月30日

借:吸收存款——活期存款(上海美飾公司)——本金　　40,370

　　貸:清算資金往來　　　　　　　　　　　　　　　　40,370

四、委託收款的核算

委託收款是收款人委託銀行向付款人收取款項的結算方式。單位和個人憑已承兌的商業匯票、債券、存單等付款人債務證明辦理款項的結算,均可以使用委託收款結算方式。

(一) 委託收款的有關規定

(1) 委託收款在同城和異地均可使用。

(2) 單位和個人均可以使用。

(3) 委託收款結算款項的劃回方式分為郵寄和電報兩種,由收款人選用。

第四章　支付結算工具的核算

(4) 無金額起點限制。

(二) 委託收款的核算

(1) 收款人辦理委託收款時，應填制委託收款憑證一式五聯、連同付款人的有關債務證明提交開戶銀行。經銀行審核無誤后，第一聯加蓋業務公章退還收款人，第二聯專夾保管，其餘各聯及有關債務證明一併寄交付款人開戶行。

(2) 付款人開戶行收到收款人開戶行寄來的第三、四、五聯委託收款憑證及有關債務證明經審核無誤后，按規定付款，將第三聯委託收款憑證作為借方傳票，第四聯委託收款憑證填註支付日期后寄交收款人開戶行，第五聯為付款通知。會計分錄為：

借：吸收存款——活期存款（付款人戶）——本金
　　貸：清算資金往來

(3) 收款人開戶行接到付款人開戶行寄來的第四聯委託收款憑證，與留存的第二聯托收憑證進行核對后辦理轉帳，第二聯托收憑證作為貸方傳票，將第四聯委託收款憑證加蓋轉訖章作為收帳通知交給收款人。會計分錄為：

借：清算資金往來
　　貸：吸收存款——活期存款（收款人戶）——本金

(4) 如果付款期滿時，付款人帳戶上沒有足夠的資金支付，即按無款支付處理。付款人開戶行在委託收款憑證和登記簿上註明退回日期和「無款支付」字樣，並填制未付款項通知書，連同第四聯委託收款憑證寄交收款人開戶行。收款人開戶行收到上述單證，經審核無誤後通知收款人辦理退單手續。

五、電子支付

電子支付是指單位、個人直接或授權他人通過電子終端[1]發出支付指令，實現貨幣支付與資金轉移的行為。電子支付工具從其基本形態上看是電子數據，它以金融電子化網路為基礎，通過計算機網路系統以傳輸電子信息的方式實現支付功能，可以方便地實現現金存取、匯兌、直接消費和貸款等功能。

電子支付的類型按電子支付指令發起方式分為網上支付、電話支付、移動支付、銷售點終端交易、自動櫃員機交易和其他電子支付。電子支付指令與紙質支付憑證可以相互轉換，二者具有同等效力。

網上支付是指人們通過互聯網完成支付的行為和過程，通常情況下仍然需要銀行作為仲介。在典型的網上支付模式中，銀行建立支付網關和網上支付系統，為客戶提供網上支付服務。網上支付指令在銀行后臺進行處理，並通過傳統支付系統完

---

[1] 「電子終端」，是指客戶可用以發出電子支付指令的計算機、電話、銷售點終端、自動櫃員機、移動通信工具或其他電子設備。

成跨行交易的清算和結算。在傳統的支付系統中，銀行是系統的參與者，客戶很少主動地參與到系統中；而對於網上支付系統來說，客戶成為系統的主動參與者，這從根本上改變了支付系統的結構。常見的網上支付模式有網銀模式、銀行支付網關模式、共建支付網關模式和IT公司支付模式。

移動支付是指利用移動電話採取編發短信息和撥打某個號碼的方式實現支付。手機支付系統主要涉及三方：消費者、商家及無線運營商，所以手機支付系統大致可分三個部分，即消費者前端消費系統、商家管理系統和無線運營商綜合管理系統。消費者前端消費系統保證消費者順利地購買到所需的產品和服務，並可隨時觀察消費明細帳、餘額等信息；商家管理系統可以隨時查看銷售數據以及利潤分成情況；無線運營商綜合管理系統是手機支付系統中最複雜的部分，包括兩個重要子系統：鑒權系統和計費系統，它既要對消費者的權限、帳戶進行審核，又要對商家提供的服務和產品進行監督，看其是否符合所在國家的法律規定。

近年來，支付工具電子化趨勢明顯，電子商業匯票應用方興未艾，銀行卡普及率和創新能力不斷提高，預付卡、互聯網支付、移動支付發展迅猛；支付服務市場競爭激烈，支付機構參與支付服務市場豐富了以銀行業金融機構為基礎的支付服務主體格局；現代信息技術在支付領域廣泛應用，支付信息安全的重要性愈發突出；支付結算系統的相互依賴性不斷加深，支付體系複雜性增強，支付體系監管面臨新的挑戰。

復習思考題

1. 中國的支付體系由哪幾部分組成？
2. 支票是如何核算的？
3. 銀行匯票是如何核算的？
4. 商業承兌匯票和銀行承兌匯票在核算上有何區別？
5. 銀行本票是如何核算的？
6. 信用卡在同城和在異地的核算有何區別？
7. 電子支付工具未來的發展方向如何？

第五章　往來業務的核算

本章重點

1. 大額實時與小額批量支付系統的業務流程和會計處理。
2. 資金匯劃清算系統的原則和會計處理。
3. 同城票據交換的基本做法及其會計處理。
4. 商業銀行向人民銀行繳存準備金、借款、再貼現的會計處理。
5. 異地跨系統匯劃款項和同業拆借的會計處理。

引導案例

　　全國銀行間同業拆借中心2016年8月9日發布了《全國銀行間同業拆借市場業務操作細則》（以下簡稱《細則》）。《細則》進一步明確了金融機構進入全國銀行間同業拆借市場相關流程和事中事后監管要求，更多的「小銀行」將有機會進入市場拆借短期資金。全國銀行間同業拆借市場自1996年建立以來，市場規模持續擴大，運行效率不斷提高，這使得此前的審批制難以適應同業拆借市場發展的要求。數據顯示，截至2015年年末，同業拆借市場成員已達1,382家，是市場建立之初的28倍，2015年全年成交量達64.2萬億元，是市場建立之初的近300倍。江蘇一家農商行的負責人表示，取消入市審批「門檻」之后，《細則》對於較為缺乏資金的「小銀行」來說是好消息，一些農村金融機構將有機會進入市場拆借資金，已經是市場成員的還可根據規定調整限額，使其流動性更加充裕。

在取消行政審批後，市場監管由事前監管開始轉向交易的事中事後監管，因此在信息披露和履約管理方面，《細則》均對市場成員作出了明確要求。《細則》規定，企業集團財務公司及證券公司應當按照相關規定進行信息披露。信託公司、金融資產管理公司、金融租賃公司、汽車金融公司、保險公司、保險資產管理公司等非銀行金融機構則按照交易中心制定的要求通過同業拆借中心平臺披露信息。履約管理要求方面，要求金融機構應當確保交易信息真實、有效，交易達成後應當按約定履行交易。若出現未按約定履行交易的情形，交易雙方應當在結算日次一工作日向交易中心提交書面報備。

思考：全國銀行間同業拆借市場為什麼要取消入市審批「門檻」？市場監管的事中事後監管的重點是什麼？

(資料來源：http://finance.sina.com.cn/roll/2016-08-11/doc-ifxuxnpy9226550.shtml. 新浪財經)

第一節 支付系統

支付系統是支撐各種支付工具應用、實現資金清算並完成資金轉移的通道。銀行業金融機構行內、行外的往來業務都離不開支付系統。目前，中國已初步建成以中國人民銀行現代化支付系統為核心，銀行業金融機構行內支付系統為基礎，票據支付系統、銀行卡支付系統為重要組成部分的支付清算網路體系，對加快社會資金週轉，提高支付清算效率，促進國民經濟健康平穩的發展發揮著越來越重要的作用。

一、現代化支付系統

(一) 概念

現代化支付系統是中國人民銀行按照中國支付清算需要，並利用現代計算機技術和通信網路開發建設的，能夠高效、安全地處理各銀行辦理的異地、同城各種支付業務及其資金清算應用系統。中國人民銀行通過建設現代化支付系統，逐步形成一個以中國現代化支付系統為核心，商業銀行行內系統為基礎，各地同城票據交換所並存，支撐多種支付工具的應用和滿足社會各種經濟活動支付需要的中國支付清算體系。

(二) 構成

現代化支付系統主要由大額實時支付系統和小額批量支付系統兩個業務應用系統以及清算帳戶管理系統和支付管理信息系統兩個輔助支持系統組成，建有兩級處

第五章　往來業務的核算

理中心，即國家處理中心（NPC）和全國省會城市處理中心及深圳城市處理中心（CCPC）。國家處理中心（NPC）是負責支付系統的運行和管理，接收、轉發各城市處理中心的支付指令，並對集中開設的清算帳戶進行資金清算和處理的機構。城市處理中心（CCPC）是主要負責支付指令的轉發和接收，對本 CCPC 範圍內的小額業務進行清分軋差的機構。

國家處理中心分別與各城市處理中心連接，其通信網路採用專用網路，以地面通信為主、衛星通信備份。它是各銀行和貨幣市場的公共支付清算平臺，是人民銀行發揮其金融服務職能重要的核心支付系統。

1. 業務應用系統

（1）大額實時支付系統（HVPS）。

大額實時支付系統是以電子方式實時處理同城和異地的、每筆金額在規定起點以上的大額貸記支付業務和緊急的小額貸記支付業務的應用系統。支付指令實行逐筆實時發送、全額清算資金。

中國人民銀行 2000 年 10 月啟動大額實時支付系統的建設。該系統處理同城和異地、商業銀行跨行之間和行內的大額貸記及緊急的小額貸記支付業務，處理人民銀行系統的貸記支付業務。建設大額支付系統的目的，就是為了給各銀行和廣大企業單位以及金融市場提供快速、高效、安全、可靠的支付清算服務，防範支付風險。2005 年 6 月，中國人民銀行完成了實時支付系統在全國的推廣應用，取代全國電子聯行系統，實現了中國異地跨行支付清算從手工聯行到電子聯行，再到現代化支付系統的跨越式發展和歷史性飛躍。

（2）小額批量支付系統（BEPS）。

小額批量支付系統是以電子方式批量處理同城、異地紙質憑證截留的借記支付業務和每筆金額在規定起點以下的小額貸記支付業務的應用系統。支付指令實行定時批量或即時發送，軋差淨額清算資金。

2005 年 1 月，中國人民銀行啟動了小額批量支付系統的建設。該系統處理同城和異地紙質憑證截留的商業銀行跨行之間的定期借記和定期貸記支付業務、中央銀行會計和國庫部門辦理的借記支付業務以及每筆金額在規定起點以下的小額貸記支付業務。建設小額批量支付系統的目的，是為社會提供低成本、大業務量的支付清算服務，支撐各種支付業務的使用，滿足社會各種經濟活動的需要。2006 年 6 月，中國人民銀行完成了小額批量支付系統在全國的推廣建設。小額批量支付系統支撐各種支付工具的使用，滿足社會經濟發展多樣化的需要，能有效地促進社會公共支付水平的提高。

2. 輔助支持系統

（1）清算帳戶管理系統（SAPS）。

清算帳戶管理系統是支付系統的支持系統，集中存儲清算帳戶，處理支付業務的資金清算，並對清算帳戶進行管理。

(2) 支付管理信息系統（PMIS）。

支付管理信息系統是支付系統的支持系統，集中管理支付系統的基礎數據，負責行名行號、應用軟件的下載，提供支付業務的查詢查復、報表統計分析和計費服務等。

(三) 支付系統的參與人

發起人：支付業務的最初發起單位或個人（指法人或自然人）。
發起行：向支付系統提交支付業務並進行帳務處理的銀行和城市信用社、農村信用社。
發起清算行：在國家處理中心開設帳戶的直接參與者，其帳戶用於發起人、發起行和自身發起支付業務的資金清算和帳務處理。
發報中心：接收並向國家處理中心發送支付指令的城市處理中心。
收報中心：接收國家處理中心發來的支付指令並向接收行轉發的城市處理中心。
接收清算行：在國家處理中心開設帳戶的直接參與者，其帳戶用於接收行、接收人和自身接收支付業務的資金清算和帳務處理。
接收行：接收收報中心或清算行發來的支付指令，並進行帳務處理的銀行和城市信用合作社、農村信用合作社。
接收人：支付業務的最后接收單位或個人。

(四) 大額實時支付系統業務的核算

大額實時支付系統業務包括往帳業務和來帳業務。往帳業務是指銀行根據發起人提交的原始憑證及要求，使用結算類交易，完成大額支付業務往帳的資金清算帳務處理。業務系統將規定格式標準的支付報文實時發往前置機系統，由前置機系統自動逐筆加編地方密押后發送發報中心，待國家處理中心清算資金后接收回執，系統根據回執更新業務系統的報文狀態。系統定時自動接收大額支付業務來帳報文，大額來帳報文處理有系統自動入帳和人工干預入帳兩種模式。業務主辦根據系統提示核查來帳，不符合系統自動入帳條件的大額支付來帳報文，系統轉為人工處理。

根據大額支付系統規定，同屬一個清算中心的營業機構之間不能通過支付系統辦理大額支付業務。大額實時支付系統業務流程如圖 5-1 所示。

1. 大額支付業務往帳的核算

業務經辦受理發起人提交的原始憑證，按照支付結算辦法規定完成原始憑證的審核，選擇「大額實時」郵路，完成結算業務記帳處理。會計分錄為：

發起行，
　借：吸收存款等
　　貸：存放分行清算備付金戶
分行清算中心，

第五章　往來業務的核算

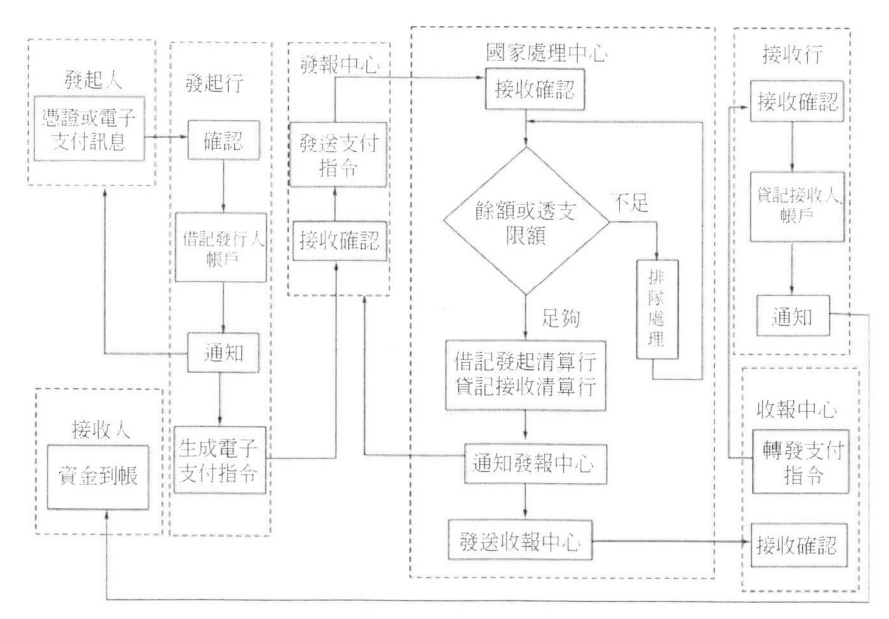

圖 5-1　大額實時支付系統業務流程圖

　　借：××支行清算備付金戶
　　　貸：存放中央銀行款項——大額實時
2. 大額支付業務來帳的核算

系統對於收款帳號為對公活期帳戶及理財卡，且收款人帳號戶名與系統完全相符、帳戶狀態正常的大額支付來帳，系統自動入帳。支付業務來帳報文不符合自動入帳條件時，業務主辦選擇手工入帳處理，來帳支付序號是來帳業務唯一的標示。會計分錄為：

分行清算中心，
　　借：存放中央銀行款項——大額實時
　　　貸：××支行清算備付金戶
接收行，
　　借：存放分行清算備付金戶
　　　貸：吸收存款等
3. 大額實時支付業務日終對帳

直接參與者每日必須與人民銀行大額支付系統對帳，該交易的使用權限歸屬直接參與者（即總行或分行清算中心）。對帳日期是當日，必須在支付系統日終處理階段才能發起該交易，該交易可以重複啟用，直至對帳相符。清算中心應該將對帳相符的各類清單與當日憑證一起裝訂成冊。

113

(五）小額批量支付系統業務的核算

小額批量支付系統具有處理業務種類多、業務量大、業務處理流程複雜等特點。小額批量支付系統業務「24小時運行，逐筆（批量）發起，組包發送，實時傳輸，雙邊軋差，定時清算」。同城、異地業務分別在當地 CCPC 及 NPC 逐包雙邊軋差，CCPC 負責對同城小額支付業務進行軋差處理，NPC 負責對異地小額支付業務進行軋差處理。日間清算場次（時點）分別由 NPC、CCPC 根據需要靈活調整，即時生效。CCPC 和 NPC 每場軋差淨額在規定的提交清算時間實時送交 SAPS 清算，系統支持每日 N 次清算。小額批量支付系統業務流程如圖 5-2 所示。

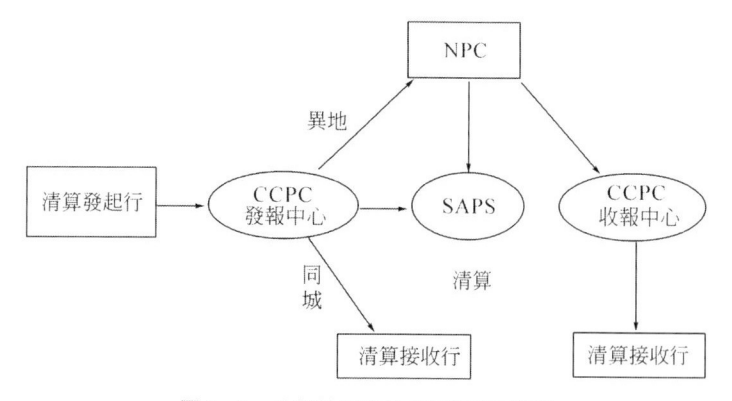

圖 5-2 小額批量支付系統業務流程圖

1. 基本業務處理模式

（1）貸記業務。普通貸記業務主要包括規定金額以下的匯兌、委託收款（劃回）、托收承付（劃回）、行間轉帳以及國庫匯劃款項等主動匯款業務。定期貸記業務為當事各方按照事先簽訂的協議，定期發生的批量付款業務，如代付工資、保險金等，其業務特點是單個付款人同時付款給多個收款人。實時貸記業務是付款人發起的實時貸記收款人帳戶的業務。

小額批量支付系統接收付款（清算）行提交的貸記業務，納入雙邊軋差處理並實時轉發至收款（清算）行。貸記業務包括實時處理和批量處理兩種模式。

（2）借記業務。普通借記業務為收款人發起的借記付款人帳戶的業務。定期借記業務為當事各方按照事先簽訂的協議，定期發生的批量扣款業務，如收款單位委託其開戶銀行收取水電煤氣等公用事業費用，其業務特點是單個收款人向多個付款人同時收款。實時借記業務是收款人發起的實時借記付款人帳戶的業務。

小額批量支付系統接收收款（清算）行提交的借記業務，轉發至付款（清算）行；付款（清算）行在規定時間內向支付系統返回借記業務處理情況的回執信息；小額批量支付系統將回執信息納入雙邊軋差處理后，將回執信息轉發收款（清算）

第五章 往來業務的核算

行。借記業務包括實時處理和批量處理兩種模式。

（3）信息業務。信息業務，指支付系統參與者間相互發起和接收的，不需要支付系統提供清算服務的信息數據。參與者之間通過支付系統傳輸各類專用或通用信息。

2. 軋差的業務處理

（1）對於本行發出的支付業務包的軋差處理。本行發出的支付業務包（含貸記業務包、借記業務回執包、貸記退回包），經過 CCPC（同城業務）或 NPC（異地業務）的檢查後，行內系統將根據 CCPC 或 NPC 返回的「已軋差」的通知修改該包的處理狀態為「成功（已軋差）」，登記軋差日期、軋差節點、軋差場次，並對明細業務進行相應的處理。

（2）對於本行接收的支付業務包的軋差處理同上。

（3）已軋差的淨額原則上納入當日清算。如果該清算場次本行為借方軋差淨額，會計分錄為：

借：存放中央銀行款項——小額批量
  貸：清算資金往來——小額批量資金清算

如果該清算場次本行為貸方軋差淨額，會計分錄為：

借：清算資金往來——小額批量資金清算
  貸：存放中央銀行款項——小額批量

3. 小額支付業務日終核對

為確保業務系統處理的小額支付業務與小額批量支付系統的一致性，業務處理系統需要與小額批量支付系統進行當日業務核對，如果核對不符，以小額批量支付系統的數據為準進行調整，確保存放人行備付金帳戶與業務處理結果相匹配；並保證在日切時點上本行處於清算狀態的業務與 NPC 或 CCPC 處理結果一致。

二、銀行業金融機構行內支付系統

銀行業金融機構行內支付系統作為銀行業金融機構綜合業務處理系統的重要組成部分，是其內部資金往來與資金清算的渠道，是其拓展支付服務市場，提升市場競爭能力的重要設施，在支付系統中居於基礎地位。

財稅 36 號文附件 3《營業稅改徵增值稅試點過渡政策的規定》對同一銀行系統內部不同行、處之間所發生的資金帳務往來業務所產生的利息收入暫免徵收增值稅。

系統內資金清算實行總行集中管理，總行、分行、支行三級清算方式。各支行在所屬分行開立備付金帳戶，各分行在總行開立備付金帳戶，通過系統總行可對不同分行頭寸進行監控和管理，分行可對本行頭寸進行調節。各級行逐級在上級行對開系統內備付金帳戶，用於系統內資金往來和資金清算。

(一) 資金匯劃清算系統概述

資金匯劃清算系統是辦理銀行業金融機構行內支付的重要應用系統,基本內容如下:

(1) 實存資金。各級機構在上級行開立備付金存款帳戶,存入資金用於匯劃款項的清算。

(2) 實時清算。各經辦行發生的匯劃業務,由系統實時更新其在上級行的備付金存款帳戶餘額。

(3) 頭寸控製。各級機構應合理控製其在上級行的備付金存款頭寸,以滿足資金清算需要。

(4) 集中監督。總行清算中心對資金匯劃業務、備付金存款帳戶和查詢查復業務發生的情況進行管理和監督。

(二) 基本規定

1. 資金匯劃業務辦理行由經辦行、分行清算中心和總行清算中心組成

經辦行是具體辦理結算款項和內部資金劃轉業務的機構。匯劃業務的發生行為發報行,匯劃業務的接收行為收報行。分行清算中心是辦理其轄屬資金匯劃款項及跨行業務的本外幣資金清算的機構。總行清算中心是辦理系統內各分行級清算機構之間及跨行業務的本外幣資金匯劃清算業務管理的部門。

資金匯劃清算系統業務流程如圖5-3所示。

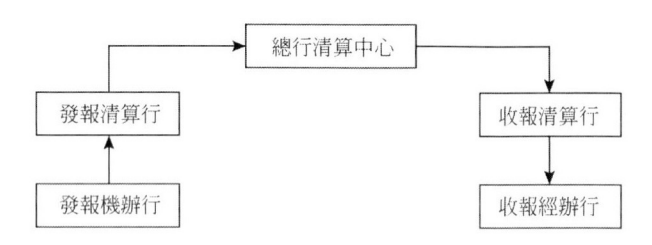

圖5-3 資金匯劃清算系統流程圖

2. 資金匯劃清算系統處理的業務範圍

(1) 人民幣系統內結算業務,包括匯兌、托收承付、委託收款(含商業匯票、國內信用證、個人業務委託收款等)、系統內銀行匯票的解兌,對公、儲蓄通存通兌,銀行卡行內業務等資金清算;

(2) 外幣資金匯劃清算業務,包括境內、境外匯款及外幣儲蓄通存通兌的清算;

(3) 內部往來資金及其他經總行批准的業務資金的劃轉;

(4) 查詢查復業務。

第五章　往來業務的核算

（三）會計科目設置

1. 「系統內上存款項」科目

「系統內上存款項」為資產類科目，反映各清算行存放在總行的清算備付金存款、省區分行在總行的備付金存款以及二級分行存放在省區分行的調撥資金。該科目為省區分行、直轄市分行、總行直屬分行、二級分行使用，餘額反映在借方。

2. 「系統內款項存放」科目

「系統內款項存放」為負債類科目，反映各清算行存放在總行的清算備付金存款、省區分行在總行的備付金存款以及二級分行存放在省區分行的調撥資金。該科目為總行、省區分行使用，餘額反映在貸方。

3. 「轄內往來」科目

「轄內往來」為資產負債共同類科目，反映系統內各經辦行與清算行往來款項的清算情況，餘額軋差反映。

（四）資金匯劃清算的核算

1. 發報經辦行的處理

借：吸收存款——活期存款（付款單位）——本金
　　貸：轄內往來

2. 發報清算行的處理

借：轄內往來
　　貸：系統內上存款項——上存總行備付金戶

3. 總行清算中心的處理

借：系統內款項存放——發報清算行備付金戶
　　貸：系統內款項存放——收報清算行備付金戶

4. 收報清算行的處理

借：系統內上存款項——上存總行備付金戶
　　貸：轄內往來

5. 收報經辦行的處理

借：轄內往來
　　貸：吸收存款——活期存款（收款單位）——本金

三、票據支付系統

票據支付系統是中國人民銀行建設運營的同城票據清算系統（含同城票據交換所）、全國支票影像交換系統的統稱。中國現代支付系統建成后，傳統的同城票據交換系統仍有一定市場空間。兩個系統在現階段還各自表現出不同的優勢，因而將

分別擁有不同的客戶群體，也將在一定時期內相互依存，互為補充，共同構成資金支付清算體系不可或缺的組成部分。

(一) 同城票據交換

同城票據交換是指同一城市（區域）的各商業銀行定時定點集中交換相互代收代付的票據、及時處理帳務並清算存欠，是實現同城行處往來的重要手段。同城票據交換系統可以處理所有同城資金清算業務。目前同城票據交換向「區域票據交換中心」轉變（如京津票據交換區包括北京、天津、唐山等城市；上海票據交換區包括上海及蘇州等周邊地區）。

1. 同城票據交換的基本規定

同城有關商業銀行間進行的票據交換清算，一般由人民銀行通過設立票據交換所統一組織；當地未有人民銀行機構的，一般由人民銀行委託當地某商業銀行組織。參加票據交換清算的行處一般是同城內的有關商業銀行。

進行票據交換的具體場次和時間，需根據各地的具體情況而定。一般在大中城市，每天進行兩次，上午和下午各一場；在中小城市進行一次。票據交換分「提出行」「提入行」兩個系統處理，一般參加交換的行處，既是「提出行」又是「提入行」。「提出行」是向他行提交票據的行處，「提入行」是接受他行提交票據的行處。

提出交換的票據分借方票據（代付/應收票據）和貸方票據（代收/應付票據）兩種。提出的借方票據和提入的貸方票據是指付款單位在他行開戶，收款單位在本行開戶的票據；提出的貸方票據和提入的借方票據是指收款單位在他行開戶，付款單位在本行開戶的票據。

2. 同城票據交換的具體做法

(1) 交換數據和交換票據提出。

①交換場次切換。每個交易日開始前，同城票據交換經辦將交換場次、交換日期切換到本場次。

②交換數據登記。櫃員辦理各種同城轉帳業務時，選擇相關交易中的同城郵路，系統自動登記交換提出數據信息，發生錯帳可進行衝正，系統自動衝掉該筆交換提出數據信息。發生交換提回退票時，系統自動登記交換提出數據信息。

③交換數據核查。同城票據交換經辦在切換交換場次後，即可進行本交換場次提出的交換電子數據核查工作。核查時發現數據有誤或不全，進行數據更改或進行數據補充登記操作。

④交換數據提出。同城票據交換經辦在提出交換數據前，按交換提出數據核查順序打印出本場次提出的票據明細清單，進行數據核查確認，直至本場次的交換提出數據全部核查確認通過。在確認本場次交換提出數據全部核查通過後，按各提入行號分別打印出本場次交換計數單，按提入行號匯總打印出本場次交換提出匯總清單。在確認本場次交換提出業務正確後，進行數據提交處理。

第五章　往來業務的核算

⑤交換票據提出。交換計數單、交換匯總清單與提出票據核對相符后，若本機構有參加人民銀行票據交換的，則可直接提出票據；否則，可委託其代理交換機構提出票據。

（2）交換數據和交換票據提入。

①若本交易機構安裝有人民銀行統一規定的同城票據交換應用軟件，可通過該軟件從人民銀行交換中心提入電子數據，分提入代收、代付數據以及清算差額表等。

②若本交易機構未安裝人民銀行統一規定的同城票據交換應用軟件，則可通過其代理交換機構，從人民銀行交換中心提入電子數據，並由其代理交換機構清分其提入代收、代付數據以及清算差額表等。

③提入電子數據后，按當地人民銀行票據交換制度有關規定，各交易機構可以根據提入代收電子數據清單進行入帳處理；對提入代付電子數據，具備支付密碼條件的，可以根據提入代付電子數據清單進行入帳處理。同城票據交換經辦打印出交換提入清單和交換提入匯總清單，與交換提入票據、計數單核對相符。

④交換票據提入。本交易機構從人民銀行交換中心或其代理交換機構提入票據后，按當地人民銀行票據交換制度有關規定，允許提入電子數據入帳的，則按提入電子數據入帳要求處理，對入帳清單與交換提入票據不相符的，則應該給予退票或衝正處理。

3. 同城票據交換的核算

（1）提出票據的處理。各參加票據交換的行處按規定的交換場次和時間參加票據交換時，應將提出的代收、代付的票據，按提入行分別填制一式二聯的「票據交換貸方匯總表」和「票據交換借方匯總表」，一聯與所提出的票據一併提出交換，另一聯留存作為傳票或傳票附件。經核對無誤后，進行帳務處理。

①提出借方票據（支票、銀行匯票、本票及商業匯票等），本行為收款行，他行為付款行。會計分錄為：

借：清算資金往來——同城票據清算
　　貸：吸收存款——活期存款（收款人戶）

②提出貸方票據（如單位提交的繳稅憑證、水電費交費憑證等），本行為付款行，他行為收款行。會計分錄為：

借：吸收存款——活期存款（付款人戶）
　　貸：清算資金往來——同城票據清算

（2）提入票據的處理。

各行在將提出的票據交換給各提入行后，同時也向他行提入票據。應分別加計提入票據的應收、應付款金額合計。經核對無誤后，進行帳務處理。

①提入借方票據時，他行為收款行，本行為付款行。會計分錄為：

借：吸收存款——活期存款（付款人戶）
　　貸：清算資金往來——同城票據清算

②提入貸方票據時，他行為付款行，本行為收款行。會計分錄為：

借：清算資金往來——同城票據清算

　貸：吸收存款——活期存款（收款人戶）

（3）清算差額的處理。

票據交換所收齊各參加交換的行處交來的代付、代收票據數據後，通過計算機進行分類匯總，並軋計出各參加交換的行處本場次票據交換中應收、應付款金額以及應收、應付款差額，並與各參加交換的行處進行核對。各應付差額行必須如數開具準備金存款戶支款憑證，各應收差額行則必須填送存款憑證，人民銀行根據各行提交的支款憑證和存款憑證辦理轉帳。

（1）應付差額行轉帳的會計處理。

借：清算資金往來——同城票據清算

　貸：存放中央銀行款項

（2）應收差額行轉帳的會計處理。

借：存放中央銀行款項

　貸：清算資金往來——同城票據清算

[例5-1] 表5-1是××市2016年11月20日同城票據交換的部分數據。

表5-1　　　　　××市2016年11月20日同城票據交換表　　　　　單位：萬元

票據內容		交換行處		
		工商銀行	農業銀行	中國銀行
提出票據	本行應付	43,800	226,500	251,000
	本行應收	221,000	410,800	267,000
提入票據	本行應付	306,000	296,000	101,500
	本行應收	107,000	163,200	55,800
交換差額	應付差額	21,800		29,700
	應收差額		51,500	

要求：根據表5-1分別做出三個銀行有關票據交換軋差的帳務處理。

（1）工商銀行

借：清算資金往來——同城票據清算　　　　　218,000,000

　貸：存放中央銀行款項　　　　　　　　　　　　　218,000,000

（2）農業銀行

借：存放中央銀行款項　　　　　　　　　　515,000,000

　貸：清算資金往來——同城票據清算　　　　　　　515,000,000

（3）中國銀行

借：清算資金往來——同城票據清算　　　　　297,000,000

第五章　往來業務的核算

　　貸：存放中央銀行款項　　　　　　　　　　　　　　297,000,000

(二) 全國支票影像交換系統

　　全國支票影像交換系統是基於影像技術將實物支票截留轉換為支票影像信息，傳遞至出票人開戶銀行提示付款的支票清算系統。它是中國人民銀行繼大額、小額支付系統建成后的又一重要金融基礎設施。支票影像交換系統定位於處理銀行機構跨行和行內的支票影像信息交換，其資金清算通過中國人民銀行覆蓋全國的小額支付系統處理。

　　與傳統支票業務處理流程相比，通過影像交換系統處理，支票在交易主體間的流通轉讓環節並未發生變化，主要是銀行間的支票傳遞和清算環節發生了變化。主要體現在以下三個方面：一是支票在銀行間的傳遞由實物票據交換轉換為系統傳輸電子信息和影像信息。二是支票核驗付款由出票人開戶行根據實物支票核驗付款轉換為根據支票影像信息核驗付款。三是銀行間的資金清算由同城票據交換系統完成轉換為由小額支付系統完成。

　　2006年12月18日，支票影像交換系統在北京、天津、上海、河北、廣東和深圳六省 (市) 成功試點運行。在此基礎上，2007年6月25日，中國人民銀行完成支票影像交換系統在全國的推廣建設。

四、銀行卡支付系統

　　銀行卡支付系統由銀行卡跨行支付系統及發卡銀行行內銀行卡支付系統組成。經過近幾年的發展，中國已形成以中國銀聯銀行卡跨行支付系統為主幹，連接各發卡銀行行內銀行卡支付系統的銀行卡支付網路架構，是銀行卡支付體系的重要基礎設施，實現了銀行卡的聯網通用，促進了銀行卡的廣泛應用。

　　銀行卡跨行支付系統專門處理銀行卡跨行交易信息轉接和交易清算業務，由中國銀聯建設和運營，具有借記卡和信用卡、密碼方式和簽名方式共享系統資源等特點。2004年10月，中國銀聯建成新一代銀行卡跨行支付系統，為境內外人民幣銀行卡跨行業務的集中、高效處理提供了技術保障。2004年11月4日，銀行卡跨行支付系統成功接入中國人民銀行大額實時支付系統，實現了銀行卡跨行支付的即時清算，提高了銀行卡跨行支付效率和控製資金清算風險的能力。

● 第二節　商業銀行與中央銀行往來的核算

　　金融機構往來業務包括兩部分內容：一是金融機構與中央銀行之間發生的各種資金劃撥、清算業務，本節僅介紹商業銀行與中央銀行之間的資金帳務往來；二是

金融企業會計

金融機構之間由於資金調撥、融通、匯劃款項等業務引起的各類往來業務，此部分內容將在下節闡述。

財稅 36 號文附件 3《營業稅改徵增值稅試點過渡政策的規定》及財稅 70 號文《關於金融機構同業往來等增值稅政策的補充通知》規定：金融機構與中央銀行所發生的資金往來業務，包括中央銀行對一般金融機構貸款，以及中央銀行對商業銀行的再貼現、商業銀行購買中央銀行票據、與中央銀行開展貨幣掉期和貨幣互存等資金往來業務產生的利息收入暫免徵收增值稅。

一、商業銀行準備金存款帳戶的開立

存款準備金是指金融機構為保證客戶提取存款和資金清算需要而準備的資金，金融機構按規定向中央銀行繳納的存款準備金占其存款總額的比例就是存款準備金率。商業銀行與中央銀行之間發生資金往來必須通過準備金存款帳戶實現資金劃撥。通過準備金存款帳戶，商業銀行可以辦理系統內資金調撥、商業銀行跨系統的資金清算和資金調劑、向人民銀行辦理借款與再貼現等業務。

商業銀行的準備金包括支付準備金和法定準備金。支付準備金也稱備付金，是保證日常資金支付的備用金。法定準備金是根據商業銀行吸收存款的增減變化，按照法定比例，保留在中央銀行的存款準備金。

各商業銀行分支機構在中央銀行開立的存款帳戶，屬「備付金存款帳戶」，不用於考核法定存款準備金，僅用於向中央銀行存取現金、資金調撥、資金清算和其他日常支付的款項，不允許透支。如果帳戶資金不足，可以通過向上級行調入資金或向同業拆借等方式及時補充。各商業銀行的總行在中央銀行開立的「準備金存款帳戶」，屬於備付金和法定存款準備金合一的帳戶。該帳戶餘額應大於（最低應等於）規定的法定存款準備金。

商業銀行在中央銀行開立準備金存款帳戶，商業銀行用「存放中央銀行款項」科目核算，該科目屬於資產類，核算商業銀行存放於中國人民銀行的各種款項，包括業務資金的調撥、辦理同城票據交換和異地跨系統資金匯劃、提取或繳存現金等。中央銀行用「××銀行準備金存款」科目核算，該科目屬於負債類。

二、向中央銀行存取款項

商業銀行向中央銀行存取款項包括現金存取和轉帳存取。商業銀行向人民銀行繳存現金，人民銀行直接交入發行庫作為貨幣回籠，發行庫的發行基金增加，商業銀行庫存現金減少，存款準備金增加。商業銀行庫存現金不足，向人民銀行支取，人民銀行從發行庫出庫，發行基金減少，商業銀行庫存現金增加，準備金存款減少。商業銀行辦理系統內資金調撥、異地結算轉匯、票據交換清算、再貸款與再貼現、同業拆借、繳存財政性款項等業務，要通過準備金存款帳戶轉帳存取。

第五章　往來業務的核算

（1）通過準備金存款帳戶存入款項，商業銀行的會計分錄為：
借：存放中央銀行款項
　貸：庫存現金
　　　或有關科目
（2）通過準備金存款帳戶支取款項，商業銀行的會計分錄為：
借：庫存現金
　　或有關科目
　貸：存放中央銀行款項

三、向中央銀行繳存存款

按規定商業銀行吸收的存款必須按一定比例存入中央銀行，一般情況下不能動用。繳存存款的範圍包括一般性存款和財政性存款。一般性存款包括吸收的機關團體存款、財政預算外存款、單位存款、個人儲蓄存款及其他各項存款。各金融機構辦理的委託、代理業務的負債項目減去資產項目後的貸方餘額視同一般性存款。財政性存款主要是財政金庫款項和政府財政撥給機關單位的經費以及其他特種公款等，包括國庫存款和其他財政存款。目前中國一般性存款繳存比例16.5%、財政性存款繳存比例100%。

(一) 繳存一般性存款的核算

繳存一般性存款也稱繳存法定準備金，由各商業銀行的法人統一繳存，人民銀行對法定準備金則每日進行考核（限額管理）。各商業銀行在每日營業終了，自下而上編制「一般存款餘額表」，由法人統一匯總后報送人民銀行。人民銀行於每日營業終了按一般存款餘額的一定比例考核法定準備金。日間，人民銀行控製該帳戶不能發生透支；日終，該帳戶餘額必須達到法定準備金的最低限標準。如果商業銀行法人該準備金低於規定的繳存比例，人民銀行對其不足部分處以罰款；未按時報送一般存款餘額表的，責令其報送，逾期可處以1萬以上10萬以下罰款。

目前，各商業銀行總行在央行的備付金帳戶和法定存款準備金帳戶是同一帳戶。在此情況下，只要確保其帳戶餘額高於應繳法定存款準備金餘額即可，而不必進行帳務處理。

由於法定準備金是由商業銀行總行統一向中央銀行上繳的，因此，總行還要再按各一級分行一般性存款餘額表計算其調增（減）額，向各一級分行收取（退回）法定存款準備金。由分行向總行、支行向分行繳納的存款準備金稱為二級準備金。二級準備金按旬調繳，其繳存範圍同存款準備金，繳存比例由總行規定，根據多退少補的原則自動從各分行（支行）清算備付金帳戶劃收劃付。

（1）如果是補繳，會計分錄為：

上級行，
　　借：系統內款項存放——備付金
　　　　貸：系統內款項存放——準備金
下級行，
　　借：存放系統內款項——準備金
　　　　貸：存放系統內款項——備付金
（2）如果是退還的情況，則上述會計分錄借貸方向相反。

(二) 繳存財政性存款的核算

財政性存款一般應全額劃繳，根據本調整期各科目餘額總數與上調整期各科目餘額總數相對比，分別情況辦理繳存或調減存款，會計分錄為：

調增時：
　　借：存放中央銀行款項——財政性存款戶
　　　　貸：存放中央銀行款項——準備金戶
調減時：
　　借：存放中央銀行款項——準備金戶
　　　　貸：存放中央銀行款項——財政性存款戶

[例5－2]　××市城市商業銀行財政性存款各帳戶餘額合計本期期末為7,500,000元，上期期末餘額為8,350,000元；××市城市商業銀行的會計分錄為：

財政性存款繳存額 ＝ 7,500,000 － 8,350,000 ＝ －850,000（元）
　　借：存放中央銀行款項——準備金戶　　　　　　　　　850,000
　　　　貸：存放中央銀行款項——財政性存款戶　　　　　　　　850,000

四、商業銀行向中央銀行借款

商業銀行在執行信貸計劃過程中，遇有資金不足，除了採取向上級行申請調入資金、同業間拆借和通過資金市場融通資金等手段外，還可向中央銀行申請貸款。按照貸款的時間不同分為年度性貸款、季節性貸款、日拆性貸款。

商業銀行向人民銀行借款，可設置「向中央銀行借款」科目，屬於負債類，核算銀行向中央銀行借入的款項。本科目可按借款性質進行明細核算。企業應按實際收到的金額，借記「存放中央銀行款項」科目，貸記本科目；歸還借款做相反的會計分錄。資產負債表日，應按計算確定的向中央銀行借款的利息費用，借記「利息支出」科目，貸記「應付利息」科目。本科目期末貸方餘額，反映企業尚未歸還中央銀行借款的餘額。

(一) 年度性貸款

年度性貸款，是中央銀行用於解決商業銀行因經濟合理增長引起的年度性資金

第五章　往來業務的核算

不足，而發放給商業銀行在年度週轉使用的貸款。年度性貸款一般為一年，最長不超過兩年。商業銀行向中央銀行申請年度性貸款，一般限於省分行或二級分行，借入款后可在系統內撥給所屬各行使用。

（1）貸款的發放。商業銀行向中央銀行申請貸款時，應填制一式五聯借款憑證。經中央銀行審核無誤后，根據退回的第三聯借款憑證辦理轉帳。會計分錄為：

借：存放中央銀行款項
　　貸：向中央銀行借款

（2）貸款的歸還。貸款到期，商業銀行歸還時，應填制一式四聯還款憑證交中央銀行辦理還款手續。經中央銀行審核無誤后，根據退回的第四聯還款憑證及借據辦理轉帳。會計分錄為：

借：向中央銀行借款
　　　利息支出——中央銀行往來支出戶
　　貸：存放中央銀行款項

如果貸款銀行在貸款到期後無款償還，中央銀行應於到期日將該筆貸款轉入逾期貸款帳戶，並按規定標準計收逾期貸款利息，待商業銀行存款帳戶有款支付時再一併扣收。

(二) 季節性、日拆性貸款

中央銀行季節性、日拆性貸款，是中央銀行解決商業銀行因信貸資金先支后收和存貸款季節性上升、下降等情況以及匯劃款未達和清算資金不足等因素，造成臨時性資金短缺，而發放給商業銀行的貸款。季節性貸款一般為 2 個月，最長 4 個月。日拆性貸款一般為 10 天，最長 20 天。二者的會計核算與年度性貸款基本相同。

五、再貼現

再貼現是中央銀行的三大貨幣政策工具（公開市場業務、再貼現、存款準備金）之一，是指商業銀行以未到期的已貼現票據，向中央銀行辦理的貼現，是商業銀行對票據債權的再轉讓。商業銀行因辦理票據貼現而引起資金不足，可以向中央銀行申請再貼現，貼現期一般不超過 6 個月。

(一) 再貼現金額的計算

商業銀行將未到期已貼現的商業匯票提交給人民銀行，人民銀行按匯票金額扣除從再貼現之日起至匯票到期日止的利息后，向商業銀行發放實付再貼現金額。計算公式如下：

再貼現利息 ＝ 匯票金額 × 再貼現天數 × 日再貼現率

實付再貼現金額 ＝ 匯票金額 － 再貼現利息

（二）會計科目設置

「貼現負債」為負債類科目，核算商業銀行辦理商業票據的再貼現、轉貼現等業務所融入的資金。本科目可按貼現類別和貼現金融機構，分別按「面值」「利息調整」進行明細核算。銀行持貼現票據向其他金融機構轉貼現，應按實際收到的金額，借記「存放中央銀行款項」等科目，按貼現票據的票面金額，貸記本科目（面值），按其差額，借記本科目（利息調整）。資產負債表日，按計算確定的利息費用，借記「利息支出」科目，貸記本科目（利息調整）。貼現票據到期，應按貼現票據的票面金額，借記本科目（面值），按實際支付的金額，貸記「存放中央銀行款項」等科目，按其差額，借記「利息支出」科目。存在利息調整的，也應同時結轉。本科目期末貸方餘額，反映商業銀行辦理的再貼現業務融入的資金。

（三）再貼現的帳務處理

再貼現有買斷式和回購式兩種，其區別在於是否轉移票據權利，轉移票據權利的為買斷式再貼現，不轉移票據權利的為回購式再貼現。

1. 買斷式再貼現

票據到期時，再貼現人民銀行直接向付款人收款。付款人拒付或無款退回憑證時，人民銀行從申請再貼現的商業銀行帳戶收取，並將相關憑證交給申請再貼現的商業銀行。商業銀行的會計分錄為：

（1）商業銀行辦理再貼現。
借：存放中央銀行款項
　　　貼現負債——利息調整
　貸：貼現負債——面值

（2）資產負債表日計算確定的利息費用。
借：利息支出
　貸：貼現負債——利息調整

（3）再貼現到期時人行直接從付款人處收回資金。
借：貼現負債——面值
　　利息支出
　貸：貼現資產——面值
　　　貼現負債——利息調整

（4）到期時付款人拒付人行從貼現商業銀行收回資金。
借：貼現負債——面值
　　利息支出
　貸：存放中央銀行款項
　　　貼現負債——利息調整

第五章 往來業務的核算

2. 回購式再貼現

票據到期時，商業銀行將票據購回並向付款人收款。付款人拒付或無款退回憑證時，商業銀行向貼現申請人帳戶扣收。

（1）商業銀行辦理再貼現和資產負債表日的會計處理同買斷式再貼現。

（2）再貼現到期時，商業銀行向人民銀行回購票據。

借：貼現負債——面值
　　利息支出
　貸：存放中央銀行款項
　　　貼現負債——利息調整

（3）商業銀行向付款人收回貼現票款。商業銀行向付款人收回貼現票款的內容參見第四章，如果票據到期時付款人拒付，則從貼現申請人帳戶扣收。

[例5-3] 中國銀行××支行2016年3月2日持已貼現尚未到期的銀行承兌匯票向人民銀行申請再貼現，票面金額為300,000元，6月10日到期，再貼現率為5.94%。

要求：①中國銀行××支行分別按買斷式和回購式兩種方式進行會計核算。②分別對票據到期時付款人全額付款和付款人拒付進行會計核算。

再貼現利息 = 300,000 × 100 × 5.94% ÷ 360 = 4,950（元）

實付再貼現額 = 300,000 - 4,950 = 295,050（元）

（1）買斷式再貼現。

①辦理再貼現：

借：存放中央銀行款項　　　　　　　　　　　　　295,050
　　貼現負債——利息調整　　　　　　　　　　　　4,950
　貸：貼現負債——面值　　　　　　　　　　　　300,000

②再貼現到期時央行從付款人處收回資金：

借：貼現負債——面值　　　　　　　　　　　　300,000
　　利息支出　　　　　　　　　　　　　　　　　4,950
　貸：貼現資產——面值　　　　　　　　　　　　300,000
　　　貼現負債——利息調整　　　　　　　　　　4,950

③付款人拒付，人民銀行從貼現商業銀行收回資金：

借：貼現負債——面值　　　　　　　　　　　　300,000
　　利息支出　　　　　　　　　　　　　　　　　4,950
　貸：存放中央銀行款項　　　　　　　　　　　300,000
　　　貼現負債——利息調整　　　　　　　　　　4,950

（2）回購式再貼現。

①辦理再貼現會計分錄同前。

②再貼現到期時商業銀行向央行回購票據。

借：貼現負債——面值　　　　　　　　　　　　　300,000
　　利息支出　　　　　　　　　　　　　　　　　　4,950
　貸：存放中央銀行款項　　　　　　　　　　　　　300,000
　　　貼現負債——利息調整　　　　　　　　　　　　4,950

③商業銀行向付款人收回貼現票款的分錄，略。

第三節　商業銀行同業往來的核算

一、異地跨系統匯劃款項的核算

　　商業銀行跨系統的異地結算，可以通過人民銀行現代化支付系統清算和轉匯，也可以通過跨系統商業銀行轉匯。財稅36號文附件3《營業稅改徵增值稅試點過渡政策的規定》及財稅70號文《關於金融機構同業往來等增值稅政策的補充通知》規定：同業存款、同業借款、同業代付、同業存單、轉貼現業務等金融同業往來利息收入暫免徵收增值稅。本節介紹通過跨系統商業銀行轉匯的會計處理。

（一）會計科目設置

1.「存放同業」科目

「存放同業」為資產類科目，核算銀行存放在境內、境外金融機構的存款。銀行增加存款，借記本科目，貸記有關科目；減少存款做相反的會計分錄。本科目可分別按「銀行匯票」「銀行本票」「信用卡」「信用證保證金」「存出投資款」「外埠存款」等進行明細核算。本科目期末借方餘額，反映銀行持有的存放同業款項。

2.「同業存放」科目

「同業存放」為負債類科目，核算銀行吸收的境內、境外金融機構的存款。本科目可按存放金融機構進行明細核算。銀行增加存款，應按實際收到的金額，借記「存放中央銀行款項」等科目，貸記本科目。減少存款做相反的會計分錄。本科目期末貸方餘額，反映銀行吸收的同業存放款項。

（二）異地跨系統匯劃款項的核算

（1）匯出行所在地為雙設機構，採用先橫后直的方法。雙設機構是指匯出行所在地設有匯入行系統內的分支機構。

匯出行：
　借：吸收存款——活期存款（付款人戶）
　　貸：同業存放

第五章　往來業務的核算

轉匯行：
　借：存放同業
　　貸：轄內往來
匯入行：
　借：轄內往來
　　貸：吸收存款——活期存款（收款人戶）
（2）匯出行所在地為單設機構，匯入行所在地為雙設機構，採用先直後橫的方法。單設機構是指匯出行所在地沒有匯入行系統內的分支機構。
匯出行：
　借：吸收存款——活期存款（付款人戶）
　　貸：轄內往來
轉匯行：
　借：轄內往來
　　貸：同業存放
匯入行：
　借：存放同業
　　貸：吸收存款——活期存款（收款人戶）
（3）匯出行、匯入行所在地均為單設機構，採用先直後橫再直的方法。
匯出行：
　借：吸收存款——活期存款（付款人戶）
　　貸：轄內往來
第三地聯行：
　借：轄內往來
　　貸：同業存放
第三地匯入行聯行：
　借：存放同業
　　貸：轄內往來
匯入行：
　借：轄內往來
　　貸：吸收存款——活期存款（收款人戶）

[例5-4] 甲地工商銀行開戶單位服裝廠提交信匯憑證一份，金額80,000元，匯往乙地農業銀行，收款人為棉紡廠、假設雙方通過跨系統商業銀行轉匯。
（1）假設匯出行所在地為雙設機構；
（2）假設匯出行所在地為單設機構，匯入行所在地為雙設機構；
（3）假設匯出行、匯入行所在地均為單設機構。
要求：分別做出匯出行、轉匯行和匯入行的有關帳務處理。
（1）假設匯出行所在地為雙設機構。

匯出行：
　　借：吸收存款——活期存款（服裝廠）　　　　　　80,000
　　　　貸：同業存放　　　　　　　　　　　　　　　　　80,000
轉匯行：
　　借：存放同業　　　　　　　　　　　　　　　　　　80,000
　　　　貸：轄內往來　　　　　　　　　　　　　　　　　80,000
匯入行：
　　借：轄內往來　　　　　　　　　　　　　　　　　　80,000
　　　　貸：吸收存款——活期存款（棉紡廠）　　　　　80,000
（2）假設匯出行所在地為單設機構，匯入行所在地為雙設機構。
匯出行：
　　借：吸收存款——活期存款（服裝廠）　　　　　　80,000
　　　　貸：轄內往來　　　　　　　　　　　　　　　　　80,000
轉匯行：
　　借：轄內往來　　　　　　　　　　　　　　　　　　80,000
　　　　貸：同業存放　　　　　　　　　　　　　　　　　80,000
匯入行：
　　借：存放同業　　　　　　　　　　　　　　　　　　80,000
　　　　貸：吸收存款——活期存款（棉紡廠）　　　　　80,000
（3）假設匯出行、匯入行所在地均為單設機構。
匯出行：
　　借：吸收存款——活期存款（服裝廠）　　　　　　80,000
　　　　貸：轄內往來　　　　　　　　　　　　　　　　　80,000
第三地聯行：
　　借：轄內往來　　　　　　　　　　　　　　　　　　80,000
　　　　貸：同業存放　　　　　　　　　　　　　　　　　80,000
第三地匯入行聯行：
　　借：存放同業　　　　　　　　　　　　　　　　　　80,000
　　　　貸：轄內往來　　　　　　　　　　　　　　　　　80,000
匯入行：
　　借：轄內往來　　　　　　　　　　　　　　　　　　80,000
　　　　貸：吸收存款——活期存款（棉紡廠）　　　　　80,000

二、同業拆借

同業拆借，是指經中國人民銀行批准進入全國銀行間同業拆借市場（以下簡稱同業拆借市場）的金融機構之間，通過全國統一的同業拆借網路進行的無擔保資金融通行為。

第五章　往來業務的核算

2016 年 2 月 3 日，國務院取消《銀行業金融機構進入全國銀行間同業拆借市場審核規則》，宣告終結同業拆借市場入市審批。2016 年 8 月 9 日，全國銀行間同業拆借中心正式發布《全國銀行間同業拆借市場業務操作細則》，進一步細化同業拆借市場規則。

(一) 同業拆借網路

中國人民銀行依法對同業拆借市場進行監督管理。全國銀行間同業拆借中心是同業拆借市場的仲介服務機構，為金融機構在同業拆借市場的交易和信息披露提供服務。符合《同業拆借管理辦法》規定條件的金融機構直接向交易中心提交聯網材料，而交易中心收到金融機構提交的完整材料進行形式核對後五個工作日辦理完成聯網手續並向市場公告，金融機構即可開展同業拆借交易。

全國統一的同業拆借網路包括：
(1) 全國銀行間同業拆借中心的電子交易系統；
(2) 中國人民銀行分支機構的拆借備案系統；
(3) 中國人民銀行認可的其他交易系統。

(二) 同業拆借的用途和期限

同業拆借交易應遵循公平自願、誠信自律、風險自擔的原則。同業拆借交易以詢價方式進行，自主談判、逐筆成交。金融機構進行同業拆借交易，應逐筆訂立交易合同。交易合同的內容應當具體明確，詳細約定同業拆借雙方的權利和義務。同業拆借利率由交易雙方自行商定。

交易中心依據《同業拆借管理辦法》要求和金融機構提供的財務指標計算拆借限額，用於交易系統進行事前風險控製；金融機構需要調整拆借限額的，也直接向交易中心提交相關財務報表，交易中心據此在交易系統中進行調整。

同業拆借的資金清算涉及不同銀行的，應直接或委託開戶銀行通過中國人民銀行大額實時支付系統辦理。同業拆借的資金清算可以在同一銀行完成的，應以轉帳方式進行。任何同業拆借清算均不得使用現金支付。同業拆借的期限在符合以下規定的前提下，由交易雙方自行商定。拆借期限有 1 年、3 個月、7 天等，金融機構拆出資金的最長期限不得超過對手方由中國人民銀行規定的拆入資金最長期限。拆借到期後不得展期。

(三) 會計科目設置

1. 「拆出資金」科目

「拆出資金」為資產類科目，核算金融企業拆借給境內、境外其他金融機構的款項，可按拆放的金融機構進行明細核算。金融企業拆出的資金，借記本科目，貸記「存放中央銀行款項」等科目；收回資金時做相反的會計分錄。本科目期末借方餘額，反映金融企業按規定拆放給其他金融機構的款項。

2.「拆入資金」科目

「拆入資金」屬負債類科目，核算金融企業從境內、境外金融機構拆入的款項，可按拆入資金的金融機構進行明細核算。金融企業應按實際收到的金額，借記「存放中央銀行款項」等科目，貸記本科目；歸還拆入資金做相反的會計分錄。資產負債表日，應按計算確定的拆入資金的利息費用，借記「利息支出」科目，貸記「應付利息」科目。本科目期末貸方餘額，反映金融企業尚未歸還的拆入資金餘額。

（四）會計處理

1. 拆借時
（1）拆出機構：
借：拆出資金
　　貸：存放中央銀行款項
（2）拆入機構：
借：存放中央銀行款項
　　貸：拆入資金
2. 歸還時
（1）拆出機構：
借：存放中央銀行款項
　　貸：拆出資金
　　　利息收入——同業往來收入戶
（2）拆入機構：
借：拆入資金
　　利息支出——同業往來收入戶
　　貸：存放中央銀行款項

[例5-5] 廈門A銀行拆借給廈門B銀行5,000,000元資金，期限為7天，該品種的同業拆借加權平均利率為2.48%，到期時廈門B銀行將本息一併歸還。

要求：分別做出廈門A銀行和廈門B銀行的拆借與歸還的帳務處理。

（1）廈門A銀行。

拆出時：
借：拆出資金	5,000,000
貸：存放中央銀行款項	5,000,000

歸還時：
借：存放中央銀行款項	5,002,411
貸：拆出資金	5,000,000
利息收入——同業往來收入戶	2,411

第五章 往來業務的核算

（2）廈門 B 銀行。

拆出時：

 借：存放中央銀行款項   5,000,000
  貸：拆入資金   5,000,000

歸還時：

 借：拆入資金   5,000,000
   利息支出——同業往來收入戶   2,411
  貸：存放中央銀行款項   5,002,411

復習思考題

1. 中國的支付系統由哪些部分組成？
2. 大額實時支付系統和小額批量支付系統的主要差別是什麼？
3. 辦理資金匯劃清算業務的基本原則有哪些？
4. 同城票據交換的會計核算如何進行？
5. 買斷式和回購式再貼現的會計核算區別是什麼？
6. 異地跨系統匯劃款項的核算有哪三種情況？

第六章　外匯業務的核算

本章重點

1. 外匯業務核算的方法。
2. 銀行外匯買賣業務的帳務處理。
3. 國際貿易結算業務的核算。

引導案例

　　SDR 是國際貨幣基金組織（IMF）於 1969 年創設的一種國際儲備資產，每五年進行一次復核，發行 SDR 旨在補充黃金及可自由兌換的貨幣以保持外匯市場的穩定。SDR 是 IMF 分配給成員國的一種使用資金的權利，可以作為成員國的儲備貨幣，用以彌補成員國官方儲備的不足，當成員國國際收支出現逆差或有其他支付需求時，可以用 SDR 向其他成員國換取外匯，所以 SDR 又被稱為特別提款權。IMF 日前宣布，納入人民幣的特別提款權（SDR）新貨幣籃子於 2016 年 10 月 1 日正式生效。IMF 總裁拉加德發表聲明稱，這反映了人民幣在國際貨幣體系中不斷上升的地位，有利於建立一個更強勁的國際貨幣金融體系。新的 SDR 貨幣籃子包含美元、歐元、人民幣、日元、英鎊 5 種貨幣，權重分別為 41.73%、30.93%、10.92%、8.33%、8.09%。這就是說，人民幣的地位已經超過日元和英鎊，位列世界第三。IMF 每週計算 SDR 利率，並將於 10 月 7 日公布首次使用人民幣代表性利率，即 3 個月國債收益率計算的新 SDR 利率。央行指出，人民幣納入 SDR 是人民幣國際化的

第六章　外匯業務的核算

里程碑，是對中國經濟發展成就和金融業改革開放成果的肯定，有助於增強 SDR 的代表性、穩定性和吸引力，也有利於國際貨幣體系改革向前推進。中方將以人民幣入籃為契機，進一步深化金融改革，擴大金融開放，為促進全球經濟增長、維護全球金融穩定和完善全球經濟治理作出積極貢獻。

思考：人民幣被納入 SDR 貨幣籃子的意義幾何？人民幣獲得全球儲備貨幣的地位后對中國的金融改革和開放會產生哪些影響？

（參考資料：http://news.zol.com.cn/607/6074163.html，互聯網頭條——中關村在線）

第一節　外匯業務概述

一、外匯業務的範圍

外匯是指可以用於國際清償的支付手段和資產。根據中國《外匯管理條例》的規定，中國的外匯包括外國貨幣、外匯支付憑證、外幣有價證券、特別提款權、歐洲貨幣單位以及其他外匯資產。

外匯業務是指商業銀行經辦的涉及外匯收支的業務。目前銀行辦理的外匯業務主要有：外匯存款；外匯匯款；外匯貸款；外匯借款；發行或代理發行股票以外的外幣有價證券；外匯票據的承兌和貼現；外匯投資；買賣或者代理買賣股票以外的外幣有價證券；自行或代客外匯買賣；外幣兌換；外匯擔保；貿易、非貿易結算；資信調查、諮詢、簽證業務；國家外匯管理局批准的其他外匯業務。

二、外匯的種類

外匯，是指下列以外幣表示的可以用作國際清償的支付手段和資產：外幣現鈔，包括紙幣、鑄幣；外幣支付憑證或者支付工具，包括票據、銀行存款憑證、銀行卡等；外幣有價證券，包括債券、股票等；特別提款權；其他外匯資產。外匯可以按以下幾種情況分類：

（一）按外匯來源和用途

1. 貿易外匯

它是指一國進出口貿易所收付的外匯及與進出口貿易有關的從屬費用外匯，是外匯收入的重要來源。由於商品進出口伴隨著大量的外匯收支，同時從屬於商品進出口的外匯收支還有運費、保險費、樣品費、宣傳費、推銷費以及與商品進出口有關的出國團組費。

2. 非貿易外匯

它是指一國進出口貿易以外所收付的各項外匯。非貿易外匯的範圍非常廣，主

要包括：僑匯、旅遊、旅遊商品、賓館飯店、鐵路、海運、航空、郵電、港口、海關、銀行、保險、對外承包工程等方面的外匯收支以及個人和團體（公派出國限於與貿易無關的團組）出國差旅費、圖書、電影、郵票、外輪代理及服務所發生的外匯收支。

(二) 按外匯交易交割期的不同

　　1. 即期外匯

　　即期外匯指成交雙方在兩個營業日內辦理交割的外匯交易。

　　2. 遠期外匯

　　銀行同業間或銀行與客戶間預先簽訂合同，商定外匯買賣數量、匯率和期限，到約定日期進行交割而收付的外匯。交割期限一般 1～6 個月，最長不過 1 年，常用的為 3 個月。

(三) 按外匯的形態

　　1. 現鈔

　　現鈔是指各種外幣鈔票、鑄幣等。外幣現鈔主要由境外攜入。

　　2. 現匯

　　現匯又稱轉帳外匯，是用於國際匯兌和國際非現金結算的、用以清償國際債權債務的外匯。現匯可以在國際金融市場上自由買賣，在國際結算中廣泛使用，並可以自由兌換成其他國家貨幣的外匯。外匯現匯主要由國外匯入，或由境外攜入、寄入的外幣票據，經銀行托收，收妥後存入。

三、外匯匯率

　　外匯匯率是指一國貨幣兌換成另一國貨幣的比率，或是以一種貨幣表示另一種貨幣的價格。

(一) 匯率的標價方法

　　1. 直接標價法

　　直接標價法又稱為應付標價法。它是以一定單位的外國貨幣作為標準，折算為本國貨幣來表示其匯率。在直接標價法下，外國貨幣數額固定不變，匯率的漲跌都以相對的本國貨幣數額的變化來表示。一定單位外幣折算的本國貨幣減少，說明外幣匯率下跌，即外幣貶值或本幣升值。中國和國際上大多數國家都採用直接標價法。

　　2. 間接標價法

　　間接標價法又稱為應收標價法。它是以一定單位的本國貨幣為標準，折算為一定數額的外國貨幣來表示其匯率。在間接標價法下，本國貨幣的數額固定不變，匯

第六章　外匯業務的核算

率的漲跌都以相對的外國貨幣數額的變化來表示。一定單位的本國貨幣折算的外幣數量增多，說明本國貨幣匯率上漲，即本幣升值或外幣貶值。反之，一定單位本國貨幣折算的外幣數量減少，說明本國貨幣匯率下跌，即本幣貶值或外幣升值。目前世界上使用間接標價法的國家不多，主要是美國、英國、澳大利亞等。

直接標價法和間接標價法所表示的匯率漲跌的含義正好相反，所以在引用某種貨幣的匯率和說明其匯率高低漲跌時，必須明確採用哪種標價方法，以免混淆。

(二) 匯率的種類

1. 按匯率的穩定性分為固定匯率和浮動匯率

固定匯率指一國貨幣同另一國貨幣的匯率基本固定，其波動被限制在極小的範圍內，波動幅度很小。浮動匯率指一國貨幣當局不規定本幣對其他貨幣的官方匯率，外匯匯率完全由市場供求關係來決定。事實上，完全由市場來決定匯率的浮動並不存在，各國貨幣當局都審時度勢地干預外匯市場，實行有管理的浮動。

2. 從銀行買賣外匯的角度分為買入匯率、賣出匯率和中間匯率

買入匯率或買入價是外匯銀行從客戶手中買進外匯時所採用的匯率。賣出匯率或賣出價是外匯銀行賣給客戶外匯時所採用的匯率。

外匯銀行作為從事貨幣、信用業務的中間商，盈利主要體現在買入與賣出的差價上；即外匯賣出價高於買入價的部分是銀行買賣外匯的毛收益，包括外匯買賣的手續費、保險費、利息和利潤等。

外匯的買價、賣價儘管都是從外匯銀行交易的角度說的，但標價方法不同，買價和賣價的位置也不同。在直接標價法下，匯率數值的大小與外匯價值的高低呈正相關關係，因此，買價在前，賣價在後。如中國的外匯牌價中：1 USD = 6.667,1～6.693,9 RMB，「6.667,1」代表中國銀行買入外匯時採用的匯價，「6.693,9」代表中國銀行賣出美元外匯時採用的匯價。相反，在間接標價法下，第一個數字表示賣價，第二個數字才是買價。

中間匯率，又稱中間價、基準價，一般理解是買入價和賣出價的算術平均數，即中間價 =（買入價 + 賣出價）/2，實際上其形成方式並不如此簡單。報刊、電臺、電視通常報告的是中間價，它常被用作匯率分析的指標。

此外，銀行在對外掛牌公布匯率時，還另註明外幣現鈔匯率，這主要是針對一些對外匯實行管制的國家。由於外幣現鈔在本國不能流通，需要把它們運至國外才能使用，在運輸現鈔過程中需要花費一定的保險費、運費，所以銀行購買外幣現鈔的價格要略低於購買外匯票據的價格。而賣出外幣現鈔的價格一般和外匯賣出價相同。外匯牌價的形式如表6-1所示。

表 6-1　　　　　　　　中國銀行人民幣外匯牌價表　　　　　　日期：2016/09/01

貨幣名稱	現匯買入價	現鈔買入價	現匯賣出價	現鈔賣出價	銀行中間價
美元	666.710,0	661.370,0	669.390,0	669.390,0	668.050,0
新西蘭元	482.530,0	467.270,0	486.410,0	486.410,0	484.470,0
新加坡元	488.210,0	472.770,0	492.130,0	492.130,0	490.170,0
加拿大元	507.920,0	491.860,0	512.000,0	512.000,0	509.960,0
澳大利亞元	501.700,0	485.830,0	505.720,0	505.720,0	503.710,0
英鎊	874.840,0	847.170,0	881.860,0	881.860,0	878.350,0
日元	6.441,8	6.238,1	6.493,6	6.493,6	6.467,7
港幣	85.950,0	85.340,0	86.290,0	86.290,0	86.120,0
歐元	742.100,0	718.630,0	748.060,0	748.060,0	745.080,0
瑞士法郎	676.330,0	654.940,0	681.770,0	681.770,0	679.050,0

3. 按外匯交割期限不同，分為即期匯率和遠期匯率

即期匯率指買賣雙方成交后，於當時或兩個工作日之內進行外匯交割時所採用的匯率；而遠期匯率是指買賣雙方成交后，在約定的日期辦理交割時採用的匯率。

四、外匯業務核算的方法

（一）外匯統帳制

外匯統帳制又稱本幣記帳法，是一種以本國貨幣為記帳本位幣的記帳方法，即以人民幣為記帳單位來記錄所發生的外匯交易業務，將發生的多種貨幣的經濟業務，折合成人民幣加以反映，外幣在帳上僅作輔助記錄。外匯統帳制手續雖然比較簡單，只設立一種帳簿，但不能反映各種外幣的增減變化和結存情況，不便於外匯資金的調撥運用與管理。

（二）外匯分帳制

外匯分帳制又稱原幣記帳法，是指經營外匯業務的銀行採用原幣為計量單位，對每種貨幣單位的收付，各設置一套明細帳和總帳，平時將所收到的外幣，按照不同原幣，分別填制憑證、記載帳目、編制報表。

外匯分帳制的內容主要有以下幾點：

（1）以各種原幣分別設帳，即人民幣與各種外幣分帳核算。所謂分帳，是指各種外幣都自成一套獨立的帳務系統，平時每一種分帳貨幣都按原幣金額填制憑證、記載帳簿、編制報表，國內銀行間進行外匯劃轉也應填制原幣報單，記原幣帳，如實反映各外幣的數量和價值。

第六章　外匯業務的核算

（2）同一貨幣由於性質不同，對記帳外匯和現匯要分帳核算。記帳外匯，是根據兩國政府有關貿易清算協定所開立的清算帳戶下的外匯。此種外匯不能兌換成其他貨幣，也不能支付給第三國，只能用於支付協議規定的兩個國家之間貿易貨款、從屬費用和雙方政府同意的其他付款。現匯，是指在國際金融市場上可以自由買賣，在國際結算中廣泛使用，在國際上得到償付，並可以自由兌換成其他國家貨幣的外匯。記帳外匯和現匯是在不同的清算方式下分別使用的。由於它們的性質不同，必須嚴格區分、分帳核算。

（3）外匯分帳制平時不進行匯率折算，也不反映記帳本位幣金額，如果涉及兩種貨幣的交易，則用「貨幣兌換」帳戶作為兩種貨幣帳務之間的橋樑，分別與原幣的有關帳戶對轉。

（4）年終並表，以本幣統一反映經營狀況和成果。年終決算時，各種分帳貨幣，應分別編制各外幣和人民幣資產負債表。各外幣資產負債表應按照年終決算牌價折合人民幣，然后與原人民幣資產負債表匯總合併成各貨幣合併的資產負債表。

外匯分帳制雖然複雜，但可以具體、全面地反映各種外匯資金的增減變化及餘額，便於外匯頭寸調撥和外匯風險管理，因此商業銀行一般都採用外匯分帳制核算外匯業務。

財稅 36 號文附件 3《營業稅改徵增值稅試點過渡政策的規定》中對同一銀行系統內部不同行、處之間所發生的資金帳務往來業務（銀行聯行往來業務）免徵增值稅。財稅 70 號文規定：境內銀行與其境外的總機構、母公司之間，以及境內銀行與其境外的分支機構、全資子公司之間的資金往來業務屬於《過渡政策的規定》中所稱的銀行聯行往來業務，發生上述業務時免徵增值稅。財稅 36 號文附件 4《跨境應稅行為適用增值稅零稅率和免稅政策的規定》：為境外單位之間的貨幣資金融通及其他金融業務提供的直接收費金融服務（且該服務與境內的貨物、無形資產和不動產無關）免徵增值稅。

除上述免稅項目外，財稅 36 號文中關於其他外匯業務的徵收細節尚未完善，因此相應的會計核算例題暫不考慮增值稅。

第二節　外匯買賣的核算

一、外匯買賣業務的內容

外匯買賣是指外匯指定銀行根據自身業務需要或者客戶委託在國際金融市場上按自由兌換貨幣間的匯率買賣外匯進行投資或套期保值的業務。

（一）外匯結售匯業務

結匯是指外匯指定銀行根據國家有關外匯管理規定，按掛牌匯率用人民幣買入

個人、境內企事業單位、機關和社會團體的各種合法的外匯收入的業務。售匯是指外匯指定銀行根據國家有關外匯管理規定，審核個人、境內企事業單位、機關和社會團體正常對外用匯的有關有效憑證後，將外匯出售給用匯單位的業務。結售匯制度有兩種，強制結售匯制度和意願結售匯制度。所謂強制結售匯制度是指所有的外匯必須賣給銀行，所有的外匯支出向銀行購買。意願結售匯制度則根據自己的意願進行結售匯。

經常項目外匯收入，可以按照國家有關規定保留或者賣給經營結匯、售匯業務的金融機構。經常項目外匯支出，應當按照國務院外匯管理部門關於付匯與購匯的管理規定，憑有效單證以自有外匯支付或者向經營結匯、售匯業務的金融機構購匯支付。2008年8月5日，國務院正式對外簽發新的《外匯管理條例》，取消了經常項目外匯收入強制結售匯要求。

資本項目外匯收入保留或者賣給經營結匯、售匯業務的金融機構，應當經外匯管理機關批准，但國家規定無須批准的除外。資本項目外匯支出，應當按照國務院外匯管理部門關於付匯與購匯的管理規定，憑有效單證以自有外匯支付或者向經營結匯、售匯業務的金融機構購匯支付。國家規定應當經外匯管理機關批准的，應當在外匯支付前辦理批准手續。

(二) 套匯業務

套匯是指利用不同的外匯市場，不同的貨幣種類，不同的交割時間以及一些貨幣匯率和利率上的差異，進行從低價一方買進、高價一方賣出，從中賺取利潤的外匯買賣。

(三) 銀行自營或代客外匯買賣業務

代客外匯買賣是指根據機構客戶（包括公司客戶、同業客戶和其他機構客戶）對外貿易和其他涉外業務發生的收付匯及匯率保值需要，代機構客戶在國際市場上使用一種外匯購買另外一種外匯的業務。

二、會計科目設置

1.「貨幣兌換」科目

「貨幣兌換」屬於資產負債共同類，核算銀行採用分帳制核算外幣交易所產生的不同幣種之間的兌換。

銀行發生的外幣交易僅涉及貨幣性項目的，應按相同幣種金額，借記或貸記有關貨幣性項目科目，貸記或借記本科目。

發生的外幣交易同時涉及貨幣性項目和非貨幣性項目的，按相同外幣金額記入貨幣性項目和本科目（外幣）；同時，按交易發生日即期匯率折算為記帳本位幣的

第六章 外匯業務的核算

金額記入非貨幣性項目和本科目（記帳本位幣）。結算貨幣性項目產生的匯兑差額計入「匯兑損益」科目。

期末，應將所有以外幣表示的本科目餘額按期末匯率折算為記帳本位幣金額，折算后的記帳本位幣金額與本科目（記帳本位幣）餘額進行比較，為貸方差額的，借記本科目（記帳本位幣），貸記「匯兑損益」科目；為借方差額的，做相反的會計分錄。本科目期末應無餘額。

2.「匯兑損益」科目

「匯兑損益」屬於損益類，核算銀行發生的外幣交易因匯率變動而產生的匯兑損益。

採用統帳制核算的，各外幣貨幣性項目的外幣期（月）末餘額，應當按照期（月）末匯率折算為記帳本位幣金額。按照期（月）末匯率折算的記帳本位幣金額與原帳面記帳本位幣金額之間的差額，如為匯兑收益，借記有關科目，貸記本科目；如為匯兑損失，做相反的會計分錄。

採用分帳制核算的，期（月）末將所有以外幣表示的「貨幣兑換」科目餘額按期（月）末匯率折算為記帳本位幣金額，折算后的記帳本位幣金額與「貨幣兑換——記帳本位幣」科目餘額進行比較，為貸方差額的，借記「貨幣兑換——記帳本位幣」科目，貸記「匯兑損益」科目；為借方差額的，做相反的會計分錄。

期末，應將本科目的餘額轉入「本年利潤」科目，結轉后本科目應無餘額。

三、外匯買賣業務的核算

(一) 結匯業務

結匯即銀行買入外匯。銀行發生的外幣交易僅涉及貨幣性項目的，應按相同幣種金額，借記或貸記有關貨幣性項目科目，貸記或借記「貨幣兑換」。會計分錄為：

借：有關科目　　　　　　　　　　　　　　　　　　　　外幣
　　貸：貨幣兑換　　　　　　　　　　　　　　　　　　　外幣
借：貨幣兑換　　　　　　　　　　　　　　　　　　　　本幣
　　貸：有關科目　　　　　　　　　　　　　　　　　　　本幣

［例6-1］客戶王剛持現鈔10,000港元來行，要求兑換人民幣。假設當日港幣的鈔買價是RMB85/HKD100，銀行的會計分錄如下：

借：庫存現金　　　　　　　　　　　　　　　　　　　HKD10,000
　　貸：貨幣兑換　　　　　　　　　　　　　　　　　　HKD10,000
借：貨幣兑換　　　　　　　　　　　　　　　　　　　RMB8,500
　　貸：庫存現金　　　　　　　　　　　　　　　　　　RMB8,500

(二) 售匯業務

售匯即銀行賣出外匯。銀行售出外匯時，按匯賣價（鈔賣價）收取相應的人民幣，會計分錄為：

  借：有關科目   本幣
    貸：貨幣兌換   本幣
  借：貨幣兌換   外幣
    貸：有關科目   外幣

[例6-2] 某絲綢公司經外匯管理局批准用匯，向銀行兌換20,000港元匯往香港。假設當日港元的匯賣價是RMB86/HKD100，銀行的會計分錄如下：

  借：吸收存款——活期存款（絲綢公司）   RMB17,200
    貸：貨幣兌換   RMB17,200
  借：貨幣兌換   HKD20,000
    貸：匯出匯款   HKD20,000

(三) 套匯

套匯是指不同幣種現匯間兌換的核算。當兩種貨幣進行兌換時，銀行沒有掛出兩種不同貨幣之間的直接比價，需要通過人民幣折算。

1. 一種貨幣兌換成另一種貨幣

賣出幣種的金額 = 買入幣種金額 × 買入幣種匯買價 ÷ 賣出幣種匯賣價

套匯的會計分錄為：

  借：有關科目   A 外幣
    貸：貨幣兌換   A 外幣
  借：貨幣兌換   本幣
    貸：貨幣兌換   本幣
  借：貨幣兌換   B 外幣
    貸：有關科目   B 外幣

[例6-3] 某企業把200,000美元兌換成瑞士法郎，當日美元買入價為100美元/666.71人民幣，瑞士法郎賣出價為100瑞士法郎/681.77人民幣。銀行的會計分錄為：

銀行應付瑞士法郎 = 200,000 × 6.667,1 ÷ 6.817,7 = CHF195,582.09

  借：吸收存款——外匯存款   USD200,000
    貸：貨幣兌換   USD200,000
  借：貨幣兌換   RMB1,333,420
    貸：貨幣兌換   RMB1,333,420

第六章　外匯業務的核算

借：貨幣兌換　　　　　　　　　　　　　　　　CHF195,582.09
　　貸：吸收存款——外匯存款　　　　　　　　CHF195,582.09

2. 同種外幣的現鈔與現匯相互轉換

鈔買價低於匯買價，按國際慣例低 1%～3%；鈔賣價等於匯賣價。

(1) 匯買鈔賣的計算公式：

賣出幣種現鈔金額 ＝ 買入幣種現匯金額 × 匯買價 ÷ 鈔賣價

(2) 鈔買匯賣的計算公式：

賣出幣種現匯金額 ＝ 買入幣種現鈔金額 × 鈔買價 ÷ 匯賣價

[例6-4] 某企業從現匯帳戶支取 20,000 美元，屬於匯買鈔賣，美元現匯買入價 100 美元/666.71 人民幣，現匯賣出價 1 美元/669.39 人民幣。銀行的會計分錄為：

銀行應付美元現鈔 ＝ 20,000 × 6.667,1 ÷ 6.693,9 ＝ $19,919.93

借：吸收存款——外匯存款　　　　　　　　　　USD20,000
　　貸：貨幣兌換　　　　　　　　　　　　　　USD20,000
借：貨幣兌換　　　　　　　　　　　　　　　　RMB133,342
　　貸：貨幣兌換　　　　　　　　　　　　　　RMB133,342
借：貨幣兌換　　　　　　　　　　　　　　　　USD19,919.93
　　貸：庫存現金　　　　　　　　　　　　　　USD19,919.93

第三節　國際貿易結算業務的核算

國際貿易結算業務是指不同國家（地區）的企業間，通過銀行辦理相互間由於商品交易而引起的貨幣收付或債權債務的結算。國際貿易結算以現匯結算為主，即以兩國貿易部門簽訂的貿易合同為依據，辦理進出口業務，雙方貿易結算一律以現匯逐筆結清。目前中國進出口業務的結算中，以現匯結算為主。主要採用信用證、托收和匯兌三種結算方式。

一、信用證（Letter of Credit，簡寫為 L/C）

信用證是一種銀行有條件保證付款的憑證，是開證銀行根據申請人（進口商）的要求和指示向出口商（受益人）開立的一定金額，在一定期限內憑議付行寄來規定的單據付款或承兌匯票的書面承諾，進出口雙方則利用銀行信用擔保，進行發貨與結算的結算方式。

信用證結算方式是以買賣雙方交易合同為基礎，由進口方請求進口方銀行向出口方銀行開出保付憑證，雙方根據規定條款進行發貨結算的一種銀行信用支付方式。

這是中國對外貿易結算中採用的主要結算方式。進出口貿易中信用證支付的程序如圖6-1所示。

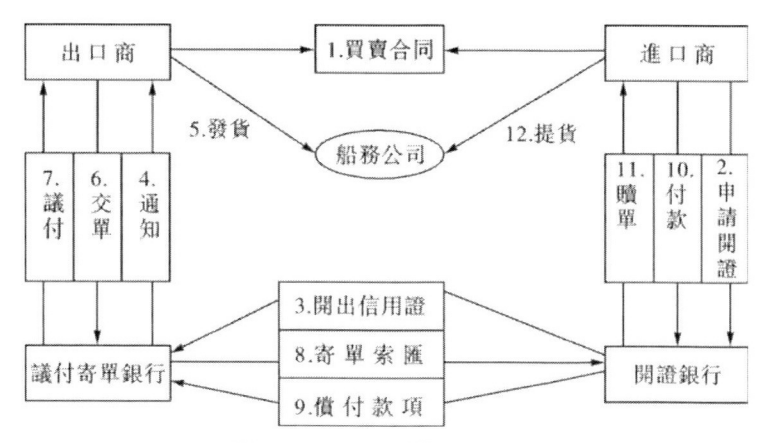

圖6-1 信用證結算方式流程圖

(一) 出口信用證

出口信用證結算，是出口商根據國外進口商通過國外銀行開來的信用證和保證書，按照其條款規定，將出口單據送交國內銀行，由銀行辦理審單議付，並向國外銀行收取外匯後向出口商辦理結匯的一種方式。出口信用證結算的處理，包括受理國外開來信用證、交單議付、結匯三個環節。

(1) 受理國外開來信用證。銀行接到國外銀行開來信用證時，首先應對開證銀行的資信、進口商的償付能力和保險條款進行全面審查，並明確表示信用證能否接受，如何修改。經審核並核對印鑒認為可以受理時，當即編列信用證通知流水號，即將信用證正本通知有關出口商，以便發貨，然後將信用證副本及銀行留底聯嚴格保管，並及時登記「國外開來保證憑信」記錄卡，以便隨時查考。表外會計處理為：

收入：國外開來保證憑信　　　外幣

若接到國外行通知要求修改信用證金額，應按增減金額調整表外科目的餘額。

(2) 交單議付。議付寄單銀行為了確保安全及時收匯，避免遭受經濟上的損失，首先應對出口商交來的辦理議付的信用證和全套單據，按信用證條款認真審核，保證單證一致，單單相符。審核無誤後，應在信用證上批註議付日期並編列銀行出口押匯編號，填製出口寄單議付通知書，按一定索匯方法向國外銀行寄單收取貨款。議付通知寄出後，即對開證行擁有收款的權益，同時對國內出口公司也承擔了付款的責任，根據權責發生制核算基礎，應進行帳務處理，會計分錄為：

借：應收信用證出口款項　　　　　　　　　　　　　　　外幣
　　貸：代收信用證出口款項　　　　　　　　　　　　　外幣

144

第六章　外匯業務的核算

上面兩個科目分別為資產、負債類，反映議付寄單銀行議付寄單時所擁有的收取出口款項的權利和代收出口款項的責任。

同時，付出：國外開來保證憑信　　　　外幣

每天營業終了時，議付寄單行對當天議付筆數，同寄發索匯電信筆數進行核對，防止漏寄索匯電信事故，以保證向國外銀行索匯工作的順利進行。

（3）收匯與結匯。議付寄單行在完成以上工作後，等接到國外開證銀行付款入帳的通知時，辦理出口結匯手續，即按規定的匯價買入外匯，同時折算成相應的人民幣支付給出口商，以結清代收妥的出口外匯。

借：代收信用證出口款項　　　　　　　　　　　　　　外幣
　貸：應收信用證出口款項　　　　　　　　　　　　　外幣
借：存放同業款項　　　　　　　　　　　　　　　　　外幣
　貸：貨幣兌換　　　　　　　　　　　　　　　　　　外幣
　　　手續費及佣金收入　　　　　　　　　　　　　　外幣
借：貨幣兌換　　　　　　　　　　　　　　　　　　　本幣
　貸：吸收存款——活期存款（出口單位戶）　　　　本幣

[例6-5] 中國銀行××分行2016年5月17日接到中國銀行香港分行開來的即期信用證一份，金額為HKD200,000，受益人為華興進出口公司。6月5日該公司發貨後將全套單據隨同信用證向中國銀行××分行辦理議付，銀行審核後確定單證相符，填制出口寄單議付通知書寄單索匯。6月11日，議付寄單行收到中國銀行香港分行的付款入帳通知，辦理轉帳結匯，手續費按議付單據金額的0.1%收取，設當日港幣的匯買價是RMB85/HKD100，中國銀行××分行的會計分錄為：

(1) 5月17日，收入：國外開來保證憑信　　HKD200,000
(2) 6月5日，
借：應收信用證出口款項　　　　　　　　　　　　HKD200,000
　貸：代收信用證出口款項　　　　　　　　　　　HKD200,000
同時，付出：國外開來保證憑信　　HKD200,000
(3) 6月11日，
借：代收信用證出口款項　　　　　　　　　　　　HKD200,000
　貸：應收信用證出口款項　　　　　　　　　　　HKD200,000
借：存放同業款項　　　　　　　　　　　　　　　HKD200,000
　貸：貨幣兌換　　　　　　　　　　　　　　　　HKD199,800
　　　手續費及佣金收入　　　　　　　　　　　　HKD200
借：貨幣兌換　　　　　　　　　　　　　　　　　RMB169,830
　貸：吸收存款——活期存款（華興公司）　　　　RMB169,830

(二) 進口信用證

1. 開立信用證

進口商同國外出口商簽訂交易合同，根據合同規定，填具開證申請書，向銀行提出申請。銀行收到進口商開證申請書，首先進行審核，並根據不同情況收取開證保證金。銀行審核同意后簽發的信用證採用套寫格式，共六聯（第一聯正本，其餘為副本）。第一、二聯通過國外聯行或代理行轉給出口商，第三聯開證后代統計卡，第四、五聯交進口商，第六聯信用證留底。

開證行收取保證金時，會計分錄為：

借：吸收存款——開證申請人戶　　　　　　　　　　　　　　外幣
　　貸：存入保證金　　　　　　　　　　　　　　　　　　　　外幣

信用證一旦發出，開證行對議付寄單行即負有到期付款責任，同時也擁有向進口單位收回貨款的權利。為反映這項權責關係，應進行帳務處理，會計分錄為：

借：應收開出信用證款項　　　　　　　　　　　　　　　　　外幣
　　貸：應付開出信用證款項　　　　　　　　　　　　　　　　外幣

2. 修改信用證

進口商如需修改信用證，必須徵得有關當事人同意后向開證行提出申請。銀行經審核同意后，應立即通知國外聯行或代理行，同時修改信用證的增減額。增加金額時，與開證時的分錄相同，減少金額則做相反分錄，並在信用證留底聯上加以批註。

3. 審單付款

收到國外寄來信用證單據，應立即送進口商審查。結審核同意后，由銀行根據信用證規定，辦理付款或承兌，並對進口商辦理進口結匯。信用證付款方式，一般分即期信用證支付和遠期信用證支付兩種，即期信用證支付方式的特點是：單證相符，見單即付；遠期信用證的支付特點是：單證相符，到期付款。

(1) 即期信用證付款方式大多採用單到國內審單付款。單到國內，進口商確認付款后，銀行即辦理對外付款。會計分錄為：

借：吸收存款——開證申請人戶　　　　　　　　　　　　　　本幣
　　貸：貨幣兌換　　　　　　　　　　　　　　　　　　　　　本幣
借：貨幣兌換　　　　　　　　　　　　　　　　　　　　　　　外幣
　　存入保證金——開證申請人戶　　　　　　　　　　　　　　外幣
　　貸：存放同業款項　　　　　　　　　　　　　　　　　　　外幣

同時轉銷開證時產生的權責關係，會計分錄為：

借：應付開出信用證款項　　　　　　　　　　　　　　　　　外幣
　　貸：應收開出信用證款項　　　　　　　　　　　　　　　　外幣

(2) 遠期信用證的付款核算處理手續分兩個階段進行，即承兌和到期付款。承

第六章 外匯業務的核算

兌時，開證行向議付寄單行開出承兌通知書，說明承兌時期、付款方式等。遠期匯票承兌到期時，開證行辦理對國外付款和進口商扣款手續。

[例6-6] 中信銀行××分行應嘉寶公司委託，9月8日向中信銀行香港分行開出即期信用證一份，金額為HKD85,000。9月15日，經有關方面同意修改減少金額HKD5,000。10月1日接到中信銀行香港分行全套單據及借方報單，金額為HKD80,000。開證行對單證進行審核，由進口商確認付款后，當即辦理對外付款和對進口商售匯。設當日港幣的匯賣價是RMB86/HKD100，中信銀行××分行的會計分錄為：

（1）9月8日，

借：應收開出信用證款項　　　　　　　　　　　　　　HKD85,000
　　貸：應付開出信用證款項　　　　　　　　　　　　　HKD85,000

（2）9月15日，

借：應付開出信用證款項　　　　　　　　　　　　　　HKD5,000
　　貸：應收開出信用證款項　　　　　　　　　　　　　HKD5,000

（3）10月1日，

借：吸收存款——開證申請人戶　　　　　　　　　　　RMB68,800
　　貸：貨幣兌換　　　　　　　　　　　　　　　　　　RMB68,800
借：貨幣兌換　　　　　　　　　　　　　　　　　　　HKD80,000
　　貸：存放同業款項　　　　　　　　　　　　　　　　HKD80,000
借：應付開出信用證款項　　　　　　　　　　　　　　HKD80,000
　　貸：應收開出信用證款項　　　　　　　　　　　　　HKD80,000

二、托收結算方式的核算

托收是出口商根據貿易合同規定，在貨物發運后，委託出口地商業銀行通過國外聯行或代理行向國外進口商收取貨款。目前托收種類主要有光票托收和跟單托收兩種。光票托收是賣方僅開立匯票而不附帶任何貨運單據，委託商業銀行收取款項的一種托收，主要用於非貿易結算。跟單托收是由賣方開立跟單匯票（即匯票連同一套貨運單據）交給商業銀行，委託其收取款項的托收方式，主要用於貿易結算。

1. 發出托收單證

出口商委託銀行辦理托收時，應填制「無證出口托收申請書」，連同出口單證一併送交銀行辦理托收。銀行審單后，根據托收申請書的要求，套打「出口托收委託書」，編列出口托收號碼，寄往國外代收銀行委託收款。托收銀行經復核無誤后，做會計分錄為：

借：應收出口托收款項　　　　　　　　　　　　　　　　外幣
　　貸：應付出口托收款項　　　　　　　　　　　　　　外幣

2. 收妥結匯

托收銀行收到國外代收銀行的貸記報單，對委託人即出口商辦理結匯。會計分錄為：

借：應付出口托收款項	外幣
貸：應收出口托收款項	外幣
借：存放同業款項	外幣
貸：貨幣兌換	外幣
借：貨幣兌換	本幣
貸：吸收存款——出口單位戶	本幣
手續費及佣金收入	本幣

三、匯兌業務的核算

國際匯兌結算，是指銀行在不需要運送現金的原則下，利用匯票或其他信用工具，使處於不同國家的債權人或債務人清算其債權債務的一種方式。主要用於支付貿易從屬費用或某些先款后貨的貿易結算，單位、個人均可委託銀行辦理。

(一) 匯出國外匯款

匯出國外匯款，是銀行接受匯款人的委託，以信匯、電匯、票匯等方式，將款項匯往國外收款人開戶行的匯款方式。接受匯款人的委託，匯出款項的銀行，稱為匯出行。匯出國外匯款，通常有電匯、信匯、票匯三種。

電匯是銀行用電報或電傳形式，委託付款行解付匯款。信匯是匯出行銀行根據匯款人要求，把匯款金額，收款人姓名和詳細地址，匯款人姓名和詳細地址以及匯款用途和附言等簽具信匯委託書，以郵寄方式通知匯入行把匯款付給收款人的一種匯款方式。票匯是匯出銀行按照匯款人的申請，開立以匯入行為付款行的匯票給匯款人，由匯款人自己把匯票寄給收款人或自己攜帶，憑票到付款行領取匯款的一種方式。

電匯（T/T）主要適用於非貿易收支結算；信匯（P/O）主要適用於非貿易收支結算；票匯（D/D）主要適用於貿易收支結算。上述三種方式各有利弊，匯款人可根據實際需要，靈活選擇。

1. 匯出匯款的核算

匯款人要求匯款時，必須填寫「匯款申請書」一式兩聯，經國家外匯管理局或銀行審批同意後，一聯作為銀行傳票附件，一聯加蓋業務公章退還收款人作為匯款回單。銀行經辦人員根據匯款申請書，計算業務手續費後，應按匯款人申請的匯款方式，分別填制不同的匯款憑證。

第六章 外匯業務的核算

(1) 匯款人從其現匯存款帳戶中匯款。

借：吸收存款——匯款人戶　　　　　　　　　　　　　　外幣
　　貸：匯出匯款　　　　　　　　　　　　　　　　　　外幣
　　　　手續費及佣金收入　　　　　　　　　　　　　　外幣

(2) 匯款人購買外匯支付匯款的，應通過貨幣兌換科目。

借：吸收存款——匯款人戶　　　　　　　　　　　　　人民幣
　　貸：貨幣兌換　　　　　　　　　　　　　　　　　人民幣
　　　　手續費及佣金收入　　　　　　　　　　　　　人民幣
借：貨幣兌換　　　　　　　　　　　　　　　　　　　外幣
　　貸：匯出匯款　　　　　　　　　　　　　　　　　外幣

2. 匯款解付的核算

國外匯入行接到中國匯出行的匯款憑證后，如約定從中國銀行在國外銀行的存款帳戶中支付，應填具借方報單通知中國匯出行。中國匯出行接到國外銀行的報單后，作會計分錄為：

借：匯出匯款　　　　　　　　　　　　　　　　　　　外幣
　　貸：存放同業款項　　　　　　　　　　　　　　　外幣

[例6-7] 某進出口公司通過中國銀行××支行電匯美國ACG公司10,000美元，匯費費率為1%。該公司購買美元支付匯款，當天美元匯賣價為100美元/669.39人民幣，一周后，該行收到國外某行付訖的借方報單，辦理轉帳。中國銀行××支行的會計分錄為：

借：吸收存款——匯款人戶　　　　　　　　　　　　RMB66,939
　　貸：貨幣兌換　　　　　　　　　　　　　　　　RMB66,269.61
　　　　手續費及佣金收入　　　　　　　　　　　　RMB669.39
借：貨幣兌換　　　　　　　　　　　　　　　　　　USD10,000
　　貸：匯出匯款　　　　　　　　　　　　　　　　USD10,000
借：匯出匯款　　　　　　　　　　　　　　　　　　USD10,000
　　貸：存放同業款項　　　　　　　　　　　　　　USD10,000

(二) 匯入國外匯款

匯入國外匯款，是指中國港澳和國外聯行，代理行委託解付的匯款，包括貿易和非貿易匯款。貿易匯款主要有預收貨款、來料加工費和罰金等，非貿易匯款主要有華僑匯款以及來華外賓、僑民、外交人員等匯款。匯入國外匯款，銀行根據有關協定和代理合約辦理，一般應以收妥頭寸后解付為原則。凡同匯出行直接開立帳戶往來或集中開戶分散記帳的分行，收到匯款頭寸時，會計分錄為：

借：存放同業款項　　　　　　　　　　　　　　　　外幣
　　貸：匯入匯款　　　　　　　　　　　　　　　　外幣

(1) 匯款人有現匯帳戶的，

借：匯入匯款 外幣
　貸：吸收存款——外匯存款（匯款人） 外幣

(2) 匯款人沒有現匯帳戶的，收匯時必須結匯，

借：匯入匯款 外幣
　貸：貨幣兌換 外幣
借：貨幣兌換 本幣
　貸：吸收存款——活期存款（匯款人） 本幣

第四節　外匯存款業務的核算

一、企業外匯存款業務的核算

（一）外匯存款

外幣存款均分定期和活期兩種。定期存款為記名式存單，整存整取；活期存款分支票和存摺兩種方式，可隨時存取。外幣存款不論定期或活期，存款時存款人均需提出存款開戶申請書，辦理存款開戶手續。

1. 存款的核算

(1) 以外幣現鈔存入現匯戶，應以當日的現鈔買入牌價和現匯賣出牌價折算。會計分錄為：

借：庫存現金 外幣
　貸：貨幣兌換 外幣
借：貨幣兌換（鈔買價） 本幣
　貸：貨幣兌換 本幣
借：貨幣兌換（匯賣價） 外幣
　貸：吸收存款 外幣

[例6-8] 白城服裝公司持現鈔20,000港幣，要求存入銀行外匯活期存款港元現匯帳戶。當天鈔買價 HKD100 = RMB85.3，賣出價 HKD100 = RMB86.3，會計分錄為：

借：庫存現金 HKD20,000
　貸：貨幣兌換 HKD20,000
借：貨幣兌換（鈔買價 RMB85.3） RMB17,060
　貸：貨幣兌換 RMB17,060
借：貨幣兌換（賣出價 RMB86.3） HKD19,768.25
　貸：吸收存款——白城服裝公司 HKD19,768.25

第六章　外匯業務的核算

（2）直接以國外收匯或國內轉款存入。

①匯入原幣存入時：

借：存放同業款項　　　　　　　　　　　　　　　　　外幣
　　貸：吸收存款——外匯存款　　　　　　　　　　　外幣

②匯入幣種與存入幣種不同時（如美元轉存港幣）：

借：存放同業款項　　　　　　　　　　　　　　　　　美元
　　貸：貨幣兌換（匯買價）　　　　　　　　　　　　美元
借：貨幣兌換——（匯買價）　　　　　　　　　　　　本幣
　　貸：貨幣兌換——（鈔賣價）　　　　　　　　　　本幣
借：貨幣兌換（鈔賣價）　　　　　　　　　　　　　　港幣
　　貸：吸收存款——外匯存款　　　　　　　　　　　港幣

2. 取款的核算

存款支取貨幣的，應與原貨幣相同，如兌換其他貨幣，則按支取日外匯牌價折算。現匯戶支取原幣現鈔，應以當日的現鈔賣出牌價和現匯買入牌價折算。

借：吸收存款——外匯存款　　　　　　　　　　　　　外幣
　　貸：貨幣兌換（匯買價）　　　　　　　　　　　　外幣
借：貨幣兌換——（匯買價）　　　　　　　　　　　　本幣
　　貸：貨幣兌換——（鈔賣價）　　　　　　　　　　本幣
借：貨幣兌換（鈔賣價）　　　　　　　　　　　　　　外幣
　　貸：庫存現金　　　　　　　　　　　　　　　　　外幣

二、居民外幣儲蓄存款業務

目前各商業銀行開辦外幣儲蓄存款業務的幣種主要有：美元、港元、日元、歐元、英鎊、澳大利亞元、瑞士法郎、加拿大元等。

（一）外幣活期儲蓄存款

外幣活期儲蓄存款，起存金額為等值人民幣20元。根據存款不同性質可開立現鈔戶或現匯戶。客戶可開立活期儲蓄存摺或借記卡辦理外幣活期儲蓄存款業務。外幣大額存取款業務必須執行有關大額現金管理的規定，實行申報制度。

（二）外幣整存整取定期儲蓄存款

外幣整存整取儲蓄存款，起存金額為等值人民幣100元，多存不限，本金一次存入，到期支取本息，可辦理一次部分提前支取，存期分為1個月、3個月、6個月、1年、2年五個檔次。根據存款的不同性質可開立現鈔戶或現匯戶。客戶可開立整存整取定期存單、定期一本通存摺或借記卡辦理外幣整存整取儲蓄存款業務。

外幣儲蓄存款業務的核算與企業外匯存款業務的核算基本相同。

三、外匯存款利息的核算

單位外匯活期存款利息，採用餘額表按季結息。每季度末月 20 日為結息日，結息后以原幣入帳。單位定期外匯存款應按季計提利息。利息按對年對月計算，不足一年或一月的零頭天數折算成日數計算。會計分錄為：

1. 單位外匯活期存款計息

借：利息支出　　　　　　　　　　　　　　　　　　　　　　外幣
　貸：吸收存款——外匯存款　　　　　　　　　　　　　　　外幣

2. 定期存款結息日

借：利息支出　　　　　　　　　　　　　　　　　　　　　　外幣
　貸：應付利息　　　　　　　　　　　　　　　　　　　　　外幣

支取日銀行支付本息

借：吸收存款——外匯定期存款　　　　　　　　　　　　　　外幣
　　應付利息　　　　　　　　　　　　　　　　　　　　　　外幣
　　利息支出　　　　　　　　　　　　　　　　　　　　　　外幣
　貸：吸收存款——外匯活期存款　　　　　　　　　　　　　外幣

[例6-9] 慶華公司 2016 年 4 月 1 日存入港幣現匯 120,000 元，定期半年，年利率為 0.7%，同年 10 月 1 日到期，公司於同年 12 月 1 日到銀行轉帳支取該筆港元定期存款。支取日港元活期存款利率為 0.01%。

（1）6 月 30 日計提應付利息，會計分錄為：

$120,000 \times 3 \div 12 \times 0.7\% = 210$（港元）

借：利息支出　　　　　　　　　　　　　　　　　　　　HKD210
　貸：應付利息　　　　　　　　　　　　　　　　　　　HKD210

（2）9 月 30 日計提應付利息，會計分錄為：

借：利息支出　　　　　　　　　　　　　　　　　　　　HKD210
　貸：應付利息　　　　　　　　　　　　　　　　　　　HKD210

該帳戶應付利息餘額為 420 港元。

（3）12 月 1 日支取時計算 10 月 1 日至 12 月 1 日的過期利息如下：

$120,000 \times 61 \div 365 \times 0.01\% = 2$（港元）

支取日會計分錄為：

借：吸收存款——外匯定期存款（慶華公司）　　　　　　HKD120,000
　　應付利息　　　　　　　　　　　　　　　　　　　　HKD420
　　利息支出　　　　　　　　　　　　　　　　　　　　HKD2
　貸：吸收存款——外匯活期存款（慶華公司）　　　　　HKD120,422

第六章 外匯業務的核算

第五節 外匯貸款業務的核算

外匯貸款除具備人民幣貸款的各種性質外還具有借外匯還外匯以及政策性強，選擇性更強的特點。

一、短期外匯貸款的核算

短期外匯貸款，是外匯銀行為了充分利用國外資金，進口國內短缺的原材料和先進設備，發展出口商品生產，增加外匯收入，將外匯資金貸給有外匯償還能力並具備貸款條件的企業單位而發放的一種貸款。

(一) 短期外匯貸款的發放

借款單位使用外匯貸款時，必須先向銀行提出申請使用貸款的額度；經批准后，即應訂立借款合約，據以開立外匯貸款帳戶。銀行放款時，使用「貸款」科目核算，按借款單位不同合約分設帳戶。借款時，還需由代辦進口的外貿公司填具「短期外匯貸款借款憑證」。銀行應審核借款憑證有關內容，並同借款合約規定核對相符，區別各種情況辦理發放手續。會計分錄為：

借：貸款——短期外匯貸款　　　　　　　　　　　　　　外幣
　　貸：吸收存款——外匯存款　　　　　　　　　　　　外幣

如果以非貸款貨幣對外付匯，會計分錄為：

借：貸款——短期外匯貸款　　　　　　　　　　　　　　外幣
　　貸：外匯買賣（匯買價）　　　　　　　　　　　　　外幣
借：貨幣兌換（匯買價）　　　　　　　　　　　　　　　本幣
　　貸：貨幣兌換（匯賣價）　　　　　　　　　　　　　本幣
借：貨幣兌換（匯賣價）　　　　　　　　　　　　　　　外幣
　　貸：吸收存款——外匯存款　　　　　　　　　　　　外幣

[例6-10] 中信銀行××分行向A進出口公司發放貸款USD100,000，轉入該進出口公司港幣存款，當日美元匯買價是100美元/666.71人民幣，港幣匯賣價是100港元/86.3人民幣。

借：貸款——短期外匯貸款　　　　　　　　　　USD100,000
　　貸：外匯買賣（匯買價）　　　　　　　　　USD100,000
借：貨幣兌換（匯買價）　　　　　　　　　　　RMB666,710
　　貸：貨幣兌換（匯賣價）　　　　　　　　　RMB666,710
借：貨幣兌換（匯賣價）　　　　　　　　　　　HKD772,549.25
　　貸：吸收存款——外匯存款　　　　　　　　HKD772,549.25

金融企業會計

(二) 貸款的還本付息

短期外匯貸款必須按期償還。借款單位還款時，必須持有外貿公司簽發的「還款憑證」。「還款憑證」一式兩份，一份交借款單位持向銀行辦理還款手續，一份由簽證的外貿公司送交銀行，憑以控製借款單位及時辦理還款。歸還貸款時，還應套寫「短期外匯貸款還款憑證」一式七聯，同時按貸款使用天數計收利息，一併歸還本息。短期外匯貸款的利息，實行浮動利率，每月公布一次。計息方法為：以每月每個貸款帳戶的餘額計算累計積數，按當月公布的利率計算每月應收利息，計入貸款帳戶的利息欄內，每季向借款單位收息一次。會計分錄為：

借：吸收存款——外匯存款　　　　　　　　　　　　　　外幣
　　貸：貸款　　　　　　　　　　　　　　　　　　　　外幣
　　　　利息收入　　　　　　　　　　　　　　　　　　外幣

(三) 以人民幣購匯歸還貸款

借：吸收存款——活期存款　　　　　　　　　　　　　　本幣
　　貸：貨幣兌換（匯賣價）　　　　　　　　　　　　　本幣
借：貨幣兌換（匯賣價）　　　　　　　　　　　　　　　外幣
　　貸：貸款　　　　　　　　　　　　　　　　　　　　外幣
　　　　利息收入　　　　　　　　　　　　　　　　　　外幣

二、買方信貸的核算

買方信貸是出口商銀行向買方或買方的銀行提供的信貸，以便買方利用這項貸款向提供貸款的國家購買技術和設備，以便支付有關的勞務費用。此種信貸是出口國為了支持該國商品的出口而通過銀行提供的。

買方信貸下向國外銀行的借入款，由總行集中開戶，並按借款單位分設帳戶。買方信貸項下向國外借入款的本息，由總行負責償還，各分行發放的買方信貸外匯貸款的本息，由分行負責按期收回。

(一) 對外簽訂信貸協議

總行統一對外簽訂買方信貸總協議，並通知各地方分行和有關部門。總協議簽訂后，有關每個具體項目的具體信貸協議或按貿易合同逐筆申請的貸款，由總行對外談判簽訂，也可由總行授權分行談判簽訂。會計處理為：

收入：買方信貸用款限額　　　外幣

總行在簽訂具體協議后，按使用金額逐筆轉銷表外科目。

第六章 外匯業務的核算

(二) 進口商支付定金

根據買方信貸協議的規定，對外必須預付一定比例的定金。買方信貸一般占貿易合同總額的85%，其餘15%的款項需由進口商用現匯支付定金。會計分錄為：

借：吸收存款——外匯存款（進口商）　　　　　　　　外幣
　貸：存放同業款項　　　　　　　　　　　　　　　　外幣

如果借款單位以人民幣購入外匯支付定金，會計分錄為：

借：吸收存款——活期存款（進口商）　　　　　　　　本幣
　貸：貨幣兌換（匯賣價）　　　　　　　　　　　　　本幣
借：貨幣兌換（匯賣價）　　　　　　　　　　　　　　外幣
　貸：存放同業款項　　　　　　　　　　　　　　　　外幣

(三) 使用買方信貸

總行收到出口銀行貸款，會計分錄為：

借：存放同業款項　　　　　　　　　　　　　　　　　外幣
　貸：拆入資金——借入買方信貸　　　　　　　　　　外幣

分行對進口商辦理貸款

借：貸款——買方信貸外匯貸款　　　　　　　　　　　外幣
　貸：系統內上存款項　　　　　　　　　　　　　　　外幣

總行收到聯行報單對外付匯

借：系統內款項存放　　　　　　　　　　　　　　　　外幣
　貸：存放同業款項　　　　　　　　　　　　　　　　外幣

同時，付出：買方信貸用款限額　　外幣

(四) 償還貸款本息

買方信貸項下借入國外同業款本息的償還由總行統一辦理。總行按協議規定計算利息。對國外貸款行寄來的利息清單應認真核對並按規定償付本息。

分行向借款人收取本息：

借：吸收存款——外匯存款　　　　　　　　　　　　　外幣
　貸：貸款——買方信貸外匯貸款　　　　　　　　　　外幣
　　　利息收入　　　　　　　　　　　　　　　　　　外幣

分行向總行歸還本息：

借：系統內上存款項　　　　　　　　　　　　　　　　外幣
　　利息支出　　　　　　　　　　　　　　　　　　　外幣
　貸：轄內往來　　　　　　　　　　　　　　　　　　外幣

總行收到分行歸還本息：

借：轄內往來　　　　　　　　　　　　　　　　　　　外幣
　　貸：系統內款項存放　　　　　　　　　　　　　　　外幣
　　　　利息收入　　　　　　　　　　　　　　　　　　外幣
總行歸還本息：
借：拆入資金——借入買方信貸　　　　　　　　　　　外幣
　　利息支出　　　　　　　　　　　　　　　　　　　外幣
　　貸：存放同業款項　　　　　　　　　　　　　　　　外幣

如果借款單位不能按期歸還借款，應按照貸款契約規定到期日，將貸款本息轉入「短期外匯貸款」明細科目核算，並按規定利率計算到期應收利息。轉入短期外匯貸款後，借款單位逾期仍無能力償還貸款，應採取有效措施，督促借款單位還款。

除以上講述的短期貸款及買方信貸外，外匯銀行尚有抵押貸款、銀團貸款等。貸款的種類雖不同，具體業務處理手續有所差異，但會計核算大同小異。

復習思考題

1. 外匯可以分為哪些種類？
2. 銀行買入匯率、賣出匯率和中間匯率的含義是什麼？
3. 銀行為什麼要採用外匯分帳制進行核算？
4. 套匯是如何進行會計核算的？
5. 信用證為什麼會成為外貿結算中採用的主要結算方式？
6. 外匯存、貸款的核算如何進行？
7. 買方信貸和普通的外匯貸款相比有何特點？

第七章　中間業務的核算

本章重點

1. 中間業務的品種和分類。
2. 委託貸款業務的核算。
3. 理財業務的核算。

引導案例

中央國債登記結算公司2016年2月26日發布的《中國銀行業理財市場年度報告（2015）》統計數據顯示，截至2015年年底，全國銀行理財產品存量餘額為23.50萬億元，較2014年增幅達56.46%。伴隨著銀行理財規模的持續增長，銀行理財市場的結構也發生了一些值得關注的變化：全國性股份制銀行理財產品存續餘額超過國有大型銀行，占據市場的主體地位，為9.91萬億元，市場占比42.17%，較國有大型銀行高出5.28個百分點。各上市銀行年報顯示，雖然各家銀行對理財業務相關收入名目並不一致，但相關項目收入均呈現出較大幅度的增長，成為中間業務收入中的亮點。銀行理財業務快速發展的原因，一方面是由於存款利率持續下滑以及居民理財意識提升帶來的需求增加，另一方面是銀行的主動創新，持續推出創新產品，有效滿足各類客戶需求，實現理財產品規模較快增長。據年報分析，上市銀行理財業務的創新主要在於兩方面：第一，產品研發的創新；第二，銷售與服務渠道的創新。

面對快速發展的銀行理財業務，財政部印發《企業會計準則解釋第8號》（財會〔2015〕23號）通知，明確商業銀行是編報理財產品財務報表的法定責任人。要求商業銀行發行的理財產品應當作為獨立的會計主體，按照《企業會計準則》的相關規定進行會計處理，對於商業銀行能夠控製的理財產品，應當按照《合併財務報表準則》的規定將該理財產品納入合併範圍。

思考：為什麼商業銀行發行的理財產品應當作為獨立的會計主體進行會計處理？商業銀行將可以控製的理財產品納入合併範圍時需要注意哪些問題？

（資料來源：http://news.hexun.com/2016-05-08/183742156.html. 和訊網）

第一節　中間業務概述

一、中間業務的品種和分類

中間業務是指不構成商業銀行表內資產、表內負債，形成銀行非利息收入的業務。商業銀行開辦中間業務，應經中國人民銀行審查同意，並接受中國人民銀行的監督檢查。

中國人民銀行根據商業銀行開辦中間業務的風險和複雜程度，分別實施審批制和備案制。適用審批制的業務主要為形成或有資產、或有負債的中間業務，以及與證券、保險業務相關的部分中間業務；適用備案制的業務主要為不形成或有資產、或有負債的中間業務。

（一）適用審批制的中間業務品種

（1）票據承兌；
（2）開出信用證；
（3）擔保類業務，包括備用信用證業務；
（4）貸款承諾；
（5）金融衍生業務；
（6）各類投資基金託管；
（7）各類基金的註冊登記、認購、申購和贖回業務；
（8）代理證券業務；
（9）代理保險業務；
（10）中國人民銀行確定的適用審批制的其他業務品種。

（二）適用備案制的中間業務品種

（1）各類匯兌業務；

第七章 中間業務的核算

（2）出口托收及進口代收；

（3）代理發行、承銷、兌付政府債券；

（4）代收代付業務，包括代發工資、代理社會保障基金發放、代理各項公用事業收費（如代收水電費）；

（5）委託貸款業務；

（6）代理政策性銀行、外國政府和國際金融機構貸款業務；

（7）代理資金清算；

（8）代理其他銀行銀行卡的收單業務，包括代理外卡業務，

（9）各類代理銷售業務，包括代售旅行支票業務；

（10）各類鑒證業務，包括存款證明業務；

（11）信息諮詢業務，主要包括資信調查、企業信用等級評估、資產評估業務、金融信息諮詢；

（12）企業、個人財務顧問業務；

（13）企業投融資顧問業務，包括融資顧問、國際銀團貸款安排；

（14）保管箱業務；

（15）中國人民銀行確定的適用備案制的其他業務品種。

根據中間業務的品種，可分為九大類：①支付結算類中間業務，包括國內外結算業務；②銀行卡類業務，包括信用卡和借記卡業務；③代理類中間業務，包括代理政策性銀行業務、代理中國人民銀行業務、代理商業銀行業務、代收代付業務、代理證券業務、代理保險業務、代理其他銀行銀行卡收單業務等；④擔保類中間業務，主要包括銀行承兌匯票、備用信用證、各類銀行保函等；⑤承諾類中間業務，主要包括貸款承諾業務；⑥交易類中間業務，主要包括金融衍生業務，例如遠期外匯合約、金融期貨、互換和期權等；⑦基金託管類業務，包括封閉式證券投資基金託管業務、開放式證券投資基金託管業務和其他基金的託管業務；⑧諮詢顧問類業務，包括信息諮詢、資產管理顧問、財務顧問等；⑨其他類中間業務，包括保管箱業務以及其他不能歸入以上八類的業務。由於部分中間業務已在本書其他章節述及，所以本章僅介紹幾個重要且未曾述及的中間業務。

二、中間業務的作用和管理

中間業務的作用主要有三個方面：①不直接構成商業銀行的表內資產或負債，風險較小，為商業銀行的風險管理提供了工具和手段；②為商業銀行提供了低成本的穩定收入來源；③完善了商業銀行的服務功能。

商業銀行開展中間業務，應加強與同業之間的溝通和協商，杜絕惡性競爭、壟斷市場的不正當競爭行為。對國家有統一收費或定價標準的中間業務，商業銀行按國家統一標準收費。對國家沒有制定統一收費或定價標準的中間業務，由中國人民

金融企業會計

銀行授權中國銀行業協會按商業與公平原則確定收費或定價標準，商業銀行應按中國銀行業協會確定的標準收費。

商業銀行應健全內部經營管理機制，加強內部控製，保證對中間業務的有效管理和規範發展。商業銀行應制定中間業務內部授權制度，並報中國人民銀行備案。商業銀行內部授權制度應明確商業銀行各級分支機構對不同類別中間業務的授權權限，應明確各級分支機構可以從事的中間業務範圍。

商業銀行應建立監控和報告各類中間業務的信息管理系統，及時、準確、全面反映各項中間業務的開展情況及風險狀況，並及時向監管當局報告業務經營情況和存在的問題。

商業銀行應注重對中間業務中或有資產、或有負債業務的風險控製和管理，對或有資產業務實行統一的資本金管理；應注重對交易類業務的頭寸管理和風險限額控製；應對具有信用風險的或有資產業務實行統一授信管理。

商業銀行應建立中間業務內部審計制度，對中間業務的風險狀況、財務狀況、遵守內部規章制度情況和合規合法情況進行定期或不定期的審計。

三、商業銀行服務價格管理

《商業銀行服務價格管理辦法（徵求意見稿）》（2012年2月）中規定：商業銀行服務，是指商業銀行向金融消費者提供的各類服務。服務價格，是指商業銀行提供服務時收取的費用。商業銀行服務價格行為應當嚴格遵守國家法律、法規、規章和有關政策的規定，遵循公開、誠實、信用的原則，接受社會監督，促進銀行服務持續發展和承擔社會責任相統一。

根據商業銀行服務的性質、特點和市場競爭狀況，商業銀行服務價格分別實行政府指導價、政府定價和市場調節價。

（一）政府指導價、政府定價的制定和調整

實行政府定價的商業銀行服務項目和標準，實行政府指導價的商業銀行服務項目、基準價格和浮動幅度由國務院價格主管部門會同國務院銀行業監督管理機構、中國人民銀行制定和調整。下列與人民生活關係密切的基本商業銀行服務價格實行政府指導價或政府定價：

（1）銀行匯票、本票、支票、貸記轉帳和委託收款服務等人民幣基本結算價格；

（2）國務院價格主管部門、國務院銀行業監督管理機構、中國人民銀行根據商業銀行服務成本、服務價格對個人、企事業單位的影響程度和市場競爭狀況制定和調整的商業銀行服務價格。

第七章 中間業務的核算

(二) 市場調節價的制定和調整

除規定實行政府指導價、政府定價的商業銀行服務價格以外，商業銀行服務價格實行市場調節價。實行市場調節價的商業銀行服務價格應由商業銀行總行制定和調整。分支機構不得違反總行的規定，自行制定和調整服務價格。商業銀行分支機構因地區性明顯差異需要執行不同於總行制定的服務價格，應獲得總行的授權。

商業銀行制定和調整市場調節價，按照以下程序執行：
(1) 制定相關服務價格的定價策略和定價原則；
(2) 綜合測算相關服務項目的服務成本；
(3) 進行價格決策；
(4) 形成統一的業務說明和宣傳材料；
(5) 按相關規定報告；
(6) 在各類相關營業場所的醒目位置公示。

商業銀行制定和調整實行市場調節價的服務價格，應合理測算各項服務支出，充分考慮市場等因素綜合決策。

(三) 明碼標價制度

商業銀行服務價格應嚴格實行明碼標價制度。商業銀行應在其網點、網站等採用多種方式及時公布實行政府指導價、政府定價和市場調節價的服務項目、價格水平和適用對象，所標示的價格應當相互吻合，真實一致，並應當採取各種措施保護金融消費者相關權益。

商業銀行服務價格信息公示內容應至少包括：服務項目、服務價格、政府指導價或政府定價的批准文號、生效日期、諮詢（投訴）的聯繫方式等。商業銀行關於服務價格信息的公示涉及優惠措施的，應明確標註優惠措施的生效日期和終止日期。商業銀行提高實行市場調節價的服務價格，應至少於執行前 3 個月在相關營業場所和商業銀行網站進行公示，必要時應採用書面、電話、短信、電子郵件、合同約定的其他形式等多種方式通知相關金融消費者。商業銀行設立新的實行市場調節價的服務收費項目，應至少於執行前 1 個月在相關營業場所和商業銀行網站向社會公示。

商業銀行接受其他單位的委託開展代理業務收費時，應將委託方名稱、服務項目、收費金額、諮詢或投訴的聯繫方式等信息告知金融消費者，並在提供給金融消費者的確認單據中明確標註上述信息。對於需要簽署服務章程、協議等合同文件的銀行服務項目，商業銀行應在相應的合同文件中以通俗易懂和清晰醒目的方式明示服務項目或服務內容、服務價格、優惠措施及其生效日期和終止日期、與價格相關的例外條款和限制性條款、諮詢或投訴的聯繫方式等信息。

第二節　委託貸款業務的核算

一、委託貸款的核算

委託貸款是指由委託人提供資金並承擔全部貸款風險，商業銀行作為受託人，根據委託人確定的貸款對象、用途、金額、期限、利率等代為發放、監督使用並協助回收的貸款。商業銀行開辦委託貸款業務，為委託人提供金融服務，應收取手續費。並且不得墊付委託貸款資金，不得墊付委託人應納的增值稅，不承擔任何形式的貸款風險。委託人包括各級政府部門、企事業單位和個人。

（一）會計科目設置

1.「委託存款」科目

「委託存款」是負債類科目，核算銀行收到的委託本行發放貸款而存入的款項，科目餘額在貸方。本科目按委託人分戶核算。

2.「委託貸款基金」科目

「單位委託貸款」基金是負債類科目，核算單位和個人委託銀行發放貸款而移存的委託貸款基金，科目餘額在貸方。本科目按委託人分戶核算。

3.「委託貸款」科目

「委託貸款」是資產類科目，核算銀行接受委託，以委託人提供的資金代理發放的貸款，科目餘額在借方。本科目按借款人分戶核算。

4.「中間業務收入」科目

「中間業務收入」是損益類科目，核算銀行各類中間業務取得的收入。餘額反映在貸方，期末轉入本年利潤后無餘額。本科目按業務種類分類核算。如果銀行未設置「中間業務收入」科目，也可以在「手續費及佣金收入」科目下核算。

（二）會計核算

1. 委託貸款發放

銀行收到委託資金時，會計分錄為：

借：吸收存款——活期存款/活期儲蓄存款（委託人存款帳戶）

　　貸：委託存款

櫃員審核業務部門提交的委託貸款合同、借款借據和下櫃憑證等無誤后，輸入借款人客戶號、合同號、合同額度、本期額度等項目經授權后提交系統處理；系統進行相應的帳務處理后，將交易信息登記到非自有貸款登記簿中。會計分錄為：

借：委託存款

第七章　中間業務的核算

　　貸：委託貸款基金
　借：委託貸款
　　貸：吸收存款——活期存款（借款人存款帳戶）
　2. 委託貸款展期
　　經委託人同意，對委託貸款展期的，根據業務部門提交的展期合同，輸入貸款帳號、合同號、展期金額等經授權後提交系統處理。對全額展期的非自有貸款，系統將修改到期日等信息，不產生帳務；對部分展期的非自有貸款，系統將修改原貸款戶到期日等信息，同時生成新的逾期貸款戶。
　3. 委託貸款扣收利息
　　在委託貸款利息結息日，銀行系統根據貸款本金、利率等計算利息，並向借款人扣收。對扣收的委託貸款利息在表內核算，對未扣收的委託貸款利息則在表外反映。
　（1）結息並全額收到的
　借：吸收存款——活期存款（借款人存款帳戶）
　　貸：委託存款
　（2）若借款人帳戶餘額不足的，不扣收利息，整筆利息直接計入表外欠息戶。
　收入：委託貸款應收未收利息
　4. 委託貸款還款
　　貸款到期或經委託人同意，借款人正常到期還款或提前償還貸款的，櫃員審核借款人轉帳支票等還款憑證和委託人同意提前還款等相關業務憑證無誤後提交系統處理；系統處理成功後，打印計息單等憑證。會計分錄為：
　借：吸收存款——活期存款（借款人存款帳戶）
　　貸：委託貸款
　借：委託貸款基金
　　貸：委託存款
　如果以前有表外欠息現已還清，同時
　付出：委託貸款應收未收利息
　5. 銀行收取手續費並支付委託貸款本息
　　商業銀行收取委託貸款手續費時，可以按委託貸款的一定比例在結計貸款利息時收取；也可以按委託貸款的一定比例在委託貸款收回時收取。銀行可在「中間業務收入」科目下設「委託貸款業務收入」二級科目，核算辦理委託貸款業務收取的手續費收入。
　　委託貸款到期日次日終了，銀行償還委託人貸款本金及利息，收取委託貸款手續費。委託貸款手續費收入屬於銀行提供「經紀代理服務」取得的收入，應將含稅收入還原並計算增值稅銷項稅額。會計分錄為：
　借：委託存款

163

貸：吸收存款——活期存款/活期儲蓄存款
　　　中間業務收入——委託貸款業務收入
　　　應交稅費——應交增值稅（銷項稅額）
銀行也可在每日日終由系統對未價稅分離收入的發生額進行批處理價稅分離。

6. 委託貸款逾期及核銷

（1）委託貸款本金到期日次日終了，若委託貸款本金沒有償還，則將其轉入逾期委託貸款科目下核算。會計分錄為：

借：逾期委託貸款
　　貸：委託貸款

結息但沒有收到利息的，

收入：委託貸款應收未收利息

（2）對逾期的委託貸款，根據經信貸部門審批同意的委託人的相關核銷通知，櫃員輸入貸款帳號、核銷金額經授權后提交系統處理。會計分錄為：

①核銷本金

借：委託貸款基金
　　貸：逾期委託貸款

②核銷表外應收未收利息

付出：委託貸款應收未收利息

[例7-1] 興茂公司於2016年1月1日委託工商銀行××支行發放貸款100萬元，銀行將這筆資金貸給乙企業並按季結息，貸款期限1年，年利率8.4%。假設乙企業能夠按期付息，到期還本，銀行約定2017年1月1日支付A企業委託貸款本息，委託貸款收回時A企業支付銀行手續費2萬元，金融服務適用增值稅稅率為6%。

要求：做出工商銀行××支行的相關帳務處理。

（1）委託貸款發放

借：吸收存款——活期存款（興茂公司）		1,000,000
貸：委託存款——興茂公司		1,000,000
借：委託存款——興茂公司		1,000,000
貸：委託貸款基金——興茂公司		1,000,000
借：委託貸款——乙企業		1,000,000
貸：吸收存款——活期存款（乙企業）		1,000,000

（2）委託貸款扣收每季度利息

借：吸收存款——活期存款（乙企業）		21,000
貸：委託存款——興茂公司		21,000

（3）委託貸款還款

借：吸收存款——活期存款（乙企業）　　　　　　1,000,000

第七章　中間業務的核算

貸：委託貸款	1,000,000
借：委託貸款基金	1,000,000
貸：委託存款	1,000,000

（4）銀行支付委託貸款本息並收取手續費

借：委託存款	1,084,000
貸：吸收存款——活期存款（興茂公司）	1,064,000
中間業務收入——委託貸款業務收入	20,000
應交稅費——應交增值稅（銷項稅額）	1,132

第三節　理財業務的核算

一、理財業務的種類

理財業務是商業銀行等金融機構將客戶關係管理、資金管理和投資組合管理等融合在一起形成的綜合化、特性化、專業化的銀行服務活動。按服務對象不同可以分為商業銀行企業理財業務和個人理財業務，本節重點介紹個人理財業務。

根據中國銀監會 2005 年頒布的《商業銀行個人理財業務管理暫行辦法》（中國銀監會令 2005 年第 2 號），個人理財業務是指商業銀行為個人客戶提供的財務分析、財務規劃、投資顧問、資產管理等專業化服務活動。商業銀行開展個人理財業務，應遵守法律、行政法規和國家有關政策規定。商業銀行不得利用個人理財業務，違反國家利率管理政策進行變相高息攬儲。

（1）商業銀行個人理財業務按照管理運作方式不同，分為理財顧問服務和綜合理財服務。

理財顧問服務，是指商業銀行向客戶提供的財務分析與規劃、投資建議、個人投資產品推介等專業化服務。商業銀行為銷售儲蓄存款產品、信貸產品等進行的產品介紹、宣傳和推介等一般性業務諮詢活動，不屬於前述所稱理財顧問服務。在理財顧問服務活動中，客戶根據商業銀行提供的理財顧問服務管理和運用資金，並承擔由此產生的收益和風險。

綜合理財服務，是指商業銀行在向客戶提供理財顧問服務的基礎上，接受客戶的委託和授權，按照與客戶事先約定的投資計劃和方式進行投資和資產管理的業務活動。在綜合理財服務活動中，客戶授權銀行代表客戶按照合同約定的投資方向和方式，進行投資和資產管理，投資收益與風險由客戶或客戶與銀行按照約定方式承擔。

（2）商業銀行理財產品按銀行承擔投資風險程度，一般分為非保本浮動收益理財產品、保本浮動收益理財產品和保證收益理財產品。

對非保本浮動收益理財產品的本金和收益銀行不承擔投資風險，該類理財產品屬代理業務，理財產品基金和理財產品基礎資產軋差餘額作為資產或負債在資產負債表上列示。對保本浮動收益和保證收益理財產品的本金和收益分別承擔保本和保證收益風險，這兩類理財產品募集的資金作為負債、理財產品投資對應的基礎資產（作為資產）在資產負債表上列示。本節僅以非保本浮動收益理財產品為例進行介紹。

二、理財產品業務的核算

（一）會計科目設置

1.「存放系統內款項」

「存放系統內款項」是資產類科目，核算銀行的下級行存放或上繳上級行的清算備付金、準備金、定期存款、特別存款等款項。科目餘額在借方。本科目明細按存放機構、資金性質分類核算，如「存放分行備付金」「存放總行備付金」。

2.「委託理財基金」

「委託理財基金」是負債類科目，核算銀行銷售委託理財產品而接受客戶委託的理財資金。科目餘額在貸方。本科目按產品分戶核算。

3.「委託理財」

「委託理財」是資產類科目，核算銀行使用客戶委託理財資金，代客進行理財投資的情況。科目餘額在借方。本科目按產品分戶核算。

4.「其他資金往來」

「其他資金往來」是資產負債共同類科目，用於核算和反映銀行系統內機構之間、銀行和系統外機構之間發生的其他資金往來款項。本科目餘額軋差反映。

（二）會計核算

目前財稅36號文中關於理財產品業務很多徵收細節尚未完善，因此本節的會計核算例題暫不考慮增值稅。

1. 理財資金歸集

假設以總行資金營運中心作為銀行歸集理財資金的機構，客戶向銀行購買理財產品，發行期結束，將資金歸集至總行資金營運中心。會計分錄為：

（1）支行：

借：吸收存款——活期存款/活期儲蓄存款

　　貸：存放系統內款項——存放分行備付金

（2）總行資金營運中心：

借：存放系統內款項——存放總行備付金

　　貸：委託理財基金

第七章 中間業務的核算

2. 理財資金對外投資

理財資金對外投資時，根據相關資金業務交割單等書面憑證，進行帳務處理和資金清算。非保本浮動收益委託理財資金對外投資形成的資產屬代理業務資產。總行資金營運中心的會計分錄為：

借：委託理財基金
　　貸：存放系統內款項——存放總行備付金

總行資金營運中心進行投資時，借記「委託理財」，貸記有關科目；收回投資時，借記有關科目，貸記「委託理財」。

3. 理財產品獲取投資收益

非保本浮動收益型理財產品的理財資金投資運作期間收到投資收益的，會計分錄為：

借：存放系統內款項——存放總行備付金
　　貸：其他資金往來

4. 理財產品投資終止

理財產品投資終止收回本金和收益的，總行資金營運中心根據交割單等書面憑證，進行帳務處理。

借：存放系統內款項——存放總行備付金
借或貸：其他資金往來
　　貸：委託理財基金

5. 返還理財產品本金和收益

理財產品終止時，總行資金營運中心根據理財產品協議，在約定日將理財本金和所實現的收益扣除相關費用後劃往各機構客戶帳戶，會計分錄為：

（1）總行資金營運中心：

銀行扣除理財產品的銷售手續費和託管費

借：其他資金往來
　　貸：中間業務收入——理財業務收入
　　　　　　　　　　——託管業務收入

借：委託理財基金
借或貸：其他資金往來
　　貸：存放系統內款項——存放總行備付金

（2）支行：

借：存放系統內款項——存放分行備付金
　　貸：吸收存款——活期存款/活期儲蓄存款

6. 管理費用計提與收取

在資產負債表日應計提理財產品管理費，會計分錄為：

借：應收理財管理費

167

贷：中間業務收入——理財業務收入

總行資金營運中心在協議約定日或理財產品終止時根據管理費清單實際收到管理費，會計分錄為：

借：其他資金往來

　　貸：應收理財管理費

借或貸：中間業務收入——理財業務收入（理財管理費計提差額部分）

理財產品若達到與客戶收益分享標準的，在返還客戶收益後，餘額為銀行投資運作收益，會計分錄為：

借：其他資金往來

　　貸：中間業務收入——資產管理顧問業務收入

［例7-2］工商銀行××支行2016年1月1日發行非保本浮動收益型理財產品，產品不保障本金但本金和預期收益受風險因素影響較小。該理財產品期限為1年，計劃發行30億元，託管費率0.02%，銷售手續費率0.2%，扣除銷售手續費、託管費，產品到期後客戶可獲得的預期最高年化收益率約4.50%。若產品到期後未達到客戶預期最高年化收益率，工商銀行××支行不收取投資管理費，在達到客戶預期最高年化收益率的情況下，超出預期最高年化收益率部分的收益作為銀行的投資管理費。2017年1月1日該理財產品到期，所投資的資產按時收回全額本金，獲得年化收益率為5.50%，工商銀行扣除銷售手續費、託管費後，返還客戶理財產品本金和按預期最高年化收益率4.50%計算的收益，收取0.78%的投資管理費。假設工商銀行以總行資金營運中心作為銀行歸集理財資金的機構。

要求：對上述經濟業務分別做出工商銀行××支行和總行資金營運中心的帳務處理，忽略總行資金營運中心具體進行投資及收回的分錄。

（1）理財資金歸集

工商銀行××支行：

借：吸收存款——活期存款/活期儲蓄存款　　　　3,000,000,000

　　貸：存放系統內款項——存放分行備付金　　　　3,000,000,000

總行資金營運中心：

借：存放系統內款項——存放總行備付金　　　　3,000,000,000

　　貸：委託理財基金　　　　3,000,000,000

（2）理財資金對外投資

總行資金營運中心：

借：委託理財基金　　　　3,000,000,000

　　貸：存放系統內款項——存放總行備付金　　　　3,000,000,000

（3）理財產品投資終止

總行資金營運中心：

第七章 中間業務的核算

  借：存放系統內款項——存放總行備付金   3,165,000,000
    貸：其他資金往來   165,000,000
      委託理財基金   3,000,000,000
（4）銀行扣除相關費用，返還理財產品本金和收益
總行資金營運中心：
  借：其他資金往來   6,600,000
    貸：中間業務收入——理財業務收入   6,000,000
       ——託管業務收入   600,000
  借：委託理財基金   3,000,000,000
    其他資金往來   135,000,000
    貸：存放系統內款項——存放總行備付金   3,135,000,000
支行：
  借：存放系統內款項——存放分行備付金   3,135,000,000
    貸：吸收存款——活期存款/活期儲蓄存款   3,135,000,000
（5）收取投資管理費
  借：其他資金往來   23,400,000
    貸：中間業務收入——資產管理顧問業務收入   23,400,000

（三）報表編制

  商業銀行應當按照《企業會計準則第33號——合併財務報表》（以下簡稱《合併財務報表準則》）的相關規定，判斷是否控制其發行的理財產品。如果商業銀行控制該理財產品，應當按照《合併財務報表準則》的規定將該理財產品納入合併範圍。

  商業銀行發行的理財產品應當作為獨立的會計主體，按照《企業會計準則》的相關規定進行會計處理。對於理財產品持有的金融資產或金融負債，應當根據持有目的或意圖、是否有活躍市場報價、金融工具現金流量特徵等，按照《金融工具確認計量準則》有關金融資產或金融負債的分類原則進行恰當分類。對於理財產品持有的金融資產或金融負債，應當按照《金融工具確認計量準則》《公允價值計量準則》和其他相關準則進行計量。

  商業銀行是編報理財產品財務報表的法定責任人。如果相關法律法規或監管部門要求報送或公開理財產品財務報表，商業銀行應當確保其報送或公開的理財產品財務報表符合《企業會計準則》的要求。

三、諮詢顧問類業務的核算

  諮詢顧問類業務系指銀行依靠自身在信息、人才、信譽等方面的優勢，收集和

整理有關信息,並通過對這些信息以及銀行和客戶資金運動的記錄和分析,形成系統的資料和方案,提供給客戶,以滿足其業務經營管理或發展需要的服務活動。目前主要包括以下幾類業務:

(1) 信息諮詢業務,包括項目評估、企業信用等級評估、驗證企業註冊資金、資信證明、企業管理諮詢等。

(2) 資產管理顧問業務,指為機構投資者或個人投資者提供全面的資產管理服務,包括投資組合建議、投資分析、稅務服務、信息提供、風險控製等。

(3) 財務顧問業務,包括債券承銷業務收入、私募股權融資財務顧問收入、IPO財務顧問收入、再融資財務顧問收入、併購財務顧問收入、債務融資財務顧問收入、結構化融資財務顧問收入(包括銷售管理費、產品管理費)、銀團貸款財務顧問收入(包括牽頭費、管理費、代理費、承諾費等)、其他財務顧問收入。

(4) 現金管理業務,指商業銀行協助企業,科學合理地管理現金帳戶頭寸及活期存款餘額,以達到提高資金流動性和使用效益的目的。

上述業務發生時均記入銀行的中間業務收入,只是歸屬的明細科目不同。

第四節　保管箱業務的核算

一、保管箱業務的概述及規定

保管箱是銀行為方便客戶寄存貴重物品和單證而提供的安全、可靠的保密設施。它可存放金銀珠寶、有價證券、契約、合同、書畫、重要資料和保密檔案等,具有租價適宜、品種齊全以及開箱方式安全可靠等特點。

保管箱業務是指銀行以出租保管箱的形式代客戶保管貴重物品、重要文件、有價單證等財物的服務性項目。保管箱業務收費根據尺寸和租用期限不同執行不同標準。凡具有完全民事行為能力和合法有效身分證件的個人,以及具有法人資格和合法有效證明文件的單位均可申請租用保管箱。租用保管箱必須簽訂保管箱租約,明確雙方權利與義務。

租箱人或被授權人可在營業時間內,攜帶租箱時登記的有效身分證件、保管箱鑰匙,填寫「保管箱開啟登記表」,提供保管箱業務密碼或指紋信息辦理開啟手續。租箱人不得自行配製保管箱鑰匙,如遺失保管箱鑰匙,租箱人必須填寫鑰匙掛失及補發申請書,並交納更換鑰匙費用。

租箱期滿,租用人應及時辦理續租或退租手續。退租時,在結清費用、清除箱內物品、交還保管箱全部客戶鑰匙后,辦理退租手續,可憑保證金收據或本租約(原件)取回保證金。若有箱體損壞、鑰匙丟失,甲方按公示賠償標準從保證金中扣收,如果逾期辦理退租,應補交逾期租金並按逾期租金的5%繳納滯納金,從保

第七章 中間業務的核算

證金中扣收，以上不足部分銀行享有追索權。保管箱不能擅自轉租、分租，保管箱租賃權不能作為質權標的。銀行發現租用人或代理人將保管箱轉讓或轉租他人，應終止租約，並對租用人處以一定金額的罰金。

二、保管箱業務的核算

(一) 科目設置

(1) 在「中間業務收入」科目下設「保管箱業務收入」二級科目，用於核算和反映本行辦理保管箱業務收取的手續費收入。收取手續費時，借記有關科目，貸記本科目；期末結轉時，借記本科目，貸記「本年利潤」科目。本科目餘額反映在貸方，期末轉入本年利潤后無餘額。

(2) 設置「出租保管箱」表外科目，用於核算和反映本行向客戶出租使用保管箱的情況。

(二) 會計核算

1. 保管箱租用的處理

租用人與銀行簽訂保管箱租約，填寫「保管箱租用申請書」。經辦人員收取租金和保證金，登記「保管箱租箱、退箱登記簿」，會計分錄為：

借：庫存現金
　　或吸收存款——活期存款/活期儲蓄存款
　貸：中間業務收入——保管箱業務收入
　　　其他應付款——保管箱押金戶
　　　應交稅費——應交增值稅（銷項稅額）

銀行也可在每日日終由系統對未價稅分離收入的發生額進行批處理價稅分離。

同時，登記「保管箱租箱、退箱登記簿」，填製表外科目收入憑證，登記表外科目明細帳。

收入：出租保管箱

2. 保管箱續租的處理

續租要在期滿前一個月內繳納下期租金，銀行經辦人收到租用人提交的申請書及有關證件等審核無誤后，同意續租，其餘處理手續同上，會計分錄也同上。經辦人員收取續租租金，原資料卡加蓋「續租」戳記續用。

3. 保管箱退租的處理

銀行經辦人收到租用人提交的申請書、押金收據第二聯及有關證件等審核無誤，並與原申請書留存聯核對一致后，經辦人員將保證金收據以及保證金退還租用人，並銷記「保管箱租箱、退箱登記簿」，會計分錄為：

借：其他應付款——保管箱押金戶
  貸：庫存現金
    或吸收存款——活期存款/活期儲蓄存款
同時，填製表外科目付出憑證，登記表外科目明細帳。
付出：出租保管箱

4. 更換印鑒和掛失的處理

租用人因印鑒更換、鑰匙丟失申請掛失的，會計分錄為：
借：庫存現金
    或吸收存款——活期存款/活期儲蓄存款
  貸：中間業務收入——保管箱業務收入
    應交稅費——應交增值稅（銷項稅額）

5. 收取滯納金的處理

租用人未能按期交納租金的，銀行要向租用人收取滯納金，會計分錄為：
借：庫存現金
    或吸收存款——活期存款/活期儲蓄存款
  貸：營業外收入
    應交稅費——應交增值稅（銷項稅額）

[例7-3] 王松到建設銀行××支行申請租用保管箱，和銀行簽訂保管箱租約，租期1年，租金500元，保證金1,000元，以現金支付，金融服務適用增值稅稅率為6%。

建設銀行××支行的會計分錄為：
借：庫存現金   1,500
  貸：中間業務收入——保管箱業務收入   472
    其他應付款——保管箱押金   1,000
    應交稅費——應交增值稅（銷項稅額）   28
同時，
收入：出租保管箱

[例7-4] 王松租用的保管箱到期，王松決定退租，銀行經辦人收到王松提交的申請書、押金收據第二聯及有關證件等審核無誤，並與原申請書留存聯核對一致後，將保證金收據以及保證金退還王松。

建設銀行××支行的會計分錄為：
借：其他應付款——保管箱押金   1,000
  貸：庫存現金   1,000
同時 付出：出租保管箱

第七章　中間業務的核算

復習思考題

1. 個人理財業務有哪些類型？
2. 委託貸款與銀行自有貸款在核算上有何不同？
3. 非保本浮動收益理財產品與保本浮動收益理財產品的差異在哪裡？
4. 保管箱業務的作用有哪些？未來發展前景如何？

第八章　投資業務的核算

本章重點

1. 交易性金融資產的會計核算。
2. 可供出售金融資產的會計核算。
3. 持有至到期投資的會計核算。
4. 長期股權投資的會計核算。

引導案例

　　一直以來，市場對用市盈率（PE）指標給銀行股估值頗有微詞，而更看重市淨率（PB）指標，一個重要的原因就在於銀行更容易調節利潤報表，利潤的真實性要打很多折扣。這個問題同樣會出現在保險公司和證券公司。金融企業容易調節利潤的原因究竟何在？問題的癥結在於，中國現行的會計準則採取了交易性、持有至到期、貸款和應收款項以及可供出售金融資產的劃分標準，並對不同類別的金融資產在計量方面規定了不同的會計處理方法。而企業被賦予了較多的對金融資產確認和計量的自主選擇權，使得國內的金融企業能充分利用可供出售金融資產去實現平滑或調節利潤的暗箱操作。如主體在對某項原本可歸類為貸款或應收帳款的金融資產進行初始確認時，可以將其指定為以公允價值計量並將其變動計入損益的金融資產或可供出售的金融資產。特別是可供出售金融資產利潤實現時間的可控性，成為管理層調節利潤的「蓄水池」，管理層可在交易性金融資產盈利能力下降的時候，選

第八章　投資業務的核算

擇終止可供出售金融資產，將以前年度的未實現損益在當期實現；或者在交易性金融資產盈利能力上升的時候，暫不終止可供出售金融資產，將公允價值的變動累積在所有者權益科目以待未來，從而實現利潤指標的平穩發展。在新的國際會計準則 IFRS9 出抬後，特別是 IFRS9 變更金融資產分類標準，取消可供出售金融資產分類后，對金融資產的確認和計量產生了重大影響，中國目前正在修訂金融工具相關準則，國內商業銀行、保險公司、證券公司將不能再利用可供出售金融資產實現平滑利潤的操作。

思考：IFRS9 的出抬降低了金融資產會計準則的複雜性，實施后對金融企業資產的分類和利潤的核算會產生什麼影響？

（參考資料：http://bank.jrj.com.cn/2010/06/1807107634829-1.shtml. 金融界）

第一節　投資業務概述

一、投資的概念和目的

投資（Investment）一般是指經濟主體為了獲取經濟效益而投入資金或資源用以轉化為實物資產或金融資產的行為和過程。

金融企業對外投資往往有不同的目的，主要包括以下幾個方面：
(1) 有效地利用閒置資金。
(2) 控製或影響其他企業的經營決策。
(3) 累積資金用於擴大企業經營規模或清償長期債務。
(4) 運用金融工具，規避利率、匯率風險損失。

金融企業對外投資的目的實際上可以歸結為一點，即有效地使用金融企業暫時閒置的資金，為其帶來更大的經濟效益，也就是取得更多的投資收益。

二、投資的會計確認與計量

《企業會計準則》打破了舊準則以短期投資和長期投資為主要分類並分別規定其確認、計量要求的傳統格局，按照國際上通行的標準對投資進行分類。金融企業的對外投資主要包括金融資產投資和長期股權投資兩大類。具體可分為交易性金融資產、可供出售金融資產、持有至到期投資和長期股權投資。[1]《企業會計準則》突出了企業管理當局投資管理的意圖和目的，分別就各類投資做出會計初始確認、后續計量以及減值的具體規範。

---

[1] 《企業會計準則第 22 號——金融工具確認和計量（修訂）》《企業會計準則第 23 號——金融資產轉移（修訂）》目前尚在徵求意見稿階段，所以本章仍以國內現行準則內容介紹。

金融企業會計

(一) 金融資產投資

1. 金融資產的初始確認和終止確認

企業成為金融工具合同的一方時,應當確認一項金融資產或金融負債。企業應根據金融資產的分類,在初始確認時做出恰當的歸類。終止確認,是指將金融資產或金融負債從企業的帳戶和資產負債表內予以轉銷。金融資產滿足下列條件之一的,應當終止確認:

(1) 收取該金融資產現金流量的合同權利終止。

(2) 該金融資產已轉移,且符合《企業會計準則第 23 號——金融資產轉移》規定的金融資產終止確認條件。

2. 金融資產的初始計量和后續計量

企業初始確認金融資產,應當按照公允價值計量。對於以公允價值計量且其變動計入當期損益的金融資產,相關交易費用應當直接計入當期損益;對於其他類別的金融資產,相關交易費用應當計入初始確認金額。

金融資產的后續計量與金融資產的分類密切相關。

(1) 企業應當按照公允價值對以公允價值計量且其變動計入當期損益的金融資產和可供出售金融資產進行后續計量,且不扣除將來處置該金融資產時可能發生的交易費用。

(2) 持有至到期投資以及貸款和應收款項,應當採用實際利率法,按攤餘成本計量。

3. 金融資產減值

企業應當在資產負債表日對以公允價值計量且其變動計入當期損益的金融資產以外的金融資產的帳面價值進行檢查,有客觀證據表明該金融資產發生減值的,應當計提減值準備。

(二) 長期股權投資

1. 長期股權投資的確認

對於能夠取得被投資企業控製權,或能夠共同控製被投資企業,或對被投資企業產生重大影響的權益性投資,直接確認其為投資企業的長期股權投資。

2. 長期股權投資的初始計量和后續計量

長期股權投資的初始計量和取得方式有關,具體分為企業合併取得和非企業合併取得兩類。其中,同一控製下的企業合併,初始投資成本是合併日按取得被合併方所有者權益帳面價值的份額;非同一控製下的企業合併,初始投資成本是支付現金、非現金資產、發行權益性證券或承擔債務的公允價值。除企業合併形成的長期股權投資以外,其他方式取得的長期股權投資,其初始投資成本的確定與非同一控製下合併取得長期股權投資成本的確定方法相同。

第八章　投資業務的核算

根據投資企業和被投資單位的股權關係，后續計量分別使用成本法和權益法進行核算。

3. 長期股權投資減值

如果長期股權投資可收回金額的計量結果表明其可收回金額低於帳面價值，說明長期股權投資已經發生減值損失，應當將其帳面價值減記至可收回金額。長期股權投資減值損失一經確認，在以后會計期間不得轉回。

(三) 金融商品轉讓的增值稅會計處理問題

36 號文附件 1《營業稅改徵增值稅試點實施辦法》將金融商品轉讓（即轉讓外匯、有價證券、非貨物期貨和其他金融商品所有權的業務活動）納入「營改增」範圍。

36 號文附件 2《營業稅改徵增值稅試點有關事項的規定》對銷售額進行了界定：金融商品轉讓按照賣出價扣除買入價后的餘額為銷售額。轉讓金融商品出現的正負差，按盈虧相抵后的餘額為銷售額。若相抵后出現負差，可結轉下一納稅期與下期轉讓金融商品銷售額相抵，但年末時仍出現負差的，不得轉入下一個會計年度。金融商品的買入價，可以選擇按照加權平均法或者移動加權平均法進行核算，選擇后 36 個月內不得變更。金融商品轉讓，不得開具增值稅專用發票。

36 號文附件 3《營業稅改徵增值稅試點過渡政策的規定》對下列金融商品轉讓收入免徵增值稅：

(1) 合格境外投資者（QFII）委託境內公司在中國從事證券買賣業務。

(2) 香港市場投資者（包括單位和個人）通過滬港通買賣上海證券交易所上市 A 股。

(3) 對香港市場投資者（包括單位和個人）通過基金互認買賣內地基金份額。

(4) 證券投資基金（封閉式證券投資基金，開放式證券投資基金）管理人運用基金買賣股票、債券。

(5) 個人從事金融商品轉讓業務。

由於財稅 36 號文對金融商品轉讓的很多徵收細節尚未完善，因此本章的會計核算例題暫不考慮增值稅。

第二節　交易性金融資產的核算

一、交易性金融資產的概念和判斷標準

交易性金融資產是指企業為了近期內出售而持有的金融資產。交易性金融資產的判斷標準是：

(1) 取得該金融資產的目的，主要是為了近期內出售。

（2）屬於進行集中管理的可辨認金融工具組合的一部分，且有客觀證據表明企業近期採用短期獲利方式對該組合進行管理。

（3）屬於衍生工具。衍生工具，包括遠期合同、期貨合同、互換和期權以及具有遠期合同、期貨合同、互換和期權中一種或一種以上特徵的工具。

二、會計科目設置

1.「交易性金融資產」科目

「交易性金融資產」屬於資產類，核算企業為交易目的所持有的債券投資、股票投資、基金投資等交易性金融資產的公允價值。企業持有的直接指定為以公允價值計量且其變動計入當期損益的金融資產，也在本科目核算。本科目應當按照交易性金融資產的類別和品種，分別按「成本」「公允價值變動」進行明細核算。本科目期末借方餘額，反映企業持有的交易性金融資產的公允價值。

2.「公允價值變動損益」科目

「公允價值變動損益」屬於損益類，核算企業交易性金融資產、交易性金融負債以及採用公允價值模式計量的投資性房地產、衍生工具、套期保值業務等公允價值變動形成的應計入當期損益的利得或損失。指定為以公允價值計量且其變動計入當期損益的金融資產或金融負債公允價值變動形成的應計入當期損益的利得或損失，也在本科目核算。本科目可按交易性金融資產、交易性金融負債、投資性房地產等進行明細核算。期末，應將本科目餘額轉入「本年利潤」科目，結轉后本科目無餘額。

三、交易性金融資產的會計處理

（一）取得交易性金融資產

企業取得交易性金融資產，按其公允價值計入初始成本，發生的交易費用直接衝減投資收益。若支付的價款中包含已宣告但尚未發放的現金股利或已到付息期但尚未領取的債券利息，應當單獨確認為應收項目，不構成交易性金融資產的初始入帳金額。

借：交易性金融資產——成本　　（公允價值）
　　投資收益　　　　　　　　　（交易費用）
　　應收股利　　　　　　　　　（已宣告）
　　應收利息　　　　　　　　　（已到期）
　貸：銀行存款

（二）交易性金融資產持有期間收到的股息、利息

（1）持有期間宣告股利及期末對分期付息的債券計算利息

借：應收股利（利息）

第八章 投資業務的核算

　　　　貸：投資收益
　(2) 收到股利或利息，衝減應收股利（利息）
　　借：銀行存款
　　　　貸：應收股利（利息）

(三) 交易性金融資產的期末計價
　　期末，將公允價值變動直接計入損益，如果公允價值上升，
　　借：交易性金融資產——公允價值變動
　　　　貸：公允價值變動損益
　　反之，做相反的分錄。由於該金融資產的公允價值變動已經進行了調整，故不需要計提減值準備。

(四) 交易性金融資產的出售
　　出售交易性金融資產時，其損益已經實現。
　　借：銀行存款
　　　　貸：交易性金融資產——成本
　　借或貸：交易性金融資產——公允價值變動
　　　　貸：投資收益
　　同時，借：公允價值變動損益
　　　　　　　貸：投資收益
或做相反的會計分錄。

[例 8-1] 某股份有限公司 2016 年有關交易性金融資產的資料如下：

(1) 3 月 1 日以銀行存款購入 A 公司股票 50,000 股，並準備隨時變現，每股買價 16 元，同時支付相關稅費 4,000 元。

(2) 4 月 20 日 A 公司宣告發放的現金股利每股 0.4 元。

(3) 4 月 21 日又購入 A 公司股票 50,000 股，並準備隨時變現，每股買價 18.4 元（其中包含已宣告發放但尚未支取的股利每股 0.4 元），同時支付相關稅費 6,000 元。

(4) 4 月 25 日收到 A 公司發放的現金股利 20,000 元。

(5) 6 月 30 日 A 公司股票市價為每股 16.4 元。

(6) 7 月 18 日該公司以每股 17.5 元的價格轉讓 A 公司股票 60,000 股，扣除相關稅費后實得金額為 1,040,000 元。

(7) 12 月 31 日 A 公司股票市價為每股 18 元。

　　要求：根據上述經濟業務編制該股份有限公司有關的會計分錄。

(1) 3 月 1 日
　　借：交易性金融資產——A 公司股票（成本）　　　　　　　　800,000

　　　　投資收益　　　　　　　　　　　　　　　　　　　　4,000
　　貸：銀行存款　　　　　　　　　　　　　　　　　　　804,000
(2) 4月20日
借：應收股利　　　　　　　　　　　　　　　　　　　　20,000
　　貸：投資收益　　　　　　　　　　　　　　　　　　　20,000
(3) 4月21日
借：交易性金融資產——A公司股票（成本）　　　　　　900,000
　　應收股利　　　　　　　　　　　　　　　　　　　　20,000
　　投資收益　　　　　　　　　　　　　　　　　　　　 6,000
　　貸：銀行存款　　　　　　　　　　　　　　　　　　926,000
(4) 4月25日
借：銀行存款　　　　　　　　　　　　　　　　　　　　20,000
　　貸：應收股利　　　　　　　　　　　　　　　　　　　20,000
(5) 6月30日
公允價值變動損益 = (800,000 + 900,000) - 16.4 × 100,000 = 60,000(元)
借：公允價值變動損益　　　　　　　　　　　　　　　　60,000
　　貸：交易性金融資產——A公司股票（公允價值變動）　60,000
(6) 7月18日
借：銀行存款　　　　　　　　　　　　　　　　　　　1,040,000
　　交易性金融資產——A公司股票（公允價值變動）　　 36,000
　　貸：交易性金融資產——A公司股票（成本）　　　　1,020,000
　　　　投資收益　　　　　　　　　　　　　　　　　　　56,000
借：投資收益　　　　　　　　　　　　　　　　　　　　36,000
　　貸：公允價值變動損益　　　　　　　　　　　　　　　36,000
(7) 12月31日
公允價值變動損益 = 18 × 40,000 - [(800,000 + 900,000 - 1,020,000) - (60,000 - 36,000)] = 64,000（元）
　　借：交易性金融資產——A公司股票（公允價值變動）　64,000
　　　　貸：公允價值變動損益　　　　　　　　　　　　　64,000

例題分析：對於原來作為公允價值變動反映而本期實現的部分，從公允價值變動損益轉為投資收益，並不會影響公允價值變動損益實現年度的經營利潤，只不過把待實現損益（公允價值變動損益）和已實現損益（投資收益）通過利潤表的不同項目反映而已。

第八章 投資業務的核算

第三節 持有至到期投資的核算

一、持有至到期投資的概念和判斷標準

持有至到期投資是指到期日固定、回收金額固定或可確定，且企業有明確意圖和能力持有至到期的非衍生金融資產。持有至到期投資的判斷標準：

（1）到期日固定、回收金額固定或可確定，是指相關合同明確了投資者在確定的期間內獲得或應收取現金流量（例如投資利息和本金等）的金額和時間。

（2）有明確意圖持有至到期，是指投資者在取得投資時意圖就是明確的，除非遇到一些企業所不能控製、預期不會重複發生且難以合理預計的獨立事件，否則將持有至到期。

（3）有能力持有至到期，是指企業有足夠的財務資源，並不受外部因素影響將投資持有至到期。

企業應當於每個資產負債表日對持有至到期投資的意圖和能力進行評價。發生變化的，應當將其重分類為可供出售金融資產進行處理。

二、會計科目設置

1.「持有至到期投資」科目

「持有至到期投資」屬於資產類，核算企業持有至到期投資的攤餘成本。為了反映各項持有至到期投資的取得、收益、處置等情況，可以設置「持有至到期投資」科目，本科目可按持有至到期投資的類別和品種，分別按「成本」「利息調整」「應計利息」等進行明細核算。本科目期末借方餘額反映企業持有至到期投資的攤餘成本。

2.「持有至到期投資減值準備」科目

作為「持有至到期投資」的備抵科目，核算企業持有至到期投資的減值準備。可按持有至到期投資類別和品種進行明細核算。資產負債表日，持有至到期投資發生減值的，按應減記的金額，借記「資產減值損失」科目，貸記本科目。已計提減值準備的持有至到期投資價值以後又得以恢復，應在原已計提的減值準備金額內，按恢復增加的金額，借記本科目，貸記「資產減值損失」科目。本科目期末貸方餘額，反映企業已計提但尚未轉銷的持有至到期投資減值準備。

三、持有至到期投資的會計處理

（一）取得持有至到期投資

企業取得持有至到期投資，應按購入時實際支付的價款作為初始投資成本，實

際支付的價款包括支付的債券實際買價以及手續費、佣金等交易費用。

1. 企業在發行日或付息日購入債券

借：持有至到期投資——成本

借或貸：持有至到期投資——利息調整

　　貸：銀行存款

2. 企業在發行日后或兩個付息日之間購入債券

（1）購買日，實際支付價款中包含的已到期尚未支取的利息，借記「應收利息」科目；

（2）未到期的利息，屬於到期一次付息的，借記「持有至到期投資——應計利息」科目；屬於分期付息的，視為短期債權，借記「應收利息」科目。

（二）持有至到期投資的攤餘成本及收益確認

1. 攤餘成本

攤餘成本是指初始投資成本調整應計利息和溢折價攤銷以后的餘額。由於企業可以按面值購入債券，也可以按溢折價購入債券。當企業按溢折價購入債券時，就必須攤銷各期的溢折價，攤銷方法有直線法和實際利率法兩種。《企業會計準則》規定，應採用實際利率法確認投資收益和債券溢折價攤銷，並在此基礎上確認債券的攤餘成本。

金融資產攤餘成本＝初始確認金額－已償還本金±採用實際利率法將該初始確認金額與到期日金額間的差額進行攤銷形成的累計攤銷額－已發生的減值損失

2. 收益確認

企業持有至到期投資收益的主要來源是利息收入。企業購入不同還本付息方式的債券，其投資收益的核算方法有所不同。

（1）到期一次還本付息債券。採用實際利率法確認各期的投資收益，首先應以債券到期時的面值與票面利息之和作為終值，以債券的初始投資成本作為現值，計算債券的折現率，即實際利率（企業確定的折現期不同，實際利率也不同）；然后按照初始投資成本或攤餘成本乘以實際利率計算利息收入，確認投資收益。

[例 8－2] 某公司 2016 年 1 月 1 日購入 A 公司當天發行的 2 年期債券作為持有至到期投資，票面價值 100,000 元，票面利率 10%，到期一次還本付息，單利計息。銀行存款實際支付價款 100,000 元，未發生交易費用。假定該公司採用實際利率法於每年年末確認投資收益。公司於 2018 年 1 月 1 日收到債券本息。

要求：根據上述經濟業務編制該公司有關的會計分錄。

① 2016 年 1 月 1 日

借：持有至到期投資——成本　　　　　　　　　　　　　100,000

　　貸：銀行存款　　　　　　　　　　　　　　　　　　　　100,000

② 2016 年 12 月 31 日確認投資收益

到期價值 = 100,000 × (1 + 10% × 2) = 120,000（元）

實際利率 = $\sqrt{120,000/100,000} - 1$ = 9.545%

實際利息 = 100,000 × 9.545% = 9,545（元）

攤餘成本 = 100,000 + 9,545 = 109,545（元）

借：持有至到期投資——應計利息　　　　　　　10,000
　　貸：持有至到期投資——利息調整　　　　　　　455
　　　　投資收益　　　　　　　　　　　　　　　9,545

③ 2017 年 12 月 31 日確認投資收益

實際利息 = 109,545 × 9.545% = 10,455（元）（含尾差）

攤餘成本 = 109,545 + 10,455 = 120,000（元）

借：持有至到期投資——應計利息　　　　　　　10,000
　　　　　　　　　　——利息調整　　　　　　　455
　　貸：投資收益　　　　　　　　　　　　　　10,445

④ 2018 年 1 月 1 日

借：銀行存款　　　　　　　　　　　　　　　120,000
　　貸：持有至到期投資——成本　　　　　　　100,000
　　　　　　　　　　　——應計利息　　　　　20,000

企業溢價購入債券，各期的票面利息收入並不是真正的投資收益。因為企業在購入債券時，已經多支付債券發行者一部分價款，這部分價款應在債券的存續期內分期攤銷，抵減債券的票面利息收入。

企業折價購入債券，各期的票面利息收入也不是真正的投資收益。因為企業在購入債券時，已經少支付債券發行者一部分價款，這部分價款屬於發行者給予的利息補償，應在債券的存續期內，分期轉為債券投資收益。企業折價購入債券的投資收益，應為票面利息與折價攤銷額之和。

採用實際利率法攤銷債券溢折價及確認投資收益，應根據確認的票面利息和按照實際利率確認的投資收益的差額，確認溢折價攤銷額。

（2）分期付息債券。到期一次還本分期付息債券的投資收益確認與計量，與到期一次還本付息債券的投資收益確認與計量基本相同，只是確認的應計票面利息作為短期債權處理，通過「應收利息」科目核算。債券溢折價的攤銷也有直線法和實際利率法兩種方法。《企業會計準則》規定，應採用實際利率法進行債券溢折價攤銷，並在此基礎上確認債券的攤餘成本。

（3）分期還本分期付息債券。債券的分期還本分期付息一般有兩種情況：一是發行方按照債券號碼等確定還本期，同時償付債券利息；二是發行方對所有債券均在發行期內分期還本，在還本時償付債券利息。

對債券購買者來說，如果購入第一種債券，則某一號碼債券仍可視為一次還本付息的債券，不同號碼債券可視為不同期限一次還本付息債券，其核算方法與前述一次還本付息債券的核算方法相同，這裡不再重複。如果購入第二種債券，由於還本方式不同，核算方法也有所不同。

（三）持有至到期投資的到期兌現

一般來說，在債券投資到期時，溢折價金額已經攤銷完畢，不論是按面值購入，還是溢價或折價購入，「持有至到期投資」科目的餘額均為債券面值和應計利息。收回債券面值及利息時，會計分錄為：

借：銀行存款
　　貸：持有至到期投資——成本
　　　　　　　　　　——應計利息

（四）持有至到期投資的處置

處置持有至到期投資時，應將所取得價款與該投資帳面價值之間的差額計入投資收益。出售持有至到期投資，應按實際收到的金額，借記「銀行存款」；按其帳面餘額，貸記本科目；按其差額，貸記或借記「投資收益」科目。已計提減值準備的，還應同時結轉減值準備。

（五）持有至到期投資的減值

企業應當在資產負債表日對持有至到期投資的帳面價值進行檢查，有客觀證據表明該金融資產發生減值的，應當計提減值準備。

（1）持有至到期投資發生減值時，應當將該持有至到期投資的帳面價值減記至預計未來現金流量現值，減記的金額確認為資產減值損失，計入當期損益。

借：資產減值損失
　　貸：持有至到期投資減值準備

（2）持有至到期投資確認減值損失后，如有客觀證據表明該金融資產價值得以恢復，且客觀上與確認該損失后發生的事項有關，原確認的減值損失應當予以轉回，計入當期損益。但是，該轉回后的帳面價值不應超過假定不計提減值準備情況下該持有至到期投資在轉回日的攤餘成本。

（3）持有至到期投資確認減值損失后，利息收入應當按照確定減值損失時對未來現金流量進行折現採用的折現率作為利率計算確認。

第八章　投資業務的核算

第四節　可供出售金融資產的核算

一、可供出售金融資產的概念

可供出售金融資產，是指初始確認時即被指定為可供出售的非衍生金融資產以及除下列各類資產以外的金融資產：

（1）貸款和應收款項；
（2）持有至到期投資；
（3）以公允價值計量且其變動計入當期損益的金融資產。

通常情況下，企業購入的在活躍市場上有報價的股票、債券和基金等，沒有劃分為以公允價值計量且其變動計入當期損益的金融資產或持有至到期投資等金融資產的，可歸為此類。

二、會計科目設置

(一)「可供出售金融資產」

「可供出售金融資產」屬於資產類，核算企業持有的可供出售金融資產的公允價值，包括劃分為可供出售的股票投資、債券投資等金融資產。本科目按可供出售金融資產的類別和品種，分別按「成本」「利息調整」「應計利息」「公允價值變動」等進行明細核算。本科目期末借方餘額，反映企業可供出售金融資產的公允價值。

(二)「可供出售金融資產減值準備」

可供出售金融資產發生減值的，可以單獨設置「可供出售金融資產減值準備」科目，作為「可供出售金融資產」的備抵科目。

(三)「其他綜合收益」

「其他綜合收益」屬於所有者權益類，是企業根據《企業會計準則》規定未在當期損益中確認的各項利得和損失。即原先記入「資本公積——其他資本公積」科目核算的業務，新準則對其進行了分類梳理，將部分項目歸入「其他綜合收益」科目核算。主要包括可供出售金融資產公允價值變動形成的利得或損失、持有至到期投資重分類為可供出售金融資產形成的利得或損失、按照權益法核算的投資方所享有的被投資單位其他綜合收益的份額等。

三、可供出售金融資產的會計處理

(一) 可供出售金融資產的初始確認

可供出售金融資產應當按取得該金融資產的公允價值和相關交易費用之和作為初始確認金額。支付的價款中包含的已到付息期但尚未領取的債券利息或已宣告但尚未發放的現金股利，應單獨確認為應收項目。

借：可供出售金融資產
　　應收股利/應收利息
貸：銀行存款

(二) 可供出售金融資產投資損益的確認

可供出售金融資產持有期間取得的利息或現金股利，應當計入投資收益。

借：應收股利/應收利息
貸：投資收益

(三) 可供出售金融資產公允價值變動的確認

企業應當按照公允價值對可供出售金融資產進行后續計量，且不扣除將來處置該金融資產時可能發生的交易費用。可供出售金融資產公允價值變動形成的利得或損失，除減值損失和外幣貨幣性金融資產形成的匯兌差額外，應當直接計入所有者權益，在該金融資產終止確認時轉出，計入當期損益。

資產負債表日，可供出售金融資產的公允價值高於其帳面餘額的差額，

借：可供出售金融資產
貸：其他綜合收益

如果公允價值低於其帳面餘額的差額，做相反的會計分錄。

(四) 可供出售金融資產的處置

處置可供出售金融資產時，應將取得的價款與該金融資產帳面價值之間的差額，計入投資損益；同時，將原直接計入所有者權益的公允價值變動累計額對應處置部分的金額轉出，計入投資損益。出售可供出售的金融資產時，

借：銀行存款
　　貸：可供出售金融資產——成本
借或貸：可供出售金融資產——公允價值變動
借或貸：其他綜合收益
借或貸：投資收益

[例8-3] 2016年5月6日，甲公司支付價款10,160,000元（含交易費用20,000

第八章 投資業務的核算

元和已宣告發放現金股利 140,000 元），購入乙公司發行的股票 200,000 股，占乙公司有表決權股份的 0.5%。甲公司將其劃分為可供出售金融資產。2016 年 5 月 10 日，甲公司收到乙公司發放的現金股利 140,000 元。2016 年 6 月 30 日，該股票市價為每股 52 元。2016 年 12 月 31 日，甲公司仍持有該股票；當日，該股票市價為每股 50 元。2017 年 5 月 9 日，乙公司宣告發放股利 40,000,000 元。2017 年 5 月 13 日，甲公司收到乙公司發放的現金股利。2017 年 5 月 20 日，甲公司以每股 49 元的價格將股票全部轉讓。

要求：假定不考慮其他因素，編制甲公司的相關會計分錄。

(1) 2016 年 5 月 6 日，購入股票：
借：可供出售金融資產——成本　　　　　　　　　　10,020,000
　　應收股利　　　　　　　　　　　　　　　　　　　140,000
　　貸：銀行存款　　　　　　　　　　　　　　　　　　　10,160,000

(2) 2016 年 5 月 10 日，收到現金股利：
借：銀行存款　　　　　　　　　　　　　　　　　　　140,000
　　貸：應收股利　　　　　　　　　　　　　　　　　　　140,000

(3) 2016 年 6 月 30 日，確認股票的價格變動：
借：可供出售金融資產——公允價值變動　　　　　　　380,000
　　貸：其他綜合收益　　　　　　　　　　　　　　　　　380,000

(4) 2016 年 12 月 31 日，確認股票價格變動：
借：其他綜合收益　　　　　　　　　　　　　　　　　400,000
　　貸：可供出售金融資產——公允價值變動　　　　　　　400,000

(5) 2017 年 5 月 9 日，確認應收現金股利：
借：應收股利　　　　　　　　　　　　　　　　　　　200,000
　　貸：投資收益　　　　　　　　　　　　　　　　　　　200,000

(6) 2017 年 5 月 13 日，收到現金股利：
借：銀行存款　　　　　　　　　　　　　　　　　　　200,000
　　貸：應收股利　　　　　　　　　　　　　　　　　　　200,000

(7) 2017 年 5 月 20 日，出售股票：
借：銀行存款　　　　　　　　　　　　　　　　　　9,800,000
　　投資收益　　　　　　　　　　　　　　　　　　　220,000
　　可供出售金融資產——公允價值變動　　　　　　　　20,000
　　貸：可供出售金融資產——成本　　　　　　　　　　10,020,000
　　　　其他綜合收益　　　　　　　　　　　　　　　　　20,000

（五）可供出售金融資產的減值

分析判斷可供出售金融資產是否發生減值，應當注重該金融資產公允價值是否

持續下降。通常情況下，如果可供出售金融資產的公允價值發生較大幅度下降，或在綜合考慮各種相關因素後，預期這種下降趨勢屬於非暫時性的，可以認定該可供出售金融資產已發生減值，應當確認減值損失。

（1）可供出售金融資產發生減值時，即使該金融資產沒有終止確認，原直接計入所有者權益的因公允價值下降形成的累計損失，應當予以轉出，計入當期損益。

借：資產減值損失

　　貸：其他綜合收益

　　　　可供出售金融資產——公允價值變動

（2）對於已確認減值損失的可供出售債務工具，在隨後的會計期間公允價值已上升且客觀上與確認原減值損失確認後發生的事項有關的，原確認的減值損失應當予以轉回，計入當期損益。

借：可供出售金融資產——公允價值變動

　　貸：資產減值損失

（3）在活躍市場中沒有報價且其公允價值不能可靠計量的權益工具投資，或與該權益工具掛鉤並需通過交付該權益工具結算的衍生金融資產發生的減值損失，不得轉回。

（4）可供出售金融資產發生減值後，利息收入應當按照確定減值損失時對未來現金流量進行折現採用的折現率作為利率計算確認。

[例8-4] 長江公司2016年4月10日通過拍賣方式取得甲上市公司的法人股100萬股作為可供出售金融資產，每股3元，另支付相關費用2萬元。6月30日每股公允價值為2.8元，9月30日每股公允價值為2.6元，12月31日由於甲上市公司發生嚴重財務困難，每股公允價值為1元，長江公司應對甲上市公司的法人股計提減值準備。2017年1月5日，長江公司將上述甲上市公司的法人股對外出售，每股售價為0.9元。長江公司對外提供季度財務報告。要求：根據上述資料編制長江公司有關的會計分錄。

（1）2016年4月10日

借：可供出售金融資產——成本　　　　　　　　　　　3,020,000

　　貸：銀行存款　　　　　　　　　　　　　　　　　3,020,000

（2）2016年6月30日

借：其他綜合收益　　　　　　　　　　　　　　　　　220,000

　　貸：可供出售金融資產——公允價值變動　　　　　220,000

（3）2016年9月30日

借：其他綜合收益　　　　　　　　　　　　　　　　　200,000

　　貸：可供出售金融資產——公允價值變動　　　　　200,000

（4）2016年12月31日

借：資產減值損失　　　　　　　　　　　　　　　　　2,020,000

貸：其他綜合收益　　　　　　　　　　　　　　　　420,000
　　　　可供出售金融資產——公允價值變動　　　　1,600,000
（5）2017年1月5日
借：銀行存款　　　　　　　　　　　　　　　　　　900,000
　　可供出售金融資產——公允價值變動　　　　　2,020,000
　　投資收益　　　　　　　　　　　　　　　　　　100,000
　　貸：可供出售金融資產——成本　　　　　　　3,020,000

第五節　長期股權投資的核算

一、長期股權投資的含義

　　長期股權投資，是指投資方對被投資單位實施控制、重大影響的權益性投資，以及對其合營企業的權益性投資。長期股權投資的主要目的是為了長遠利益而影響、控制其他在經濟業務上相關聯的企業。具體包括：控制其他在經濟業務上相關聯的企業；對被投資單位施加重大影響；與被投資單位建立密切關係，以分散經營風險。

　　按照投資企業對被投資企業的影響程度，投資企業與被投資企業的關係可以分為以下幾種類型：

1. 控制

控制是指投資方擁有對被投資方的權力，通過參與被投資方的相關活動而享有可變回報，並且有能力運用對被投資方的權力影響其回報金額。相關活動，是指對被投資方的回報產生重大影響的活動。被投資方的相關活動應當根據具體情況進行判斷，通常包括商品或勞務的銷售和購買、金融資產的管理、資產的購買和處置、研究與開發活動以及融資活動等。

投資方應當在綜合考慮所有相關事實和情況的基礎上對是否控制被投資方進行判斷。

（1）被投資方的設立目的。
（2）被投資方的相關活動以及如何對相關活動作出決策。
（3）投資方享有的權利是否使其目前有能力主導被投資方的相關活動。
（4）投資方是否通過參與被投資方的相關活動而享有可變回報。
（5）投資方是否有能力運用對被投資方的權力影響其回報金額。
（6）投資方與其他方的關係。

除非有確鑿證據表明投資方不能主導被投資方相關活動，下列情況表明投資方對被投資方擁有權力：

（1）投資方持有被投資方半數以上的表決權的。

(2) 投資方持有被投資方半數或以下的表決權，但通過與其他表決權持有人之間的協議能夠控製半數以上表決權的。

投資方持有被投資方半數或以下的表決權，但綜合考慮下列事實和情況後，判斷投資方持有的表決權足以使其目前有能力主導被投資方相關活動的，視為投資方對被投資方擁有權力：

(1) 投資方持有的表決權相對於其他投資方持有的表決權份額的大小，以及其他投資方持有表決權的分散程度。

(2) 投資方和其他投資方持有的被投資方的潛在表決權，如可轉換公司債券、可執行認股權證等。

(3) 其他合同安排產生的權利。

(4) 被投資方以往的表決權行使情況等其他相關事實和情況。

某些情況下，投資方可能難以判斷其享有的權利是否足以使其擁有對被投資方的權力。在這種情況下，投資方應當考慮其具有實際能力以單方面主導被投資方相關活動的證據，從而判斷其是否擁有對被投資方的權力。投資方應考慮的因素包括但不限於下列事項：

(1) 投資方能否任命或批准被投資方的關鍵管理人員。

(2) 投資方能否出於其自身利益決定或否決被投資方的重大交易。

(3) 投資方能否掌控被投資方董事會等類似權力機構成員的任命程序，或者從其他表決權持有人手中獲得代理權。

(4) 投資方與被投資方的關鍵管理人員或董事會等類似權力機構中的多數成員是否存在關聯方關係。

擁有控製權的投資企業一般稱為母公司；被母公司控製的企業，一般稱為子公司。母公司應將子公司納入合併財務報表的範圍。

2. 共同控製

共同控製是指按照相關約定對某項安排所共有的控製，並且該安排的相關活動必須經過分享控製權的參與方一致同意后才能決策。任何一個參與方都不能夠單獨控製該安排，對該安排具有共同控製的任何一個參與方均能夠阻止其他參與方或參與方組合單獨控製該安排。

3. 重大影響

重大影響是指投資方對被投資單位的財務和經營政策有參與決策的權力，但並不能夠控製或者與其他方一起共同控製這些政策的制定。在確定能否對被投資單位施加重大影響時，應當考慮投資方和其他方持有的被投資單位當期可轉換公司債券、當期可執行認股權證等潛在表決權因素。投資方能夠對被投資單位施加重大影響的，被投資單位為其聯營企業。

第八章　投資業務的核算

二、會計科目設置

(一)「長期股權投資」

「長期股權投資」科目屬於資產類，核算企業持有的採用成本法和權益法核算的長期股權投資。取得長期股權投資，按確定的長期股權投資成本，借記本科目，處置長期股權投資時，按其帳面餘額，貸記本科目。本科目可按被投資單位進行明細核算。長期股權投資採用權益法核算的，還應當分別按「投資成本」「損益調整」「其他綜合收益」「其他權益變動」進行明細核算。本科目期末借方餘額，反映企業長期股權投資的價值。

(二)「長期股權投資減值準備」

作為「長期股權投資」的備抵科目，核算企業長期股權投資的減值準備。本科目可按被投資單位進行明細核算。資產負債表日，長期股權投資發生減值的，按應減記的金額，借記「資產減值損失」科目，貸記本科目。處置長期股權投資時，應同時結轉已計提的長期股權投資減值準備。本科目期末貸方餘額，反映企業已計提但尚未轉銷的長期股權投資減值準備。

三、長期股權投資的取得

(一) 同一控製下企業合併取得

同一控製下的企業合併，是指參與合併的企業在合併前後均受同一方或相同的多方最終控製，且該控製並非暫時性的。例如，A 公司為 B 公司和 C 公司的母公司，A 公司將其持有 C 公司 60% 的股權轉讓給 B 公司。轉讓股權后，B 公司持有 C 公司 60% 的股權，但 B 公司和 C 公司仍由 A 公司控製。

同一控製下的企業合併，合併雙方的合併行為不完全是自願進行和完成的，這種企業合併不屬於交易行為，而是參與合併各方資產和負債的重新組合。因此，合併方可以按照被合併方的所有者權益帳面價值進行初始計量，合併費用不計入初始投資成本，具體情況如下：

1. 以支付貨幣資金、轉讓非現金資產或承擔債務取得股權

借：長期股權投資——成本
　　　應收股利
　　貸：銀行存款/相應的資產/負債帳面價值
　　　　借或貸：資本公積/盈餘公積/利潤分配

投資企業支付的價款中如果含有已宣告發放但尚未支取的現金股利，應作為債

權處理，不計入長期股權投資成本。

合併方為進行企業合併發生的各項直接相關費用，包括為進行企業合併而支付的審計費用、評估費用、法律服務費用等，應當於發生時計入當期損益，借記「管理費用」科目，貸記「銀行存款」等科目。發行債券或承擔其他債務支付的手續費、佣金等，應當計入所發行債券及其他債務的初始成本。

[例8-5] C公司和B公司同為A集團的子公司，A公司將其持有C公司60%的股權轉讓給B公司，雙方協商確定的價格為800萬元，以銀行存款支付。合併日，C公司所有者權益的帳面價值為1,200萬元，B公司資本公積餘額為200萬元。B公司的會計分錄為：

借：長期股權投資——C公司（成本）　　　　　7,200,000
　　資本公積　　　　　　　　　　　　　　　　 800,000
　貸：銀行存款　　　　　　　　　　　　　　　 8,000,000

若雙方協商確定的價格為7,000,000元，則B公司的會計分錄為：
借：長期股權投資——C公司（成本）　　　　　7,200,000
　貸：銀行存款　　　　　　　　　　　　　　　 7,000,000
　　　資本公積　　　　　　　　　　　　　　　 200,000

[例8-6] C公司和B公司同為A集團的子公司，A公司將其持有C公司60%的股權轉讓給B公司，B公司以固定資產作為合併對價，固定資產的原始價值為1,000萬元，累計折舊為200萬元，公允價值為700萬元，合併日，C公司所有者權益的帳面價值為1,200萬元，B公司資本公積餘額為20萬元，盈餘公積500萬元。B公司的會計分錄為：

借：長期股權投資——C公司（成本）　　　　　7,200,000
　　盈餘公積　　　　　　　　　　　　　　　　 600,000
　　資本公積　　　　　　　　　　　　　　　　 200,000
　　累計折舊　　　　　　　　　　　　　　　 2,000,000
　貸：固定資產　　　　　　　　　　　　　　 10,000,000

2. 以發行股票方式取得被合併方的股權
借：長期股權投資——成本
　貸：股本
　　　銀行存款
借或貸：資本公積/盈餘公積/利潤分配

企業合併中發行權益性證券發生的手續費、佣金等費用，應當抵減權益性證券溢價收入，溢價收入不足衝減的，衝減留存收益。

[例8-7] C公司和B公司同為A集團的子公司，A公司持有C公司60%的股權，持有B公司70%的股權，2016年1月1日，B公司以發行股票面值為1元的股票200萬股，實際發行價為每股3元，換取A公司持有C公司60%的股權，並以銀

第八章 投資業務的核算

行存款支付發行股票手續費2萬元。合併日，C公司所有者權益的帳面價值為1,200萬元，B公司資本公積餘額為200萬元。B公司的會計分錄為：

  借：長期股權投資——C公司（成本）   7,200,000
    貸：股本   2,000,000
      銀行存款   20,000
      資本公積   5,180,000

（二）非同一控制下企業合併取得的長期股權投資

  非同一控制下的企業合併，是指參與合併的各方在合併前後不受同一方或相同的多方最終控製。非同一控製下的企業合併中，企業合併取得的長期股權投資是合併各方自願進行的交易行為，作為一種公平的交易，應當以公允價值為基礎進行計量，購買方為進行長期股權投資發生的各項直接相關費用也應計入長期股權投資成本。具體如下：

  （1）以支付現金取得的長期股權投資，應當按照實際支付的購買價款作為初始投資成本。初始投資成本包括與取得長期股權投資直接相關的費用、稅金及其他必要支出，但實際支付的價款中包含的已宣告但尚未領取的現金股利，應作為應收項目單獨核算。

  [例8-8] 2016年1月1日，A公司從證券市場上購入B公司發行在外的1,000萬股股票作為長期股權投資，持有B公司10%的股權，每股8元（含已宣告但尚未發放的現金股利1元）。實際支付價款8,000萬元，另支付相關稅費40萬元。取得日，B公司所有者權益的帳面價值為60,000萬元。A公司的會計分錄為：

  借：長期股權投資——B公司（成本）   70,400,000
    應收股利   10,000,000
    貸：銀行存款   80,400,000

  （2）以發行權益性證券取得的長期股權投資，應當按照發行權益性證券的公允價值作為初始投資成本。

  [例8-9] 2016年1月1日，A公司以發行股票面值為1元的股票200萬股作為對價換取C公司10%的股權，實際發行價為每股3元，並以銀行存款支付發行股票手續費2萬元。取得日，C公司所有者權益的帳面價值為50,000萬元。A公司的會計分錄為：

  借：長期股權投資——C公司（成本）   6,000,000
    貸：股本   2,000,000
      銀行存款   20,000
      資本公積——股本溢價   3,080,000

  （3）投資者投入的長期股權投資，應當按照投資合同或協議約定的價值作為初始投資成本，但合同或協議約定價值不公允的除外。

[例 8-10] 2016 年 1 月 1 日，A 公司接受 B 公司投資，B 公司將其持有的對 C 公司的長期股權投資投入到 A 公司。B 公司持有的對 C 公司的長期股權投資的帳面餘額為 800 萬元。A 公司和 B 公司投資合同約定的價值為 1,000 萬元，A 公司的註冊資本為 5,000 萬元，B 公司持股比例為 20%。A 公司的會計分錄為：

借：長期股權投資——C 公司（成本）　　　　　　　　10,000,000
　　貸：實收資本——B 公司　　　　　　　　　　　　　　10,000,000

（4）通過非貨幣性資產交換取得的長期股權投資，其初始投資成本應當按照《企業會計準則第 7 號——非貨幣性資產交換》確定。

（5）通過債務重組取得的長期股權投資，其初始投資成本應當按照《企業會計準則第 12 號——債務重組》確定。

四、長期股權投資后續計量——成本法

(一) 成本法的適用範圍

成本法，是指投資按成本計價的方法。投資方能夠對被投資單位實施控制的長期股權投資應當採用成本法核算。

(二) 成本法下投資成本的后續計量

成本法應按照初始投資成本計價，一般不予變更，只有在追加或收回投資時才調整長期股權投資的成本，反映在「長期股權投資」科目帳面上的價值是長期股權投資的初始投資成本。持有期間不會隨著被投資企業留存收益及資本公積的增減變動而發生變動。

採用成本法核算的長期股權投資，除取得投資時實際支付的價款或對價中包含的已宣告但尚未發放的現金股利或利潤外，投資企業應當按照享有被投資單位宣告發放的現金股利或利潤確認為當期投資收益。

[例 8-11] 2016 年 1 月 1 日，A 公司以銀行存款 500 萬元取得 B 公司 8% 的股份，A 公司在取得該部分投資後，未參與 B 公司的生產經營決策。2015 年度 B 公司實現利潤 150 萬元，2016 年 5 月 2 日，B 公司宣告分配 2015 年度現金股利 100 萬元。2016 年度 B 公司實現利潤 300 萬元，2017 年 5 月 10 日，B 公司宣告分配現金股利 200 萬元。要求：根據上述資料做出 A 公司的會計處理。

（1）2016 年 1 月 1 日

借：長期股權投資——B 公司（成本）　　　　　　　　5,000,000
　　貸：銀行存款　　　　　　　　　　　　　　　　　　5,000,000

（2）2016 年 5 月 2 日

借：應收股利　　　　　　　　　　　　　　　　　　　　80,000

貸：投資收益   80,000
(3) 2017 年 5 月 10 日
當年實際分得現金股利 = 200×8% = 16（萬元）
應確認投資收益 = 16（萬元）
借：應收股利   160,000
　　貸：投資收益   160,000
收到現金股利時
借：銀行存款   160,000
　　貸：應收股利   160,000

五、長期股權投資——權益法

(一) 權益法的適用範圍

權益法，是指長期股權投資以初始投資成本計量後，在投資持有期間根據投資企業享有被投資單位所有者權益份額的變動對投資的帳面價值進行調整的方法。適用於投資企業對被投資單位具有共同控製或重大影響的長期股權投資。

(二) 權益法下初始投資成本的調整

(1) 初始投資成本＞投資時，應享有被投資企業可辨認淨資產的公允價值，性質與商譽相同，不作調整；

(2) 初始投資成本＜投資時，應享有被投資企業可辨認淨資產的公允價值，調整初始投資成本，作為投資當期的營業外收入。

[例 8－12] A 公司以 1,000 萬元取得 B 公司 30% 的股權，取得時被投資單位可辨認淨資產的公允價值為 3,000 萬元。A 公司的會計分錄為：
借：長期股權投資——B 公司（投資成本）   10,000,000
　　貸：銀行存款   10,000,000
如果可辨認淨資產的公允價 4,000 萬元，A 公司的會計分錄為：
借：長期股權投資——B 公司（投資成本）   12,000,000
　　貸：銀行存款   10,000,000
　　　　營業外收入   2,000,000

(三) 投資損益的確認

投資企業取得長期股權投資後，應當按照應享有或應分擔的被投資單位實現的淨損益的份額，確認投資損益並調整長期股權投資的帳面價值。投資企業在確認應享有被投資單位淨損益的份額時，應當以取得投資時被投資單位各項可辨認資產等

的公允價值為基礎，對被投資單位的淨利潤進行適當調整后確認。

如果無法合理確定取得投資時被投資企業各項可辨認資產的公允價值或者投資時被投資企業可辨認資產的公允價值與其帳面價值相比，兩者之間的差額不具有重要性也可以按照被投資企業的帳面淨利潤與持股比例計算的結果確認投資收益，但應在附註中說明這一事實以及無法合理確定被投資企業各項可辨認資產公允價值的原因。

損益調整＝被投資企業以其各項可辨認資產的公允價值為基礎進行調整后的淨利潤或淨虧損×持股比例

被投資企業以其各項可辨認資產的公允價值為基礎進行調整后的淨利潤/淨虧損＝被投資企業帳面淨利潤或淨虧損±調整項目

確認投資收益的會計分錄為：

借：長期股權投資——損益調整

　　貸：投資收益

確認投資損失，做相反的會計分錄。

[例 8-13] 2016 年 1 月 1 日，A 公司取得聯營企業 B 公司 30% 股權，取得時被投資單位固定資產的帳面價值為 300 萬元，公允價值為 600 萬元，按固定資產使用年限 10 年採用直線法計提折舊。B 公司當年淨利潤為 300 萬元。

B 公司按公允價值計算確定的利潤應為 270（300-30）萬元，應確認的投資收益為 81（270×30%）萬元。A 公司的會計分錄為：

借：長期股權投資——B 公司（損益調整）　　　　　　810,000

　　貸：投資收益　　　　　　　　　　　　　　　　　810,000

確認投資損失時，應以長期股權投資的帳面價值以及其他實質上構成對被投資企業淨投資的長期權益（長期性的應收項目）減記至零為限，負有承擔額外損失義務的除外。在確認應分擔被投資企業發生的虧損時，應當按照以下順序進行會計處理：

（1）衝減長期股權投資的帳面價值。

（2）長期股權投資的帳面價值減記至零時，如果存在實質上構成對被投資企業淨投資的長期權益，應以該長期權益的帳面價值為限減記長期權益的帳面價值，繼續確認投資損失。

（3）長期權益的價值減記至零時，如果按照投資合同或協議約定需要企業承擔額外義務的，應按預計承擔的金額確認為投資損失。

（4）如果仍有尚未確認的投資損失，投資企業應在備查簿上登記，不做帳務處理。

（5）在被投資企業以后期間實現盈利時，按以上順序的相反順序恢復確認收益。

(四) 分派利潤或宣告現金股利

被投資企業分派的現金股利應視為投資的收回，按被投資企業宣告分派的現金

第八章　投資業務的核算

股利和持股比例計算，會計分錄為：

　　借：應收股利
　　　　貸：長期股權投資——某公司（損益調整）

投資企業對於被投資單位除淨損益以外所有者權益的其他變動（其他綜合收益或資本公積變動），應當調整長期股權投資的帳面價值並計入所有者權益。

　　借：長期股權投資——某公司（所有者權益其他變動）
　　　　貸：其他綜合收益
　　　　　　資本公積——其他資本公積

(五) 長期股權投資的減值

如果長期股權投資可收回金額的計量結果表明其可收回金額低於帳面價值，說明長期股權投資已經發生減值損失，應當將其帳面價值減記至可收回金額。

　　借：資產減值損失
　　　　貸：長期股權投資減值準備

長期股權投資減值損失一經確認，在以後會計期間不得轉回。

(六) 長期股權投資的處置

(1) 確認處置收益，
　　借：銀行存款　　　　　　（實際收到的價款）
　　　　貸：長期股權投資　　（帳面價值）
　　借或貸：投資收益　　　　（差額）

(2) 採用權益法核算的長期股權投資，因被投資企業除淨損益以外所有者權益的其他變動而計入其他綜合收益或資本公積的數額，也應按比例轉入當期損益。

　　借：其他綜合收益
　　　　資本公積——其他資本公積
　　　　貸：投資收益

六、成本法與權益法的轉換

(一) 成本法轉換為權益法

因處置子公司投資導致對被投資單位的影響能力由控制轉為具有重大影響或是與其他投資方一起實施共同控制的情況下，原有成本法核算需要追溯調整為權益法，對該剩餘股權視同自取得時即採用權益法核算進行調整。

(二) 權益法轉換為成本法

投資方因追加投資等原因能夠對非同一控制下的被投資單位實施控制的，應當

按照原持有的股權投資帳面價值加上新增投資成本之和，作為改按成本法核算的初始投資成本。購買日之前持有的股權投資因採用權益法核算而確認的其他綜合收益，應當在處置該項投資時採用與被投資單位直接處置相關資產或負債相同的基礎上進行會計處理。

復習思考題

1. 交易性金融資產的判斷標準是什麼？
2. 持有至到期投資的會計處理如何進行？
3. 持有至到期投資為什麼可以重分類？
4. 可供出售金融資產的減值如何進行會計處理？
5. 按照投資企業對被投資企業的影響程度，投資企業與被投資企業的關係分為哪幾種？
6. 成本法與權益法的會計處理差別是什麼？

第九章 信託投資公司業務的核算

本章重點

1. 信託的概念與特徵。
2. 信託存款與委託存款業務的核算。
3. 信託貸款與委託貸款業務的核算。
4. 信託損益的核算。

引導案例

在 2013 年時，信託業內僅有 7 家信託公司註冊資本超過 30 億元，而經過近年來信託公司的大手筆增資，信託行業的平均註冊資本即將突破 30 億元。隨著信託法律體系與監管框架得以初步確立，信託業開始迴歸主業，並走上規範化發展軌道。至今，重慶信託、平安信託和中信信託分別以 128 億元、120 億元和 100 億元的註冊資本金位居業內前三。

從國際信託業縱向比較，近年國際信託業發展相對平穩，這主要得力於美國經濟復甦態勢相對較好，各國資本市場表現尚可。統計數據顯示，2015 年，美國信託業資產增速約為 7%，日本信託業資產規模增速在 10% 左右，臺灣信託業資產規模增速約為 5%，預計 2016 年中國信託業資產規模增速將迴歸世界信託業平均增速水平。從信託資產規模/GDP 的發展深度指標看，中國信託業與發達國家和地區相比還有一定差距，日本和美國當前該指標約為 2，臺灣接近 1，中國該指標僅為 0.32，

中國仍需要加強信託行業發展深度。

當前，中國經濟社會正處於新舊交替的時代，機遇與挑戰並存，新業態、新模式不斷湧現，這也給信託業帶來了新的發展機遇。中國信託業正處於成長階段，行業法制建設正處於提升階段，需要不斷強化行業發展的法制支撐。這就要求監管部門不斷推進信託制度與現有法律法規的融合。

思考：目前信託業的發展面臨什麼樣的挑戰？信託的存貸款業務和銀行的存貸款業務有什麼異同點？

（資料來源：http://bg.qianzhan.com/report/detail/458/160721-383b219d.html. 前瞻產業研究院）

第一節　信託投資業務概述

一、信託的概念與特徵

信託是指委託人基於對受託人的信任，將其財產委託給受託人，由受託人按委託人的意願以自己的名義，為收益人的利益或者特定目的進行管理或者處分的行為。它是以信任為基礎，以財富累積為前提，以財產使用管理的效益為目的的一種經濟行為。

從信託的定義我們可以看出信託的幾個基本特徵：①信託關係成立的基礎是委託人對受託人的信任；②信託的對象是財產權，委託人將其合法所得的財產權委託給受託人，這裡的財產權包括民法中的物權、債權、知識產權以及其他無形財產權；③信託的運作方式是受託人按委託人的意願以自己的名義進行活動，受託人管理信託財產，必須恪盡職守、履行誠實、信用、謹慎、有效管理的義務；④信託的目的是以受益人的利益為特定目的，委託人與受益人可以是同一人，也可不是同一人。

正因為以上幾個基本特徵，使信託關係區別於一般所說的委託、代理、交易、投資、債權債務關係，既使之有別於自有資產的管理，也有別於代理管理財產，成為一種具有嚴格條件和要求的財產管理方式。

二、信託業務核算應注意的事項

所謂信託業務，是指信託公司以營業和收取報酬為目的，以受託人身分承諾信託和處理信託事務的經營行為。在對信託業務進行核算時，應注意以下事項：

（一）關於信託資產管理方面的規定

信託投資公司因接受信託而取得的財產以及因信託資產的管理、處分或者其他情形而取得的財產叫信託資產。信託資產與委託人的自由財產和受託人的固有財產相區別，不受委託人財務狀況的惡化、甚至破產的影響。信託資產不屬於信託投資

第九章 信託投資公司業務的核算

公司的自有財產,也不屬於信託投資公司對收益人的負債。信託投資公司終止時,信託資產不屬於其清算資產。

(二) 關於信託資產核算方面的規定

1. 信託投資公司的自有資產與信託資產應分開管理、分別核算

信託投資公司必須將信託財產與其固有財產分別管理、分別記帳,並將不同委託人的信託財產分別管理、分別記帳。

2. 信託投資公司使用的特殊會計科目(表9-1)

表9-1　　　　　　信託投資公司特殊的會計科目

編號	會計科目名稱
	一、資產類
1321	代理業務資產
	二、負債類
2314	代理業務負債
	三、共同類
	四、所有者權益
	信託賠償準備金
	五、損益類
	業務及管理費

(三) 關於信託業務核算「營改增」問題

中國稅務總局目前公布的全面「營改增」試點文件仍是總體性文件,一些關鍵問題尚未明確。如信託計劃層面如何徵收增值稅、進項稅額是否需要按比例計算抵扣、如何按比例計算抵扣等。由於這些細節問題尚未明確,故本章的例題暫不涉及「營改增」業務,待以後更多細則出抬後再進行修訂。

第二節　信託存款與委託存款業務的核算

一、信託存款與委託存款的概述

(一) 信託存款

信託存款是信託投資公司在特定的資金來源範圍內吸收的存款,不具體指定使用對象和用途的資金。信託存款是信託投資公司經營業務的重要資金來源。信託存

201

款與一般銀行存款相比，具有存期較長、數額較大、利率較高、用途有一定限制、不能隨意提取本金等特點。信託存款的資金來源一般是那些遊離於生產和流通環節之外的非經營性資金，並且委託人對其有自主支配權，而並非生產和流通領域的暫時閒置資金和預算內資金。按照中國相關法律規定，信託投資公司不準以各種名義吸收信託存款，否則將會衝擊其他金融行業，甚至可能擾亂整體金融秩序。

按照《金融信託投資機構資金管理暫行辦法》規定，信託投資公司可吸收以下五種一年期以上的信託存款：財政部門委託投資或貸款的信託資金、企事業主管部門委託投資或貸款的信託資金、勞動保險機構的勞保基金、科研單位的科研基金以及各種學會、基金會的基金。信託存款每筆資金都單獨管理，獨立核算。信託投資公司對信託存款的運用效益決定信託存款的收益，並且其收益由信託投資公司按合同規定支付給委託人本人或委託人指定的第三人。

信託存款與信託貨幣資金十分相似，其委託人對信託資金不指定運用範圍，由信託投資公司負責管理運用並負責保本付息。委託人保本之外，收取固定收益。信託投資公司的收益則來自於支付委託利息外的資金營運的多餘收入，而不是收取的手續費。

(二) 委託存款

委託存款是指信託投資公司接受客戶委託，按指定的對象和用途，代為運用和管理而吸收的存款資金，主要是指按客戶的要求和指定的單位進行貸款或投資，而收到客戶存入的款項。其營運收益扣除一定信託報酬後全部歸委託人所有的信託業務。

二、信託存款的核算

客戶在辦理信託存款時，首先要提出申請，填寫「存款委託書」後，信託投資公司應審查項目資金來源，審查符合規定后，與客戶簽訂「信託存款協議書」，寫明信託存款金額、期限、信託受益支付方法、指定受益人、手續費率等。信託投資公司為委託人開立帳戶，委託人將信託存款劃轉到信託投資公司為其開立的銀行帳戶內，信託投資公司相應簽發存款憑證給委託人。

(一) 會計科目設置

為全面反映和監督信託存款業務的情況，信託投資公司應設置「吸收存款」「應付利息」和「利息支出」等科目進行相應的核算。這些科目的相關內容詳見本書第二章。

第九章　信託投資公司業務的核算

(二) 信託存款的帳務處理

1. 開戶

信託公司接受客戶委託，為客戶開立信託存款帳戶時，會計分錄為：

借：銀行存款
　　貸：吸收存款——××單位信託存款戶

2. 計息

信託存款是定期存款，原則上在期滿後一次性還本付息，但在存款期內根據權責發生制原則定期計算應付利息，相應的會計分錄為：

借：利息支出——信託存款利息支出
　　貸：應付利息——××單位戶

3. 到期支取

存款單位在信託存款期滿後，憑信託存款單向信託投資公司提取存款，並結清利息。如果存款單位因各種客觀原因要提前支取，與信託投資公司協商後，可提前支取，但利率按銀行同期活期存款利率計算，會計分錄為：

借：吸收存款——××單位信託存款戶
　　應付利息——××單位戶
　　利息支出——信託存款利息支出
　　貸：銀行存款

[例9-1] 2016年3月1日，東方信託投資公司收到A公司存入信託存款800萬元，存期1年，年利率5%，採取利隨本清的結息方式，2017年3月1日A公司前來支取存款本金。

2016年3月1日，東方信託投資公司接受A公司存款的會計分錄為：

借：銀行存款　　　　　　　　　　　　　　　　　　8,000,000
　　貸：吸收存款——信託存款（A公司）　　　　　　　8,000,000

2017年3月1日支付A公司到期存款的會計分錄為：

借：吸收存款——信託存款（A公司）　　　　　　　8,000,000
　　利息支出——信託存款利息支出　　　　　　　　　 400,000
　　貸：銀行存款　　　　　　　　　　　　　　　　　8,400,000

三、委託存款的核算

委託人與信託投資公司商定辦理委託業務後，雙方應簽訂「委託存款協議書」，標明存款的資金來源、金額、期限及雙方的責任等。信託投資公司根據協議書為客戶開立委託存款帳戶，由客戶將委託存款資金存到信託投資公司為其開立的銀行帳戶裡，信託投資公司則向客戶開出「委託存款單」。

(一) 會計科目設置

由於在委託存款業務活動中，信託投資公司扮演的是純粹的代理業務，為了全面反映和監督委託存款業務的情況，信託投資公司應設置「代理業務負債」科目來進行相應的核算。本科目屬負債類科目，核算信託投資公司不承擔風險的代理業務收到的款項，包括受託投資資金和受託貸款資金。貸方反映信託投資公司代客戶向指定的單位或項目進行貸款或投資而收到客戶存入的款項，借方反映歸還的委託資金，期末貸方餘額反映尚未歸還的委託存款資金。本科目可按委託單位、資產管理類別等進行明細核算。

(二) 委託存款的帳務處理

1. 開戶

信託公司接受客戶委託，為客戶開立委託存款帳戶時，會計分錄為：

借：銀行存款

　　貸：代理業務負債——××單位委託存款戶

2. 計息

信託投資公司按銀行同期活期存款利率，按季給委託存款計息，計息的基數是委託存款與委託貸款餘額的軋差數。會計分錄為：

借：利息支出——委託存款利息支出

　　貸：應付利息——××單位戶

3. 支取

委託人可隨時支取委託存款，但只能限制在委託存款餘額與委託貸款餘額的軋差數之內。信託投資公司收到委託人支取委託存款的通知後，將款項劃入委託人的銀行帳戶。會計分錄為：

借：代理業務負債——××單位委託存款戶

　　貸：銀行存款

第三節　信託貸款與委託貸款業務的核算

一、信託貸款與委託貸款的概述

(一) 信託貸款

信託貸款是指信託投資公司運用自有資金、信託存款或籌集的其他資金，對自行審定的企業和項目自主發放貸款的業務。貸款的對象、用途、期限和利率等都由

第九章　信託投資公司業務的核算

信託投資公司根據國家政策自行確定,貸款的風險責任也由信託投資公司承擔。它的性質和用途與銀行貸款相似,但更靈活、方便、及時。

信託貸款的用途主要是解決企業某些正當、合理,而銀行限於制度規定無法支持的資金需求。信託貸款業務主要有聯營投資信託貸款、技術改造信託貸款、補償貿易信託貸款、住房信託貸款等。

(二) 委託貸款

委託貸款,是指信託投資公司接受委託人委託,在委託人存入的委託存款額度內,按委託人指定的對象、用途、期限、利率及金額發放貸款,監督使用並到期收回本息的業務。由於信託資金的運用對象、運用範圍等均由委託人事先指定,信託投資公司對委託貸款能否達到預期收益以及到期能否收回不負任何經濟責任。

委託貸款實際上相當於企業之間的資金拆借,但是由於在中國《貸款通則》中被明令禁止,在沒有實際貿易背景下,不允許不同法人實體之間的資金進行轉移,因此只能通過委託貸款來實現企業間的資金相互融通。對於銀行來說,委託貸款是銀行的中間業務,銀行起到了牽線搭橋的作用,通過幫助企業完成委託貸款,銀行可以從中收取一定的手續費來增加自己的業務收入。

(三) 信託貸款與委託貸款的區別

委託貸款的對象和用途由委託人指定,而信託貸款的對象和用途由信託投資公司自行選定;國家對委託貸款的管理較鬆,而對信託貸款的管理則與銀行貸款一樣偏嚴。和銀行貸款相比,信託貸款的利率有一定的浮動幅度,因此,信託投資公司可以在國家政策允許的條件下,對一些企業特殊而合理的資金需要給予支持。

二、信託貸款的核算

在辦理信託貸款時,借款單位應先向信託投資公司提出申請,由信託投資公司進行審查。審查合格后,由借款單位出具借據,並按要求出具貸款擔保,然后與信託投資公司簽訂「信託借款合同」,合同寫明貸款的金額、期限、利率等。貸款到期,信託投資公司收回本息。如借款單位確有困難不能還款,應在到期前提出申請,有擔保的還需原擔保單位承諾擔保,然后經信託投資公司審查同意辦理一次續展,續展期最長不超過半年。

(一) 會計科目設置

為全面反映和監督信託貸款業務的情況,信託投資公司應設置「貸款」「應收利息」「利息收入」等科目來進行相應的核算。這些科目的相關內容詳見本書第三章。

(二) 信託貸款的帳務處理

(1) 發放貸款時，按實際發放的金額做如下會計分錄：

借：貸款——××單位信託貸款戶
　　貸：銀行存款

(2) 期末計算貸款利息，通常情況下，信託投資公司按季根據每個借款單位的借款積數分別計算利息。會計分錄如下：

借：應收利息——××單位戶
　　貸：利息收入——信託貸款利息收入

(3) 到期收回貸款本息時，按實際收到的金額做會計分錄：

借：銀行存款
　　貸：貸款——××單位信託貸款戶
　　　　應收利息——××單位戶

[例9-2] 東方信託投資公司貸放給B公司信託貸款500萬元，年利率6%，期限1年，採取利隨本清的結息方式。

發放貸款時的會計分錄為：

借：貸款——信託貸款（B公司）　　　　　　　5,000,000
　　貸：銀行存款　　　　　　　　　　　　　　5,000,000

到期收回貸款本利的會計分錄為：

借：銀行存款　　　　　　　　　　　　　　　　5,300,000
　　貸：貸款——信託貸款（B公司）　　　　　5,000,000
　　　　利息收入——信託貸款利息收入　　　　　300,000

三、委託貸款的核算

在辦理委託貸款時，由委託人向信託投資公司提出辦理委託貸款的申請，信託投資公司審查同意后與委託人簽訂「委託貸款合同」。委託人按合同向信託投資公司交存委託基金，信託投資公司為其開立委託存款戶，專項存儲。信託投資公司按委託人指定的對象或項目、金額、期限及利率等發放貸款，並督促借款單位按期歸還貸款。

委託期滿，信託投資公司將已收回的委託貸款和尚未發放的委託存款退回委託人，並收取規定的手續費，一般按委託貸款金額、借款期限、違約行為等約定條款按比例向委託人收取手續費。需要注意的是，如有到期未收回的委託貸款，信託投資公司應保留相應委託存款資金，待委託貸款全部收回時再予以全部歸還。

(一) 會計科目設置

為全面反映和監督委託貸款業務的情況，信託投資公司應設置「代理業務資

第九章 信託投資公司業務的核算

產」「手續費及佣金收入」等科目來進行相應的核算。

1.「代理業務資產」科目

本科目屬資產類科目，核算信託投資公司不承擔風險的代理業務形成的資產，包括受託理財業務進行的證券投資和受託貸款。借方反映委託貸款或委託投資的發放，貸方反映委託貸款或委託投資的收回，期末借方餘額反映信託投資公司代理業務資產的價值。本科目可按委託單位、資產管理類別、貸款對象，分別按「成本」或「本金」、「已實現未結算損益」進行明細核算。

2.「手續費及佣金收入」科目

本科目屬損益類科目，核算信託投資公司收取的手續費，貸方反映手續費收入，會計期末將貸方發生額結轉至「本年利潤」科目貸方，結轉之后應無餘額。本科目應按手續費及佣金收入類別進行明細核算。

(二) 委託貸款的帳務處理

(1) 收到委託單位的委託資金時，會計分錄為：

借：銀行存款
　　貸：代理業務負債——××單位戶

(2) 發放貸款。委託貸款的發放，事先要由委託人通過書面形式通知信託投資公司，內容包括：貸款單位名稱、貸款用途、金額、時間、利率等。借款單位按規定要向信託投資公司報送有關資料，並填寫借據，簽訂借款合同。然后，信託投資公司將貸款款項劃到借款單位的銀行帳戶裡。會計分錄為：

借：代理業務資產——××單位戶（本金）
　　貸：銀行存款

(3) 收回貸款本息時，會計分錄為：

借：銀行存款
　　貸：代理業務資產——××單位戶（本金）
　　　　代理業務資產——已實現未結算損益

(4) 與委託單位結算。信託投資公司定期或在合同到期時與委託單位結算，按合同規定比例計算受託貸款收益，結算已實現未結算的收益，會計分錄為：

借：代理業務資產——已實現未結算損益
　　貸：代理業務負債——××單位戶（客戶的收益）
　　　　手續費及佣金收入——委託貸款手續費收入

(5) 委託貸款業務終止，退還給委託單位資金及收益，會計分錄為：

借：代理業務負債——××單位戶
　　貸：銀行存款

[例9-3] 東方信託投資公司接受 C 公司委託，貸放給 D 公司委託貸款 100 萬

元,貸款期限1年,年利率為10%。雙方約定,東方信託投資公司在收回貸款時按照貸款金額的5%收取手續費。

東方信託投資公司收到C公司存款時的會計分錄為:
借:銀行存款　　　　　　　　　　　　　　　　　　　　1,000,000
　　貸:代理業務負債——C公司　　　　　　　　　　　　　　1,000,000

東方信託投資公司向D單位放款時的會計分錄為:
借:代理業務資產——D公司(本金)　　　　　　　　　　1,000,000
　　貸:銀行存款　　　　　　　　　　　　　　　　　　　　1,000,000

東方信託投資公司收回貸款本息時的會計分錄為:
借:銀行存款　　　　　　　　　　　　　　　　　　　　1,100,000
　　貸:代理業務資產——D公司(本金)　　　　　　　　　　1,000,000
　　　　代理業務資產——已實現未結算損益　　　　　　　　　100,000

東方信託投資公司與C公司結算手續費時的會計分錄為:
借:代理業務資產——已實現未結算損益　　　　　　　　　　100,000
　　貸:代理業務負債——C公司　　　　　　　　　　　　　　　50,000
　　　　手續費及佣金收入——委託貸款手續費收入　　　　　　　50,000

東方信託投資公司與C公司終止委託業務,退還給C公司本金及收益時的會計分錄為:
借:代理業務負債——C公司　　　　　　　　　　　　　　1,050,000
　　貸:銀行存款　　　　　　　　　　　　　　　　　　　　1,050,000

第四節　信託投資與委託投資業務的核算

一、信託投資與委託投資的概述

(一)信託投資

信託投資,是指信託投資公司以投資者身分,直接參與企業的投資及其經營成果的分配,並承擔相應的經濟責任的業務,其資金主要來源於信託投資公司的自有資金及各種信託存款。換言之,是信託投資公司以自有資金或未指定使用對象和範圍的信託存款進行投資。

信託投資公司對現有項目進行審查初選,在初選項目上進行評估,然后對可否投資提出結論性意見。決定投資后,信託投資公司與被投資單位簽訂投資合同,合同一般應寫明投資的內容、規模、方式,各方收益的分配方法等。信託投資公司將認定的投資資金按期足額劃入合資企業帳戶,並定期或不定期對資金的使用進行檢

第九章 信託投資公司業務的核算

查,促使投資項目按時施工、按時投產、按時竣工,並盡快產生效益。信託投資的收益全部歸信託投資公司,風險便由其承擔。

(二) 委託投資

委託投資,是指委託人將資金事先存入信託投資公司作為委託投資基金,委託信託投資公司按其指定的對象、方式進行投資,並對資金的使用情況、被投資企業的經營管理和利潤分配等進行管理和監督的業務。信託投資公司要對受託資金進行單獨管理,單獨核算,按期結清損益,在扣除規定的費用之外,損益歸委託人所有。委託投資既可以直接投資於企業,也可用於購買股票、債券等有價證券。在委託投資中,委託人一般是投資項目的出資人,需要按規定向信託投資公司交存足額的投資資金,屆時得到投資收益並承擔投資風險。

二、信託投資的核算

(一) 會計科目設置

為全面反映和監督信託投資業務的情況,信託投資公司應設置「交易性金融資產」「持有至到期投資」「可供出售金融資產」「長期股權投資」和「投資收益」等科目來進行相應的核算。這些科目的相關內容詳見本書第八章。

(二) 信託投資的帳務處理

信託投資的特點是用自有資金和未指明用途的信託存款對外進行投資,投資收益或損失均由信託投資公司承擔,所以其對外投資、獲得收益以及出售信託投資的會計核算方法均可參照本書第八章處理。

三、委託投資的核算

(一) 會計科目設置

委託投資是信託投資公司受委託人委託,以其交存的資金向指定的單位、項目進行投資,並負責監督資金的使用、被投資企業經營狀況及利潤分配等。委託投資的收益全部歸委託人所有,信託投資公司一般只收取一定比例的手續費,投資風險也由委託人承擔。為全面反映和監督信託投資業務的情況,信託投資公司應設置「代理業務資產」「代理業務負債」「手續費及佣金收入」等科目來進行相應的核算。

(二) 委託投資的帳務處理

(1) 信託投資公司接受委託,收到委託投資資金時,會計分錄為:

借：銀行存款

    貸：代理業務負債——××單位戶

(2) 信託投資公司將資金對外投資時，會計分錄為：

借：代理業務資產——××單位戶（成本）

    貸：銀行存款

(3) 分紅。委託投資的資金分得的紅利劃到信託投資公司的銀行帳戶，並轉入委託人的委託存款帳戶時，會計分錄為：

借：銀行存款

    貸：代理業務負債——××單位戶

(4) 信託投資公司收回投資時，會計分錄為：

借：銀行存款

    貸：代理業務資產——××單位戶（成本）

        代理業務資產——已實現未結算損益

(5) 與委託單位結算時，信託投資公司定期或在合同到期時與委託單位結算，按合同規定比例計算受託投資收益，結算已實現未結算的收益，會計分錄為：

借：代理業務資產——已實現未結算損益

    貸：代理業務負債——××單位戶（客戶的收益）

        手續費及佣金收入——委託投資手續費收入

(6) 委託投資業務終止，退還給委託單位資金及收益，會計分錄為：

借：代理業務負債——××單位戶

    貸：銀行存款

[例9-4] 東方信託投資公司接受E公司委託，存入委託資金100萬元，用於購買F公司股票100萬元，1年後分得股利10萬元，不久將該股票出售，出售時的價格為150萬元。雙方約定東方信託投資公司在收回投資時按照出售股票金額的5%收取手續費。

東方信託投資公司接受委託，收到委託投資資金時，會計分錄為：

借：銀行存款   1,000,000

    貸：代理業務負債——E公司   1,000,000

東方信託投資公司購買股票時，會計分錄為：

借：代理業務資產——F公司（成本）   1,000,000

    貸：銀行存款   1,000,000

東方信託投資公司收到投資紅利時，會計分錄為：

借：銀行存款   100,000

    貸：代理業務負債——E公司   100,000

東方信託投資公司出售股票，收回投資時，會計分錄為：

第九章 信託投資公司業務的核算

借：銀行存款　　　　　　　　　　　　　　　　1,500,000
　貸：代理業務資產——F公司（成本）　　　　　　1,000,000
　　　代理業務資產——已實現未結算損益　　　　　　500,000
東方信託投資公司與E公司結算手續費時的會計分錄為：
借：代理業務資產——已實現未結算損益　　　　　　500,000
　貸：代理業務負債——E公司　　　　　　　　　　　425,000
　　　手續費及佣金收入——委託投資手續費收入　　　75,000
東方信託投資公司與E公司終止委託業務，退還給E公司本金及收益時的會計分錄為：
借：代理業務負債——E公司　　　　　　　　　　1,525,000
　貸：銀行存款　　　　　　　　　　　　　　　　1,525,000

第五節　信託損益的核算

一、信託收入的核算

信託收入是指信託投資公司在信託財產管理、運用或處分過程中產生的經濟利益。根據信託財產運用方式的不同，信託收入主要包括信託投資獲得的投資收益、信託貸款或拆出信託資金獲得的利息收入、信託租賃形成的租賃收入、信託投資公司辦理代理、諮詢等仲介業務形成的手續費及佣金收入等。

信託投資公司發生信託收入時，會計分錄為：
借：銀行存款等
　貸：利息收入
　　　手續費及佣金收入
　　　投資收益等
信託收入的具體核算方法在本章前幾節已有詳細闡述，在此不再贅述。

二、信託費用的核算

信託費用是指信託投資公司為了取得信託收入而發生的各種直接或間接的支出。信託費用分為可直接歸集於某項信託資產的費用和不可直接歸集於某項信託資產的費用。前者屬於因辦理某項信託資產業務而發生的費用，可直接歸集於該項信託資產，由該項信託資產承擔；后者不屬於因辦理某項信託資產業務而發生的費用，不可直接歸集於該項信託資產，由信託投資公司承擔。

(一) 發生的由某項信託資產業務承擔的費用

這些費用包括利息費用、投資交易過程中的手續費、投資損失等,其會計分錄為:

借:利息支出
　　投資收益等
　貸:銀行存款等

其具體核算方法在本章前幾節已有詳細闡述,在此不再詳述。

(二) 發生的由信託投資公司承擔的費用

為了全面反映和核算此項內容,信託投資公司需設置「業務及管理費」科目來進行核算。本科目主要用於核算信託投資公司在業務經營及管理工作中發生的各種費用。該科目借方登記業務及管理費的發生額,會計期末,將該科目的借方餘額全部轉入到「本年利潤」科目中去,期末無餘額。該科目應當按照費用支出類別進行明細核算。

發生業務及管理費時,其會計分錄為:

借:業務及管理費
　貸:銀行存款等

三、信託業務賠償的處理

信託投資公司在從事信託業務使受益人或公司受到損失的,應按損失產生原因的不同分別處理。

(一) 屬於信託公司違反信託目的、違背管理職責、管理信託事務不當造成信託資產損失的,以信託賠償準備金賠償

按照中國《信託投資公司管理辦法》第四十九條的規定,信託投資公司每年應當從稅後利潤中提取5%作為信託賠償準備金,但該賠償準備金累計總額達到公司註冊資本的20%時,可不再提取。

為了全面反映和核算信託賠償準備金的提取與使用情況,應增設「信託賠償準備金」科目,該科目屬所有者權益類科目,用於核算信託投資公司按規定從淨利潤中提取的信託賠償準備金,貸方登記信託賠償準備金的提取,借方登記信託賠償準備金的使用,本科目期末貸方餘額,反映信託投資公司的信託賠償準備金。

(1) 提取信託賠償準備金時的會計分錄為:

借:利潤分配
　貸:信託賠償準備金

(2) 用信託賠償準備金進行賠償時的會計處理為:

第九章　信託投資公司業務的核算

　　借：信託賠償準備金
　　　　貸：銀行存款等

(二) 屬於委託人自身原因導致對其信託資產司法查封、凍結，且需要以其信託資產對第三人進行補償的

　　發生此種情況時，僅以其信託資產（扣除原約定費用和對未到期信託資產進行處置的違約金及相關費用后的資產）為限。

四、信託損益的結轉

　　會計期末，將信託收入和信託費用轉入「本年利潤」科目，會計分錄為：
　　借：利息收入
　　　　手續費及佣金收入
　　　　投資收益等
　　　　貸：本年利潤
　　借：本年利潤
　　　　貸：利息支出
　　　　　　投資收益
　　　　　　業務及管理費等
　　期末，信託投資公司應將未分配給受益人和委託人的信託收益結轉為待分配信託收益，會計分錄為：
　　借：本年利潤
　　　　貸：利潤分配

復習思考題

1. 信託業務有哪些類型？
2. 信託存款與委託存款存在哪些異同點？
3. 信託貸款與委託貸款存在哪些異同點？
4. 信託投資與委託投資存在哪些異同點？

第十章　租賃公司業務的核算

本章重點

1. 租賃的概念及特點。
2. 租賃的分類及具體標準。
3. 融資租賃業務的核算。

引導案例

　　李克強總理在 2016 年「兩會」政府工作報告中提出，5 月 1 日起全面實施「營改增」，將試點範圍擴大到建築業、房地產業、金融業、生活服務業。融資租賃作為現代服務業下的稅目之一，2012 年被納入「營改增」試點範圍。這次「營改增」之後，融資租賃業務仍屬於現代服務業。融資性租賃業務「營改增」前應納稅額為「租賃利差的 5% 加上營業稅附加」，「營改增」後為租賃利差的 17%，經營性租賃業務「營改增」后為租金收入的 17%。

　　商務部《2015 年中國融資租賃業發展報告》顯示，從業務模式看，售后回租融資額占比 61.7%，直接租賃融資額占比 22.4%，其他租賃方式占比 15.9%。可見，售后回租模式在融資租賃行業佔有較大比重，而融資租賃的售后回租業務卻在稅務上不再屬於「現代服務業」稅目，屬於金融服務業中的貸款服務，按照貸款服務適用 6% 的增值稅稅率。增值稅稅率從 17% 降至 6%，這是比較有利的一面，但是，由於回租業務被劃為貸款業務，承租人無法再去抵扣進項稅，會造成承租人成本提

第十章 租賃公司業務的核算

升,導致回租業務量減少。至於 ABS 新型的融資業務、商業保理等業務在 36 號文(財稅〔2016〕36 號《關於全面推開營業稅改徵增值稅試點的通知》) 中並未明確。有業內人士提出,建議國家有關部門在金融業「營改增」全面實施的同時,能夠根據融資租賃行業的實際情況出抬相應的配套政策,使去年 9 月份國務院出抬的《關於加快融資租賃業發展的指導意見》(68 號文) 真正落到實處。

思考:在金融業全面開展「營改增」後,對於融資租賃行業而言,稅負水平的變化主要體現在哪些方面?

(資料來源:http://business.sohu.com/20160531/n452146655.shtml. 搜狐財經)

第一節 租賃業務概述

一、租賃的概念及特點

租賃業務早在古代就已產生,它是人類古老的經濟行為之一,其性質屬於信用範疇。租賃業務是市場經濟發展到一定高度而產生的一種融資方式,是集信貸、貿易和技術更新於一體的新型金融產業。

中國《企業會計準則第 21 號——租賃》將租賃的定義概括為:「租賃是指在約定的期間內,出租人將資產使用權讓與承租人,以獲取租金的協議。」從以上定義我們可以看出租賃的主要特徵是,在租賃期內轉移資產的使用權,而不是轉移資產的所有權,這種轉移是有償的,取得使用權以支付租金為代價。當企業需要添置設備時,由租賃公司出資購買承租企業所需設備,再租賃給承租企業使用。承租企業承租設備投產產生的效益,按合同規定分期償還租賃公司的租金。租約期滿,承租企業還清全部租金後,即獲得該項設備的所有權,通過租賃活動,出租人支付全部設備資金,實際上是對承租人提供了信貸資金。

某些情況下,企業簽署的協議所包含的交易雖然未採取租賃的法律形式,但該交易或交易的組成部分就經濟實質而言屬於租賃業務。確定一項協議是否屬於或包含租賃業務,應重點考慮以下兩個因素:一是履行該協議是否依賴某特定資產;二是協議是否轉移了資產的使用權。屬於租賃業務的,按租賃準則進行會計處理;其他部分按相關會計準則處理。

採取租賃的法律形式的一系列交易,企業應當判斷其是否相關聯,是否應當作為一項交易進行處理。企業進行判斷時,如果不把這一系列交易作為一個整體就無法理解其總體經濟影響,那麼,該涉及租賃法律形式的一系列交易是相關聯的,應當作為一項交易進行會計處理。

二、租賃的分類

租賃業務具有較大的靈活性,承租人可以根據自身生產經營的實際需要,採用

適當的租賃方式。通常按租賃目的分為融資租賃和經營租賃。

(一) 融資租賃

　　融資租賃是指實質上已轉移了與租賃資產所有權有關的全部風險和報酬的租賃。所謂的「風險」，是指由於生產能力的閒置或工藝技術的陳舊而有可能造成的損失以及由於經營情況變化致使有關收益發生的變動。所謂的「報酬」，是指在資產有效使用年限內直接使用它而獲得的收益、資產本身的增值以及處置所實現的收益。一項租賃只有實質上轉移了與租賃資產所有權有關的全部風險和報酬，才能被認定為融資租賃。

(二) 經營租賃

　　經營租賃是指除融資租賃以外的其他租賃。與融資租賃業務相比，經營租賃是一種服務性租賃，其租賃的物品是一種屬於通用的、更新週期較短的品種。經營租賃的出租人一般是將租賃物品反覆提供給承租人使用，每次租賃期限較短，租賃物品的成本經一次出租不可能收回，而需要經反覆多次出租才能收回。經營租賃的承租人承租的目的只是想獲得資產的短期內使用權，而不想取得資產的所有權，通常在租賃期屆滿后，將租賃資產退還給出租人。

三、租賃的相關概念

(一) 租賃期

　　租賃期是指租賃協議規定的不可撤銷的租賃期間。如果承租人有權選擇續租該資產，並且在租賃開始日就可以合理確定承租人將會行使這種選擇權，不論是否再支付租金，續租期也包括在租賃期之內。

(二) 租賃開始日

　　租賃開始日是指租賃協議日與租賃各方就主要條款做出承諾日中的較早者。在租賃開始日，承租人和出租人應當將租賃認定為融資租賃或經營租賃，並協定在租賃期開始日應確認的金額。

(三) 租賃期開始日

　　租賃期開始日是指承租人有權行使其使用租賃資產權利的日期，表明租賃行為的開始。在租賃期開始日，承租人應當對租入資產、最低租賃付款額和未確認融資費用進行初始確認；出租人應當對應收融資租賃款、未擔保餘值和未實現融資收益進行初始確認。

第十章 租賃公司業務的核算

(四) 擔保餘值

就承租人而言，擔保餘值是指由承租人或與其有關的第三方擔保的資產餘值；就出租人而言，是指就承租人而言的擔保餘值加上與獨立於承租人和出租人的第三方擔保的資產餘值。其中，資產餘值是指在租賃開始日估計的租賃期屆滿時租賃資產的公允價值。為了促使承租人或與其有關的第三方對租賃資產的餘值進行擔保，此時的擔保餘值是針對承租人而言的。除此以外，擔保人還可能是獨立於承租人和出租人的第三方如擔保公司，此時的擔保餘值是針對出租人而言的。簡單的公式表達如下：

對承租人而言的擔保餘值＝承租人擔保的資產餘值＋與承租人有關第三方擔保的資產餘值

對出租人而言的擔保餘值＝承租人的擔保餘值＋與承租人與出租人均無關的第三方擔保的資產餘值

(五) 未擔保餘值

未擔保餘值是指租賃資產餘值中扣除就出租人而言的擔保餘值以後的資產餘值。對出租人而言，如果租賃資產餘值中包含未擔保餘值，表明這部分餘值的風險和報酬並沒有轉移，其風險應由出租人承擔，因此，未擔保餘值不能作為應收融資租賃款的一部分。

(六) 最低租賃付款額

最低租賃付款額是指在租賃期內，承租人應支付或可能被要求支付的各種款項（不包括或有租金和履約成本），加上由承租人或與其有關的第三方擔保的資產餘值，但是，由出租人支付但可退還的稅金不包括在內。

四、租賃分類的具體標準

雖然租賃分類的標準多種多樣，但按會計準則的慣例，承租人和出租人應當在租賃開始日將租賃分為融資租賃和經營租賃。

滿足下列標準之一的，即應認定為融資租賃；除融資租賃以外的租賃為經營租賃。

(1) 在租賃期屆滿時，租賃資產的所有權轉移給承租人。即，如果在租賃協議中已經約定，或者根據其他條件在租賃開始日就可以合理地判斷，租賃期屆滿時出租人會將資產的所有權轉移給承租人，那麼該項租賃應當認定為融資租賃。

(2) 承租人有購買租賃資產的選擇權，所訂立的購買價款預計將遠低於行使選擇權時租賃資產的公允價值，因而在租賃開始日就可合理地確定承租人將會行使這種選擇權。

例如，出租人和承租人簽訂了一項租賃協議，租賃期限為5年，租賃期滿時承租人有權以10,000元的價格購買租賃資產，在簽訂租賃協議時估計該租賃資產租期屆滿時的公允價值為80,000元，由於購買價格僅為公允價值的12.5%（遠低於公允價值80,000元），如果沒有特別的情況承租人在租賃期屆滿時將會購買該項資產。在這種情況下，在租賃開始日即可判斷該項租賃應當認定為融資租賃。

(3) 即使資產的所有權不轉移，但租賃期占租賃資產使用壽命的大部分。這裡的「大部分掌握在租賃期占租賃開始日租賃資產使用壽命的75%以上（含75%，下同）」。這條標準強調的是租賃期占租賃資產使用壽命的比例而非租賃期占該項資產全部可使用年限的比例。如果租賃資產是舊資產，在租賃前已使用年限超過資產自全新時起算可使用年限的75%以上時，則這條判斷標準不適用，不能使用這條標準確定租賃的分類。

例如，某項租賃設備全新時可使用年限為10年，已經使用了3年，從第4年開始租出，租賃期為6年，由於租賃開始時該設備使用壽命為7年，租賃期占使用壽命的85.7%（6年/7年），符合第3條標準，因此，該項租賃應當歸類為融資租賃；如果從第4年開始，租賃期為3年，租賃期占使用壽命的42.9%（3年/7年），就不符合第3條標準，因此該項租賃不應認定為融資租賃（假定也不符合其他判斷標準）；另外，假設該項設備已經使用了8年，從第9年開始租賃，租賃期為2年，此時，該設備使用壽命為2年，雖然租賃期為使用壽命的100%（2年/2年），但由於在租賃前該設備的已使用年限超過了可使用年限（10年）的75%（8年/10年＝80%＞75%），因此，也不能採用這條標準來判斷租賃的分類。

(4) 就承租人而言，租賃開始日的最低租賃付款額的現值幾乎相當於租賃開始日租賃資產公允價值；就出租人而言，租賃開始日的最低租賃收款額的現值幾乎相當於租賃開始日租賃資產公允價值。這裡的「幾乎相當於」通常掌握在90%以上。

需要說明的是，上面第（3）條和第（4）條中的量化標準只是指導性標準，企業在具體運用時，必須以準則規定的相關條件進行判斷。

(5) 租賃資產性質特殊，如果不作較大改造，只有承租人才能使用。這條標準是指租賃資產是由出租人根據承租人對資產型號、規格等方面的特殊要求專門購買或建造的，具有專購、專用性質。這些租賃資產如果不作較大的重新改制，其他企業通常難以使用。這種情況下，該項租賃也應當認定為融資租賃。

對於同時涉及土地和建築物的租賃，企業通常應當將土地和建築物分開考慮。將最低租賃付款額根據土地部分的租賃權益和建築物的租賃權益的相對公允價值的比例進行分配。在中國，由於土地的所有權歸國家所有，土地租賃不能歸類為融資租賃。對於建築物的租賃按租賃準則的規定標準進行相應的分類。如果土地和建築物無法分離和不能可靠計量的，應歸類為一項融資租賃，除非兩部分都明顯是經營租賃，在后一種情況下，整個租賃應歸類為經營租賃。

本章著重講解融資租賃和經營租賃下承租人和出租人的會計處理等問題。承租

第十章 租賃公司業務的核算

人以融資租賃方式取得的生物資產的計量,應根據生物資產準則處理。

五、租賃公司使用的特殊會計科目表(表10-1)

表10-1　　　　　　　　租賃公司特殊的會計科目

編號	會計科目名稱
	一、資產類
1461	融資租賃資產
1531	長期應收款
1532	未實現融資收益
1611	未擔保餘值
	二、負債類
2701	長期應付款
2702	未確認融資費用
	三、共同類
	四、所有者權益
	五、損益類
6041	租賃收入

六、關於融資租賃業務的會計核算和「營改增」問題

(一)融資租賃業務的會計核算

中國融資租賃得益於國家的一系列政策的支持,在過去的幾年裡高速發展。根據2016年《中國融資租賃行業研究報告》的分析,截至2015年年底,中國金融租賃、內資租賃、外資租賃三類融資租賃企業總數為4,508家;全國融資租賃合同餘額約為4.28萬億元。隨著融資租賃業務的不斷發展變化,其會計核算也要緊跟其後,目前國際會計準則關於租賃業務的核算已出抬,但中國還處於修訂之中。本章在中國租賃會計準則修訂稿未出抬之前,暫不做大的修改。

(二)融資租賃業務的「營改增」問題

融資租賃行業全國範圍的「營改增」試點已自2013年實施,到2016年3月財政部、國家稅務總局《關於全面推開營業稅改徵增值稅試點的通知》出抬,給融資租賃行業新帶來的變化主要有以下四個方面:

　1. 租賃分類徵稅

首先,提出了「不動產租賃服務」的概念,與「有形動產租賃服務」相區分,適用不同稅率。出租人提供「有形動產租賃服務」(包括融資租賃和經營租賃)的增值稅稅率保持不變為17%;新增的「不動產租賃服務」(包括融資租賃和經營租

賃)，增值稅稅率為 11%。

其次，對融資租賃中的回租業務和直租業務進行定性區分，適用不同稅率。明確將「融資性售後回租服務」納入金融服務範圍，按照貸款服務適用 6% 的增值稅稅率；而非回租型融資租賃服務和經營租賃服務仍屬於租賃服務的範圍，適用 17% 的增值稅稅率。

2. 差額納稅扣除項調整

可享受差額納稅的從事融資租賃業務的試點納稅人，其從事融資租賃服務的，其銷售額的扣除項中不再包括「服務和保險費、安裝費」，而是以取得的全部價款和價外費用，扣除支付的借款利息（包括外匯借款和人民幣借款利息）、發行債券利息和車輛購置稅后的餘額為銷售額。

可享受差額納稅的從事融資租賃業務的試點納稅人，其從事融資性售後回租服務的，差額納稅的扣除項不變。

3. 經營租賃標的物增加無形資產

除有形動產和不動產經營租賃、水路運輸的光租和航空運輸的干租之外，進一步將建築物、構築物等不動產或者飛機、車輛等有形動產的廣告位的出租服務、車輛停放服務、道路通行服務等均納入「經營租賃服務」的範圍，徵收增值稅，擴展了可開展經營租賃的標的物範圍。

4. 商務部系融資租賃公司資本限制

2016 年 5 月 1 日起，對可享受差額納稅的、經商務部批准從事融資租賃業務的試點納稅人的資本限制，從此前的「註冊資本」達到 1.7 億元，調整為「實收資本」達到 1.7 億元，並從達到標準的當月起執行差額納稅；而對於 2016 年 5 月 1 日后實收資本未達到 1.7 億元但註冊資本達到 1.7 億元的，在 2016 年 7 月 31 日前仍可按照差額納稅，但 2016 年 8 月 1 日后，實收資本未達到 1.7 億元，不得執行融資租賃和融資性售後回租的差額納稅。

目前財稅 36 號文中關於融資租賃業務的很多徵收細節尚未完善，故本章的會計核算例題暫不考慮增值稅。

第二節 融資租賃業務的核算

一、承租人的核算

(一) 承租人應設置的主要會計科目

1.「長期應付款——應付融資租賃款」科目

本科目屬負債類科目，用於核算企業除長期借款和應付債券以外的其他各種長

第十章 租賃公司業務的核算

期付款項，包括應付融資租入固定資產的租賃費、以分期付款方式購入固定資產等發生的應付款項等。企業融資租入的固定資產，在租賃期開始日，按應計入固定資產成本的金額（租賃開始日租賃資產公允價值與最低租賃付款額現值兩者中較低者，加上初始直接費用），借記「在建工程」或「固定資產」科目；按最低租賃付款額，貸記本科目；按發生的初始直接費用，貸記「銀行存款」等科目；按其差額，借記「未確認融資費用」科目。按期支付的租金，借記本科目，貸記「銀行存款」等科目。本科目可按長期應付款的種類和債權人進行明細核算。

2.「固定資產——融資租入固定資產」科目

本科目屬資產類科目，用於核算企業持有的固定資產原價。融資租入的固定資產，在租賃期開始日，按應計入固定資產成本的金額（租賃開始日租賃資產公允價值與最低租賃付款額現值兩者中較低者，加上初始直接費用），借記本科目或「在建工程」科目；按最低租賃付款額，貸記「長期應付款」科目；按發生的初始直接費用，貸記「銀行存款」等科目；按其差額，借記「未確認融資費用」科目。租賃期屆滿，企業取得該項固定資產所有權的，應將該項固定資產從「融資租入固定資產」明細科目轉入有關明細科目。融資租入的固定資產，可在本科目設置「融資租入固定資產」明細科目。

3.「未確認融資費用」科目

本科目屬負債類科目，用於核算企業應當分期計入利息費用的未確認融資費用。企業融資租入的固定資產，在租賃期開始日，按應計入固定資產成本的金額（租賃開始日租賃資產公允價值與最低租賃付款額現值兩者中較低者，加上初始直接費用），借記「在建工程」或「固定資產」科目；按最低租賃付款額，貸記「長期應付款」科目；按發生的初始直接費用，貸記「銀行存款」等科目；按其差額，借記本科目。採用實際利率法分期攤銷未確認融資費用，借記「財務費用」「在建工程」等科目，貸記本科目。本科目期末借方餘額，反映企業未確認融資費用的攤餘價值。本科目可按債權人和長期應付款項目進行明細核算。

(二) 承租人的會計處理

1. 租賃期開始日

在租賃期開始日，承租人應當將租賃開始日租賃資產公允價值與最低租賃付款額現值兩者中較低者作為租入資產的入帳價值，將最低租賃付款額作為長期應付款的入帳價值，其差額作為未確認融資費用。

(1) 最低租賃付款額。最低租賃付款額是指在租賃期內，承租人應支付或可能被要求支付的各種款項（不包括或有租金和履約成本），加上由承租人或與其有關的第三方擔保的資產餘值。

(2) 或有租金。它是指金額不固定、以時間長短以外的其他因素（銷售百分比、使用量、物價指數等）為依據計算的租金。

(3) 履約成本。履約成本是指在租賃期內為租賃資產支付的各種使用成本，如技術諮詢和服務費、人員培訓費、維修費、保險費等。

最低租賃付款額的具體構成內容如下：

①無優惠購買選擇權時：

最低租賃付款額 = 每期租金 + 期滿擔保資產餘值（承租人或與其有關第三方擔保的資產餘值）+ 期滿未能續租而造成應由承租人支付的款項

②有優惠購買選擇權時：

最低租賃付款額 = 每期租金 + 期滿留購款

[例10-1] A公司將一臺專用設備以融資租賃方式租賃給B企業。雙方簽訂合同，B企業租賃該設備48個月，每6個月月末支付租金35萬元，期滿時B企業擔保資產餘值為20萬元，B企業的母公司擔保資產餘值為50萬元，另外擔保公司擔保金額為30萬元，未擔保餘值為10萬元，計算B企業最低租賃付款額。

分析：該項租賃合同沒有規定優惠購買選擇權，故：

B企業最低租賃付款額 = 35×8 + 20 + 50 = 350（萬元）

承租人在計算最低租賃付款額的現值時，如果知道出租人的租賃內含利率，應當採用出租人的租賃內含利率作為折現率；否則，應當採用租賃合同規定的利率作為折現率。如果出租人的租賃內含利率和租賃合同規定的利率均無法知悉，應當採用同期銀行貸款利率作為折現率。其中，租賃內含利率，是指在租賃開始日，使最低租賃收款額的現值與未擔保餘值的現值之和等於租賃資產公允價值與出租人的初始直接費用之和的折現率。

[例10-2] 2016年12月1日，甲公司與乙公司簽訂了一份租賃合同，向乙公司租入家用轎車生產線。合同主要條款如下：

(1) 租賃標的物：家用轎車生產線。

(2) 起租日：2017年1月1日。

(3) 租賃期：2017年1月1日至2019年12月31日，共計36個月。

(4) 租金支付：自2017年1月1日起每隔6個月於月末支付租金150,000元。

(5) 該生產線的保險、維護等費用由甲公司負擔，估計每年約10,000元。

(6) 該生產線在2016年12月1日的公允價值為700,000元。

(7) 租賃合同規定的年利率為14%（乙公司租賃內含利率未知）。

(8) 甲公司在租賃談判和簽訂租賃合同過程中發生可歸屬於租賃項目的手續費、差旅費等1,000元。

(9) 該生產線的估計使用年限為8年，已使用3年，期滿無殘值。承租人採用年限平均法計提折舊。

(10) 租賃期屆滿時，甲公司享有優惠購買該生產線的選擇權，購買價為100元，估計該日租賃資產的公允價值為80,000元。

第十章 租賃公司業務的核算

(11) 2018 年和 2019 年兩年，甲公司每年按該生產線所生產的產品——家用轎車的年銷售收入的 5% 向乙公司支付經營分享收入。

第一步：判斷租賃類型

按照前面的融資租賃判斷標準，只要符合其中一條即可確認為融資租賃。本例存在的優惠購買選擇權，優惠購買價 100 元低於行使選擇權日租賃資產的公允價值 80,000 元，所以在租賃開始日，即 2016 年 12 月 1 日就可合理確定甲公司將會行使這種選擇權，符合第 2 條判斷標準，所以這項租賃應當認定為融資租賃。

第二步：計算租賃開始日最低租賃付款額的現值，確定租賃資產入帳價值

從本例的合同中可以看出，該租賃業務已規定了優惠購買選擇權，故：

最低租賃付款額 = 各期租金之和 + 行使優惠購買選擇權支付的金額
$$= 150,000 \times 6 + 100 = 900,100 （元）$$

計算現值的過程如下：

每期租金 150,000 元的年金現值 = $150,000 \times (P/A, 7\%, 6)$

優惠購買選擇權行使價 100 元的複利現值 = $100 \times (P/F, 7\%, 6)$

查表得知：$(P/A, 7\%, 6) = 4.767$

$(P/F, 7\%, 6) = 0.666$

現值合計 = $150,000 \times 4.767 + 100 \times 0.666$

$= 715,050 + 66.6 = 715,116.6$ （元） > 700,000 （元）

根據公允價值與最低租賃付款額現值孰低原則，該項租賃資產的入帳價值為其公允價值，即 700,000 元。

第三步：計算未確認融資費用

未確認融資費用 = 最低租賃付款額 − 租賃開始日租賃資產的公允價值
$$= 900,100 − 700,000 = 200,100 （元）$$

第四步：將初始直接費用 1,000 元計入資產價值

初始直接費用是指在租賃談判和簽訂租賃合同的過程中發生的可直接歸屬於租賃項目的費用。本例中承租人發生的初始直接費用 1,000 元，應當計入租入資產價值中。故甲公司融資租入資產的入帳價值為 700,000 + 1,000 = 701,000 元。

第五步：租賃期開始日，甲公司的會計分錄

2017 年 1 月 1 日，

借：固定資產——融資租入固定資產　　　　　　　　701,000
　　未確認融資費用　　　　　　　　　　　　　　　200,100
　貸：長期應付款——應付融資租賃款　　　　　　　900,100
　　　銀行存款　　　　　　　　　　　　　　　　　1,000

2. 未確認融資費用的分攤

在融資租賃下，承租人向出租人支付的租金中，包含了本金和利息兩部分。承

租人支付租金時，一方面應減少長期應付款，另一方面應同時將未確認的融資費用按一定的方法確認為當期融資費用。在先付租金即每期期初等額支付租金的情況下，租賃期第一期支付的租金不含利息，只需減少長期應付款，不必確認當期融資費用。

在分攤未確認的融資費用時，按照《企業會計準則 21 號——租賃》的規定，承租人應當採用實際利率法。在採用實際利率法的情況下，根據租賃開始日租賃資產和負債的入帳價值基礎的不同，融資費用分攤率的選擇也不同。未確認融資費用的分攤率的確定，具體分為下列幾種情況：

（1）以出租人的租賃內含利率為折現率將最低租賃付款額折現，且以該現值作為租賃資產入帳價值的，應當將租賃內含利率作為未確認融資費用的分攤率。

（2）以合同規定利率為折現率將最低租賃付款額折現，且以該現值作為租賃資產入帳價值的，應當將合同規定利率作為未確認融資費用的分攤率。

（3）以銀行同期貸款利率為折現率將最低租賃付款額折現，且以該現值作為租賃資產入帳價值的，應當將銀行同期貸款利率作為未確認融資費用的分攤率。

（4）以租賃資產公允價值為入帳價值的，應當重新計算分攤率。該分攤率是使最低租賃付款額的現值等於租賃資產公允價值的折現率。

存在優惠購買選擇權的，在租賃期屆滿時，未確認融資費用應全部攤銷完畢，並且租賃負債也應當減少為優惠購買金額。在承租人或與其有關的第三方對租賃資產提供了擔保或由於在租賃期屆滿時沒有續租而支付違約金的情況下，在租賃期屆滿時，未確認融資費用應當全部攤銷完畢，並且，租賃負債應減少至擔保餘值或該日應支付的違約金。

[例 10-3] 沿用例 10-2，按以下列示的未確認融資費用分攤的處理：

第一步：確定融資費用分攤率

由上面的計算得出，租賃資產入帳價值為其公允價值，因此應重新計算融資費用分攤率。計算過程如下：

根據公式：租賃開始日最低租賃付款額的現值 = 租賃開始日租賃資產公允價值

可以得出：$150,000 \times (P/A, r, 6) + 100 \times (P/F, r, 6) = 700,000$（元）

可在多次測試的基礎上，用插值法計算融資費用分攤率。

當 $r = 7\%$ 時　$150,000 \times 4.767 + 100 \times 0.666 = 715,050 + 66.6$
　　　　　　　　　$= 715,116.6$（元）$> 700,000$（元）

當 $r = 8\%$ 時　$150,000 \times 4.623 + 100 \times 0.630 = 693,450 + 63$
　　　　　　　　　$= 693,513$（元）$< 700,000$（元）

因此，$7\% < r < 8\%$。用插值法計算如下：

現值	利率
715,116.6	7%
700,000	r
693,513	8%

第十章 租賃公司業務的核算

$(715,116.6 - 700,000)/(715,116.6 - 693,513) = (7\% - r)/(7\% - 8\%)$

$r = (21,603.6 \times 7\% + 15,116.6 \times 1\%)/21,603.6 = 7.70\%$

即融資費用分攤率為 7.70%。

第二步：在租賃期內採用實際利率法分攤未確認融資費用（參見表 10-2）

表 10-2　　　　未確認融資費用分攤表（實際利率法）

2016 年 12 月 31 日　　　　　　　單位：元

日期	租金	確認的融資費用	應付本金減少額	應付本金餘額
①	②	③ = 期初⑤ ×7.70%	④ = ② - ③	期末⑤ = 期初⑤ - ④
2016 年 12 月 31 日				700,000
2017 年 6 月 30 日	150,000	53,900	96,100	603,900
2017 年 12 月 31 日	150,000	46,500.3	103,499.7	500,400.3
2018 年 6 月 30 日	150,000	38,530.82	111,469.18	388,931.12
2018 年 12 月 31 日	150,000	29,947.70	120,052.30	268,878.82
2019 年 6 月 30 日	150,000	20,703.67	129,296.33	139,582.49
2019 年 12 月 31 日	150,000	10,517.51*	139,482.49*	100
2019 年 12 月 31 日	100		100	0
合計	900,100	200,100	700,000	

* 做尾數調整：10,517.51 = 150,000 - 139,482.49；139,482.49 = 139,582.49 - 100

第三步：會計分錄

2017 年 6 月 30 日，支付第一期租金

借：長期應付款——應付融資租賃款　　　　　　　　　　　150,000
　　貸：銀行存款　　　　　　　　　　　　　　　　　　　150,000
借：財務費用　　　　　　　　　　　　　　　　　　　　　53,900
　　貸：未確認融資費用　　　　　　　　　　　　　　　　53,900

2017 年 12 月 31 日，支付第二期租金

借：長期應付款——應付融資租賃　　　　　　　　　　　　150,000
　　貸：銀行存款　　　　　　　　　　　　　　　　　　　150,000
借：財務費用　　　　　　　　　　　　　　　　　　　　　46,500.3
　　貸：未確認融資費用　　　　　　　　　　　　　　　　46,500.3

2018 年 6 月 30 日至 2019 年 12 月 31 日的各期會計分錄按相似辦法處理。

3. 租賃資產折舊的計提

承租人應對融資租入的固定資產計提折舊。

(1) 折舊政策。對於融資租入資產，計提租賃資產折舊時，承租人應採用與自有應折舊資產一致的折舊政策。同自有折舊資產一樣，租賃資產的折舊方法一般有年限平均法、工作量法、雙倍餘額遞減法、年數總和法等。如果承租人或與其有關的第三方對租賃資產餘值提供了擔保，則應計提折舊總額為租賃期開始日固定資產的入帳價值扣除擔保餘值后的餘額；如果承租人或與其有關的第三方未對租賃資產餘值提供擔保，且無法合理確定租賃屆滿后承租人是否能夠取得租賃資產所有權，應計折舊總額為租賃期開始日固定資產的入帳價值。用簡單的公式表達如下：

有擔保餘值的：

折舊總額＝融資租入固定資產入帳價值－對承租人而言的擔保餘值＋預計清理費用

無擔保餘值的：

折舊總額＝融資租入固定資產入帳價值－預計殘值＋預計清理費用

（2）折舊期間。確定租賃資產的折舊期間應視租賃合同的規定而論。如果能夠合理確定租賃期屆滿時承租人將會取得租賃資產所有權，即可認為承租人擁有該項資產的全部使用壽命，因此應以租賃期開始日租賃資產的壽命作為折舊期間；如果無法合理確定租賃期屆滿后承租人是否能夠取得租賃資產的所有權，應以租賃期與租賃資產壽命兩者中較短者作為折舊期間。

[例 10-4] 沿用例 10-2，下面列示融資租入固定資產折舊的處理。融資租入固定資產折舊計算如表 10-3 所示。

表 10-3　　　　融資租入固定資產折舊計算表（年限平均法）

2017 年 1 月 1 日　　　　　　　　　　　　　　　　單位：元

日期	固定資產原價	估計餘值	折舊率* （%）	當年折舊費	累計折舊	固定資產淨值
2017 年 1 月 1 日	701,000	0				701,000
2017 年 12 月 31 日			20	140,200	140,200	560,800
2018 年 12 月 31 日			20	140,200	280,400	420,600
2019 年 12 月 31 日			20	140,200	420,600	280,400
2020 年 12 月 31 日			20	140,200	560,800	140,200
2021 年 12 月 31 日			20	140,200	701,000	0
合計	701,000	0	100	701,000		

＊在租賃開始日（2016 年 12 月 1 日）可以合理地確定租賃期屆滿后承租人能夠取得該項資產的所有權，因此在採用年限平均法計提折舊時，應按租賃開始日租賃資產壽命 5 年（估計使用年限 8 年減去已使用年限 3 年）計提折舊。本例中租賃資產不存在擔保餘值，應全額計提折舊。

第十章 租賃公司業務的核算

會計分錄為：

2017 年 12 月 31 日，計提本年折舊（假定按年計提折舊）：

借：製造費用——折舊費　　　　　　　　　　　　140,200
　　貸：累計折舊　　　　　　　　　　　　　　　　140,200

2018—2021 年各年分錄同上。

4. 履約成本的處理

履約成本是指租賃期內為租賃資產支付的各種使用費用，如技術諮詢和服務費、人員培訓費、維修費、保險費等。承租人發生的履約成本通常應計入當期損益。

[例 10-5] 沿用例 10-2，假設 2017 年 12 月 31 日，甲公司支付該機器發生的保險費、維護費 10,000 元，會計分錄為：

借：製造費用　　　　　　　　　　　　　　　　　10,000
　　貸：銀行存款　　　　　　　　　　　　　　　　10,000

5. 或有租金的處理

或有租金是指金額不固定、以時間長短以外的其他因素（如銷售量、使用量、物價指數等）為依據計算的租金。由於某種原因或有租金的金額不固定，無法採用系統合理的方法對其進行分攤，因此或有租金在實際發生時計入當期損益。

[例 10-6] 沿用例 10-2，假設 2018 年、2019 年甲公司分別實現家用轎車銷售收入 10,000,000 元和 20,000,000 元，根據租賃合同規定，這兩年應支付給乙公司經營分享收入分別為 500,000 元和 1,000,000 元。會計分錄為：

2018 年 12 月 31 日

借：銷售費用　　　　　　　　　　　　　　　　　500,000
　　貸：其他應付款——乙公司　　　　　　　　　　500,000

2019 年 12 月 31 日的會計分錄略。

6. 租賃期屆滿時的處理

租賃期屆滿時，承租人對租賃資產的處理通常有三種情況：返還、優惠續租和留購。

（1）返還租賃資產。租賃期屆滿，承租人向出租人返還租賃資產時，如果存在擔保餘值，則其「長期應付款——應付融資租賃款」的金額為擔保餘值，會計分錄為：

借：長期應付款——應付融資租賃款
　　累計折舊
　　貸：固定資產——融資租入固定資產

租賃期屆滿，承租人向出租人返還租賃資產時，如果不存在擔保餘值，則會計分錄為：

借：累計折舊
　　營業外支出（存在清理損益時）
　　貸：固定資產——融資租入固定資產

(2) 優惠續租租賃資產。承租人行使優惠續租選擇權,應視同該項租賃一直存在而按正常租賃作出相應的帳務處理。如果租賃期屆滿時沒有續租,根據租賃合同規定需向出租人支付違約金時的會計分錄為:

　　借:營業外支出
　　　　貸:銀行存款

　　(3) 留購租賃資產。在承租人享有優惠購買選擇權的情況下,支付購買價款時的會計分錄為:

　　借:長期應付款——應付融資租賃款
　　　　貸:銀行存款等
　　借:固定資產——自有固定資產
　　　　貸:固定資產——融資租入固定資產

　　[例10-7] 沿用例10-2,假設2019年12月31日,甲公司向乙公司支付購買價款100元。會計分錄為:

借:長期應付款——應付融資租賃款		100
貸:銀行存款		100
借:固定資產——轎車生產線		701,000
貸:固定資產——融資租入固定資產		701,000

二、出租人的核算

(一) 出租人應設置的主要會計科目

　1.「融資租賃資產」科目

　　本科目屬資產類科目,用於核算出租人購入、租出以及收回租賃資產。企業購入和以其他方式取得的融資租賃資產,借記本科目;出租時,在租賃期開始日,按租賃開始日最低租賃收款額與初始直接費用之和,借記「長期應收款」科目,按未擔保餘值,借記「未擔保餘值」科目,按融資租賃資產的公允價值(最低租賃收款額與未擔保餘值的現值之和),貸記本科目;按發生的初始直接費用,貸記「銀行存款」等科目;按其差額,貸記「未實現融資收益」科目。融資租賃資產的公允價值與其帳面價值有差額的,還應借記「營業外支出」科目或貸記「營業外收入」科目。本科目期末借方餘額,反映企業融資租賃資產的成本。本科目可按承租人、租賃資產類別和項目進行明細核算。

　2.「長期應收款——應收融資租賃款」科目

　　本科目屬資產類科目,用於核算採用融資租賃方式租出資產時應向承租人收取的租金金額。出租人融資租賃產生的應收租賃款,在租賃期開始日,應按租賃開始日最低租賃收款額與初始直接費用之和,借記本科目;按未擔保餘值,借記「未擔保餘值」科目;按融資租賃資產的公允價值(最低租賃收款額和未擔保餘值的現值

第十章 租賃公司業務的核算

之和），貸記「融資租賃資產」科目；按融資租賃資產的公允價值與帳面價值的差額，借記「營業外支出」科目或貸記「營業外收入」科目；按發生的初始直接費用，貸記「銀行存款」等科目；按其差額，貸記「未實現融資收益」科目。本科目的期末借方餘額，反映企業尚未收回的租金總額。本科目按承租人不同進行明細核算。

3.「未擔保餘值」科目

本科目屬資產類科目，用於核算企業（租賃）採用融資租賃方式租出資產的未擔保餘值。出租人融資租賃產生的應收租賃款，在租賃期開始日，應按租賃開始日最低租賃收款額與初始直接費用之和，借記「長期應收款」科目；按未擔保餘值，借記本科目；按融資租賃資產的公允價值（最低租賃收款額和未擔保餘值的現值之和），貸記「融資租賃資產」科目；按發生的初始直接費用，貸記「銀行存款」等科目；按其差額，貸記「未實現融資收益」科目；租賃期限屆滿，承租人行使了優惠購買選擇權的，企業（租賃）按收到承租人支付的購買價款，借記「銀行存款」等科目，貸記「長期應收款」科目。存在未擔保餘值的，按未擔保餘值，借記「租賃收入」科目，貸記本科目；承租人未行使優惠購買選擇權，企業（租賃）收到承租人交還租賃資產，存在未擔保餘值的，按未擔保餘值，借記「融資租賃資產」科目，貸記本科目；存在擔保餘值的，按擔保餘值，借記「融資租賃資產」科目，貸記「長期應收款」科目；資產負債表日，確定未擔保餘值發生減值的，按應減記的金額，借記「資產減值損失」科目，貸記「未擔保餘值減值準備」科目。未擔保餘值價值以後又得以恢復的，應在原已計提的未擔保餘值減值準備金額內，按恢復增加的金額，借記「未擔保餘值減值準備」科目，貸記「資產減值損失」科目。本科目期末借方餘額，反映企業融資租出資產的未擔保餘值。本科目可按承租人、租賃資產類別和項目進行明細核算。

4.「未實現融資收益」科目

本科目屬資產類科目，用於核算出租人在租賃期內應收的收益總額，並在租賃期內採用實際利率法進行分配。企業融資租入的固定資產，在租賃期開始日，按應計入固定資產成本的金額（租賃開始日租賃資產公允價值與最低租賃付款額現值兩者中較低者，加上初始直接費用），借記「在建工程」或「固定資產」科目；按最低租賃付款額，貸記「長期應付款」科目；按發生的初始直接費用，貸記「銀行存款」等科目；按其差額，借記本科目。採用實際利率法分期攤銷未確認融資費用，借記「財務費用」「在建工程」等科目，貸記本科目。本科目期末借方餘額，反映企業未確認融資費用的攤餘價值。本科目可按債權人和長期應付款項目進行明細核算。

5.「租賃收入」科目

本科目屬損益類科目，用於核算企業（租賃）確認的租賃收入。企業確認的租賃收入，借記「未實現融資收益」「應收帳款」等科目，貸記本科目。取得或有租金，借記「銀行存款」等科目，貸記本科目。期末，應將本科目餘額轉入「本年利潤」科目，結轉後本科目無餘額。本科目可按租賃資產類別進行明細核算。

(二) 出租人的會計處理

1. 租賃期開始日的處理

在租賃期開始日，出租人應將租賃開始日最低租賃收款額與初始直接費用之和作為應收融資租賃的入帳價值，同時記錄未擔保餘值，將最低租賃收款額、初始直接費用及擔保餘值之和與其現值之和的差額確認為未實現融資收益，在將來收到租金的各期內確認為租賃收入。出租人發生的初始直接費用，應包括在應收融資租賃款的初始計量中，並減少租賃期內確認的收益金額。

最低租賃收款額是針對出租人而言的，是指最低租賃付款額加上與承租人和出租人均無關的第三方擔保的資產餘值。

［例 10－8］沿用例 10－1，計算 A 企業最低租賃收款額：

A 企業最低租賃收款額 = 35 × 8 + 20 + 50 + 30 = 380（萬元）

［例 10－9］沿用例 10－2，並假設融資租賃固定資產帳面價值為700,000 元。出租人（乙公司）為簽訂該項租賃合同發生初始直接費用 10,000 元，已用銀行存款支付。以下具體說明乙公司的會計處理：

第一步：判斷租賃類型

本例存在優惠購買選擇權，優惠購買價 100 元遠遠小於行使選擇權日租賃資產的公允價值80,000 元，因此，在 2016 年 12 月 31 日就可合理確定甲公司將會行使這種選擇權，符合第 2 條判斷標準，因此這項租賃應認定為融資租賃。

第二步：計算租賃內含利率

最低租賃收款額 = 租金 × 期數 + 優惠購買價格 = 150,000 × 6 + 100
                = 900,100（元）

因此有 1,500,000 ×（P/A, r, 6）+ 100（P/F, r, 6）= 710,000（租賃資產的公允價值 + 初始直接費用）

根據這一等式，可在多次測試的基礎上，用插值法計算租賃內含利率。

當 r = 7%時

150,000 × 4.767 + 100 × 0.666 = 715,050 + 66.6 = 715,116.6(元) > 710,000(元)

當 r = 8%時

150,000 × 4.623 + 100 × 0.630 = 693,450 + 63 = 693,513(元) < 710,000(元)

因此，7% < r < 8%。用插值法計算如下：

現值	利率
715,116.6	7%
710,000	r
693,513	8%
$\dfrac{715,116.6 - 710,000}{715,116.6 - 693,513}$ =	$\dfrac{7\% - r}{7\% - 8\%}$

第十章 租賃公司業務的核算

$r = (21,603.6 \times 7\% + 5,116.6 \times 1\%) \div 21,603.6 = 7.24\%$

即，租賃內含利率為 7.24%。

第三步：計算租賃開始日最低租賃收款額及其現值和未實現融資收益

最低租賃收款額 = 最低租賃付款額 = 150,000 × 6 + 100 = 900,100（元）

應收融資租賃款入帳價值 = 900,100 + 10,000 = 910,100（元）

最低租賃收款額現值 = 租賃開始日租賃資產公允價值 + 出租人的初始費用之和 = 710,000（元）

未實現融資收益 = 910,100 - 710,000 = 200,100（元）

第四步：編製會計分錄

2017 年 1 月 1 日，

借：長期應收款——應收融資租賃款　　　　　　　　910,100
　　貸：銀行存款　　　　　　　　　　　　　　　　　10,000
　　　　固定資產——融資租賃固定資產　　　　　　　700,000
　　　　未實現融資收益　　　　　　　　　　　　　　200,100

在本例中，融資租賃固定資產在租賃期開始日的帳面價值正好與公允價值一致。如果帳面價值高於或者低於公允價值，其差額應當計入當期損益，通過「營業外收入」或「營業外支出」科目核算。

在計算內含報酬率時已考慮了初始直接費用的因素，為了避免未實現融資收益高估，在初始確認時應對未實現融資收益進行調整，借「未實現融資收益」，貸「長期應收款——應收融資租賃款」。本例中：

借：未實現融資收益　　　　　　　　　　　　　　　10,000
　　貸：長期應收款——應收融資租賃款　　　　　　　10,000

2. 未實現融資收益的分配

根據《企業會計準則 21 號——租賃》的規定，未實現融資收益應當在租賃期內各個期間進行分配，確認為各期的租賃收入。分配時，出租人應當採用實際利率法計算當期應當確認的租賃收入。

出租人每期收到租金時，按收到的租金金額，

借：銀行存款
　　貸：長期應收款——應收融資租賃款

同時，每期確認租賃收入時，

借：未實現融資收益
　　貸：租賃收入

[例 10 - 10] 沿用例 10 - 2，以下具體說明出租人對未實現融資租賃收益的處理：

第一步，計算租賃期應分攤的融資收益（參見表10-4）

表10-4　　　　　　未確認融資收益分配表（實際利率法）

2016年12月31日　　　　　　　　　　　單位：元

日期 ①	租金 ②	確認的融資收入 ③=期初⑤×7.24%	租賃投資淨額減少額 ④=②-③	租賃投資淨額餘額 期末⑤=期初⑤-④
2016年12月31日				710,000
2017年6月30日	150,000	51,404.00	98,596.00	611,404.00
2017年12月31日	150,000	44,265.00	105,734.35	505,669.65
2018年6月30日	150,000	36,610.48	113,389.52	392,280.13
2018年12月31日	150,000	28,401.08	121,598.92	270,681.21
2019年6月30日	150,000	19,597.32	130,402.68	140,278.53
2019年12月31日	150,000	9,821.47*	140,178.53*	100.00
2019年12月31日	100		100.00	0
合計	900,100	190,100.00	710,000.00	

*做尾數調整：9,821.47=150,000-140,178.53；140,178.53=140,278.53-100.00。

第二步，會計分錄

2017年6月30日收到第一期租金時，

借：銀行存款　　　　　　　　　　　　　　　　　　　　　　150,000
　　貸：長期應收款——應收融資租賃款　　　　　　　　　　150,000
借：未實現融資收益　　　　　　　　　　　　　　　　　　　51,404
　　貸：租賃收入　　　　　　　　　　　　　　　　　　　　51,404

2017年12月31日收到第二期租金時，

借：銀行存款　　　　　　　　　　　　　　　　　　　　　　150,000
　　貸：長期應收款——應收融資租賃款　　　　　　　　　　150,000
借：未實現融資收益　　　　　　　　　　　　　　　　　　　44,265
　　貸：租賃收入　　　　　　　　　　　　　　　　　　　　44,265

2018年6月30日至2019年12月31日的各期會計分錄作類似處理。

3. 未擔保餘值發生變動時的處理

由於未擔保餘值的金額決定了租賃內含利率的大小，從而決定著未實現融資收益的分配，因此，為了真實地反映企業的資產和經營業績，根據謹慎性原則的要求，在未擔保餘值發生減少和已確認損失的未擔保餘值得以恢復的情況下，均應當重新計算租賃內含利率，以後各期根據修正后的租賃投資淨額和重新計算的租賃內含利

第十章 租賃公司業務的核算

率確定應確認的租賃收入。在未擔保餘值增加時，不做任何調整。其帳務處理如下：

(1) 期末，出租人的未擔保餘值的預計可收回金額低於其帳面價值的差額時，

借：資產減值損失
　　貸：未擔保餘值減值準備

同時，將未擔保餘值減少額與由此所產生的租賃投資淨額的減少額的差額做如下會計分錄：

借：未實現融資收益
　　貸：資產減值損失

(2) 如果已確認損失的未擔保餘值得以恢復，應在原已確認的損失金額內轉回，

借：未擔保餘值減值準備
　　貸：資產減值損失

同時，將未擔保餘值恢復額與由此所產生的租賃投資淨額的增加額的差額做如下會計分錄：

借：資產減值損失
　　貸：未實現融資收益

[例10-11] 某租賃公司租賃資產公允價值4,500萬元，租賃期為3年，年租金2,000萬元，未擔保餘值500萬元。租賃開始日出租方內含利率20.03%，一年以後租賃資產未擔保餘值下降為100萬元，重新確定租賃內含利率為16.75%。要求：做出相關會計處理。

第一步：計算按20.03%的內含利率未確認融資收益分配，如表10-5所示。

表10-5　　　　　原未擔保餘值、20.03%內含利率計算表　　　　　單位：萬元

年限	租金	確認的租賃收入	租賃投資淨額減少額	租賃投資淨額餘額
	①	②=上一行④×20%	③=①-②	④=上一行④-③
				4,500
第一年	2,000	901	1,099	3,401
第二年	2,000	681	1,319	2,082
第三年	2,000	418	1,582	500
合計	6,000	2,000	4,000	

第二步：計算按16.75%的內含利率未確認融資收益分配，如表10-6所示。

233

表10-6　　　　　新未擔保餘值、16.75%內含利率計算表　　　　　單位：萬元

年限	租金	確認的租賃收入	租賃投資淨額減少額	租賃投資淨額餘額
				4,500
第一年	2,000	754	1,246	3,254
第二年	2,000	545	1,455	1,799
第三年	2,000	301	1,699	100
合計	6,000	1,600	4,400	

第三步：明確不做追溯處理，會計分錄如下：

（1）租賃開始日

借：長期應收款——應收融資租賃款　　　　　　　60,000,000

　　　未擔保餘值　　　　　　　　　　　　　　　　5,000,000

　貸：融資租賃固定資產　　　　　　　　　　　　45,000,000

　　　未實現融資收益　　　　　　　　　　　　　20,000,000

（2）收到租金時（第一年）

借：銀行存款　　　　　　　　　　　　　　　　　20,000,000

　貸：長期應收款——應收融資租賃款　　　　　　20,000,000

借：未實現融資收益　　　　　　　　　　　　　　　9,010,000

　貸：租賃收入　　　　　　　　　　　　　　　　　9,010,000

（3）確定未擔保餘值下降時

借：資產減值損失　　　　　　　　　　　　　　　　4,000,000

　貸：未擔保餘值減值準備　　　　　　　　　　　　4,000,000

借：未實現融資收益　　　　　　　　　　　　　　　2,530,000 ①

　貸：資產減值損失　　　　　　　　　　　　　　　2,530,000

（4）第二年收到租金時

借：銀行存款　　　　　　　　　　　　　　　　　20,000,000

　貸：長期應收款——應收融資租賃款　　　　　　20,000,000

借：未實現融資收益　　　　　　　　　　　　　　　5,450,000

　貸：租賃收入　　　　　　　　　　　　　　　　　5,450,000

（5）第三年收到租金時

借：銀行存款　　　　　　　　　　　　　　　　　20,000,000

　貸：長期應收款——應收融資租賃款　　　　　　20,000,000

借：未實現融資收益　　　　　　　　　　　　　　　3,010,000

　貸：租賃收入　　　　　　　　　　　　　　　　　3,010,000

---

① 2,530,000 = 4,000,000 - (12,460,000 - 10,990,000)

第十章　租賃公司業務的核算

4. 或有租金的處理

出租人在融資租賃下收到的或有租金應計入當期損益。

[**例 10-12**] 沿用例 10-2，假設 2018 年、2019 年甲公司分別實現家用轎車銷售收入 10,000,000 元和 20,000,000 元，根據租賃合同規定，這兩年乙公司應收取的經營分享收入分別為 500,000 元和 1,000,000 元。會計分錄為：

2018 年，

借：銀行存款（或應收帳款）　　　　　　　　　　500,000
　　貸：租賃收入　　　　　　　　　　　　　　　　500,000

2019 年的會計分錄略。

5. 租賃期屆滿時的處理

租賃期屆滿時出租人應區別以下情況進行會計處理：

(1) 收租人收回租賃資產。這時有可能出現以下三種情況：

①對資產餘值全部擔保的，出租人收到承租人交還的租賃資產時的會計分錄為：
借：融資租賃資產
　　貸：長期應收款——應收融資租賃款

如果收回租賃資產的價值低於擔保餘值，則應向承租人收取價值損失補償金。
借：其他應收款
　　貸：營業外收入

②對資產餘值部分擔保的，出租人收到承租人交還的租賃資產時的會計分錄為：
借：融資租賃資產
　　貸：長期應收款——應收融資租賃款
　　　　未擔保餘值等

如果收回租賃資產的價值扣除未擔保餘值后的餘額低於擔保餘值，則應向承租人收取價值損失補償金。會計分錄為：
借：其他應收款
　　貸：營業外收入

③對資產餘值全部未擔保的，出租人收到承租人交還的租賃資產時的會計分錄為：
借：融資租賃資產
　　貸：未擔保餘值

(2) 優惠續租租賃資產。如果承租人行使優惠續租選擇權，則出租人應視同該項租賃一直存在而作出相應的財務處理，如繼續分配未實現融資收益等。

如果租賃期屆滿時承租人未按租賃合同規定續租，出租人應向承租人收取違約金時，並將其確認為營業外收入。同時，將收回的租賃資產按上述規定進行處理。

(3) 出租人出售資產。租賃期屆滿時，承租人行使了優惠購買選擇權，出租人應按收到的承租人支付的購買資產的價款，借記「銀行存款」等科目，貸記「長期應收款——應收融資租賃款」科目。

[例10-13] 沿用例10-2，假設2020年1月1日，乙公司收到甲公司支付的購買資產的價款100元。會計分錄為：

借：銀行存款　　　　　　　　　　　　　　　　　　　　　100
　　貸：長期應收款——應收融資租賃款　　　　　　　　　　　　100

第三節　經營租賃業務的核算

一、承租人對經營租賃的處理

(一) 租金的處理

在經營租賃下，承租人不必將租賃資產資本化，只需將支付或應付的租金按一定的方法計入相關資產成本或當期損益。

按照《企業會計準則21號——租賃》規定，承租人應當將經營租賃的租金在租賃期內各個期間按照直線法計入相關資產成本或當期損益；當其他方法更為系統合理時，也可以採用其他方法。一般情況下，採用直線法將承租人平均支付的經營租賃租金確認為費用較為合理，但在某些特殊情況下，則應採用比直線法更系統合理的方法，比如根據租賃資產的使用量來確認租金費用。例如：某企業租入一臺運輸汽車，根據該汽車的運輸里程來確認當期應分攤的租金費用就比按直線法確認更為合理。

承租人確認租金費用時的會計分錄為：

借：製造費用
　　銷售費用
　　管理費用等
　　貸：銀行存款等

(二) 初始直接費用的處理

對於承租人在經營租賃中發生的初始直接費用，應計入當期損益。其會計分錄為：

借：管理費用等
　　貸：銀行存款等

(三) 或有租金的處理

在經營租賃下，承租人對或有租金的處理與融資租賃相同，即在實際發生時計入當期損益。其會計分錄為：

借：財務費用
　　銷售費用等
　　貸：銀行存款等

第十章 租賃公司業務的核算

[例10-14] 2016年月1月1日,甲企業向乙企業租入辦公設備一臺,租期為3年。設備價值為1,000,000元,預計使用年限為10年。租賃合同規定,租賃開始日(2016年1月1日)甲企業向乙企業一次性預付租金150,000元,第一年年末支付租金150,000元,第二年年末支付租金200,000元,第三年年末支付租金250,000元。租賃期屆滿後乙企業收回設備,三年的租金總額為750,000元(假定甲企業和乙企業均在年末確認租賃費用和租賃收入,並且不存在租金逾期支付的情況)。

此項租賃沒有滿足融資租賃的任何一條標準,承租人應作為經營租賃處理。

甲企業應作如下帳務處理:

(1) 2016年1月1日,甲企業向乙企業預付租金150,000元時:

借:長期待攤費用　　　　　　　　　　　　　　　　150,000
　　貸:銀行存款　　　　　　　　　　　　　　　　　150,000

(2) 2016年月12月31日,甲企業支付第一年租金150,000元並攤銷租金費用。確認租金費用時,不能依據各期實際支付的租金的金額確定,而應採用直線法分攤確認各期的租金費用。此項租賃租金費用總額為750,000元,按直線法計算,每年應分攤的租金費用為250,000元。

借:管理費用　　　　　　　　　　　　　　　　　　250,000
　　貸:長期待攤費用　　　　　　　　　　　　　　　100,000
　　　　銀行存款　　　　　　　　　　　　　　　　　150,000

(3) 2017年月12月31日,甲企業支付第二年租金200,000元並攤銷租金費用:

借:管理費用　　　　　　　　　　　　　　　　　　250,000
　　貸:長期待攤費用　　　　　　　　　　　　　　　　50,000
　　　　銀行存款　　　　　　　　　　　　　　　　　200,000

(4) 2018年月12月31日,甲企業支付第三年租金250,000元並攤銷租金費用:

借:管理費用　　　　　　　　　　　　　　　　　　250,000
　　貸:銀行存款　　　　　　　　　　　　　　　　　250,000

(四) 出租人提供激勵措施的處理

出租人提供免租期的,承租人應將租金總額在不扣除免租期的整個租賃期內,按直線法或其他合理的方法進行分攤,免租期內應當確認租金費用及相應的負債。出租人承擔了承租人某些費用的,承租人應將該費用從租金費用總額中扣除,按扣除後的租金費用餘額在租賃期內進行分攤。

二、出租人對經營租賃的處理

由於出租人對經營租賃資產仍具有所有權,故其會計核算的處理與企業其他自

有的固定資產核算處理完全相同,但需注意以下幾個方面:

(一) 租金的處理

在一般情況下,出租人應採用直接法將收到的租金在租賃期內確認為收益,但在某些特殊情況下,則應採用比直線法更系統合理的方法。比如根據租賃資產的使用量來確認租賃收益的方法。

出租人應當根據應確認的收益:

借:銀行存款
　　貸:租賃收入
　　　　其他業務收入等

(二) 初始直接費用的處理

經營租賃中出租人發生的初始直接費用,是指在租賃談判和簽訂租賃合同的過程中發生的可歸屬於租賃項目的手續費、律師費、差旅費、印花稅等,應當計入當期損益。金額較大的應當資本化,在整個經營租賃期內按照與確認租金收入相同的基礎分期計入當期損益。

(三) 租賃資產折舊的計提

對於經營租賃資產中的固定資產,應當採用出租人對類似應折舊資產通常所採用的折舊政策計提折舊;對於其他經營租賃資產如週轉材料等,應當採用合理的方法進行攤銷。

(四) 或有租金的處理

在經營租賃下,出租人對或有租金的處理與融資租賃下相同,即在實際發生時計入當期收益。

(五) 出租人對經營租賃提供激勵措施的處理

出租人提供免租期的,出租人應將租金總額在不扣除免租期的整個租賃期內,按直線法或其他合理的方法進行分配,免租期內出租人應當確認租金收入。出租人承擔了承租人某些費用的,出租人應將該費用從租金收入總額中扣除,按扣除後的租金收入餘額在租賃期內進行分配。

[例 10-15] 沿用例 10-14。此項租賃沒有滿足融資租賃的任何一條標準,出租人也應作為經營租賃處理。

乙企業應作如下財務處理:

確認租金收入時,不能依據各期實際收到的租金金額確定,而應採用直線法分配確認各期的租金收入。此項租賃租金收入總額為 750,000 元,按直線法計算,每

年應分配的租金收入為 250,000 元。

(1) 2016 年 1 月 1 日，收到甲企業預付的租金 150,000 元時：
借：銀行存款　　　　　　　　　　　　　　　　150,000
　　貸：預收帳款　　　　　　　　　　　　　　　　150,000

(2) 2016 年月 12 月 31 日，收到甲企業支付第一年租金 150,000 元並確認租金收入：
借：銀行存款　　　　　　　　　　　　　　　　150,000
　　預收帳款　　　　　　　　　　　　　　　　100,000
　　貸：租賃收入——經營租賃收入　　　　　　　250,000

(3) 2017 年月 12 月 31 日，收到甲企業支付第二年租金 200,000 元並確認租金收入：
借：銀行存款　　　　　　　　　　　　　　　　200,000
　　預收帳款　　　　　　　　　　　　　　　　50,000
　　貸：租賃收入——經營租賃收入　　　　　　　250,000

(4) 2018 年月 12 月 31 日，收到甲企業支付第三年租金 250,000 元並確認租金收入：
借：銀行存款　　　　　　　　　　　　　　　　250,000
　　貸：租賃收入——經營租賃收入　　　　　　　250,000

(六) 經營租賃資產在會計報表中的處理

在經營租賃下，與資產所有權有關的主要風險和報酬仍然留在出租人一方，因此出租人應當將出租資產作為自身擁有的資產在資產負債表中列示。如果出租資產屬於固定資產，則列在資產負債表固定資產項下；如果出租資產屬於流動資產，則列在資產負債表有關流動資產項下。

出租人以經營租賃方式提供的生物資產的計量，按照《企業會計準則第 5 號——生物資產》的相關規定進行處理。

復習思考題

1. 租賃有哪些類型？
2. 什麼是融資租賃？什麼是經營租賃？
3. 什麼是最低租賃付款額和最低租賃收款額？二者有何區別？
4. 什麼是租賃內含利率？融資租賃承租人對未確認融資費用如何進行分攤？融資租賃出租人對未實現融資收益如何進行分配？
5. 融資租賃與經營租賃對初始直接費用的處理有何不同？

第十一章 保險公司業務的核算

本章重點

1. 保險公司業務的類別。
2. 壽險原保險業務的相關會計核算。
3. 非壽險原保險業務的相關會計核算。
4. 再保險的相關會計核算。

引導案例

中國平安保險（集團）股份有限公司2016年半年度報告披露：公司在核心金融業務方面，壽險業務平穩健康增長，新業務價值持續提升，實現規模保費2,181.92億元，個人壽險業務代理人隊伍規模突破百萬元；產險業務上半年實現保費收入839.75億元，綜合成本率95.3%，業務品質保持優良；養老險年金等養老資產管理業務保持行業領先。2016年上半年，本公司實現歸屬於母公司股東的淨利潤407.76億元，同比增長17.7%；截至2016年6月30日，歸屬於母公司股東權益為3,639.48億元，較年初增長8.9%；公司總資產約5.22萬億元，較年初增長9.5%（見表11-1、表11-2）。

第十一章 保險公司業務的核算

表 11-1　　中國平安保險（集團）股份有限公司合併經營業績

單位：100 萬元

	2016 年	2015 年
營業收入合計	376,657	337,909
其中：保險業務收入	256,873	212,275
營業支出合計	(320,871)	(278,481)
營業利潤	55,786	59,428
淨利潤	46,308	39,911
歸屬於母公司股東的淨利潤	40,776	34,649

（截至 6 月 30 日止 6 個月）

表 11-2　　中國平安保險（集團）股份有限公司分業務板塊的利潤貢獻

單位：100 萬元

	2016 年	2015 年
保險業務：		
人壽保險業務	16,004	15,408
財產保險業務	6,709	8,687
銀行業務	6,999	6,618
資產管理業務		
證券業務	1,178	1,428
信託業務	897	976
其他資產管理業務	1,847	2,141
互聯網金融業務及其他	7,142	(609)
歸屬於母公司股東的淨利潤	40,776	34,649

（截至 6 月 30 日止 6 個月）

思考：保險業務的收入和成本分別包括哪些項目？

［資料參考：中國平安保險（集團）股份有限公司 2016 年半年度報告］

第一節　保險公司業務概述

一、保險公司業務概述

保險公司的保險業務分為原保險業務和再保險業務兩大類。原保險業務是保險公司通過向投保人收取保費，對約定可能發生的事故因其發生所造成的財產損失承

擔賠償保險金責任，或者當保險人死亡、傷殘、疾病或者達到約定的年齡、期限時承擔給付保險金責任的業務。

其中原保險業務又可分為壽險與非壽險兩類。根據保險界的國際慣例，保險公司按壽險和非壽險實行分險經營。《中華人民共和國保險法》（2015年）規定：「保險人不得兼營人身保險和財產保險；但是經營財產保險業務的保險公司經國務院保險監督管理機構批准，可以經營短期健康保險業務和意外傷害保險業務。」

由於保險公司主要從事風險經營，為加強風險管理、均衡業務、穩定經營，需要將超過自身業務承受能力的一部分風險責任轉嫁給其他保險公司來分擔，由此產生再保險業務。

二、保險合同概述

保險公司主要經營對象是保險合同，保險公司承擔的被保險人保險風險是通過與投保人簽訂保險合同來體現的。保險合同中的保險人是指與投保人訂立保險合同，並承擔賠償或者給付保險金責任的保險公司。對於原保險合同，投保人是指與保險公司訂立原保險合同，並按照合同約定負有支付保險費義務的自然人、法人或其他組織；對於再保險合同，投保人是指與保險公司（再保險接受人）訂立再保險合同，並按照合同約定負有支付保險費義務的保險公司。

保險合同的本質特徵是承擔被保險人的保險風險，這也是保險合同區別於其他合同的關鍵。保險人承擔的保險風險是被保險人已經存在的風險，其表現形式有多種。例如，可能對被保險人財產造成損害或毀壞的火災的發生或不發生、被保險人是否能夠生存到合同約定的年齡、被保險人是否會患合同約定的重大疾病等。如果保險人承擔了被保險人的保險風險，雙方簽訂的合同是保險合同；如果保險人沒有承擔被保險人的保險風險，承擔的是其他風險，如金融工具價格、商品價格、匯率、費率指數、信用等級、信用指數等可能發生變化的風險，則雙方簽訂的合同不是保險合同。

根據《保險合同相關會計處理規定》（2009），保險人與投保人簽訂的合同，使保險人既承擔保險風險又承擔其他風險的，應當分別按下列情況進行處理：

第一，保險風險部分和其他風險部分能夠區分，並且能夠單獨計量的，應當將保險風險部分和其他風險部分進行分拆。保險風險部分，確定為保險合同；其他風險部分，不確定為保險合同。

第二，保險風險部分和其他風險部分不能夠區分，或者雖能夠區分但不能夠單獨計量的，如果保險風險重大，應當將整個合同確定為保險合同；如果保險風險不重大，不應當將整個合同確定為保險合同。

保險人與投保人簽訂的需要進行重大保險風險測試的合同，應當在合同初始確

第十一章 保險公司業務的核算

認日進行重大保險風險測試。測試結果表明，發生合同約定的保險事故可能導致保險人支付重大附加利益的，即認定該保險風險重大（不具有商業實質的除外）。附加利益，是指保險人在發生保險事故時的支付額，超過不發生保險事故時的支付額的金額。

確定為保險合同的，應當按照《企業會計準則第 25 號——原保險合同》《企業會計準則第 26 號——再保險合同》等進行處理；不確定為保險合同的，應當按照《企業會計準則第 22 號——金融工具確認和計量》《企業會計準則第 37 號——金融工具列報》等進行處理。

三、保險公司會計概述

(一) 資產

保險公司的產品是無形的信用承諾，故存貨項目較少，而且公司在收到投保人繳納的保費後，為了實現在一定期限內滯留保險公司內的資金的保值、增值，絕大部分要運用於投資方面，故以各種債券和上市公司股票為主的有價證券、不動資產、抵押貸款、保單貸款等投資資產構成了保險公司資產的主體。

(二) 負債

保險公司經營的對象是保單，其一經簽發就具有法律效力，一旦保險標的或被保險人發生意外事故或保險期滿，公司就負有賠償或給付的義務，因此負債項目對於保險公司來說較一般行業更為重要。對保險公司來講，各項業務計提的準備金是負債中比例最大的部分。《保險公司財會工作規範》（2012）要求，保險公司財務報告準備金負債計量由公司董事會負責。

(三) 所有者權益

為了防範風險，保險公司在提足各項準備金的基礎上，在向投資者分配利潤之前，經公司董事會或相關主管部門的批准，按一定比例從稅後利潤提取總準備金，用於特大自然災害發生的賠款支出等，此資金專款專用。這是由保險行業較高的經營風險決定的。

(四) 損益

保險公司的收入包括保險業務收入和其他業務收入，主要來源於保費收入。成本主要包括發生的手續費或佣金支出、賠付成本以及提取的各種責任準備金。

表 11-3 列示了根據 2006 年《會計準則應用指南》，保險公司設置的特殊科目。

表11-3　　　　　　　　保險公司特殊科目表

編號	會計科目名稱	編號	會計科目名稱
	一、資產類	2611	保戶儲金
1122	應收保費	2621	獨立帳戶負債
1123	預付賠付款		三、共同類
1201	應收代位追償款		四、所有者權益
1211	應收分保帳款		五、成本類
1212	應收分保合同準備金		六、損益類
1303	保戶質押貸款	6031	保費收入
1451	損餘物資	6201	攤回保險責任準備金
1541	存出資本保證金	6202	攤回賠付支出
1821	獨立帳戶資產	6203	攤回分保費用
	二、負債類	6501	提取未到期責任準備金
2202	應付賠付款	6502	提取保險責任準備金
2203	預收保費	6511	賠付支出
2203	預收賠付款	6521	保單紅利支出
2251	應付保單紅利	6531	退保金
2261	應付分保帳款	6541	分出保費
2601	未到期責任準備金	6542	分保費用
2602	保險責任準備金		

第二節　財產保險公司原保險業務的核算

一、財產保險公司的業務特點

財產保險合同是以財產及其有關利益為保險標的的保險合同。這裡的「財產保險」是廣義的，它既包括狹義的財產保險，即以有形財產為標的的保險；又包括以農業、責任、保證、信用等無形資產即「有關利益」為標的的保險。本節所涉及的為廣義的財產保險。

另外，《保險法》雖然把短期健康保險業務和意外傷害保險業務歸入人身保險業務，並要求「同一保險人不得同時兼營財產保險業務和人身保險業務」；但是，由於短期健康保險業務和意外傷害保險業務和人壽保險有著較大的差別，具有與財產保險相同的補償性質和精算基礎，多數國家允許財產保險公司經營這兩個險種。《會計準則第25號——原保險合同》中對收入、成本、準備金的計提也以壽險、非壽險為界限，而不是以人身保險、財產保險為界限。在該準則規定下，短期健康保

第十一章 保險公司業務的核算

險業務和意外傷害保險業務與財產保險業務的會計處理相同。綜上考慮，本節在介紹財產保險公司業務時，均包括短期健康保險業務和意外傷害保險。

財產保險公司主要業務包括：財產險、貨物運輸保險、運輸工具保險、農業保險、工程保險、責任保險、保證保險、意外傷害保險、短期健康保險等，其中短期健康保險是指保險期限在1年或1年以下的以被保險人的疾病、分娩所致殘疾或死亡為保險標的的保險。

二、會計科目設置

(一)「保費收入」科目

「保費收入」是損益類科目，核算企業保險業務取得的收入。可按保險合同和險種進行明細核算。企業確認的原保險合同保費收入，借記「應收保費」「預收保費」「銀行存款」「庫存現金」等科目，貸記本科目。非壽險原保險合同提前解除的，按原保險合同約定計算確定的應退還投保人的金額，借記本科目，貸記「庫存現金」「銀行存款」等科目。

(二)「應收保費」科目

「應收保費」是資產類科目，核算保險公司按照原保險合同約定應向投保人收取的保費，應按照投保人進行明細核算，類似於一般企業的「應收帳款」科目。保險公司發生應收保費，按應收金額，借記本科目；按確認的營業收入，貸記「保費收入」科目。收回應收保費時，借記「銀行存款」等科目，貸記本科目。

(三)「預收保費」科目

「預收保費」是負債類的科目，核算保險公司收到未滿足保費收入確認條件的保險費，按投保人進行明細核算。類似於一般企業的「預收帳款」。保險公司收到預收的保費，借記「銀行存款」「庫存現金」等科目，貸記本科目。確認保費收入，借記本科目，貸記「保費收入」科目。

(四)「保戶儲金」科目

「保戶儲金」是負債類的科目，核算保險企業收到投保人以儲金本金增值作為保費收入的儲金。保險公司收到投保人投資型保險業務的投資款，可將本科目改為「2611 保戶投資款」。保險公司應向投保人支付的儲金或投資款的增值，也在本科目核算。本科目可按投保人進行明細核算。

企業收到投保人交納的儲金，借記「銀行存款」「庫存現金」等科目，貸記本科目。向投保人支付儲金做相反的會計分錄。本科目期末貸方餘額，反映企業應付未付投保人儲金。

(五)「賠付支出」科目

「賠付支出」是損益類的科目,核算保險企業支付的原保險合同賠付款項和再保險合同賠付款項。本科目可按保險合同和險種進行明細核算。企業在確定支付賠付款項金額或實際發生理賠費用的當期,借記本科目,貸記「銀行存款」「庫存現金」等科目。承擔賠付保險金責任應當確認的代位追償款,借記「應收代位追償款」科目,貸記本科目。承擔賠償保險金責任后取得的損餘物資,應按同類或類似資產的市場價格計算確定的金額,借記「損餘物資」科目,貸記本科目。

(六)「應付賠付款」科目

「應付賠付款」是負債類科目,類似一般企業的「應付帳款」,核算保險企業應支付但尚未支付的賠付款項。

(七)「預付賠付款」科目

「預付賠付款」是資產類科目,類似於一般企業的「預付帳款」,核算保險企業從事保險業務預先支付的賠付款,應按照保險人或受益人進行明細核算。

(八)「應收代位追償款」科目

「應收代位追償款」是資產類科目,核算保險企業按照原保險合同約定承擔賠付保險金責任后確認的代位追償款。本科目可按被追償單位(或個人)進行明細核算。

企業承擔賠付保險金責任后確認的代位追償款,借記本科目,貸記「賠付支出」科目。收回應收代位追償款時,按實際收到的金額,借記「庫存現金」「銀行存款」等科目;按其帳面餘額,貸記本科目;按其差額,借記或貸記「賠付支出」科目。已計提壞帳準備的,還應同時結轉壞帳準備。本科目期末借方餘額,反映企業已確認尚未收回的代位追償款。

(九)「損餘物資」科目

「損餘物資」是資產類科目,核算保險企業按照原保險合同約定承擔賠償保險金責任后取得的損餘物資成本。本科目可按損餘物資種類進行明細核算。

企業承擔賠償保險金責任后取得的損餘物資,按同類或類似資產的市場價格計算確定的金額,借記本科目,貸記「賠付支出」科目。處置損餘物資時,按實際收到的金額,借記「庫存現金」「銀行存款」等科目;按其帳面餘額,貸記本科目上;按其差額,借記或貸記「賠付支出」科目。本科目期末借方餘額,反映企業承擔賠償保險金責任后取得的損餘物資成本。

第十一章 保險公司業務的核算

(十)「未到期責任準備金」科目

「未到期責任準備金」是負債類科目，類似於一般企業的「遞延收益」科目，核算保險企業提取的非壽險原保險合同未到期責任準備金。本科目可按保險合同進行明細核算。

企業確認原保費收入、分保費收入的當期，應按保險精算確定的未到期責任準備金，借記「提取未到期責任準備金」科目，貸記本科目。資產負債表日，按保險精算重新計算確定的未到期責任準備金與已確認的未到期責任準備金的差額，借記本科目，貸記「提取未到期責任準備金」。原保險合同提前解除的，按相關未到期責任準備金餘額，借記本科目，貸記「提取未到期責任準備金」科目。本科目期末貸方餘額，反映企業的未到期責任準備金。

(十一)「提取未到期責任準備金」科目

「提取未到期責任準備金」是損益類科目，核算保險企業提取的非壽險原保險合同未到期責任準備金和再保險合同分保未到期責任準備金。本科目可按保險合同和險種進行明細核算。

企業確認原保費收入、分保費收入的當期，應按保險精算確定的未到期責任準備金，借記本科目，貸記「未到期責任準備金」科目。資產負債表日，按保險精算重新計算確定的未到期責任準備金與已確認的未到期責任準備金的差額，借記「未到期責任準備金」，貸記本科目。原保險合同提前解除的，按相關未到期責任準備金餘額，借記「提取未到期責任準備金」科目，貸記本科目。

(十二)「保險責任準備金」科目

「保險責任準備金」是負債類的科目，核算保險企業提取的原保險合同保險責任準備金，對於經營非壽險業務的財產保險公司來說，該科目核算的是非壽險原保險合同的未決賠款準備金，也可以單獨設置「未決賠款準備金」，代替該科目。本科目可按保險責任準備金類別、保險合同進行明細核算。

投保人發生非壽險保險合同約定的保險事故當期，企業應按保險精算確定的未決賠款準備金，借記「提取保險責任準備金」科目，貸記本科目。對保險責任準備金進行充足性測試，應按補提的保險責任準備金，借記「提取保險責任準備金」科目，貸記本科目。原保險合同保險人確定支付賠付款項金額或實際發生理賠費用的當期，應按衝減的相應保險責任準備金餘額，借記本科目，貸記「提取保險責任準備金」科目。

(十三)「提取保險責任準備金」科目

「提取保險責任準備金」是損益類科目，核算保險企業提取的原保險合同保險

責任準備金。對於經營非壽險的財產保險公司而言，該科目核算企業提取的未決賠款準備金。企業也可以單獨設置「提取未決賠款準備金」科目，替代該科目。本科目可按保險責任準備金類別、險種和保險合同進行明細核算。

投保人發生非壽險保險合同約定的保險事故當期，企業應按保險精算確定的未決賠款準備金，借記本科目，貸記「保險責任準備金」科目。對保險責任準備金進行充足性測試，應按補提的保險責任準備金，借記本科目，貸記「保險責任準備金」科目。原保險合同保險人確定支付賠付款項金額或實際發生理賠費用的當期，應按沖減的相應保險責任準備金餘額，借記「保險責任準備金」科目，貸記本科目。

(十四)「應交稅費——應交增值稅」科目

「應交稅費——應交增值稅」是負債類科目，相關內容詳見本書第三章。

三、業務核算

(一) 非壽險原保險合同收入的核算

非壽險原保險合同保費收入，是銷售非壽險保險產品並承擔相應的保險責任而取得的收入，是財產保險公司的主要收入項目。根據《企業會計準則》，只有同時滿足以下條件，才能確認非壽險原保險保費收入：①原保險合同成立並承擔相應的保險責任；②與原保險合同相關的經濟利益很可能流入；③與原保險合同相關的收入能夠可靠地計量。

條件①「原保險合同成立並承擔相應的保險責任」，類似於銷售商品收入的確認條件之「企業已將商品所有權上的主要風險和報酬轉移給購貨方」。原保險合同成立，是指原保險合同已經簽訂；承擔相應保險責任，是指保險在原保險合同生效時開始承擔約定的保險責任。例如某運輸工具保險合同簽訂日為2016年12月1日，合同約定，保險責任起訖時間為2017年1月1日至12月31日。那麼合同成立是為2017年12月1日，而合同生效日為2017年1月1日。該保險公司在2017年1月1日前收到的相關款項，不應確認為保費收入，而應確認為一筆負債。

條件②的應用與一般企業的收入確認相同。

條件③「與原保險合同相關的收入能夠可靠地計量」，雖然與一般企業收入確認條件之一「收入的金額能夠可靠地計量」的表述相似，但在應用上有較大的不同。這是非壽險原保險保費收入確認和一般企業收入確認條件的主要區別。非壽險原保險合同的保險期間一般較短（通常為一年或短於一年），保費通常一次性收取。由於即使在分期收取保費的情況下，投保人一般也不能單方面取消合同，保險人（保險公司）在簽訂原保險合同時通常即可認為保費收回的可能性大於不能收回的可能性。因此，《企業會計準則第25號——原保險合同》明確規定，「對於非壽險原保險合同，應當根據原保險合同約定的保費總額」確定保費收入金額。《保險行

第十一章 保險公司業務的核算

業新會計準則實施指南（徵求意見稿）》補充規定：「保費收入的確認，關鍵視其是否滿足保費收入確認條件，而不是視其是否一次性收取或分期收取。如果在起保日即承擔全部保險風險，就應在起保日根據原保險合同約定的保費總額全額確認保費收入；否則，應在承擔相應保險風險時確認保費收入。」

[例11-1] 2016年11月1日，誠毅財產保險公司與某企業簽訂了一份工程保險合同，保險金為6,000,000元，保險期間為1年，保費636,000元。合同規定，誠毅公司自2016年11月1日起承擔保險責任。若合同約定保費於2016年11月1日全額收取，且誠毅公司於2016年11月1日收到保費636,000元，並開具增值稅專用發票，則誠毅公司會計分錄為：

借：銀行存款　　　　　　　　　　　　　　　　　　　636,000
　貸：保費收入　　　　　　　　　　　　　　　　　　　600,000
　　　應交稅費——應交增值稅（銷項稅額）　　　　　　 36,000

若合同規定，誠毅公司自2017年5月1日起承擔保險責任，而誠毅財產保險公司在2016年11月1日即收到保費636,000元，於2017年5月1日開具增值稅專用發票，則誠毅公司會計分錄為：

2016年11月1日
借：銀行存款　　　　　　　　　　　　　　　　　　　636,000
　貸：預收保費　　　　　　　　　　　　　　　　　　　636,000

2017年5月1日
借：預收保費　　　　　　　　　　　　　　　　　　　636,000
　貸：保費收入　　　　　　　　　　　　　　　　　　　600,000
　　　應交稅費——應交增值稅（銷項稅額）　　　　　　 36,000

(二) 非壽險原保險合同準備金的核算

非壽險原保險合同準備金包括未到期責任準備金、未決賠款準備金。

未到期責任準備金，是指保險人為尚未終止的非壽險保險責任提取的準備金。保險人按原保險合同約定的保費總額確認保費收入的情況下，為了真實地反映保險人當期已賺取的保費收入，保險人應當在確認非壽險保費收入的當期，按照保險精算確定的金額，提取未到期責任準備金，將保費收入調整為已賺取的保費收入，並確認未到期責任準備金負債。並在之後的每個資產負債表日，重新調整未到期責任準備金。從性質上講，未到期責任準備金屬於未賺取的保費收入，確認未到期責任準備金就是確認未賺取的保費收入。

[例11-2] 沿用例11-1，2016年11月30日，誠毅公司應計算並提取未到期責任準備金。

借：提取未到期責任準備金（600,000/12×11）　　　　　550,000
　貸：未到期責任準備金　　　　　　　　　　　　　　　550,000

2016年12月31日，誠毅公司應調整未到期責任準備金50,000元。

借：未到期責任準備金（600,000/12×1）　　　　　　　50,000
　　貸：提取未到期責任準備金　　　　　　　　　　　　　　　50,000

未決賠款準備金，是指保險人為非壽險保險事故已發生尚未結案的賠案提取的準備金。由於在保險事故發生之前，保險人承擔的向受益人賠付保險金的責任是一種潛在義務，是滿足負債的確認條件。而保險事故一旦發生，保險人承擔的向受益人賠付保險金的責任變成一種現實的義務，滿足了負債的確認條件，應確認為負債。因此，保險人應當在非壽險保險事故發生的當期，按照保險精算確定的金額，提取未決賠款準備金，並確認未決賠款準備金負債。

未決賠款準備金包括已發生已報案未決賠款準備金、已發生未報案未決賠款準備金和理賠費用準備金。保險人至少應當於每年年度終了，對未決賠款準備金進行充足性測試。保險人按照保險精算重新計算確定的相關準備金金額超過充足性測試日已提取的相關準備金餘額的，應當按照其差額補提相關準備金；保險人按照保險精算重新計算確定的相關準備金金額小於充足性測試日已提取的相關準備金餘額的，不調整相關準備金。

[例11-3] 沿用例11-1，2017年3月18日，該投保的工程出險。2017年3月31日，承保的誠毅保險公司根據保險精算部門確定的金額，為該保險事故計提了未決賠款準備金80,000元。

借：提取保險責任準備金　　　　　　　　　　　　　　　　80,000
　　貸：保險責任準備金　　　　　　　　　　　　　　　　　　80,000

(三) 非壽險原保險合同成本的核算

原保險合同成本，是指原保險合同發生的、會導致所有者權益減少的、與向所有者分配利潤無關的經濟利益的總流出。非壽險原保險合同成本主要包括發生的手續費或佣金支出、賠付成本以及提取的未決賠款準備金。

對於手續費或佣金支出等保單取得成本，《企業會計準則》採用將其在發生時直接計入當期損益，即費用化的處理方法。賠付成本包括保險人支付的賠款、給付以及在理賠過程中發生的律師費、訴訟費、損失檢驗費、相關理賠人員薪酬等理賠費用。關於賠付支出所含的進項稅額如何從銷項稅額當中抵扣，目前實務界尚存在不同意見。因此，本章例題中的賠付支出暫不考慮增值稅的影響。下同。

[例11-4] 沿用例11-3，4月12日，誠毅保險公司會計部門收到業務部門交來賠款計算書和被保險人簽章的賠款收據，應賠款88,000元，經審核，開出轉帳支票支付賠款。保險公司確認賠付款項后，衝減相應的保險責任準備金。

借：賠付支出　　　　　　　　　　　　　　　　　　　　　88,000
　　貸：銀行存款　　　　　　　　　　　　　　　　　　　　　88,000
借：保險責任準備金　　　　　　　　　　　　　　　　　　80,000

第十一章 保險公司業務的核算

　　貸：提取保險責任準備金　　　　　　　　　　　　　　　　80,000

《企業會計準則指南附錄——會計科目和主要帳務處理》中指出，原保險合同保險人確定支付賠付款項金額或實際發生理賠費用的當期，應按衝減的相應保險責任準備金餘額，借記「保險責任準備金」，貸記「提取保險責任準備金」科目。但是，在《企業會計準則講解》中又提出，在實務中，保險人在確定了實際應支付賠償款項金額的當期，應當按照確定支付的賠償款項金額，衝減相應的保險責任準備金餘額。而由於保險精算部門是根據有效保單定期計算未決賠款準備金餘額，已決保單沒有包括在有效保單內，故而在資產負債表日，會計部門根據保險精算結果按差額確認未決賠款準備金時，已經自動將已決保單相關的未決賠款準備金轉銷。在應衝減的金額方面，本書採取《會計科目和主要帳務處理》中的處理方法。

[例11-5] 2016年甲企業投保的機器發生爆炸，承保的誠毅保險公司認為該事故是機器設計錯誤引起的，不在投保範圍內，拒絕支付賠償金。甲企業向法院上訴。法院判定誠毅公司必須支付賠償金，並承擔相關的訴訟費、律師費共計50,000元。

　　借：賠付支出　　　　　　　　　　　　　　　　　　　　50,000
　　　　貸：銀行存款　　　　　　　　　　　　　　　　　　50,000
　　借：保險責任準備金　　　　　　　　　　　　　　　　　50,000
　　　　貸：提取保險責任準備金　　　　　　　　　　　　　50,000

通常情況下，保險人承擔賠償保險金責任時，一般將取得的有關財產折價給受益人，該財產不屬於保險人的損餘物資，應當將其從應支付的賠償款項中扣除。如果保險人沒有將取得的有關財產折價給受益人，則該資產屬於保險人的損餘物資。

[例11-6] 張某投保的麵包車發生火災。經計算，保險公司賠償原告張某損失45,000元，汽車殘值歸保險公司所有，殘值約500元。

　　借：損餘物資　　　　　　　　　　　　　　　　　　　　　　500
　　　　貸：賠付支出　　　　　　　　　　　　　　　　　　　　500

保險企業按照原保險合同約定承擔賠付保險金責任後，可確認應收代位追償款。《企業會計準則》明確規定，代位追償款在滿足一定條件時應確認為一項資產，直接衝減賠付支出。

[例11-7] 誠毅保險公司承保了A公司的貨物運輸險，A公司讓承運人B公司運輸貨物，運輸途中，B公司過錯導致貨物運輸毀損，貨物損失20萬元，誠毅保險公司向A公司賠償20萬元，同時取得向B公司代位追償的權利。2個月後誠毅保險公司收到追償款。

　　借：賠付支出　　　　　　　　　　　　　　　　　　　200,000
　　　　貸：銀行存款　　　　　　　　　　　　　　　　　200,000
　　借：應收代位追償款　　　　　　　　　　　　　　　　200,000
　　　　貸：賠付支出　　　　　　　　　　　　　　　　　200,000

借：銀行存款　　　　　　　　　　　　　　　　　　　　　200,000
　　貸：應收代位追償款　　　　　　　　　　　　　　　　　200,000

第三節　人身保險公司原保險業務的核算

一、人身保險業務特點

人身保險是以人的生命或身體作為保險標的的一種保險。人身保險按照保險範圍，可分為人壽保險、意外傷害保險和健康保險三大類。其中健康保險又分為短期健康保險和長期健康保險兩類。在會計核算上，意外傷害保險、短期健康保險具有與財產保險類似的規律，它們共同被劃分為非壽險業務，相關內容已在第二節中介紹；而人壽保險（死亡保險、生存保險、兩全保險）、年金保險、長期健康保險具有類似的規律，它們共同被劃分為壽險業務。本節只介紹壽險業務的核算。

壽險與非壽險相比有著截然不同的性質與特徵。①壽險保障的風險從整體上說具有一定的穩定性；而從個體上說又具有變動性。②壽險一般採用長期性業務。保險期限少則幾年，多則十幾年或幾十年以至終身。③壽險具有儲蓄性。在壽險中，在它還沒有履行保險義務期間，保險人每年收取的保險費超過其當時需要支付的保險金。這個超過部分是投保人提前交給保險人，用於履行未來義務的資金。它相當於投保人存在保險人處的長期性儲蓄存款。

相應的，壽險會計核算也有其顯著的特點，主要表現在：壽險會計核算依靠保險精算；責任準備金核算佔有重要地位；關心遠期比關心近期更重要；盈利計算有其特殊性。

二、會計科目設置

壽險原保險合同核算使用的科目大致與非壽險原保險合同業務相同，其區別主要在於壽險保險合同準備金包括壽險責任準備金、長期健康險責任準備金，分別由未到期責任準備金和未決賠款準備金組成（《保險合同相關會計處理規定》，2009）。壽險業務不使用「未到期責任準備金」與「提取未到期責任準備金」這兩個科目。壽險業務的「保險責任準備金」科目所核算的壽險保險合同準備金，具有責任準備金和償付準備金雙重性質。

根據財稅36號文的附件3《營業稅改徵增值稅試點過渡政策的規定》，保險公司開辦的一年期以上人身保險產品取得的保費收入免徵增值稅。

(一)「保險責任準備金」科目

「保險責任準備金」是負債類的科目。對於經營壽險業務的人身保險公司來說，

第十一章 保險公司業務的核算

該科目核算的是壽險原保險合同的壽險責任準備金、長期健康險責任準備金，也可以單獨設置「壽險責任準備金」「長期健康險責任準備金」科目。本科目可按保險責任準備金類別、保險合同進行明細核算。

企業確認壽險保費收入，應按保險精算確定的壽險責任準備金、長期健康險責任準備金，借記「提取保險責任準備金」科目，貸記本科目。壽險原保險合同提前解除的，應按相關壽險責任準備金、長期健康險責任準備金餘額，借記本科目，貸記「提取保險責任準備金」科目。

(二)「提取保險責任準備金」科目

對於經營壽險的人身保險公司而言，該科目核算企業提取的壽險責任準備金、長期健康責任準備金。企業也可以單獨設置「提取壽險責任準備金」「提取長期健康責任準備金」等科目，替代該科目。

企業確認壽險保費收入，應按保險精算確定的壽險責任準備金、長期健康險責任準備金，借記本科目，貸記「保險責任準備金」科目。壽險原保險合同提前解除的，應按相關壽險責任準備金、長期健康險責任準備金餘額，借記「保險責任準備金」科目，貸記本科目。

三、業務核算

(一) 壽險原保險合同收入的核算

壽險保費收入確認的條件以及核算所使用的科目與非壽險業務保費收入相似，但是在計量方面有較大的不同。壽險原保險合同的保險期間一般較長，保費通常分期收取，一次性躉交較少，投保人可以單方面取消合同，保費的收回存在不確定性。因此，對於分期收取保費的壽險原保險合同，保險人應當根據當期應收取的保費確定保費金額；對於一次性收取保費的壽險原保險合同，保險人應當根據一次性應收取的保費確定保費收入金額。

[例11-8] 2016年1月1日，延平保險公司與張某簽訂一份定期壽險合同，採用分期付款方式。保險金額500,000元，保險期間從2016年1月1日零時至2025年12月31日24時；保費總額為40,000元，分10期於每年1月1日等額收取。當天，延平公司收到張某交來的保費4,000元。

借：銀行存款　　　　　　　　　　　　　　　　4,000
　　貸：保費收入　　　　　　　　　　　　　　　　　4,000

[例11-9] 延平保險公司收到銀行轉來的收帳通知，系某企業交來的團體養老金保險，合計為500,000元。相關的保險合同已簽訂並生效，合同約定保險金額為7,000,000元，保費500,000元，一次性繳清。

借：銀行存款 500,000
　　貸：保費收入 500,000

(二) 壽險原保險合同責任準備金的核算

針對人壽保險和長期健康保險兩類壽險業務，保險公司應該分別計提壽險責任準備金、長期健康險責任準備金。

壽險責任準備金，是指保險公司對人壽保險業務為承擔未來保險責任而按規定提存的準備金。從實質上來看，壽險責任準備金本質就是將早期多收的保費提存出來，用以彌補晚期少收的保費，以便將來履行給付的義務。也就是說，壽險責任準備金具有責任準備金和償付準備金雙重性質。壽險責任準備金的計算包括過去法和將來法，應於期末按保險精算結果入帳。

長期健康險是介於短期健康險與普通壽險之間的一類業務，其責任準備金有類似於壽險責任準備金的性質。

保險人在確認壽險原保險合同的保費收入的當期，應根據精算部門計算確定的壽險責任準備金、長期健康險責任準備金金額，確認保險責任準備金負債，同時確認保險責任準備金，計入當期損益。並至少在每年年度終了，對保險責任準備金進行充足性測試，根據測試結果調整相關保險責任準備金額。

[例11-10] 2016年11月5日，延平人壽保險公司簽訂一份壽險保單，並於即日生效。經精算部門計算確定，該壽險保單應計提壽險責任準備金32,000,000元。

借：提取保險責任準備金 32,000,000
　　貸：保險責任準備金 32,000,000

[例11-11] 2016年12月31日，經精算部門計算確定，上述壽險保單應計提壽險責任準備金應為35,000,000元，需要調整相關保險責任準備金額。

借：提取保險責任準備金 3,000,000
　　貸：保險責任準備金 3,000,000

《保險合同相關會計處理規定》(2009)在保險合同準備金計量方面提出新的會計政策，適用於壽險和非壽險業務核算：

第一，保險人在確定保險合同準備金時，應當將單項保險合同作為一個計量單元，也可以將具有同質保險風險的保險合同組合作為一個計量單元。

第二，保險合同準備金應當以保險人履行保險合同相關義務所需支出的合理估計金額為基礎進行計量。

第三，保險人在確定保險合同準備金時，應當考慮邊際因素，並單獨計量。

第四，保險人在確定保險合同準備金時，應當考慮貨幣時間價值的影響。

第五，原保險合同現金流量和與其相關的再保險合同現金流量應當分別估計，並應當將從再保險分入人攤回的保險合同準備金確認為資產。

第六，保險人在確定保險合同準備金時，不得計提以平滑收益為目的的巨災準

第十一章 保險公司業務的核算

備金、平衡準備金、平滑準備金等。

(三) 壽險原保險合同成本的核算

壽險原保險合同成本主要包括發生的手續費或佣金支出、賠付成本以及提取的保險責任準備金。保險人在確認保費收入當期，已提取了保險責任準備金，計入當期損益。保險人在確定了實際支付給付款項金額的當期，首先，應當將確定支付的給付款項金額，計入當期賠付支出；其次，應當按照確定支付的給付款項金額，衝減相應的保險責任準備金。

1. 滿期給付

滿期給付指壽險業務被保險人生存到保險期滿，按保險合同條款約定支付給被保險人或受益人的保險金。

[例 11-12] 2016 年 9 月 30 日，延平保險公司的一項人壽保險業務保險期滿，被保險人持有關證件向延平公司申請領取保險金 50,000 元。審核無誤後全額給付。

借：賠付支出　　　　　　　　　　　　　　　　　　50,000
　　貸：庫存現金　　　　　　　　　　　　　　　　　　50,000
借：保險責任準備金　　　　　　　　　　　　　　　　50,000
　　貸：提取保險責任準備金　　　　　　　　　　　　　50,000

2. 死亡給付、傷殘給付、醫療給付

死亡給付指壽險業務被保險人在保險期內發生保險責任範圍內的死亡事故，公司按保險合同條款約定支付給被保險人或受益人的保險金。傷殘給付是指壽險和長期健康險業務被保險人在保險期內發生保險責任範圍內的傷殘事故，公司按保險合同條款約定支付給被保險人或受益人的保險金。醫療給付指壽險和長期健康險業務被保險人在保險期內發生保險責任範圍內的醫療事故，公司按保險合同條款約定支付給被保險人或受益人的保險金。

[例 11-13] 2016 年 11 月 20 日，延平公司的一位長期健康保險的被保險人王某，因病接受醫療，醫療費共計 60,000 元，王某向延平公司申請領取保險金。審核無誤後全額給付。

借：賠付支出　　　　　　　　　　　　　　　　　　60,000
　　貸：銀行存款　　　　　　　　　　　　　　　　　　60,000
借：保險責任準備金　　　　　　　　　　　　　　　　60,000
　　貸：提取保險責任準備金　　　　　　　　　　　　　60,000

3. 年金給付

年金給付是指壽險業務被保險人生存至保險條款規定的年限，公司按保險合同條款約定支付被保險人的保險金。

[例 11-14] 延平公司的年金保戶李某，現已到合同約定年金領取的年限。本月李某持有關保單向延平公司申領年金 900 元。審核無誤後全額給付。

借：賠付支出　　　　　　　　　　　　　　　　　　　900
　　貸：銀行存款　　　　　　　　　　　　　　　　　　900
借：保險責任準備金　　　　　　　　　　　　　　　　900
　　貸：提取保險責任準備金　　　　　　　　　　　　　900

第四節　再保險業務的核算

一、再保險業務特點

（一）再保險合同

再保險合同，是指一個保險人（再保險分出人）分出一定的保費給另一個保險人（再保險接受人），再保險接受人對再保險分出人由原保險合同所引起的賠付成本及其他相關費用進行補償的保險合同。進行再保險，可以分散保險人的風險，有利於其控制損失、穩定經營。在再保險關係中，直接接受保險業務的保險人稱為原保險人，也叫再保險分出人或分出公司；接受分出保險責任的保險人稱為再保險接受人，也叫再保險人或分入公司。

（二）會計處理特點

1. 權責發生制原則

再保險合同確認、計量和報告的基本原則是權責發生制。對其而言，權責發生制意味著在確認原保險合同資產、負債和損益的當期，應當根據合同，確認相應的再保險合同負債、資產和損益，而無論相關的款項是否已經收付。也就是說，應採用預估法而不是帳單法對再保險合同進行核算。

對再保險分出人來說，應當在確認原保險合同保費收入的當期，按照相關再保險合同的約定，計算確定分出保費、應向再保險接受人攤回的分保費用，同時確認應收分保未到期責任準備金；在提取原保險合同未決賠款準備金、壽險責任準備金、長期健康險責任準備金的當期，按照相關再保險合同的約定，確認相應的應收分保準備金資產；在確定支付賠付款項金額或實際發生理賠費用的當期，按照相關再保險合同的約定，計算確定應向再保險接受人攤回的賠付成本等。

對再保險接受人來說，應當採用預估等合理的方法，及時確認分保費收入，從而根據相關再保險合同的約定，計算確定應當向再保險分出人攤回的分保費用，並及時評估有關責任準備金。

2. 再保險合同與原保險合同獨立處理

「再保險合同與原保險合同獨立處理」是再保險合同會計處理的另一項基本原

第十一章 保險公司業務的核算

則,是指雖然再保險合同的確定依賴於原保險合同,但在會計處理上,再保險合同的各個經濟事項都必須獨立於原保險合同單獨地確認、計量和報告,不能與原保險合同的會計事項合併確認、計量和報告。

《企業會計準則第26號——再保險合同》第五條規定,「再保險分出人不應當將再保險合同形成的資產與有關原保險合同形成的負債相互抵銷,再保險分出人不應當將再保險合同形成的收入或費用與有關原保險合同形成的費用或收入相互抵銷」。

3. 再保險合同債權、債務不得抵銷

為真實、完整地反映保險公司的財務狀況,再保險合同形成的債權、債務應單獨確認、計量和報告,不得隨意抵銷。這一原則有兩層含義:

(1) 再保險分出人可能同時又是再保險接受人。其與同一再保險合同人同時有分出和分入業務時,分出與分入業務分別形成的債權、債務應單獨確認,不得相互抵銷,不得以抵銷后的淨額列報。即再保險合同雙方應按照各自在不同再保險合同中所處的不同角色,分別確認其對對方的債權和債務。

(2) 同一筆分保業務產生的債權和債務不得相互抵銷。對於一筆分保業務,再保險分出人對再保險接受人會同時產生應收分保帳款和應付分保帳款。再保險分出人應將其單獨列示,不得相互抵銷。

但是,如果債權和債務的結算時點相同或者雙方在合同中約定可以抵銷,保險公司可以以抵銷后的淨額列示再保險合同產生的資產和負債。

4. 增值稅政策

根據財稅68號文,再保險服務的增值稅政策如下:①境內保險公司向境外保險公司提供的完全在境外消費的再保險服務,免徵增值稅。②試點納稅人提供再保險服務(境內保險公司向境外保險公司提供的再保險服務除外),實行與原保險服務一致的增值稅政策。再保險合同對應多個原保險合同的,所有原保險合同均適用免徵增值稅政策時,該再保險合同適用免徵增值稅政策。否則,該再保險合同應按規定繳納增值稅。

由於目前尚無再保險服務分入保費、分出保費、攤回手續費等相關增值稅業務的行業細則,因此本節例題暫不考慮增值稅的影響。

二、會計科目設置

(一) 延用原保險核算的科目

1. 「賠付支出」科目

在再保險業務中,本科目由再保險接受人設置,再保險接受人收到分保業務帳單的當期,應按帳單標明的分保賠付款項金額,借記本科目,貸記「應付分保帳款」。

2.「未到期責任準備金」科目

在再保險業務中，本科目由再保險接受人設置，核算再保險接受人提取的再保險合同分保未到期責任準備金。主要帳務處理類似原保險業務。

3.「提取未到期責任準備金」科目

在再保險業務中，本科目由再保險分出人設置。在確認非壽險原保險合同保費收入的當期，按相關再保險合同約定計算確定的相關應收分保未到期責任準備金金額，借記「應收分保合同準備金」科目，貸記本科目。

資產負債表日，調整原保險合同未到期責任準備金金額的，按相關再保險合同約定計算確定的應收分保未到期責任準備金的調整金額，借記本科目，貸記「應收分保合同準備金」科目。

4.「保險責任準備金」科目

在再保險業務中，本科目由再保險接受人設置，核算再保險接受人提取的再保險合同保險責任準備金。主要帳務處理類似原保險業務。

5.「提取保險責任準備金」科目

在再保險業務中，本科目由再保險接受人設置，核算再保險接受人提取的再保險合同保險責任準備金。主要帳務處理類似原保險業務。

(二) 再保險單獨使用的科目

1.「應收分保帳款」科目

「應收分保帳款」是資產類科目，再保險分出人和再保險分入人均應設置本科目，核算企業從事再保險業務應收取的款項。在再保險分出人和再保險分入人雙方的會計核算中，本科目有著不同的核算內容。

對於再保險分出人而言，該科目主要核算應向分入人攤回的分保費用和賠付支出。

對於再保險接受人而言，「應收分保帳款」主要核算應向分出人收取的保費、存在分出人處的保證金。

本科目期末有借方餘額，反映企業從事再保險業務應收取的款項。

2.「分出保費」科目

「分出保費」是損益類科目，由再保險分出人設置使用。按要素劃分，本科目是費用類科目，核算企業（再保險分出人）向再保險接受人分出的保費。

企業在確認原保險合同保費收入的當期，應按再保險合同約定計算確定的分出保費金額，借記本科目，貸記「應付分保帳款」。在原保險合同提前解除的當期，應按再保險合同約定計算確定的分出保費的調整金額，借記「應付分保帳款」，貸記本科目。對於超額賠款再保險等非比例再保險合同，應按再保險合同約定計算確定的分出保費金額，借記本科目，貸記「應付分保帳款」。調整分出保費時，借記或貸記本科目，貸記或借記「應付分保帳款」。

第十一章 保險公司業務的核算

期末，應將本科目餘額轉入「本年利潤」借方，結轉后本科目無餘額。

3.「應收分保合同準備金」科目

「應收分保合同準備金」是資產類科目，由再保險分出人設置使用。本科目核算企業（再保險分出人）從事再保險業務確認的應收分保未到期責任準備金以及應向再保險接受人攤回的保險責任準備金。再保險分出人也可以單獨設置「應收分保未到期責任準備金」「應收分保未決賠款準備金」「應收分保壽險責任準備金」「應收分保長期健康險責任準備金」等科目，替代本科目。

本科目期末借方餘額，反映企業從事再保險業務確認的應收分保合同準備金餘額。

4.「攤回保險責任準備金」科目

「攤回保險責任準備金」是損益類科目，按要素分類則屬於收入類。本科目由再保險分出人設置使用，核算企業（再保險分出人）從事再保險業務應向再保險接受人攤回的保險責任準備金，包括未決賠款準備金、壽險責任準備金、長期健康險責任準備金。企業（再保險分出人）也可以單獨設置「攤回未決賠款準備金」「攤回壽險責任準備金」「攤回長期健康險責任準備金」等科目。

「攤回保險責任準備金」的主要帳務處理如下：

（1）企業在提取原保險合同保險責任準備金的當期，應按相關再保險合同約定計算確定的應向再保險接受人攤回的保險責任準備金，借記「應收分保合同準備金」，貸記本科目。

對原保險合同保險責任準備金進行充足性測試補提保險責任準備金，應按相關再保險合同約定計算確定的應收分保保險責任準備金的相應增加額，借記「應收分保合同準備金」，貸記本科目。

（2）在確定支付賠付款項金額或實際發生理賠費用而衝減原保險合同相應保險責任準備金餘額的當期，應按相關應收分保保險責任準備金的相應衝減金額，借記本科目，貸記「應收分保合同準備金」。

（3）在壽險原保險合同提前解除而轉銷相關壽險責任準備金、長期健康險責任準備金餘額的當期，應按相關應收分保保險責任準備金餘額，借記本科目，貸記「應收分保合同準備金」。

期末，應將本科目餘額轉入「本年利潤」，結轉后本科目無餘額。

5.「應付分保帳款」科目

「應付分保帳款」是負債類科目，再保險分出人與再保險接受人均需設置使用本科目，核算企業從事再保險業務應付未付的款項。在再保險分出人與再保險接受人雙方的會計核算中，本科目的核算內容有所不同。

再保險分出人「應付分保帳款」主要核算應向再保險接受人支付的分出保費、接受人存入的保證金，其內容對應於再保險接受人「應收分保帳款」的核算內容。

再保險接受人「應付分保帳款」主要核算應向分出人支付的分保費用、賠付支

出」，其內容對應於分出人「應收分保帳款」的核算內容。

再保險分出人、再保險接受人結算分保帳款時，按應付分保帳款金額，借記本科目，按應收分保帳款金額，貸記「應收分保帳款」；按其差額，借記或貸記「銀行存款」。

本科目期末有貸方餘額，反映企業從事再保險業務應付未付的款項。

6.「攤回賠付支出」科目

「攤回賠付支出」是損益類科目，按要素分類屬於收入類。本科目由再保險分出人設置使用，核算企業（再保險分出人）向再保險接受人攤回的賠付成本。企業（再保險分出人）也可以單獨設置「攤回賠款支出」「攤回年金給付」「攤回滿期給付」「攤回死傷醫療給付」等科目。

企業在確定支付賠付款項金額或實際發生理賠費用而確認原保險合同賠付成本的當期，應按相關再保險合同約定計算確定的應向再保險接受人攤回的賠付成本金額，借記「應收分保帳款」，貸記本科目。在因取得和處置損餘物資、確認和收到應收代位追償款等而調整原保險合同賠付成本的當期，應按相關再保險合同約定計算確定的攤回賠付成本的調整金額，借記或貸記本科目，貸記或借記「應收分保帳款」。對於超額賠款再保險等非比例再保險合同，計算確定應向再保險接受人攤回的賠付成本的，應按攤回的賠付成本金額，借記「應收分保帳款」，貸記本科目。

期末，應將本科目餘額轉入「本年利潤」貸方，結轉后本科目無餘額。

7.「攤回分保費用」科目

「攤回分保費用」是損益類科目，按要素分類屬於收入類。本科目由再保險分出人設置使用，核算企業（再保險分出人）向再保險接受人攤回的分保費用。

企業在確認原保險合同保費收入的當期，應按相關再保險合同約定計算確定的應向再保險接受人攤回的分保費用，借記「應收分保帳款」，貸記本科目。計算確定應向再保險接受人收取的純益手續費的，應按相關再保險合同約定計算確定的純益手續費，借記「應收分保帳款」，貸記本科目。在原保險合同提前解除的當期，應按相關再保險合同約定計算確定的攤回分保費用的調整金額，借記本科目，貸記「應收分保帳款」。

期末，應將本科目餘額轉入「本年利潤」貸方，結轉后本科目無餘額。

8.「分保費用」科目

「分保費用」是損益類科目，按要素分類屬於費用類。本科目由再保險接受人設置使用，核算企業（再保險接受人）向再保險分出人支付的分保費用。

企業在確認分保費收入的當期，應按再保險合同約定計算確定的分保費用金額，借記本科目，貸記「應付分保帳款」。收到分保業務帳單，按帳單標明的金額對分保費用進行調整，借記或貸記本科目，貸記或借記「應付分保帳款」。計算確定應向再保險分出人支付的純益手續費的，應按再保險合同約定計算確定的純益手續費，借記本科目，貸記「應付分保帳款」。期末，應將本科目餘額轉入「本年利潤」借

第十一章 保險公司業務的核算

方，結轉后本科目無餘額。見表 11-4。

表 11-4　　　　　　　再保險分出人與分入人使用的科目表

分保業務	分出人	分入人
確認分保保費	分出保費、應付分保帳款	保費收入、應收分保帳款
計算分保費用	攤回分保費用、應收分保帳款	分保費用、應付分保帳款
未到期責任準備金	應收分保合同準備金、提取未到期責任準備金	（同原保險合同）
保險責任準備金	應收分保合同準備金、攤回保險責任準備金	（同原保險合同）
分保賠付成本	應收分保帳款、攤回賠付支出	分保費用、應付分保帳款

三、業務核算

（一）分出業務

[例 11-15] 沿用例 11-1，誠毅財產保險公司將該工程保險合同的 40% 分保給敬賢保險公司，分保手續費率為 25%。誠毅公司分錄如下：

借：分出保費　　　　　　　　　　　　　　　　　　240,000
　　貸：應付分保帳款　　　　　　　　　　　　　　　　240,000
借：應收分保帳款　　　　　　　　　　　　　　　　　60,000
　　貸：攤回分保費用　　　　　　　　　　　　　　　　60,000

[例 11-16] 沿用例 11-2、例 11-15，在確認分出保費的當期（2016 年 11 月 30 日），誠毅公司應確認對敬賢公司的應收分保未到期責任準備金。

借：應收分保合同準備金（550,000×40%）　　　　　220,000
　　貸：提取未到期責任準備金　　　　　　　　　　　220,000

2016 年 12 月 31 日，誠毅公司應調整應收分保未到期責任準備金。

借：提取未到期責任準備金（50,000×40%）　　　　　20,000
　　貸：應收分保合同準備金　　　　　　　　　　　　　20,000

《企業會計準則》規定，再保險分出人不應當將再保險合同形成的資產與有關原保險合同形成的負債相互抵銷。這裡再保險分出人誠毅公司應確認「應收分保合同準備金」，而不是衝減在原保險合同中確認的「未到期責任準備金」。

[例 11-17] 沿用例 11-3，出險當期，誠毅公司確認對敬賢公司的應收分保未決賠款準備金。

借：應收分保合同準備金（80,000×40%）　　　　　32,000
　　貸：攤回保險責任準備金　　　　　　　　　　　　32,000

應收分保未到期責任準備金實質屬於分出的未賺保費，確認應收分保未到期責任準備金是對當期分出保費的調整，並非收入的實現。提取未到期責任準備金（含分保未到期責任準備金）和確認應收分保未到期責任準備金的最終結果都是對當期自留保費（原保險合同保費收入＋分保費收入－分出保費后的金額）的調整，即將當期的自留保費調整為已賺保費。因此，確認應收分保未到期責任準備金時應作衝減提取未到期責任準備金處理，通過「提取未到期責任準備金」科目集中反映將當期自留保費調整為已賺保費的調整金額。而應收分保未決賠款準備金等應收保險責任準備金表示再保險分出人預期從再保險接受人處獲得補償的金額具有收入性質，確認時應作為攤回相應準備金處理。

[例11-18] 沿用例11-4，誠毅公司確認對敬賢公司的攤回賠付支出。

借：應收分保帳款（88,000×40%） 35,200
　　貸：攤回賠付支出 35,200
借：攤回保險責任準備金（80,000×40%） 32,000
　　貸：應收分保合同準備金 32,000

[例11-19] 沿用例11-18，誠毅公司與敬賢公司就該分保業務結算資金。

借：應付分保帳款 240,000
　　貸：應收分保帳款（60,000＋35,200） 95,200
　　　　銀行存款 144,800

[例11-20] 年末結轉損益類科目：

借：本年利潤 240,000
　　貸：分出保費 240,000
借：攤回分保費用 60,000
　　攤回賠付支出 35,200
　　貸：本年利潤 95,200

(二) 分入業務

沿用例11-15、例11-16、例11-17、例11-18，敬賢公司所作的業務核算如下：

[例11-21] 確認分保費收入及分保手續費。

借：應收分保帳款 240,000
　　貸：保費收入 240,000
借：分保費用 60,000
　　貸：應付分保帳款 60,000

[例11-22] 提取、調整未到期責任準備金。

2016年11月30日，

第十一章 保險公司業務的核算

借：提取未到期責任準備金	220,000
貸：未到期責任準備金	220,000

2016 年 12 月 31 日，

借：未到期責任準備金	20,000
貸：提取未到期責任準備金	20,000

[例 11-23] 提取保險責任準備金。

借：提取保險責任準備金	32,000
貸：保險責任準備金	32,000

[例 11-24] 確定分保賠付支出、衝減保險責任準備金。

借：賠付支出	35,200
貸：應付分保帳款	35,200
借：保險責任準備金	32,000
貸：提取保險責任準備金	32,000

[例 11-25] 結算資金。

借：應付分保帳款（60,000 + 35,200）	95,200
銀行存款	144,800
貸：應收分保帳款	240,000

復習思考題

1. 保險合同中的投保人、保險人、被保險人分別指的是哪一方？
2. 在非壽險業務中，未到期責任準備金、未決賠款準備金的性質有什麼不同？會計核算又有何差異？
3. 壽險與非壽險的準備金計提有何不同？為什麼不同？
4. 根據《企業會計準則》，再保險合同的會計核算有哪些原則？

第十二章　證券公司業務的核算

本章重點

1. 證券公司業務的類別。
2. 證券公司經紀業務的相關會計核算。
3. 證券公司自營業務的相關會計核算。
4. 證券公司承銷業務的相關會計核算。

引導案例

　　中信證券股份有限公司 2016 年半年度報告顯示，2016 年上半年，公司圍繞「成為全球客戶最為信賴的國內領先、國際一流的中國投資銀行」這一願景，堅持專業化服務、深化機制體制改革、加強中後臺協作、樹立核心價值觀，不斷重塑並鞏固核心競爭力。

　　公司傳統業務保持市場前列。代理股票、基金交易金額人民幣 7.42 萬億元，市場份額 5.68%，市場排名第二；公募基金佣金分倉市場份額 6.2%，排名行業第一；QFII 交易客戶數量 140 家，客戶覆蓋率 48%；公司完成 A 股股權融資主承銷金額人民幣 1,468.46 億元，市場份額 15.19%，排名市場第一；公司完成債券主承銷金額人民幣 1,898.07 億元，市場份額 2.45%，排名同業第二；完成涉及中國企業參與的全球併購交易金額 245.67 億美元，排名同業第一；母公司受託資產管理規模人民幣 1.55 萬億元，市場份額 10.6%，排名行業第一。

第十二章 證券公司業務的核算

公司資金類業務保持領先優勢。固定收益業務方面，利率債銷售規模人民幣1,793億元，市場份額5.63%，排名同業第一；融資融券餘額人民幣562億元，市場份額6.6%，排名行業第一；股票質押回購規模人民幣564億元，市場份額6.51%，排名行業第二（見表12-1）。

表12-1　2016年上半年中信證券股份有限公司主營業務分行業情況　　單位：元

分行業	營業收入	營業支出	營業利潤率(%)	營業收入比上年同期增減(%)	營業支出比上年同期增減(%)	營業利潤率比上年同期增減(%)
經紀業務	5,969,815,549.13	3,173,628,630.34	46.84	-46.70	-21.29	減少17.16個百分點
資產管理業務	3,581,824,806.13	2,157,205,699.63	39.77	-6.62	11.32	減少9.71個百分點
證券投資業務	2,471,397,078.38	1,695,866,032.95	31.38	-77.54	-62.47	減少27.55個百分點
證券承銷業務	2,964,197,870.56	1,387,149,014.33	53.20	59.84	99.83	減少9.37個百分點
其他	3,172,089,333.84	2,377,924,295.01	25.04	-1.47	-21.12	增加18.67個百分點
合計	18,159,324,638.04	10,791,773,672.26	40.57	-41.63	-23.98	減少13.80個百分點

思考：證券公司的主營業務有哪些？簡要分析2016年上半年中信證券公司主營業務的變動情況。

（資料來源：中信證券股份有限公司2016年半年度報告）

第一節　證券公司業務概述

一、證券公司業務概述

中國的證券公司是指專營證券業務的金融機構，即證券經營機構。中國2006年實施的《證券法》取消了綜合類和經紀類的分類管理體制，並對證券公司的業務範圍有所擴充，即在證券經紀、承銷、自營等傳統業務之外，允許證券公司開展證券投資諮詢，與證券交易、證券投資活動有關的財務顧問，證券資產管理，保薦業務及其他證券業務。本章著重介紹證券經紀、承銷、自營業務的會計核算。

二、證券公司會計概述

證券公司是特殊的金融企業，特殊的證券經營業務決定其在會計核算上有著與其他企業不同的特點。

（一）資產

證券公司帳面資產的絕大部分是流動資產，只有極少數的長期資產，且流動資產中大部分資產的所有權並不屬於公司，而是他人資產，即客戶資產。如現金類資產中的銀行存款包含公司存款和客戶存款兩部分。其中，客戶存款是指由經紀業務

所引起的客戶存放在公司中用於證券交易的資金,這類資金按照規定必須與自有資產分開核算與管理,證券公司不得動用。

此外,在證券公司的總體資產中,證券類資產比重較大,長期資產中的固定資產比重較小。這是因為中國證券業正處在發展初期,資本金不足,經紀業務的範圍太大,而網上經紀業務的發展又勢在必行。因此,證券公司在現階段不太可能加大對固定資產的投入。

(二) 負債

證券公司的短期債務資金主要用於調劑公司的資金頭寸,如質押借款、拆入資金、賣出回購金融資產款等。而代理買賣證券款、代理承銷證券款、代兌付證券款及受託資金則是公司各項經營業務所形成的債務資金,這些債務資金在性質上不同於一般企業的債務資金。一般企業的債務資金主要用於公司自身的經營,屬於企業資本結構管理的內容。

(三) 所有者權益

證券公司大多數都是有限責任公司,其所有者權益類科目的設置與其他企業基本相同,唯獨「一般風險準備」科目是證券公司區別於其他企業的顯著標誌。一般風險準備是在法定盈餘公積的基礎上,根據證券公司高風險的經營特徵所設立的另一項后備基金。其目的是為了確保公司穩健經營,高度防範因經營風險所造成的資本虧空,以雙重保險形式來保障公司投資人的利益不受損害。一般風險準備的用途與盈餘公積基本相同,一般僅用於彌補證券公司的經營虧損。

(四) 損益

證券公司的主要利潤構成與一般公司極不相同,其來源主要是手續費及佣金收入、投資收益、公允價值變動損益等(見表12-2)。

表12-2　　　　　　　　　　證券公司特殊科目表

編號	會計科目名稱	編號	會計科目名稱
	一、資產類	2313	代理兌付證券款
1122	結算備付金		三、資產負債共同類
1311	代理買賣證券		四、所有者權益
1321	代理兌付證券	4102	一般風險準備
	二、負債類		五、損益類
2311	代理買賣證券款	6021	手續費及佣金收入
2312	代理承銷證券款	6421	手續費及佣金支出

第十二章　證券公司業務的核算

第二節　證券經紀業務的核算

一、證券經紀業務的特點

證券經紀業務是指證券公司接受客戶委託，按照客戶要求代理客戶買賣證券並提供相關服務，證券公司收取佣金作為報酬的證券仲介業務。從事證券經紀業務的證券公司，又稱為證券經紀商，其作用是充當證券買方或者賣方的經紀人，按照客戶的要求，迅速執行指令完成交易，代辦相關手續，並提供及時、準確的信息和諮詢服務。

目前，中國公開發行並上市的股票、公司債券及其他證券的交易，在證券交易所以公開的集中交易方式進行。由於集中交易方式的特殊性、交易規則的嚴密性和操作程序的複雜性，廣大投資者不能直接進入證券交易所買賣證券，只能委託經批准並具備一定條件的證券公司代理買賣完成證券交易。

投資者委託證券公司買賣證券，有櫃臺委託和非櫃臺委託兩類。櫃臺委託是委託人本人或者由其代理人到證券公司營業櫃臺辦理委託手續。非櫃臺委託以下列方式進行：電話委託，投資者通過電話轉委託或者電話自動委託方式下達委託指令；傳真委託或函電委託；自助終端委託，由委託人通過證券公司營業網點設置的專用委託電腦終端，憑證券交易磁卡和交易密碼進入電腦交易系統下單；網上委託，由委託人通過互聯網進入證券公司電腦系統自行將委託內容輸入交易系統。

二、會計科目設置

(一)「結算備付金」科目

本科目是資產類，核算企業（證券）為證券交易的資金清算與交收而存入指定清算代理機構的款項。企業（證券）向客戶收取的結算手續費、向證券交易所支付的結算手續費，也通過本科目核算。企業（證券）因證券交易與清算代理機構辦理資金清算的款項等，可以單獨設置「證券清算款」科目。本科目可按清算代理機構，分別按「自有」「客戶」等進行明細核算。

結算備付金的主要帳務處理如下：

(1) 企業將款項存入清算代理機構，借記本科目，貸記「銀行存款」等；從清算代理機構劃回資金做相反的會計分錄。

(2) 接受客戶委託，買入證券成交總額大於賣出證券成交總額的，應按買賣證券成交價的差額加上代扣代交的相關稅費和應向客戶收取的佣金等之和，借記「代理買賣證券款」等，貸記本科目（客戶）、「銀行存款」等。按企業應負擔的交易費用，借記「手續費及佣金支出」科目；按應向客戶收取的手續費及佣金，貸記「手

續費及佣金收入」；按其差額，借記本科目（自有）、「銀行存款」等。

接受客戶委託，賣出證券成交總額大於買入證券成交總額的，應按買賣證券成交價的差額減去代扣代交的相關稅費和應向客戶收取的佣金等後的餘額，借記本科目（客戶）、「銀行存款」等，貸記「代理買賣證券款」等。按企業應負擔的交易費用，借記「手續費及佣金支出」，按應向客戶收取的手續費及佣金，貸記「手續費及佣金收入」，按其差額，借記本科目（自有）、「銀行存款」等。

(3) 在證券交易所進行自營證券交易的，應在取得證券時根據持有證券的意圖等對其進行分類，比照「交易性金融資產」「持有至到期投資」「可供出售金融資產」等科目的相關規定進行處理。

本科目期末借方餘額，反映企業存在指定清算代理機構的款項。

(二)「代理兌付證券」科目

本科目是資產類，核算企業（證券、銀行等）接受委託代理兌付到期的證券。本科目可按委託單位和證券種類進行明細核算。

代理兌付證券的主要帳務處理如下：

(1) 委託單位尚未撥付兌付資金而由企業墊付的，在收到客戶交來的證券時，應按兌付金額，借記本科目，貸記「銀行存款」等。向委託單位交回已兌付的證券並收回墊付的資金時，借記「銀行存款」等、貸記本科目。

(2) 收到客戶交來的無記名證券時，應按兌付金額，借記本科目，貸記「庫存現金」「銀行存款」等。向委託單位交回已兌付證券時，借記「代理兌付證券款」，貸記本科目。

本科目期末借方餘額，反映企業已兌付但尚未收到委託單位兌付資金的證券金額。

(三)「代理兌付證券款」科目

本科目是負債類，核算企業（證券、銀行等）接受委託代理兌付證券收到的兌付資金。本科目可按委託單位和證券種類進行明細核算。

代理兌付證券款的主要帳務處理如下：

(1) 企業兌付記名證券，收到委託單位的兌付資金，借記「銀行存款」等，貸記本科目。收到客戶交來的證券，按兌付金額，借記本科目，貸記「庫存現金」「銀行存款」等。兌付無記名證券的，還應通過「代理兌付證券」核算。

(2) 收取代理兌付證券手續費收入，向委託單位單獨收取的，按應收或已收取的手續費，借記「應收手續費及佣金」等，貸記「手續費及佣金收入」。

手續費與兌付款一併匯入的，在收到款項時，應按實際收到的金額，借記「結算備付金」等，按應兌付的金額，貸記本科目；按事先取得的手續費，貸記「其他應付款——預收代理兌付證券手續費」。兌付證券業務完成后確認手續費收入，借

第十二章　證券公司業務的核算

記「其他應付款——預收代理兌付證券手續費」，貸記「手續費及佣金收入」。

本科目期末貸方餘額，反映企業已收到但尚未兌付的代理兌付證券款項。

(四)「代理買賣證券款」科目

本科目是負債類，核算企業（證券）接受客戶委託，代理客戶買賣股票、債券和基金等有價證券而收到的款項。企業（證券）代理客戶認購新股的款項、代理客戶領取的現金股利和債券利息、代理客戶向證券交易所支付的配股款等，也在本科目核算。

代理買賣證券款的主要帳務處理如下：

(1) 企業收到客戶交來的款項，借記「銀行存款——客戶」等，貸記本科目；客戶提取存款做相反的會計分錄。

(2) 接受客戶委託，買入證券成交總額大於賣出證券成交總額的，應按買賣證券成交價的差額加上代扣代交的相關稅費和應向客戶收取的佣金等之和，借記本科目等，貸記「結算備付金——客戶」「銀行存款」等科目。

接受客戶委託，賣出證券成交總額大於買入證券成交總額的，應按買賣證券成交價的差額減去代扣代交的相關稅費和應向客戶收取的佣金等後的餘額，借記「結算備付金——客戶」「銀行存款」等，貸記本科目等。

(3) 代理客戶認購新股，收到客戶交來的認購款項，借記「銀行存款——客戶」等，貸記本科目。將款項劃付證券交易所，借記「結算備付金——客戶」，貸記「銀行存款——客戶」。客戶辦理申購手續，按實際支付的金額，借記本科目，貸記「結算備付金——客戶」科目。證券交易所完成中簽認定工作，將未中簽資金退給客戶時，借記「結算備付金——客戶」，貸記本科目。企業將未中簽的款項劃回，借記「銀行存款——客戶」，貸記「結算備付金——客戶」。企業將未中簽的款項退給客戶，借記本科目，貸記「銀行存款——客戶」。

(4) 代理客戶辦理配股業務，採用當日向證券交易所交納配股款的，當客戶提出配股要求時，借記本科目，貸記「結算備付金——客戶」。採用定期向證券交易所交納配股款的，在客戶提出配股要求時，借記本科目，貸記「其他應付款——應付客戶配股款」。與證券交易所清算配股款，按配股金額，借記「其他應付款——應付客戶配股款」，貸記「結算備付金——客戶」。

本科目期末貸方餘額，反映企業接受客戶存放的代理買賣證券資金。

(五)「手續費及佣金收入」科目

本科目是損益類科目，相關內容詳見本書第四章。

(六)「手續費及佣金支出」科目

本科目屬於損益類，核算企業（金融）發生的與其經營活動相關的各項手續

費、佣金等支出。企業發生的與其經營活動相關的手續費、佣金等支出，借記本科目，貸記「銀行存款」「存放中央銀行款項」「存放同業」「庫存現金」「應付手續費及佣金」等。期末，應將本科目餘額轉入「本年利潤」，結轉後本科目無餘額。

(七)「應交稅費——應交增值稅」科目

「應交稅費——應交增值稅」是負債類科目，相關內容詳見本書第三章。

根據財稅36號文，自2016年5月1日起，證券公司的業務納入增值稅試點範圍，由繳納營業稅改為繳納增值稅，稅率為6%。證券公司的主要增值稅應稅業務涵蓋貸款服務、直接收費金融服務、金融商品轉讓和諮詢服務。貸款服務，是指將資金貸與他人使用而取得利息收入的業務活動，包括證券公司的融資融券等類貸款利息收入和債券利息收入等。直接收費金融服務，是指為貨幣資金融通及其他金融業務提供相關服務並且收取費用的業務活動，包括證券公司手續費和佣金等收入。金融商品轉讓，是指轉讓外匯、有價證券、非貨物期貨和其他金融商品所有權的業務活動，常見的是債券和外匯等買賣價差。諮詢服務包括提供信息、建議、策劃、顧問等服務的活動，常見的是投資顧問費等收入。

由於目前尚無上述增值稅業務的行業細則，因此本章例題暫不考慮增值稅的影響。

三、業務核算

(一) 資金專戶的核算

證券公司代理客戶進行證券買賣，客戶將款項交存證券公司，公司應設立資金專戶，將代理買賣證券款與公司自有資金嚴格區分使用，不得隨意挪用和占用客戶資金。

[例12-1] 客戶李某開設資金專戶並交來款項10,000元。

| 借：銀行存款 | 10,000 |
| 　　貸：代理買賣證券款 | 10,000 |

[例12-2] 客戶李某從其資金專戶中取出5,000元。

| 借：代理買賣證券款 | 5,000 |
| 　　貸：銀行存款 | 5,000 |

[例12-3] 客戶李某結清利息300元並提款銷戶。

借：應付利息	300
貸：銀行存款	300
借：代理買賣證券款（10,000-5,000）	5,000
貸：銀行存款	5,000

第十二章 證券公司業務的核算

[例12-4] 證券公司按季計提客戶存款利息，張某本季存款利息為200元。

借：利息支出　　　　　　　　　　　　　　　　　200
　　貸：應付利息　　　　　　　　　　　　　　　　　　200

[例12-5] 客戶資金專戶統一結息時，其中已計提利息支出的有2,000元，未提的有3,000元。

借：應付利息（已提利息部分）　　　　　　　　　2,000
　　利息支出（未提利息部分）　　　　　　　　　3,000
　　貸：代理買賣證券款　　　　　　　　　　　　　　5,000

[例12-6] 公司為客戶陳某在證券交易所開設清算資金專戶，存入款項30,000元。

借：結算備付金——客戶　　　　　　　　　　　30,000
　　貸：銀行存款　　　　　　　　　　　　　　　　30,000

(二) 代理證券買賣

代理買賣證券業務是公司代理客戶進行證券買賣的業務。公司代理客戶買賣證券收到的代買賣證券款，必須全額存入指定的商業銀行，並在「銀行存款」科目中單設明細科目進行核算，不能與本公司的存款混淆（如例12-1）；公司在收到代理客戶買賣證券款項的同時還應當確認為一項負債，與客戶進行相關的結算。公司代理客戶買賣證券的手續費收入，應當在與客戶辦理買賣證券款項清算時確認收入。

[例12-7] 公司接受客戶黃某委託，通過證券交易所代理買賣證券A，與客戶清算時，買入證券成交總額為10,000元，賣出證券成交總額8,000元。相關印花稅54元、過戶費2元、佣金27元、電訊費10元。公司負擔的交易費用是電訊費。

借：代理買賣證券款（10,000-8,000+54+2+27）　　2,083
　　手續費及佣金支出——代理買賣證券手續費支出　　10
　　貸：結算備付金　（10,000-8,000+54+2+10）　　2,066
　　　　手續費及佣金收入——代理買賣證券手續費收入　27

[例12-8] 公司接受客戶黃某委託，通過證券交易所代理買賣證券A，與客戶清算時，買入證券成交總額為8,000元，賣出證券成交總額10,000元。相關印花稅54元、過戶費2元、佣金27元、電訊費10元。公司承擔電訊費。

借：結算備付金——客戶（10,000-8,000-54-2-10）　1,934
　　手續費及佣金支出——代理買賣證券手續費支出　　10
　　貸：代理買賣證券款（10,000-8,000-54-2-27）　1,917
　　　　手續費及佣金收入——代理買賣證券手續費收入　27

(三) 代理認購新股

[例12-9] 代理客戶陳某認購新股，收到客戶認購款項60,000元。

借：銀行存款 60,000
　　貸：代理買賣證券款 60,000

[例12-10] 將款項劃付清算代理機構。

借：結算備付金——客戶 60,000
　　貸：銀行存款 60,000

[例12-11] 客戶陳某認購款中有20,000元中簽。客戶辦理申購手續，通過證券公司與證券交易所清算。

借：代理買賣證券款 20,000
　　貸：結算備付金——客戶 20,000

[例12-12] 證券交易所完成中簽認定工作，將未中簽資金40,000元通過證券公司退給客戶。公司將未中簽的款項劃回。

借：銀行存款 40,000
　　貸：結算備付金——客戶 40,000

[例12-13] 公司將未中簽的款項退給客戶陳某。

借：代理買賣證券款 40,000
　　貸：銀行存款 40,000

(四) 代理配股派息

1. 代理客戶辦理配股業務

代理客戶辦理配股業務分為兩種方式，一種是當日向證券交易所解交配股款，一種是定期向證券交易所解交配股款。

(1) 當日向證券交易所解交配股款。

[例12-14] 客戶王某提出配股要求，金額總計50,000元。

借：代理買賣證券款 50,000
　　貸：結算備付金——客戶 50,000

(2) 定期向證券交易所解交配股款。

[例12-15] 客戶王某提出配股要求，金額總計50,000元。

借：代理買賣證券款 50,000
　　貸：其他應付款——應付客戶配股款 50,000

[例12-16] 到期與證券交易所清算配股款。

借：其他應付款——應付客戶配股款 50,000
　　貸：結算備付金——客戶 50,000

2. 代理客戶領取現金股利和利息

[例12-17] 客戶王某的一只股票分派現金股利，王某可得股利4,000元。

借：結算備付金——客戶 4,000

第十二章 證券公司業務的核算

  貸：代理買賣證券款   4,000

(五) 代理兌付債券

  收到委託方兌付資金時確認為一項負債「代理兌付債券款」，兌付債務時，確認為一項資產「代理兌付債券」，代理兌付債券業務完成后，與委託方結算時確認代兌付債券收入。代兌付證券的手續費收入，應於代兌付證券業務基本完成，與委託方結算時確認收入。

  1. 接受委託代國家或企業兌付到期的無記名 (實物券形式) 債券

  (1) 收到委託單位的兌付資金。

  [例12-18] 坂頭公司委託中誠證券公司兌付該公司到期的無記名債券，相關款項 5,000,000 元已匯入中誠證券公司帳戶。

  借：銀行存款   5,000,000
   貸：代理兌付證券款   5,000,000

  (2) 收到客戶交來的實物券，按本息合計數進行兌付。

  [例12-19] 中誠證券公司收到客戶交來的坂頭公司債券，本息共計 5,000,000 元。

  借：代理兌付證券   5,000,000
   貸：銀行存款   5,000,000

  (3) 向委託單位交回已兌付的實物券。

  [例12-20] 中誠證券公司將客戶交來的債券全數交還坂頭公司。

  借：代理兌付證券款   5,000,000
   貸：代理兌付證券   5,000,000

  (4) 收到代兌付手續費收入。

  [例12-21] 中誠公司代理坂頭公司兌付債券，共取得手續費 20,000 元，款項已收到，存入銀行。

  借：銀行存款   20,000
   貸：手續費及佣金收入   20,000

  (5) 如果委託單位尚未撥付兌付資金，並由證券公司墊付的，則上述 (1) 事項不存在，(2) 不變，(3) 事項及會計分錄改變如下：

  [例12-22] 假設上例中坂頭公司並未預先將兌付所需款項匯入中誠證券公司，則中誠證券公司將客戶交來的債券全數交還坂頭公司時，分錄如下：

  借：銀行存款   5,000,000
   貸：代理兌付證券   5,000,000

  2. 接受委託代國家或企業兌付到期的記名債券

  (1) 收到委託單位的兌付資金。

[例12-23] 杏林公司委託中誠證券公司兌付該公司到期的記名債券，相關款項5,000,000元已匯入中誠證券公司帳戶。

借：銀行存款　　　　　　　　　　　　　　　5,000,000
　　貸：代理兌付債券款　　　　　　　　　　　　　5,000,000

(2) 兌付債券本息。

[例12-24] 中誠證券公司收到客戶交來的杏林公司債券，本息共計5,000,000元。

借：代理兌付債券款　　　　　　　　　　　　　5,000,000
　　貸：銀行存款　　　　　　　　　　　　　　　　5,000,000

3. 公司收取的代兌付手續費收入

(1) 向委託單位單獨收取手續費。

[例12-25] 沿用例12-20，應收杏林公司兌付手續費50,000元。

借：應收手續費及佣金　　　　　　　　　　　　　50,000
　　貸：手續費及佣金收入　　　　　　　　　　　　　50,000

(2) 手續費與兌付款一併匯入。

[例12-26] 中誠證券公司接受委託代國家兌付到期的記名債券，收到兌付資金2,000,000元及手續費20,000元。

借：銀行存款　　　　　　　　　　　　　　　2,020,000
　　貸：代理兌付債券款　　　　　　　　　　　　　2,000,000
　　　　其他應付款——預收代理兌付證券手續費　　　　20,000

兌付債券業務完成后，確認手續費收入。

借：其他應付款——預收代理兌付證券手續費　　　　20,000
　　貸：手續費及佣金收入　　　　　　　　　　　　　20,000

四、融資融券業務核算

《企業會計準則解釋第4號》(2010)指出，融資融券業務，是指證券公司向客戶出借資金供其買入證券或者出借證券供其賣出，並由客戶交存相應擔保物的經營活動。企業發生的融資融券業務，分為融資業務和融券業務兩類。

關於融資業務，證券公司及其客戶均應當按照《企業會計準則第22號——金融工具確認和計量》有關規定進行會計處理。證券公司融出的資金，應當確認應收債權，並確認相應利息收入；客戶融入的資金，應當確認應付債務，並確認相應利息費用。

關於融券業務，證券公司融出的證券，按照《企業會計準則第23號——金融資產轉移》有關規定，不應終止確認該證券，但應確認相應利息收入；客戶融入的證券，應當按照《企業會計準則第22號——金融工具確認和計量》有關規定進行

會計處理，並確認相應利息費用。

證券公司對客戶融資融券並代客戶買賣證券時，應當作為證券經紀業務進行會計處理。證券公司及其客戶發生的融資融券業務，應當按照《企業會計準則第 37 號——金融工具列報》有關規定披露相關會計信息。

第三節　證券自營業務的核算

一、證券自營業務特點

證券自營業務，是證券公司使用自有資金或者合法籌集的資金以自己的名義買賣證券獲取利潤的證券業務。從國際上看，證券公司的自營業務按交易場所分為場外（如櫃臺）自營買賣和場內（交易所）自營買賣。場外自營買賣是指證券公司通過櫃臺交易等方式，與客戶直接洽談成交的證券交易。場內自營買賣是證券公司自己通過集中交易場所（證券交易所）買賣證券的行為。中國的證券自營業務一般是指場內自營買賣業務。

在中國，證券自營業務專指證券公司為自己買賣證券產品的行為。買賣的證券產品包括在證券交易所掛牌交易的 A 股、基金、認股權證、國債、企業債券等。

二、會計科目設置

證券公司自營業務常用的科目有「交易性金融資產」「公允價值變動損益」「持有至到期投資」「可供出售金融資產」等。由於這些科目在前面的章節中已有介紹，這裡不再贅述。

三、業務核算

(一) 開設證券交易所資金清算帳戶

[例 12-27] 石鼓證券公司將款項 50,000,000 元存入證券交易所。
　　借：結算備付金——自有　　　　　　　　　　　　　50,000,000
　　　　貸：銀行存款　　　　　　　　　　　　　　　　　　50,000,000
[例 12-28] 石鼓證券公司將款項 50,000,000 元從證券交易所撥回。
　　借：銀行存款　　　　　　　　　　　　　　　　　　50,000,000
　　　　貸：結算備付金——自有　　　　　　　　　　　　50,000,000

(二) 自營買入的證券，劃分為以公允價值計量且其變動計入當期損益的金融資產或金融負債

1. 取得

[例 12-29] 石鼓公司自營買入 A 公司股票，市價總計 100,000 元，交易費用為 1,000 元。

借：交易性金融資產	100,000
投資收益	1,000
貸：結算備付金——自有	101,000

2. 自營認購新股

網上申購指所有投資人（機構和個人）通過證券交易所網上交易系統進行的公開申購。網下申購指向機構投資人發行。

（1）通過網上認購新股。

[例 12-30] 石鼓證券公司網上申購 C 公司發行的新股，款項 20,000 元被證券交易所從帳戶中劃出並凍結。

借：其他應收款——應收認購新股占用款	20,000
貸：結算備付金——自有	20,000

上述認購新股，其中 10,000 元中簽，與證券交易所清算中簽款項。

借：交易性金融資產	10,000
貸：其他應收款——應收認購新股占用款	10,000

退回未中簽款項。

借：結算備付金——自有	10,000
貸：其他應收款——應收認購新股占用款	10,000

（2）通過網下認購新股。

[例 12-31] 石鼓公司通過網下認購 D 公司發行的新股，申購款項 30,000 元已按規定存入指定機構的款項。

借：其他應收款——應收認購新股占用款	30,000
貸：銀行存款	30,000

其中 20,000 元中簽，結算中簽款項。

借：交易性金融資產	20,000
貸：其他應收款——應收認購新股占用款	20,000

退回未中簽款項 10,000 元。

借：銀行存款	10,000
貸：其他應收款——應收認購新股占用款	10,000

第十二章　證券公司業務的核算

3. 配股派息

配股是上市公司根據公司發展的需要，依據有關規定和相應程序，旨在向原股東進一步發行新股、籌集資金的行為。按照慣例，公司配股時新股的認購權按照原有股權比例在原股東之間分配，即原股東擁有優先認購權。

（1）公司通過網上配股。

[例12-32] 石鼓公司持有的 E 公司股票宣告按 10：1 在網上配股，配股價為 3 元/股。石鼓公司可配股 3,000 股，另有交易費用 200 元。已與證券交易所清算配股款。

借：交易性金融資產		9,000
投資收益		200
貸：結算備付金——自有		9,200

（2）公司通過網下配股。

[例12-33] 承例 12-32，E 公司改為通過網下配股。

借：交易性金融資產		9,000
投資收益		200
貸：銀行存款		9,200

（3）自營持股分得股票股利。

因持有股票而分得的股票股利（或稱送股），應於股權登記日根據本公司持有股數及送股比例，計算確定本公司分配的股票股利數量，在交易性金融資產帳戶「數量」欄進行記錄。

（4）自營股票持有時間取得的現金股利。

[例12-34] 2016 年 6 月 1 日，石鼓公司持有的 F 公司股票宣告發放 2015 年現金股利，每 10 股派股利 4 元。2016 年 6 月 30 日，石鼓公司共收到 F 公司的現金股利 4,000 元。

宣告日 2016 年 6 月 1 日，

借：應收股利		4,000
貸：投資收益		4,000

派息日 2016 年 6 月 30 日，

借：結算備付金——自有		4,000
貸：應收股利		4,000

4. 公允價值變動

年度終了，將以公允價值計量且其變動計入當期損益的金融資產的公允價值與帳面價值進行比較，形成的利得或損失，應當計入當期損益。

[例12-35] 石鼓公司持有的 F 公司股票帳面價值為 15,000 元。2016 年 12 月 31 日，其公允價值為 15,600 元。

借：交易性金融資產　　　　　　　　　　　　　　　　　　　　　　600
　　貸：公允價值變動損益　　　　　　　　　　　　　　　　　　　　600

5. 賣出

[例12-36] 承例12-35，2017年6月1日，石鼓公司將持有的F公司股票以20,000元賣出。賣出前的帳面價值為15,600元。賣出的交易費用200元。

借：結算備付金——公司　　　　　　　　　　　　　　　　　　19,800
　　公允價值變動損益　　　　　　　　　　　　　　　　　　　　　600
　　貸：交易性金融資產　　　　　　　　　　　　　　　　　　　15,600
　　　　投資收益　　　　　　　　　　　　　　　　　　　　　　　4,800

(三) 自營買入的證券，劃分為持有至到期投資

[例12-37] 石鼓公司2016年1月1日，支付價款1,000萬元從證券交易所購入G公司5年期債券，面值1,250萬元，票面年利率4.72%，按年支付利息（每年利息59萬元），本金最后一次支付。合同約定，該債券的發行方在遇到特定情況時可以將債券贖回，且不需要為提前贖回支付額外款項。石鼓公司在購買該債券時，預計發行方不會提前贖回。

計算實際利率R：

$59 \times (1+R)^{-1} + 59 \times (1+R)^{-2} + 59 \times (1+R)^{-3} + 59 \times (1+R)^{-4} + (59+1,250) \times (1+R)^{-5} = 1,000$（萬元），由此得出R=10%

石鼓公司會計分錄如下：

2016年1月1日，購入債券。

借：持有至到期投資——成本　　　　　　　　　　　　　　12,500,000
　　貸：結算備付金——自有　　　　　　　　　　　　　　10,000,000
　　　　持有至到期投資——利息調整　　　　　　　　　　　2,500,000

2016年12月31日，確認實際利息收入，收到票面利息等。

借：應收利息　　　　　　　　　　　　　　　　　　　　　　590,000
　　持有至到期投資——利息調整　　　　　　　　　　　　　　410,000
　　貸：投資收益（1,000×10%）　　　　　　　　　　　　 1,000,000
借：結算備付金——自有　　　　　　　　　　　　　　　　　590,000
　　貸：應收利息　　　　　　　　　　　　　　　　　　　　590,000

2017—2020年，每年12月31日，確認實際利息收入、收到票面利息等會計分錄同上。

2020年12月31日，確認實際利息收入，收到票面利息和本金。

借：應收利息　　　　　　　　　　　　　　　　　　　　　　590,000
　　持有至到期投資——利息調整　　　　　　　　　　　　　　600,000

第十二章　證券公司業務的核算

　　貸：投資收益（1,190×10%）　　　　　　　　　1,190,000
借：結算備付金——自有　　　　　　　　　　　　590,000
　　貸：應收利息　　　　　　　　　　　　　　　　590,000
借：結算備付金——自有　　　　　　　　　　　12,500,000
　　貸：持有至到期投資——成本　　　　　　　　12,500,000

（四）自營買入的證券，劃分為可供出售金融資產

　　[例12-38] 石鼓公司於2016年7月13日從二級市場購入股票100萬股，每股市價15元，手續費3萬元；初始確認時，該股票劃分為可供出售金融資產。

　　石鼓公司至2016年12月31日仍持有該股票，當時市價為每股16元。

　　2017年2月1日，石鼓公司將該股票售出，售價為每股13元，另支付交易費用1.3萬元。假定不考慮其他因素，石鼓公司的帳務處理如下：

2016年7月13日，
借：可供出售金融資產——成本　　　　　　　　15,030,000
　　貸：結算備付金——自有　　　　　　　　　　15,030,000
2016年12月31日，
借：可供出售金融資產——公允價值變動　　　　　970,000
　　貸：其他綜合收益　　　　　　　　　　　　　　970,000
2017年2月1日，
借：結算備付金——自有　　　　　　　　　　　12,987,000
　　其他綜合收益　　　　　　　　　　　　　　　　970,000
　　投資收益　　　　　　　　　　　　　　　　　2,043,000
　　貸：可供出售金融資產——成本　　　　　　　15,030,000
　　　　　　　　——公允價值變動　　　　　　　　970,000

● 第四節　證券承銷業務的核算

一、證券承銷業務特點

　　承銷業務是證券公司根據協議，依法協助證券發行人銷售其所發行的證券的行為。依據《證券法》的規定，「發行人向不特定對象發行的證券，法律、行政法規規定應當由證券公司承銷的，發行人應當與證券公司簽訂承銷協議」，委託證券公司承銷。證券承銷是證券公司（投資銀行）的傳統業務。

　　承銷業務分為代銷或包銷兩種方式。證券代銷是指證券公司代發行人發售證券，在承銷期結束時，將未售出的證券全部退還給發行人的承銷方式。證券包銷是指證

金融企業會計

券公司將發行人的證券按照協議全部購入，或者在承銷期結束時將售后剩餘證券全部自行購入的承銷方式。包銷又分為全額包銷和餘額包銷兩種方式。全額包銷是指證券公司作為承銷商先全額買斷發行人發行的證券，再向投資者發售，由證券公司承擔全部風險的承銷方式。餘額包銷是指證券公司作為承銷商按照約定的發行額和發行條件，在約定的期限内向投資者發售證券，到銷售截止日，如投資者實際認購總額低於預定發行總額，未售出的證券由證券公司負責認購，並按約定的時間向發行人支付全部發行價款的承銷方式。

二、會計科目設置

(一)「代理承銷證券款」科目

本科目是負債類科目，核算企業（金融）接受委託，採用承購包銷方式或代銷方式承銷證券所形成的、應付證券發行人的承銷資金。

通過證券交易所上網發行的，在證券上網發行日根據承銷合同確認的證券發行總額，按承銷價款，在備查簿中記錄承銷證券的情況。與證券交易所交割清算，按實際收到的金額，借記「結算備付金」等科目，貸記本科目。承銷期結束，將承銷證券款項交付委託單位並收取承銷手續費；按承銷價款，借記本科目；按應收取的承銷手續費，貸記「手續費及佣金收入」科目；按實際支付給委託單位的金額，貸記「銀行存款」等科目。承銷期結束有未售出證券、採用餘額承購包銷方式承銷證券的，按合同規定由企業認購，應按承銷價款，借記「交易性金融資產」「可供出售金融資產」等科目，貸記本科目。承銷期結束，應將未售出證券退還委託單位。企業承銷無記名證券，比照承銷記名證券的相關規定進行處理。

本科目期末貸方餘額，反映企業承銷證券應付未付給委託單位的款項。

(二)「代理承銷證券」科目（可根據證券公司需要設立）

本科目屬於資產類，核算公司接受委託代理發行的股票、債券等證券的價值。公司應根據不同的代理方式，進行相應的會計處理：

公司採用全額承購包銷方式代理發行的證券，應按承購價，借記本科目，貸記「銀行存款」等科目。證券轉售給投資者時，按發行價，借記「銀行存款」等科目，貸記「手續費及佣金收入——代理承銷證券手續費收入」科目。計算和結轉代發行證券的成本，借記「手續費及佣金支出－代理承銷證券手續費收入」科目，貸記本科目。發行期結束，未售出的證券餘額轉為自營證券或長期投資，公司應按承購價，借記「交易性金融資產」「可供出售金融資產」「持有至到期投資」「長期債券投資」或「長期股權投資」科目，貸記本科目。本科目期末借方餘額，反映公司尚未售出的代理承銷證券的價值。

第十二章　證券公司業務的核算

三、業務核算

不同的承銷方式下，證券承銷收入的確認也有所不同。在全額包銷方式下，將證券轉售給投資者時按承銷價格確認為證券承銷收入；在餘額包銷及代銷方式下，在承銷業務提供的相關服務完成時確認收入。

(一) 全額包銷

公司以全額包銷方式進行承銷業務的，在按承購價格購入待發售的證券時，確認為一項資產；公司將證券轉讓給投資者時，按承銷價格確認為證券承銷收入，按已承銷證券的承購價格結轉承銷證券的成本。承銷價格減去承購價格的差額為淨收入。承銷期結束後，如有未售出的證券，按承購價轉為公司的自營證券或長期投資。

(1) 承購。

[例12-39] 銀江證券公司採用全額包銷方式代理承銷 H 公司的股票。銀江公司先將股票全部認購。股票面值每股 1 元，承購價為 1 元，共發行1,000,000 股。已向發行單位 H 公司支付全部證券款項。

借：代理承銷證券　　　　　　　　　　　　　1,000,000
　　貸：銀行存款　　　　　　　　　　　　　　　1,000,000

(2) 將證券轉售給投資者，按發行價售出。

[例12-40] 銀江證券公司通過網下發行，將上述股票按承銷價轉售給投資者，承銷價每股 1.2 元，售出 900,000 股。

借：銀行存款　　　　　　　　　　　　　　　1,080,000
　　貸：手續費及佣金收入　　　　　　　　　　　1,080,000

(3) 結轉售出證券的實際成本。

[例12-41] 銀江證券公司結轉上述售出股票的成本。

借：手續費及佣金支出　　　　　　　　　　　　900,000
　　貸：代理承銷證券　　　　　　　　　　　　　　900,000

(4) 承銷期結束，未售出的證券轉為自營證券或長期債券投資、長期股權投資，按承購價確認帳面價值。

[例12-42] 承銷期結束，銀江證券公司仍有 100,000 股承銷的 H 公司股票未售出，銀江公司將其確認為「交易性金融資產」。

借：交易性金融資產　　　　　　　　　　　　　100,000
　　貸：代理承銷證券　　　　　　　　　　　　　　100,000

(二) 餘額包銷

公司以餘額包銷方式進行承銷業務的，在收到委託單位發售的證券時，不需要

金融企業會計

在帳內同時確認為一項資產和一項負債,只需要在專設的備查帳簿中登記承銷證券的情況。承銷期結束,將承銷證券款項交付委託單位,並收取承銷手續費,計入手續費與佣金收入。承銷期結束有未售出的證券,按約定的承購價格轉為公司的自營證券或長期投資。

(1) 收到委託單位委託發行的證券。

[例12-43] 銀江證券公司採用餘額包銷方式代I公司發行股票。I公司交來股票200,000股,每股面值1元。合同約定代銷手續費0.1%。

銀江公司只需在備查簿中記錄承銷證券的情況,不必編制會計分錄。

(2) 在約定的期限內售出,按承銷價格作分錄。

[例12-44] 承例12-43,承銷期內,銀江公司按發行價格每股10元,將上述股票通過網下發售,共售出180,000股。

借:銀行存款　　　　　　　　　　　　　　　　1,800,000
　貸:代理承銷證券款　　　　　　　　　　　　　1,800,000

(3) 未售出部分按規定由本公司認購,按承銷價轉為自營證券或長期投資。

[例12-45] 承例12-43,承銷期結束時,銀江公司仍有20,000股I公司股票未售出,決定轉為「可出售金融資產」。

借:可出售金融資產　　　　　　　　　　　　　　200,000
　貸:代理承銷證券款　　　　　　　　　　　　　　200,000

同時,衝銷備查簿中登記的承銷證券。

(4) 發行期結束,所集資金付給委託單位,並收取手續費。

[例12-46] 承例12-43,承銷期結束,銀江公司將發售取得的資金交付給I公司,並從中扣取應得的手續費。

借:代理承銷證券款　　　　　　　　　　　　　2,000,000
　貸:銀行存款　　　　　　　　　　　　　　　　1,998,000
　　手續費及佣金收入——代發行證券手續費收入　　2,000

(三) 代銷

公司以代銷方式進行承銷證券業務的,在收到委託單位發售的證券時,不需要在帳內同時確認為一項資產和一項負債,只需在專設的備查帳簿中登記承銷證券的情況。在發行期結束後,與發行人結算發行價款時確認代發行證券的手續費收入,並將未售出證券退還委託單位。

代銷主要有網上代銷和網下代銷兩種方式。本節以網上代銷,即通過證券交易所上網發行為例說明會計處理。

(1) 在證券上網發行日。

[例12-47] 銀江證券公司代銷J公司的股票,共500,000股,承銷價每股

第十二章 證券公司業務的核算

5元,手續費0.5%。

銀江公司根據承銷合同確認證券發行總額,按承銷價,在備查簿中記錄承銷情況,無須做分錄。

(2) 網上發行結束后。

[例12-48] 承例12-47,銀江證券公司在網上發行結束后,與證券交易所交割清算,按網上實際發行數量400,000股,上網費用50,000元。

借:結算備付金——客戶　　　　　　　　　　　　　1,950,000
　　其他應收款——應收代墊委託單位上網費　　　　　50,000
　貸:代理承銷證券款　　　　　　　　　　　　　　2,000,000

(3) 將發行證券款項交委託單位,並收取發行手續費和代墊上網費用。

[例12-49] 承例12-47,銀江證券公司將發行證券款項交委託單位,並收取發行手續費和代墊上網費用。

借:代理承銷證券款　　　　　　　　　　　　　　　2,000,000
　貸:其他應收——應收代墊委託單位上網費　　　　　50,000
　　　手續費及佣金收入——代發行證券手續費收入　　10,000
　　　銀行存款　　　　　　　　　　　　　　　　　1,940,000

(4) 發行期結束,將未售出的代發行證券退還委託單位。

銀江公司無須做分錄,但應衝銷備查簿中登記的承銷證券。

復習思考題

1. 證券公司的主要業務有哪些?
2. 證券公司在其經紀業務的核算中要確認哪些資產和負債?為什麼?
3. 證券公司代理兌付記名與不記名證券時,會計處理有何區別?
4. 證券公司的自營業務,如果通過證券交易所網上交易,需要使用哪個資產類科目?
5. 證券公司的承銷業務分為哪三種形式?這三種形式在收入的核算方面有何不同?在資產和負債的確認方面有何不同?

第十三章　基金公司業務的核算

本章重點

1. 證券投資基金股票投資和債券投資業務的核算。
2. 證券投資基金申購和贖回業務的核算。

引導案例

2015年12月18日，中國證監會與中國人民銀行聯合發布《貨幣市場基金監督管理辦法》（以下簡稱《管理辦法》），自2016年2月1日起施行。據悉，《管理辦法》主要修訂了以下幾方面內容：一是進一步完善貨幣市場基金投資範圍、組合平均久期、平均剩餘存續期限及組合流動性資產比例等監管要求，強化對貨幣市場基金投資組合流動性風險的控製。二是對貨幣市場基金的流動性管理做出了系統性的制度安排，提高行業流動性風險的自我管控能力。三是對攤餘成本法下的貨幣市場基金影子定價偏離度風險實施嚴格控製，分別針對正負偏離度情形設定了非對稱監管要求。四是針對貨幣市場基金與互聯網深度融合發展的新業態，對貨幣市場基金在互聯網金融平臺上的銷售活動與信息披露提出針對性要求。五是鼓勵貨幣市場基金在風險可控前提下進一步創新發展，積極拓展貨幣市場基金投資範圍，支持貨幣市場基金份額上市交易或轉讓，拓展貨幣市場基金支付功能。

業內人士認為，《管理辦法》主要圍繞貨幣基金風險防範與創新發展展開，在此辦法的監管框架之下，貨幣基金將告別「拼收益」時代，更為強調流動性管理能

第十三章　基金公司業務的核算

力，迴歸貨幣市場基金作為現金流動性管理工具的本源，同時鼓勵貨幣市場基金的管理人在風險可控前提下進一步創新發展，為未來5~10年的貨幣市場基金的發展提供了預期明確、監管有效的基礎環境，有利於行業的健康持續發展，是具有里程碑意義的監管制度。

思考：你瞭解的貨幣基金有哪些？貨幣基金是否意味著不會發生虧損，為什麼？
(參考資料：http://fund.eastmoney.com/news/1590,20151221577481077.html. 東方財富網)

第一節　證券投資基金概述

一、證券投資基金業務概述

(一) 證券投資基金的概念

證券投資基金是證券市場發展的必然產物。根據《中華人民共和國證券投資基金法》，證券投資基金是指通過公開發售基金份額募集，由基金管理人管理，基金託管人託管，為基金份額持有人的利益以資產組合方式進行證券投資活動。通俗地講，證券投資基金就是集中眾多投資者的資金，交由專業的基金管理公司對股票、債券等進行分散投資，以謀求投資風險的最小化和投資收益的最大化。

證券投資基金包括以下四個方面的當事人：基金發起人，基金持有人，基金管理人和基金託管人。基金的發起人通常由經過中國證券監督管理委員會審查批准的證券公司、信託投資公司、基金管理公司擔任。基金持有人指持有基金份額的投資人。基金管理人由基金發起人直接或控股成立，在基金設立后，根據法律、法規及基金契約的規定，憑藉專業知識和經驗，通過科學的投資組合決策，對基金資產進行管理和運用，使基金持有人能夠通過基金資產的不斷增值而受益。在中國，基金管理人通常以基金管理公司的形式出現，其管理和運用基金資產的水平直接決定了基金的收益水平。基金託管人是指依據「管理與保管分開」的原則對基金資產進行託管的商業銀行。

(二) 證券投資基金的分類

1. 根據投資對象的不同分為股票基金、債券基金、混合基金、貨幣市場基金

股票基金是指以股票為投資對象的投資基金（股票投資比重占80%以上），預期風險收益水平較高。股票型基金二級分類主要分成三大類：有嚴格限制主題的基金、量化交易的基金、無嚴格限制主題的基金。債券基金是指以債券為投資對象的投資基金（債券投資比重占80%以上），收益率相對穩定。混合基金是指股票和債券投資比率介於以上兩類基金之間並可以靈活調控。貨幣市場基金是指投資安全且

具有流動性的貨幣市場工具，如國庫券等，年收益率較低但風險也很低，申購贖回靈活可媲美活期存款。

2. 根據組織形式的不同分為公司型基金和契約型基金

公司型基金指專門為一個基金成立一家股份公司進行專門管理運作。契約型基金本身不成立公司，一般由基金管理公司、基金託管機構和投資者簽訂基金契約進行具體的管理運作。一家基金管理公司可以管理多支契約型基金。

3. 根據資金募集方式的不同分為公募證券投資基金和私募證券投資基金

公募證券投資基金是向不特定投資者（累計超過200人）公開發行收益憑證進行資金募集的基金，在法律和監管部門嚴格監管下，有信息披露、利潤分配、投資限制等行業規範。私募證券投資基金是私下或直接向特定投資者募集的資金（累計超過200人，投資於單只私募基金的金額不低於100萬元且符合下列相關標準的單位和個人：淨資產不低於1,000萬元的單位；金融資產不低於300萬元或者最近3年個人年均收入不低於50萬元的個人），同時在信息披露、投資限制等方面監管要求較低，方式較為靈活。

二、證券投資基金會計概述

由於證券投資基金當事人所處的位置不同，會計核算的具體內容和方法也會有所不同。同時，作為基金管理人的基金管理公司通常可能管理多只契約型基金，基金管理公司及其管理的契約型基金的會計核算角度也會有所不同，由於篇幅有限，本章僅從基金管理人的角度論述契約型開放式證券投資基金的會計核算。

（一）證券投資基金會計核算的特點

按照《中華人民共和國證券投資基金法》（2015年修訂）的規定，依法募集資金，辦理基金份額的發售和登記事宜；辦理基金備案手續；對所管理的不同基金財產分別管理、分別記帳，進行證券投資；按照基金合同的約定確定基金收益分配方案，及時向基金份額持有人分配收益；進行基金會計核算並編制基金財務會計報告；編制中期和年度基金報告；計算並公告基金資產淨值，確定基金份額申購、贖回價格；辦理與基金財產管理業務活動有關的信息披露事項；按照規定召集基金份額持有人大會；保存基金財產管理業務活動的記錄、帳冊、報表和其他相關資料；以基金管理人名義，代表基金份額持有人利益行使訴訟權利或者實施其他法律行為；國務院證券監督管理機構規定的其他職責。證券投資基金會計採用公允價值計價，因此，證券投資基金業務會計核算有以下幾個特點：

1. 建立獨立的會計核算體系

由於基金管理人可能是專門從事基金運作或兼營基金的金融企業，它必須將自有資產負債與受託經營基金的資產負債分開，獨立設帳，分別核算；同時，由於每

第十三章 基金公司業務的核算

支基金的權益由不同基金持有人所擁有，基金管理人還要保證不同的基金之間在名冊登記、帳戶設置、資金劃撥、帳簿記錄等方面相互獨立，為基金投資人買賣基金提供可靠數據。

2. 計算和公告基金單位淨值

證券投資基金會計核算的目的是反映證券投資基金的財務狀況和基金管理公司的運作業績，為投資者提供投資決策依據。而反映基金業務經營業績的最終指標是基金單位淨值及其增長速度。所以，基金管理公司應於估值日計算基金淨值和基金單位淨值，並予以公告。

3. 收益與分配

證券投資基金的收益構成與一般公司不大相同。基金收入主要來源於利息收入、股票、債券等投資收益以及公允價值變動損益等方面。其中，利息收入包括存款、債券、資產支持證券的利息收入及買入返售金融資產收入。基金管理成本的構成也具有深刻的行業特點，包括管理人報酬、託管費、銷售服務費、交易費用、利息支出（含賣出回購金融資產支出）等項目。基金收益分配也有特別的規定，如應當採用現金形式，每年至少1次，分配比例不得低於基金淨收益的90%。

(二) 證券投資基金的會計科目

證券投資基金由於業務上的特殊性，在會計科目的設置上也具有其特點，如表13-1所示。

表13-1　　證券投資基金公司特殊科目表

編號	會計科目名稱	編號	會計科目名稱
	一、資產類	3003	證券清算款
1105	基金投資	3101	遠期投資
1106	權證投資		四、所有者權益類
	二、負債類	4001	實收基金
2201	短期借款	4011	損益平準金
2203	應付贖回款		五、損益類
2204	應付贖回費	6101	公允價值變動損益
2206	應付管理人報酬	6302	其他收入
2207	應付託管費	6403	管理人報酬
2208	應付銷售服務費	6404	託管費
2209	應付交易費用	6406	銷售服務費
	三、共同類	6407	交易費用

（三）證券投資基金會計報表

證券投資基金會計報表包括：資產負債表、利潤表、所有者權益（基金淨值）變動表。

第二節　證券投資基金發行及增減變動的核算

證券投資基金的發行也叫基金的募集，指基金發起人在發起設立或擴募基金的申請獲得中國證監會批准後，向投資者推銷基金單位，募集資金的行為。基金募集期限屆滿，基金份額總額超過核準的最低募集份額總額，並且基金份額持有人人數符合國務院證券監督管理機構規定的，基金管理人應當自募集期限屆滿之日起十日內聘請法定驗資機構驗資，期間，募集的資金應當存入專門帳戶。在收到驗資報告之日起十日內，向國務院證券監督管理機構提交驗資報告，辦理基金備案手續，並予以公告，基金合同成立。

一、會計科目設置

從基金管理公司的角度出發，核算證券投資基金發行及增減變動的科目主要有「實收基金」「應收申購款」「應付贖回款」「應付贖回費」「損益平準金」等科目。

（一）「實收基金」科目

「實收基金」屬於權益類科目，核算對外發行基金份額所募集的總金額在扣除平準金分攤部分后的餘額。本科目可按不同級/類基金等設置明細帳，進行核算。

「實收基金」科目的主要帳務處理如下：

（1）基金募集結束，在基金合同生效日按投資者投入的金額，借記「銀行存款」等科目，貸記本科目。

（2）基金申購或轉換轉入確認日，按基金申購款和轉換轉入款，借記「應收申購款」等科目，按實收基金的餘額占基金淨值的比例，對基金申購款中含有的實收基金，貸記本科目，按基金申購款與實收基金的差額，貸記「損益平準金」科目。

（3）基金贖回或轉換轉出確認日，按實收基金的餘額占基金淨值的比例，對基金贖回款或轉換轉出款中含有的實收基金，借記本科目，按基金贖回款或轉換轉出款與實收基金的差額，借記「損益平準金」科目，按應付基金份額持有人贖回款或轉換轉出款，貸記「應付贖回款」等科目，按贖回費或轉換轉出費中基本手續費部分，貸記「應付贖回費」科目，按贖回費或轉換轉出費扣除基本手續費后的餘額部分，貸記「其他收入」科目。

第十三章 基金公司業務的核算

(4) 基金紅利再投資，按基金紅利再投資金額，借記「應付利潤」科目；按實收基金的餘額占基金淨值的比例，對基金紅利再投資金額中含有的實收基金，貸記本科目；按基金紅利再投資金額與實收基金的差額，貸記「損益平準金」科目。

本科目期末貸方餘額，反映對外發行基金份額所對應的金額。

(二)「應收申購款」科目

「應收申購款」屬於資產類科目，核算應向辦理申購業務的機構收取的申購款項和轉換轉入款項（不含申購費和轉換費）。「應收申購款」的主要帳務處理：

(1) 投資者申購基金或轉換轉入本基金，確認日按基金申購款和轉換轉入款，借記本科目；按實收基金和損益平準金的餘額占基金淨值的比例，將確認有效的申購或轉換轉入款項分割為兩部分，對基金申購款或轉換轉入款中含有的實收基金，貸記「實收基金」科目，按基金申購款與實收基金的差額，貸記「損益平準金」科目。

辦理申購或轉換轉入業務的機構按規定收取的申購費或轉換費，如在投資者申購或轉換轉入基金時收取的，由辦理申購業務的機構直接向投資者收取，不納入基金會計核算範圍；如在基金贖回或轉出時收取的，待基金投資者贖回或轉換轉出時從贖回款或轉出款中抵扣。

(2) 收到有效申購款或轉換轉入款時，借記「銀行存款」科目，貸記本科目。

本科目期末借方餘額，反映尚未收回的有效申購款和轉換轉入款。

(三)「應付贖回款」科目

本科目屬於負債類科目，核算按規定應付基金份額持有人的贖回款和轉換轉出款。

「應付贖回款」的主要帳務處理：

(1) 基金份額持有人贖回或轉換轉出本基金，應在贖回日或轉換轉出確認日，按實收基金餘額占基金淨值的比例，對基金贖回款或轉換轉出款中含有的實收基金，借記「實收基金」科目，按贖回款或轉換轉出款與實收基金的差額，借記「損益平準金」科目，按應付基金份額持有人贖回款或轉換轉出款，貸記本科目，按贖回費或轉換轉出費中基本手續費部分，貸記「應付贖回費」科目，按贖回費或轉換轉出費扣除基本手續費后的餘額部分，貸記「其他收入」科目

(2) 支付贖回款或支付轉換轉出款時，借記本科目，貸記「銀行存款」科目。

本科目期末貸方餘額，反映尚未支付的基金贖回款或轉換轉出款。

(四)「應付贖回費」科目

「應付贖回費」屬於負債類科目，核算按規定計算的應付給辦理贖回業務或轉換業務的機構的贖回費或轉換轉出費。「應付贖回費」或轉換轉出費的主要帳務

處理：

(1) 基金份額持有人贖回或轉換轉出本基金，應在贖回或轉換轉出確認日，按實收基金餘額占基金淨值的比例，對基金贖回款或轉換轉出款中含有的實收基金，借記「實收基金」科目，按基金贖回款或轉換轉出款與實收基金的差額，借記「損益平準金」科目，按應付基金份額持有人贖回款或轉換轉出款，貸記「應付贖回款」科目，按贖回費或轉換轉出費中基本手續費部分，貸記本科目，按贖回費或轉換轉出費扣除基本手續費后的餘額部分，貸記「其他收入」科目。

(2) 支付贖回費或轉換轉出費時，借記本科目，貸記「銀行存款」科目。本科目期末貸方餘額，反映尚未支付的基金贖回費用或轉換轉出費用。

(五)「損益平準金」科目

「損益平準金」屬於權益類屬於，核算非利潤轉化而形成的損益平準項目，如申購、轉換轉入、贖回、轉換轉出款中所含的未分配利潤和公允價值變動損益。

「損益平準金」的主要帳務處理：

(1) 基金申購、轉入確認日，按基金申購款或轉換轉入款，借記「應收申購款」科目，按實收基金的餘額占基金淨值的比例，對確認有效的申購款或轉換轉入款中含有的實收基金，貸記「實收基金」科目，按利潤分配（未分配利潤）未實現部分的餘額占基金淨值的比例，貸記或借記本科目（未實現），按其差額，貸記或借記本科目（已實現）。

(2) 基金贖回、轉出確認日，按實收基金的餘額占基金淨值的比例，對基金贖回款或轉換轉出款中含有的實收基金，借記「實收基金」科目，按利潤分配（未分配利潤）未實現部分的餘額占基金淨值的比例，借記或貸記本科目（未實現），按應付投資者贖回款或轉換轉出款，貸記「應付贖回款」科目，按贖回費或轉換轉出費中基本手續費部分，貸記「應付贖回費」科目，按贖回費或轉換轉出費中扣除基本手續費后的餘額部分，貸記「其他收入」科目，按其差額，借記或貸記本科目（已實現）。

(3) 基金紅利再投資確認日，按基金紅利再投資金額，借記「應付利潤」科目，按實收基金的餘額占基金淨值的比例，對基金紅利再投資金額中含有的實收基金，貸記「實收基金」科目，按利潤分配（未分配利潤）未實現部分的餘額占基金淨值的比例，貸記或借記本科目（未實現）；按其差額，貸記或借記本科目（已實現）。

期末，應將本科目已實現和未實現餘額分別轉入「利潤分配（未分配利潤）」相應明細科目，結轉后本科目應無餘額。

(六)「應付管理人報酬」科目

「應付管理人報酬」屬於負債類科目，用來核算按規定計提的，應付給管理人

第十三章 基金公司業務的核算

的報酬,可按管理人報酬的類別進行明細核算。

逐日計提管理人報酬時,借記「管理人報酬」科目,貸記本科目;支付時,借記本科目,貸記「銀行存款」科目。本科目期末貸方餘額,反映尚未支付給管理人的報酬。

(七)「應付託管費」科目

「應付託管費」屬於負債類科目,用來核算按規定計提的、應支付給託管人的託管費。

逐日計提託管費時,借記「託管費」科目,貸記本科目;支付託管費時,借記本科目,貸記「銀行存款」科目。本科目期末貸方餘額,反映尚未支付給託管人的託管費。

(八)「應付銷售服務費」科目

「應付銷售服務費」屬於負債類科目,用來核算按規定計提的、應支付的銷售服務費。

逐日計提銷售服務費時,借記「銷售服務費」科目,貸記本科目;支付銷售服務費時,借記本科目,貸記「銀行存款」科目。本科目期末貸方餘額,反映尚未支付的銷售服務費。

(九)「管理人報酬」科目

「管理人報酬」屬於損益類科目,用來核算按規定計提的基金管理人報酬,包括管理費和業績報酬。可分別按「管理費」和「業績報酬」進行明細核算。

計提基金管理費和業績報酬時,借記本科目,貸記「應付管理人報酬」科目;支付基金管理人報酬時,借記「應付管理人報酬」科目,貸記「銀行存款」科目。

期末,應將本科目借方餘額全部轉入「本期利潤」科目,結轉后本科目應無餘額。

(十)「託管費」科目

「託管費」屬於損益類科目,用來核算按規定計提的託管費。

計提託管費時,借記本科目,貸記「應付託管費」科目;支付託管費時,借記「應付託管費」科目,貸記「銀行存款」科目。

期末,應將本科目的借方餘額全部轉入「本期利潤」科目,結轉后本科目應無餘額。

二、證券投資基金發行及增減變動的業務核算

(一) 開放式基金的認購

投資者在設立募集期內向基金管理人或經中國證監會和中國人民銀行審查批准的商業銀行或其他機構購買基金的行為稱為「認購」。通常，開放式基金自批准之日（即招募說明書公告之日）起3個月內淨銷售額超過2億元的，最低認購戶數達到200人，該基金方可成立。

(二) 開放式基金的申購

投資者在基金成立后購買基金稱為「申購」。申購開放式基金單位的份額和贖回基金單位的金額，依據申購贖回日基金單位資產淨值加、減有關費用計算。基金管理人應當於每個開放日的第二天公告基金單位資產淨值。

1. 基金資產淨值和基金單位資產淨值的計算

基金資產淨值是指在某一基金估值時點上，按照公允價格計算的基金資產的總市值扣除負債后的餘額，即基金單位持有人的權益。按照公允價格計算基金資產的過程就是基金的估值，基金估值是計算淨值的關鍵。具體公式為：

T日基金資產淨值 = T日基金總資產 - T日基金總負債

式中，基金總資產指基金所持有的各類資產，如股票、債券、銀行存款等；基金持有的金融資產和承擔金融負債通常分類為以公允價值計量且其變動計入當期損益的金融資產和金融負債；基金總負債指基金在運作和融資時形成的負債，如應付託管費、應付利息等。由於基金所擁有的資產的價值總是隨著市場的波動而波動，所以基金資產淨值也會不斷地變化。決定基金資產淨值增減的關鍵是基金所投資的有價證券市場的漲跌以及基金經理操作的好壞。

基金單位資產淨值是某一時點某基金每一份基金單位實際代表的價值，它是反映基金績效表現的一個重要指標，是開放式基金的交易價格。具體公式為：

T日基金單位資產淨值 = T日基金資產淨值 ÷ T日發行在外的基金單位總數

2. 申購的核算

開放式基金的投資者在進行申購時，是按購買金額提出申請，而不是按購買份額，所以開放式基金的申購金額裡包含了申購費用和淨申購金額。申購費率不得超過申購金額的5%，不納入基金會計核算範圍，可在基金申購時由辦理申購業務的機構直接向投資者收取，或在贖回款中扣除。具體的計算方法為：

申購費用 = 申購金額 × 申購費率

淨申購金額 = 申購金額 - 申購費用

申購份數 = 淨申購金額 ÷ 申購當日基金單位資產淨值

第十三章 基金公司業務的核算

基金管理公司應當在接受基金投資人有效申請起3日內收回申購款，在此之前，作為「應收申購款」入帳。基金申購確認日按基金申購款，借記「應收申購款」科目；按基金申購款中含有的實收基金，貸記「實收基金」；按基金申購款中含有的未實現利得，貸記「損益平準金（未實現）」科目，其差額，即未分配收益，貸記「損益平準金（已實現）」科目。

[例13-1] 2016年12月2日，投資者申購XJC開放式基金90萬元，當日基金單位資產淨值為1.078.1元，申購費率為1.2%，按照基金契約規定，高於基金單位1元的部分再扣除費用後，將3/5作為未實現利得，2/5作為未分配收益。

核算過程如下：

申購費用 = 申購金額 × 申購費率 = 900,000 × 1.2% = 10,800（元）

淨申購金額 = 申購金額 - 申購費用 = 900,000 - 10,800 = 889,200（元）

申購份數 = 淨申購金額/申購當日基金單位資產淨值
= 889,200/1.078.1 = 824,784.34（份）

損益平準金(未實現) = (1.078.1 - 1) × 824,784.34 × 3/5 = 38,649.39(元)

損益平準金(已實現) = (1.078.1 - 1) × 824,784.34 × 2/5 = 25,766.27(元)

會計分錄為：

借：應收申購款　　　　　　　　　　　　　　　889,200
　貸：實收基金　　　　　　　　　　　　　　　　824,784.34
　　　損益平準金（未實現）　　　　　　　　　　38,649.39
　　　損益平準金（已實現）　　　　　　　　　　25,766.27

目前中國基金採取T+1交割方式，即在交易日的第二天進行款項交割，則12月3日款項交割時，基金公司的會計分錄為：

借：銀行存款　　　　　　　　　　　　　　　　889,200
　貸：應收申購款　　　　　　　　　　　　　　　889,200

(三) 開放式基金的贖回

開放式基金的贖回是指投資人將已經持有的開放式基金單位份額出售給基金管理人，收回資金的行為。基金的贖回是按份額提出申請的，而不是按金額提出。基金管理人應當自接受基金投資人有效贖回申請之日起7個工作日內，支付贖回款項。國務院證券監督管理機構規定基金財產中應當保持適當比例的現金或者政府債券，以備支付基金份額持有人的贖回款項。同時，基金管理人可以根據基金管理運作的實際需要，向投資人收取不超過贖回金額的3%的贖回費。具體的計算公式為：

贖回總額 = 贖回份數 × 贖回當日基金單位淨值。

贖回費用 = 贖回總額 × 贖回費率

贖回金額 = 贖回總額 - 贖回費用

基金公司在接受投資人有效贖回申請但尚未支付之前作為「應付贖回款」入帳；按規定收取的贖回費，其中基本手續費部分歸辦理贖回業務的機構所有，尚未支付之前作為「應付贖回費」入帳；贖回費在扣除基本手續費后的餘額歸基金公司所有，作為「其他收入」入帳。

基金贖回確認日，按基金贖回款中含有的實收基金，借記「實收基金」，按基金贖回款中含有的未實現利得，借記「損益平準金（未實現）」科目；按基金贖回款中含有的未分配收益，借記「損益平準金（已實現）」科目；按應付投資人贖回款，貸記「應付贖回款」科目；按贖回費中基本手續費部分，借記「應付贖回費」科目；按贖回費扣除基本手續費后的餘額部分，貸記「其他收入——贖回費」科目。

[例13-2] 沿用例13-1，2016年2月12日，投資者申請贖回XJC開放式基金50萬份，當日基金單位資產淨值為1,399.6元，贖回費率為0.5%，應付給代辦贖回業務的銀行250元，同時按照基金契約規定，結轉未實現利得119,988元，未分配收益79,992元。核算過程如下：

贖回總額 = 贖回份數 × 贖回當日基金單位淨值 = 500,000 × 1,399.6
         = 699,800（元）

贖回費用 = 贖回總額 × 贖回費率 = 699,800 × 0.5% = 3,499（元）

贖回金額 = 贖回總額 - 贖回費率 = 699,800 - 3,499 = 696,301（元）

會計分錄：

借：實收基金　　　　　　　　　　　　　　　　　　　500,000
　　損益平準金（未實現）　　　　　　　　　　　　　119,988
　　損益平準金（已實現）　　　　　　　　　　　　　 79,992
　　貸：應付贖回款　　　　　　　　　　　　　　　　696,301
　　　　應付贖回費　　　　　　　　　　　　　　　　　　250
　　　　其他收入——贖回費　　　　　　　　　　　　　3,249

2016年2月13日款項交割時，基金公司的會計分錄為：

借：應付贖回款　　　　　　　　　　　　　　　　　　696,301
　　貸：銀行存款　　　　　　　　　　　　　　　　　696,301

如果在某一開放日，基金淨贖回申請超過上一日基金總份額的10%，即認為發生了巨額贖回，基金管理人在當日接受贖回比例不低於基金總份額的10%的前提下，可以對其餘贖回申請延期辦理。對於當日的贖回申請，應當按單個帳戶贖回申請量占贖回申請總量的比例，確定當日受理的贖回份額；未受理部分可延遲至下一個開放日辦理，並以該開放日當日的基金資產淨值為依據計算贖回金。如果連續發生巨額贖回，基金管理人可按照基金契約及招募說明書規定，暫停接受贖回申請，已經接受的贖回申請可以延緩支付贖回款，但不能超過20個工作日，並在證監會指定媒體上公告，公告的時間最長不得超過3個證券交易日。

第十三章 基金公司業務的核算

第三節 證券投資基金投資業務的核算

證券投資基金成立以後，根據基金契約及招募說明書的規定運用基金財產以適當的資產組合方式和投資比例進行證券投資。但是，基金財產不得用於下列投資或者活動：承銷證券；向他人貸款或者提供擔保；從事承擔無限責任的投資；買賣其他基金份額（但是國務院另有規定的除外）；向其基金管理人、基金託管人出資或者買賣其基金管理人、基金託管人發行的股票或者債券；買賣與其基金管理人、基金託管人有控股關係的股東或者與其基金管理人、基金託管人有其他重大利害關係的公司發行的證券或者承銷期內承銷的證券；從事內幕交易、操縱證券交易價格及其他不正當的證券交易活動等

一、會計科目設置

從基金管理公司的角度出發，核算證券投資基金投資業務的科目主要有「證券清算款」「應付交易費用」「結算備付金」「應收股利」「應收利息」「交易性金融資產」「公允價值變動損益」等科目。其中只有「證券清算款」「應付交易費用」為基金公司所特有科目，其餘科目在前面章節已有介紹，這裡不再贅述。

(一)「證券清算款」科目

「證券清算款」屬於共同類科目，核算因買賣證券、回購證券、申購新股、配售股票等業務而發生的，應與證券登記結算機構或證券交易對手方辦理資金結算的款項。本科目可按不同證券登記結算機構或證券交易對手方等進行明細核算。

基金因買賣證券、回購證券、申購新股、配售股票等業務而發生的，應與證券登記機構或證券交易對手方辦理資金結算的款項，比照相關資產或負債類科目的有關規定進行帳務處理。

本科目所屬明細科目借方餘額，反映尚未收回的證券清算款；本科目所屬明細科目貸方餘額，反映尚未支付的證券清算款。

(二)「應付交易費用」科目

「應付交易費用」屬於負債類科目，核算因證券交易而支付的交易費用。本科目可按支付對象進行明細核算。因證券交易而應支付交易費用，比照相關資產或負債類科目的規定進行處理。實際支付交易費用時，借記本科目，貸記「銀行存款」科目。本科目期末貸方餘額，反映尚未支付的交易費用。

(三)「公允價值變動損益」科目

「公允價值變動損益」屬於損益類科目，核算基金持有的採用公允價值模式計

295

量的交易性金融資產、交易性金融負債等公允價值變動形成的應計入當期損益的利得或損失。本科目可按資產的種類進行明細核算。期末，應將本科目餘額全部轉入「本期利潤」科目，結轉后本科目應無餘額。

二、基金投資業務的核算

(一) 股票投資的核算

證券投資基金為證券買賣交易而在證券投資機構存入一定數額的款項時，借記「結算備付金——某證券登記結算機構」科目，貸記「銀行存款」科目；從證券登記結算機構收回資金時做相反分錄。

1. 買入股票的核算

買入股票，在交易日按股票的公允價值，借記「股票投資（成本）」，按應付的相關費用，借記「交易費用」科目；按應支付的證券清算款，貸記「證券清算款」科目；按應付的交易費用，貸記「應付交易費用」。資金交收日，按實際交收的證券清算款，借記「證券清算款」科目，貸記「銀行存款」、「結算備付金」科目。

通過交易所網上申購新股，在申購當日借記「證券清算款（新股申購款）」科目，貸記「證券清算款」科目；交收日，按實際交收的申購款，借記「證券清算款」科目，貸記「銀行存款」或「結算備付金」科目；申購新股中簽時，按確認的中簽金額，借記「股票投資（成本）」科目，貸記「證券清算款」科目；收到退回餘額（未中簽部分），借記「結算備付金」科目，貸記「證券清算款」。

通過網下申購新股，按實際預繳的申購款，借記「證券清算款」科目，貸記「銀行存款」科目；申購新股確認日，按實際確認的申購新股金額，借記「股票投資（成本）」科目，貸記「證券清算款」科目；如果實際確認的申購新股金額小於已經預交的申購款的，在收到退回餘額時，借記「銀行存款」科目，貸記「證券清算款」科目；如果實際確認的申購新股金額大於已經預交的申購款的，在補付申購款時，按支付的金額，借記「證券清算款」科目，貸記「銀行存款」科目。通過市值配售的，確認日按確認的中簽金額，借記「股票投資（成本）」，貸記「證券清算款」科目。

[例13－3] 2016年6月25日，XJC基金管理公司自證券市場購入B股票281,046股，購入價格30元/股，應付證券機構佣金7,166元，其他各項費用2,500元，印花稅稅率為2‰，會計分錄為：

6月25日，交易日：

交易費用 = 7,166 + 2,500 + 281,046 × 30 × 2‰ = 26,528.76（元）

借：股票投資（成本）——B股票　　　　　　　　8,431,380
　　　交易費用　　　　　　　　　　　　　　　　26,528.76

第十三章 基金公司業務的核算

  貸：證券清算款   8,431,380
    應付交易費用   26,528.76
6月26日，資金交收日：
借：證券清算款   8,431,380
  貸：結算備付金   8,431,380
  2. 賣出股票的核算

  賣出股票，在交易日按照應收取的證券清算款，借記「證券清算款」科目，按應付的相關費用，借記「交易費用」科目；按結轉的股票投資成本、估值增值或減值，貸記「股票投資（成本）」科目，貸記或借記「股票投資（估值增值）」；按應付的交易費用，貸記「應付交易費用」科目；按其差額，貸記或借記「投資收益（股票投資收益）」科目。同時，將原計入該賣出股票的公允價值變動損益轉出，借記或貸記「公允價值變動損益」科目，借記或貸記「投資收益（股票投資收益）」科目。

  資金交收日，按實際交收的證券清算款，借記「銀行存款」或「結算備付金」等科目，貸記「證券清算款」科目。賣出股票的成本按移動加權平均法逐日結轉。

  [例13-4] 沿用例13-3，12月28日，XJC基金管理公司以49.45元/股的價格賣出B股票281,046股，應付證券機構佣金11,813元，其他各項費用3,500元，印花稅稅率為2‰，會計分錄為：

12月28日，交易日：
交易費用 = 11,813 + 3,500 + 281,046 × 49.45 × 2‰ = 43,108.45（元）
借：證券清算款   13,897,724.7
  交易費用   43,108.45
  貸：股票投資（成本）——B股票   8,431,380
    應付交易費用   43,108.45
    投資收益（債券投資收益）   5,466,344.7
12月29日，資金交收日：
借：結算備付金   13,897,724.7
  貸：證券清算款   13,897,724.7
  3. 持股期間分派股利的核算

  (1) 股票股利的核算。持有股票期間獲得股票股利（包括送紅股和公積金轉增股本），應於除權除息日，按股權登記日持有的股數及送股或轉增比例，計算確定增加的股票數量，在股票投資帳戶「數量」欄進行記錄。因持有股票而享有的配股權，配股除權日在配股繳款截止日之後的，在除權日按所配的股數確認未流通部分的股票投資，與已流通部分分別核算。

  (2) 現金股利的核算。持有股票期間上市公司宣告發放現金股利，應於除權除息日，借記「應收股利」或「銀行存款」「結算備付金」等科目，貸記「投資收益

(股利收益)」科目。

(二) 債券投資的核算

債券投資的核算可根據基金種類的不同而有所不同，以下主要介紹非貨幣市場基金在做債券投資時的核算方法：

1. 買入債券的核算

買入債券，在交易日按債券的公允價值（不含支付價款中所包含的應收利息），借記「債券投資（成本）」，按應付的相關費用，借記「交易費用」科目，按支付價款中包含的應收利息（若有），借記「應收利息」科目；按應支付的金額，貸記「證券清算款」科目；按實際支付的金額，貸記「銀行存款」科目；按應支付的交易費用，貸記「應付交易費用」等科目。

資金交收日，按實際交收的金額，借記「證券清算款」科目，貸記「銀行存款」或「結算備付金」科目。

[例13-5] 2016年7月1日，XJC基金管理公司自證券市場購入A債券10萬份，含息價每份105元，其中每份含息3.5元（設該債券發行日為2016年1月1日，期限3年，面值100元，年利率7%，每年付息一次），支付各種手續費2,000元，7月2日為資金交收日。（註：本題與例13-6、例13-7前後關聯）

會計分錄為：

7月1日，交易日：

借：債券投資（成本）——A債券	10,150,000
應收利息	350,000
交易費用	2,000
貸：證券清算款	10,500,000
應付交易費用	2,000

7月2日，資金交收日：

| 借：證券清算款 | 10,500,000 |
| 貸：結算備付金 | 10,500,000 |

2. 債券持有期間利息收入的核算

持有債券期間，每日確認利息收入，按債券投資的票面利率計算的利息，借記「應收利息」科目，貸記「利息收入（債券利息收入）」科目。如票面利率與實際利率出現重大差異，應按實際利率計算利息收入。債券派息日，按應收利息，借記「證券清算款」科目，貸記「應收利息」科目；資金交收日，按收到的金額，借記「銀行存款」或「結算備付金」科目，貸記「證券清算款」。

[例13-6] 沿用例13-5債券按月計提應收利息。

應收利息 = $10,000,000 \times 7\% \times 1/12$ = 58,333.33（元）

第十三章 基金公司業務的核算

7月31日會計分錄：
借：應收利息　　　　　　　　　　　　　　　58,333.33
　貸：利息收入——債券利息收入　　　　　　58,333.33
8月31日會計分錄同上。

3. 賣出債券的核算

賣出債券，在交易日按應收或實收的金額，借記「證券清算款」或「銀行存款」科目，按應付的相關費用，借記「交易費用」科目，按結轉的債券投資成本、估值增值或減值，貸記「債券投資（成本）」科目，貸記或借記「債券投資（估值增值）」；按應收或實收價款中包含的應收利息（若有），貸記「應收利息」科目；按應付的交易費用，貸記「應付交易費用」科目；按其差額，貸記或借記「投資收益（債券投資收益）」科目。同時，將原計入該賣出股票的公允價值變動損益轉出，借記或貸記「公允價值變動損益」科目，借記或貸記「投資收益（債券投資收益）」科目。

資金交收日，按實際交收的證券清算款，借記「銀行存款」或「結算備付金」等科目，貸記「證券清算款」科目。賣出債券的成本按移動加權平均法逐日結轉。

[**例13-7**] 沿用例13-5、例13-6，2016年8月31日，XJC基金管理公司以含息價107元/份價格賣出10萬張，應支付手續費2,100元。9月1日為資金交收日。

8月31日，交易日：
借：證券清算款　　　　　　　　　　　　　　10,700,000
　　交易費用　　　　　　　　　　　　　　　　　2,100
　貸：債券投資（成本）——A債券　　　　　10,150,000
　　　應付交易費用　　　　　　　　　　　　　　2,100
　　　應收利息　　　　　　　　　　　　　　466,666.66
　　　投資收益（債券投資收益）　　　　　　 83,333.34
9月1日，資金交收日：
借：結算備付金　　　　　　　　　　　　　　10,700,000
　貸：證券清算款　　　　　　　　　　　　　10,700,000
借：應付交易費用　　　　　　　　　　　　　　　2,100
　貸：銀行存款　　　　　　　　　　　　　　　　2,100

（三）證券投資估值增值的核算

基金公司募集到的資金被投資於各類金融資產后，它們的價值隨著證券市場每天都在波動。為了能客觀準確地反映基金資產是否增值，同時也能更好地計算基金單位資產淨值以方便基金單位在市場上的交易，基金公司就必須對基金資產作適時的估值。大部分基金的估值日是每個開放日。

估值日對持有的股票、債券估值時，如為估值增值，按當日與上一日估值增值

的差額，借記「股票投資（估值增值）」或「債券投資（估值增值）」，貸記「公允價值變動損益」科目；如為估值減值，做相反的會計分錄。

[例13-8] 沿用例13-3、例13-5，2016年7月30日，XJC基金管理公司持有的A債券公允價值為含息價112元/張，B股票的收盤價為25元/股。

7月30日A債券估值增值為：$100,000 \times [(112 - 3.5) - (105 - 3.5)] = 700,000$（元）

借：債券投資（估值增值）　　　　　　　　　　　700,000
　　貸：公允價值變動損益　　　　　　　　　　　　　　700,000

B股票估值增值為：$(25 - 30) \times 281,046 = -1,405,230$（元）

借：公允價值變動損益　　　　　　　　　　　　1,405,230
　　貸：股票投資（估值增值）　　　　　　　　　　　1,405,230

(四) 買入返售金融資產和賣出回購金融資產款的核算

1. 買入返售金融資產的核算

基金公司可以在國家規定的固定場所按照返售協議約定先買入票據、證券等金融資產，再按固定價格返售來實現資金的融出。這類業務可按金融資產的類別，分「質押式」和「買斷式」進行明細核算。本書只介紹「質押式」的業務核算。

當基金公司根據返售協議買入證券等金融資產，按應付或實際支付的金額，借記「買入返售金融資產」，貸記「證券清算款」或「銀行存款」等科目；資金交收日，按實際交收金額，借記「證券清算款」等科目，貸記「銀行存款」或「結算備付金」科目。

返售前，按實際利率逐日計提利息時，借記「應收利息」科目，貸記「利息收入（買入返售金融資產）」科目。合同利率與實際利率差異較小的，也可採用合同利率來計算確定利息收入。

返售日，應按應收或實際收到的金額，借記「證券清算款」或「銀行存款」等科目，按其帳面餘額，貸記「買入返售金融資產」和「應收利息」科目，按其差額，貸記「利息收入（買入返售金融資產）」科目；資金交收日，按實際交收金額，借記「銀行存款」或「結算備付金」科目，貸記「證券清算款」等科目

[例13-9] 2016年5月8日，XJC基金管理公司從某證券登記結算公司買入返售金融資產1,000萬元，手續費200元，3日後返售，利息24,591元，（相關交易費用計入初始成本，於返售日按帳面餘額結轉），XJC基金管理公司的會計分錄為：

5月8日記錄該筆業務：

借：買入返售金融資產——3日返售證券　　　　10,000,200
　　貸：證券清算款——某證券登記結算公司　　　　　10,000,200

5月8日、9日、10日分別計提：

第十三章 基金公司業務的核算

借：應收利息 8,197
　　貸：利息收入（買入返售金融資產） 8,197
5月11日，證券到期返售：
借：證券清算款——某證券登記結算公司 10,024,791
　　貸：買入返售金融資產——3日返售證券 10,000,200
　　　　應收利息 24,591

2. 賣出回購金融資產款的核算

基金公司可以在國家規定的固定場所按照回購協議約定先賣出票據、證券等金融資產，再按固定價格買入來實現資金的融入。這類業務可按賣出回購證券的類別，分「質押式」和「買斷式」進行明細核算。本書只介紹「質押式」的業務核算。

基金公司根據回購協議賣出證券，按應收或實收的金額，借記「證券清算款」或「銀行存款」等科目，貸記「賣出回購金融資產款」。

融資期限內，採用實際利率逐日計提融資利息支出，借記「利息支出」科目，貸記「應付利息」科目。合同利率與實際利率差異較小的，也可採用合同利率來計算確定利息支出。

到期回購時，按帳面餘額，借記「賣出回購金融資產款」；按已提未付利息，借記「應付利息」科目；按應付或實際支付的金額，貸記「證券清算款」或「銀行存款」等科目；按其差額，借記「利息支出」科目。

復習思考題

1. 證券投資基金有哪些當事人？
2. 證券投資基金會計核算的特點是什麼？
3. 開放式基金在申購方面有何規定？如何進行核算？
4. 證券投資基金進行股票投資時的核算包括哪些方面？如何進行？

第十四章 金融企業損益的核算

本章重點

1. 金融企業收入的概念及確認原則。
2. 金融企業費用的概念及確認原則。
3. 金融企業收入與費用的核算。
4. 金融企業利潤的核算。

引導案例

2016年3月,光大銀行公布其2015年年度報告。光大銀行年報顯示,報告期末,該行資產總額為31,677.10億元,比上年末增加4,307.00億元,增長15.74%。營業收入和淨利潤繼續保持穩步增長,其中實現營業收入931.59億元,比上年增加146.28億元,增長18.63%;實現淨利潤295.77億元,比上年增加6.49億元,增長2.24%。

據年報分析,光大銀行營業收入的增長主要來自淨利息收入和手續費及佣金淨收入的增長。

一方面,該行業務規模保持平穩增長。截至2015年年末,各項貸款餘額增長16.48%。與此同時,由於負債結構不斷優化,該行負債成本持續下降,淨利息收益率和淨利差在利率市場化加速推進的情況下保持相對穩定。業務規模的穩定增長和負債成本的持續改善,促使該行淨利息收入實現穩定增長。報告期內,該行實現淨

第十四章　金融企業損益的核算

利息收入664.59億元,同比增加82.00億元,增長14.08%。

另一方面,該行由於信用卡、資產管理等戰略性業務的快速發展,帶動手續費及佣金淨收入實現較快增長。2015年,該行手續費及佣金淨收入263.01億元,同比增加71.44億元,增長37.29%。其中:信用卡業務當年新增發卡量456.17萬張,新增交易金額10 034.79億元,手續費收入同比增加27.04億元,增長27.63%。全年理財產品累計發行3.08萬億元,增長44.6%;理財產品餘額達到1.22萬億元,增長46.34%;理財手續費淨收入同比增加39.04億元,增長116.57%。

思考:商業銀行的損益包括哪些內容?手續費及佣金淨收入的快速增長意味著什麼?

(資料參考:http://business.sohu.com/20160329/n442756368.shtml. 搜狐財經)

第一節　收入的核算

一、金融企業收入的概念及特點

(一) 金融企業收入的概念

按照《企業會計準則》的定義,收入是指企業在日常活動中形成的、會導致所有者權益增加的、與所有者投入資本無關的經濟利益的總流入。金融企業提供服務所取得的收入主要包括利息收入、金融企業往來收入、中間業務收入、貼現利息收入、保費收入、租賃收入、匯兌收益和其他業務收入。金融企業為第三方或者客戶代收的款項,如代郵電部門收取的郵電費等,應當作為負債處理,不應當確認為收入。

(二) 金融企業收入的特點

(1) 收入是從金融企業日常活動中產生的,而不是來源於偶發的事件和交易中;
(2) 收入可能表現為金融企業資產的增加;
(3) 收入能導致企業所有者權益的增加;
(4) 收入只包括本企業經濟利益的流入,不包括為第三方或客戶代收的款項;
(5) 收入是一個與費用相對應的概念。

二、金融企業收入的確認原則

金融企業收入確認的原則除了要按《企業會計準則》規定之外,由於金融企業收入取得方式的多樣性,具體收入確認的條件也有所不同,根據金融企業的具體業

務特點，確認收入實現還應遵循以下具體原則：

（1）各項放款產生的收入，在貸款合同或協議生效之後即可予以確認；

（2）通過提供勞務服務而取得各項手續費收入，應當在向客戶提供相關服務時確認，主要分為以下兩大類：①凡是只有在最終完成了一項或幾項勞務的最後一項工作時才能確認其勞務收入實現的，可採用完成合同法來確認勞務收入的實現。②如果所要提供的勞務是在一個「持續」的基礎上，在某一時期內進行的，其收入需按完成百分比法來進行確認。

三、金融企業收入的構成

金融企業的收入是指金融企業的營業收入，即金融企業提供金融商品服務所取得的收入。在各類金融企業中，營業收入的構成會有所不同，但總的說來，金融企業收入主要包括利息收入、手續費及佣金收入、保費收入、證券業務收入、信託業務收入、基金業務收入、租賃收入、其他業務收入、匯兌收益、投資收益、公允價值變動損益等。

（一）利息收入

利息收入是指金融企業根據《企業會計準則第14號——收入》確認的利息收入，包括發放的各類貸款（包括銀團貸款、貿易融資、貼現和轉貼現融出資金、協議透支、信用卡透支和墊款等）、與其他金融機構（包括中央銀行、同業等）之間發生資金往來業務、買入返售金融資產等所取得的利息收入等。

（二）手續費及佣金收入

手續費及佣金收入是指金融企業根據收入準則確認的手續費及佣金收入，包括辦理結算業務、諮詢業務、擔保業務、代保管等代理業務以及辦理受託貸款及投資業務等取得的手續費及佣金，如結算手續費收入、佣金收入、業務代辦手續費收入、基金託管收入、諮詢服務收入、擔保收入、受託貸款手續費收入、代保管收入、代理人買賣證券、代理承銷證券、代理兌付證券、代理保管證券、代理保險業務等代理業務以及其他相關服務實現的手續費及佣金收入等。

（三）保費收入

保費收入是指保險企業根據《原保險合同準則》確認的原保險合同原保費收入以及企業（再保險接受人）根據《再保險合同準則》確認的再保險合同分保費收入。

（四）證券業務收入

證券業務收入是指證券公司經營證券過程中所獲得的收入，包括證券經紀業務

第十四章　金融企業損益的核算

收入、證券承銷業務收入和證券自營業務收入等。

(五) 信託業務收入

信託業務收入是指信託投資公司在信託財產管理、運用或處分過程中產生的經濟利益。根據信託財產運用方式的不同，信託收入主要包括信託投資獲得的投資收益、信託貸款或拆出信託資金獲得的利息收入、信託租賃形成的租賃收入，信託投資公司辦理代理、諮詢等仲介業務形成的手續費及佣金收入等。

(六) 基金業務收入

基金業務收入是指基金公司運作基金過程中實現的收入，主要包括利息收入，股票、債券投資收益、公允價值變動損益等。

(七) 租賃收入

租賃收入是指企業（租賃公司）根據《租賃準則》確認的租賃收入。

(八) 其他業務收入

其他業務收入是指金融企業根據收入準則確認的除主營業務以外的其他經營活動實現的收入，包括出租固定資產、出租無形資產、出租包裝物和商品、銷售材料、用材料進行非貨幣性交換（在非貨幣性資產交換具有商業實質且公允價值能夠可靠計量的情況下）或債務重組等實現的收入、保險企業經營受託管理業務收取的管理費收入等。

(九) 匯兌損益

匯兌損益是指金融企業外幣貨幣性項目因匯率變動而形成的收益或損失。

(十) 投資收益

投資收益是指金融企業根據《長期股權投資準則》確認的投資收益或投資損失。

(十一) 公允價值變動損益

公允價值變動損益是指金融企業在初始確認時劃分為以公允價值計量且其變動計入當期損益的金融資產或金融負債（包括交易性金融資產或金融負債和直接指定為以公允價值計量且其變動計入當期損益的金融資產或金融負債），以及採用公允價值模式計量的衍生工具、套期業務中公允價值變動形成的應計入當期損益的利得或損失。

四、金融企業收入的核算

經國務院批准，自 2016 年 5 月 1 日起，在全國範圍內全面推行營業稅改徵增值稅試點，金融行業從此邁進了繳交增值稅的時代。由於前面章節已對金融行業各種收入和費用的核算做了比較詳細的闡述，故本章所涉及的收入和費用不再舉例深入講解，也不考慮特殊情況、過渡政策等，只針對普通業務作簡單介紹。

（一）利息收入的核算

利息收入在整個金融企業營業收入中所占比例最大，是金融企業營業收入的主要來源，也是金融企業經營成果的重要內容。

1. 貸款利息收入的核算

貸款利息收入是指金融企業發放的各項貸款，按其本金和規定的利率以及計息期限計算的應收利息。貸款利息收入是利息收入的主要部分。金融企業按照《企業會計準則》確認收入時，會計分錄為：

借：應收利息等
　　貸：利息收入——貸款利息收入
　　　　應交稅費——應交增值稅（銷項稅額）

按有關規定，對於貸款逾期 90 天及以上未收回的，應計利息停止計入收入，轉做表外進行核算；已計提的貸款應收利息，在貸款到期 90 天後仍未收回的，或在應收利息逾期 90 天後仍未收到的（無論貸款本金是否逾期），衝減原已計入損益的利息收入，轉做表外核算。

2. 金融企業往來收入的核算

金融企業往來收入是金融企業與其他金融機構往來而發生的利息收入，包括金融企業與中央銀行往來、與其他金融企業的同業往來以及同一金融企業內部的系統內往來所發生的利息收入。按現行稅法規定，有很多符合制度規定的往來收入是可以免徵增值稅的，具體內容見前面章節。金融企業往來收入具有數額較大、利率較低、定期結息、被動收息等特點，在營業收入中也佔有較大的份額。其金額應按讓渡現金使用權的時間和適用利率計算確定，其帳務處理如下：

借：存放中央銀行款項等
　　貸：利息收入——存放中央銀行存款利息收入

3. 買入返售金融資產利息收入的核算

買入返售金融資產是指從事證券業務的金融企業與其他企業以合同或協議的方式，先按一定的價格買入證券等金融資產，然後於到期日再以合同或協議規定的價格將這些證券返售給賣出方的行為。買入返售金融資產會給金融企業帶來兩方面的利息收入：一是金融資產本身產生的利息；二是金融資產返售時，由於資產差價帶

第十四章 金融企業損益的核算

來的收益也通過利息收入進行核算。

買入返售金融資產的具體核算內容可參考本書第十二章的有關內容。這裡只涉及利息收入的確定,《企業會計準則》規定資產負債表日,應按合同約定的名義利率計算確定的買入返售金融資產的利息收入,借記「應收利息」科目,貸記「利息收入」「投資收益」「應交稅費——應交增值稅」等科目。合同約定的名義利率與實際利率差異較大的,應採用實際利率計算確定利息收入。

4. 貼現利息收入的核算

貼現利息收入是金融企業辦理商業匯票等票據貼現業務收到的貼現利息收入。貼現后,商業匯票的所有權就屬於金融企業,等票據到期后可憑票據向承兌人收取票款。由於貼現本質上是一種廣義貸款,金融企業要向申請貼現的客戶收取一定的貼現利息作為貼現利息收入。在向貼現申請人支付貼現金額時,按貼現天數和貼現率計算扣收。會計分錄為:

(1) 金融企業在為客戶辦理貼現時,
借:貼現資產——貼現(面值)
　　貸:吸收存款
　　　　貼現資產——貼現(利息調整)

(2) 資產負債表日,應按實際利率計算確定的貼現利息收入,
借:貼現資產——貼現(利息調整)
　　貸:利息收入——貼現利息收入
　　　　應交稅費——應交增值稅(銷項稅額)

(二)手續費及佣金收入的核算

借:應收帳款
　　代理承銷證券款等
　　貸:手續費及佣金收入
　　　　應交稅費——應交增值稅(銷項稅額)

(三)保費收入的核算

保費收入是從事保險業務的金融企業銷售保險產品取得的收入,包括保險業務收入和其他業務收入。按照《企業會計準則》確認保費收入時的會計分錄為:

借:銀行存款等
　　貸:保費收入
　　　　應交稅費——應交增值稅(銷項稅額)

(四)證券業務收入的核算

證券公司按照《企業會計準則》確認證券收入時的會計分錄為:

借：銀行存款等
　　貸：手續費及佣金收入——代發行證券手續費收入等
　　　　應交稅費——應交增值稅（銷項稅額）

（五）信託業務收入的核算

信託業務收入是信託投資公司經營信託資產所取得的收入。按照《企業會計準則》確認信託收入時的會計分錄為：
借：應收利息
　　貸：利息收入——信託貸款利息收入
　　　　手續費及佣金收入——委託貸款手續費收入
　　　　　　　　　　　　——委託投資手續費收入
　　　　投資收益
　　　　應交稅費——應交增值稅（銷項稅額）

（六）基金業務收入的核算

（1）證券投資基金發行按照《企業會計準則》確認為收入時，會計分錄為：
借：銀行存款
　　貸：其他收入——贖回費（開放式基金）
　　　　　　　　——基金發行費收入（封閉式基金）
　　　　應交稅費——應交增值稅（銷項稅額）
（2）證券投資基金投資，分為股票投資和債券投資。
①股票投資按《企業會計準則》確認為收入時，會計分錄為：
借：證券清算款
　　　交易費用
　　貸：股票投資——成本
　　　　應付交易費用
　　　　投資收益——債券投資收益
　　　　應交稅費——應交增值稅（銷項稅額）
②債券投資按《企業會計準則》確認為收入時，會計分錄為：
持有期間應收利息，借：應收利息
　　　　　　　　　　貸：利息收入——債券利息收入
　　　　　　　　　　　　應交稅費——應交增值稅（銷項稅額）
如果持有金融債券，金融機構取得的利息收入免徵增值稅。
賣出債券時，借：證券清算款
　　　　　　　　交易費用
　　　　　　　貸：債券投資——成本

第十四章 金融企業損益的核算

　　　　應付交易費用
　　　　投資收益——債券投資收益
　　　　應交稅費——應交增值稅（銷項稅額）
③證券投資估值增值時的會計分錄為：
　借：債券投資（估值增值）
　　貸：公允價值變動損益

(七) 租賃收入的核算

租賃收入是指租賃公司進行資產租賃所取得的收入，包括經營租賃和融資租賃所取得的收入。按照《企業會計準則》確認租賃收入時的會計分錄為：
　借：銀行存款等
　　貸：租賃收入——融資租賃收入
　　　　　　　　——經營租賃收入
　　　　應交稅費——應交增值稅（銷項稅額）

(八) 其他業務收入的核算

其他業務收入是指金融企業從主營業務以外取得的營業收入。中國金融企業目前實行分業經營、分業管理。因此，某項具體業務在一個金融企業可能是主營業務，而在另一個金融企業則可能是非主營業務。金融企業在核算業務收入時，應依據自身業務特點，區分主營業務和非主營業務進行核算。金融企業按《企業會計準則》確認其他收入時，會計分錄為：
　借：庫存現金等
　　貸：其他業務收入
　　　　應交稅費——應交增值稅（銷項稅額）

(九) 匯兌損益的核算

1. 匯兌損益的概念

匯兌損益是指金融企業外幣貨幣性項目因匯率變動而形成的收益或損失。匯兌損益包括交易損益和折算損益。交易損益是指不同貨幣兌換時，由金融企業買賣價差而產生的匯兌損益；折算損益是指金融企業的各項外幣資產和負債由於期末匯率和記帳匯率不同而產生的折算為記帳本位幣的差額。

2. 匯兌損益核算的帳務處理

　金融企業外幣業務的核算有兩種方法：採用統帳制核算的，各外幣貨幣性項目的外幣期(月)末餘額，應當按照期(月)末匯率折算為記帳本位幣金額。折算金額與原帳面記帳本位幣金額之間的差額，如為匯兌收益，借記有關科目，貸記本科目；如為匯兌損失做相反的會計分錄。

採用分帳制核算的，期(月)末將所有以外幣表示的「貨幣兌換」科目餘額按期(月)末匯率折算為記帳本位幣金額，折算后的記帳本位幣金額與「貨幣兌換——記帳本位幣」科目餘額進行比較，為貸方差額的，借記「貨幣兌換——記帳本位幣」科目，貸記「匯兌損益」科目；為借方差額的做相反的會計分錄。

[例14-1] 某商業銀行期末人民幣以外的「貨幣兌換」科目的美元戶餘額為借方餘額4,000,000美元，期末匯率1美元＝6.08元人民幣；日元戶餘額為貸方餘額300,000,000日元，期末匯率100日元＝6.04元人民幣。期末「貨幣兌換」科目人民幣戶的餘額為貸方餘額10,000,000元。

匯兌收益＝10,000,000－（4,000,000×6.08－300,000,000÷100×6.04）＝3,800,000（元）。

借：貨幣兌換——人民幣戶　　　　　　　　　　　　3,800,000
　　貸：匯兌損益　　　　　　　　　　　　　　　　　3,800,000

(十) 投資收益的核算

投資收益是指金融企業根據《長期股權投資準則》確認的投資收益或投資損失。

1. 金融企業對外投資時，應根據投資品種的不同做會計分錄
借：交易性金融資產
　　持有至到期投資
　　可供出售金融資產
　　長期股權投資
　　貸：銀行存款

2. 獲得收益時的會計分錄
（1）若金融企業為長期股權投資，採用成本法核算時，會計分錄為：
借：應收股利
　　貸：投資收益
（2）採用權益法核算時，會計分錄為：
借：長期股權投資
　　貸：投資收益
如為虧損則做上述相反的會計分錄。
（3）若金融企業為其他類型投資，會計分錄為：
借：應收股利（或應收利息）
　　貸：投資收益

3. 金融企業出售上述投資時的會計分錄
借：銀行存款

第十四章 金融企業損益的核算

　　　　投資收益（損失時）
　　　貸：交易性金融資產
　　　　　持有至到期投資
　　　　　可供出售金融資產
　　　　　長期股權投資
　　　　　投資收益（盈利時）

(十一) 公允價值變動損益的核算

　　公允價值變動損益是指以公允價值計量的，且其變動記入當期損益的交易性金融資產及金融負債以及投資性房地產、衍生工具、套期保值業務等由於其公允價值的變動而形成的損益。金融企業取得該項損益時，應根據資產的公允價值、帳面價值以及其差額進行確認。

　　1. 交易性金融資產公允價值變動損益的帳務處理

　　(1) 資產負債表日的帳務處理。資產負債表日，金融企業應按照當日交易性金融資產的市場價格作為其公允價值，如果交易性金融資產的公允價值高於其帳面餘額的差額，確認為收益，會計分錄為：

　　借：交易性金融資產——公允價值變動
　　　貸：公允價值變動損益

如交易性金融資產的公允價值低於其帳面餘額的差額，確認為損失，做相反會計分錄。

　　(2) 出售交易性金融資產時的帳務處理。金融企業在出售交易性金融資產時，應以出售日的交易性金融資產的市場價格為其公允價值，並將其與該金融資產的帳面餘額進行比較，確認投資收益。同時，將原計入該金融資產的公允價值變動轉出。

　　借：銀行存款等
　　　　投資收益（虧損時）
　　貸：交易性金融資產——公允價值變動
　　　　投資收益（收益時）

同時，
　　借：公允價值變動損益
　　　貸：投資收益

或做相反的會計分錄。

　　2. 交易性金融負債公允價值變動損益的帳務處理

　　(1) 資產負債表日的帳務處理。資產負債表日，金融企業應按照當日交易性金融負債的市場價格作為其公允價值，如果交易性金融負債的公允價值高於其帳面餘額的差額，確認為損失，會計分錄為：

　　借：公允價值變動損益

311

貸：交易性金融負債——公允價值變動

如交易性金融資產的公允價值低於其帳面餘額的差額，確認為收益，做相反會計分錄。

(2) 交易性金融負債處置時的帳務處理。金融企業在處置交易性金融負債時，應以處置日的交易性金融負債的市場價格作為其公允價值，並將其與該金融負債的帳面餘額進行比較，確認投資收益，同時將原計入該金融負債的公允價值變動轉出。

借：交易性金融負債——公允價值變動
　　投資收益（虧損時）
　貸：銀行存款等
　　投資收益（收益時）

同時，
借：投資收益
　貸：公允價值變動損益
或做相反的會計分錄。

第二節　費用的核算

一、金融企業費用的概念及特點

(一) 金融企業費用的概念

按照《企業會計準則》的定義，費用是指企業在日常活動中發生的、會導致所有者權益減少的、與向所有者分配利潤無關的經濟利益的總流出。是金融企業日常活動中發生的各種耗費。金融企業為取得當期收入而發生的費用主要包括利息支出、手續費及佣金支出、稅金及附加、業務及管理費、資產減值損失、其他業務成本、提取未到期責任準備金、提取保險責任準備金、匯兌損失、賠付支出、死傷醫療給付、滿期給付、年金給付、保戶紅利支出、退保金、分出保費、分保費用等。

(二) 金融企業費用的特點

費用作為金融企業在一定時期內由於提供勞務等日常活動而發生的經濟利益的流出，與企業的收入密切相關，是收入形成及實現的必要條件。概括地說，費用具有以下特點：

(1) 費用的發生最終導致企業資產的減少；

(2) 費用導致企業所有者權益減少，但其減少不包括與所有者分配有關的類似事項；

第十四章　金融企業損益的核算

（3）費用是企業獲取收入過程中發生的經濟利益的流出。

二、金融企業費用的確認原則

費用只有在經濟利益很可能流出從而導致企業資產減少或者負債增加，且經濟利益的流出額可以可靠計量時才能予以確認。金融企業費用的確認主要應遵循以下具體原則：

（一）劃分收益性支出與資本性支出原則

按照該原則，金融企業某項支出的效益影響幾個會計年度（或幾個營業週期），該項支出應予以資本化，不能作為當期費用；如果某項支出的效益僅及於本會計年度（一個營業週期），就應作為收益性支出，在一個會計期間內確認為費用。這一項原則為費用的確認給定了一個時間上的總體界限。正確區分收益性支出和資本性支出，保證了對資產價值、各期的勞務成本、期間費用及損益的正確計算。

（二）權責發生制原則

劃分收益性支出與資本性支出原則只是為費用的確認做出了時間上的大致區分，而權責發生制原則規定了費用確認的具體時點。金融企業凡是屬於本期的費用，無論款項是否實際支付，均應確認為本期的費用；凡是不屬於本期的費用，即使款項已經支付也不能確認為本期費用。

（三）配比原則

所謂配比原則，是根據收入與費用的內在聯繫，要求將一定時期內的收入與為了取得該收入所發生的費用在同一期間進行確認和計量。因此，金融企業經營費用的確認是與經營收入密切相關的。根據收入與費用的相關程度，費用可以分為以下三類：

1. 直接費用

直接費用是指金融企業直接為取得營業收入而發生的費用，即與當期的營業收入有直接因果關係的費用，如手續費支出等。在確認營業收入的當期，就可以直接確認這些費用。

2. 期間費用

期間費用是指金融企業那些僅僅有助於當期營業收入的實現，或者數額不大，不便於或不值得在各期進行分配的費用，如業務招待費。期間費用在發生時即可確認為費用，與當期的營業收入相配比。

3. 跨期費用

跨期費用是指金融企業受益期限在一個會計期間以上的費用，即應當按照配比

313

原則，按規定方法在受益期間進行分配的費用，如固定資產折舊費等。跨期費用發生後不能直接確定為當期費用，要採用系統而合理的方法，將資產成本在各受益期內進行分攤，計入各期費用，從各期收入中得到補償。

三、金融企業費用的核算

金融企業費用是指在業務經營過程中發生的與業務經營有關的支出，在此，我們僅以商業銀行為例來闡述費用的核算，至於保險公司、證券公司等費用的核算在前面相關章節已經詳細闡述過，此處不再重複。

(一) 利息支出的核算

利息支出是指商業銀行在進行存款和借款業務中發生的利息支出。包括吸收的各種存款（單位存款、個人存款、信用卡存款、特種存款、轉貸款資金等）、與其他金融機構（中央銀行、同業等）之間發生的資金往來業務、賣出回購金融資產等產生的利息支出。按現行稅法規定，金融企業利息支出不得從銷項稅額中抵扣。

1. 吸收存款利息支出的核算

(1) 資產負債表日，商業銀行應計算確定各項利息費用的金額，會計分錄為：

借：利息支出——定期（或活期）存款利息支出
　　貸：應付利息——應付××企業利息

(2) 付息日商業銀行支付各項利息，會計分錄為：

借：利息支出——定期（或活期）存款利息支出
　　或應付利息——應付××企業利息
　　貸：吸收存款——活期存款

2. 金融機構往來利息支出的核算

金融企業往來利息支出是指各金融企業系統內以及金融企業與中央銀行、同業之間資金往來發生的利息支出、同業拆入、同業存放款項利息支出、系統內存放款項利息支出等。

(1) 金融企業向人民銀行借款的利息支出，或同業拆入款項利息支出的會計分錄為：

借：利息支出——向中央銀行借款利息支出
　　　　　　——同業拆入利息支出
　　貸：存放中央銀行款項

(2) 同業存放款項利息支出的會計分錄為：

借：利息支出——同業存放款項利息支出
　　貸：存放同業

第十四章 金融企業損益的核算

3. 賣出回購金融資產的利息支出

賣出回購金融資產是指從事證券業務的金融企業與其他企業以合同或協議方式，按一定價格賣出證券，到期日再按規定的價格買回該批證券的經營活動。在資產負債表日，金融企業應按照確定的賣出回購金融資產的利息費用，對利息支出加以確認；在回購日還應按照回購金融資產的帳面餘額和實際支付金額的差額確認利息支出。

(二) 手續費及佣金支出

手續費及佣金支出是指金融企業委託其他單位代辦金融業務而支付的各項支出，包括按規定支付的儲蓄代辦費、委託其他金融企業辦理各項業務支付的手續費、代辦保險業務的手續費以及參加票據交換的管理費支出等。發生手續費及佣金支出時，會計分錄為：

借：手續費及佣金支出
　　應交稅費——應交增值稅（進項稅額）
　貸：銀行存款等

(三) 業務及管理費的核算

金融企業業務及管理費是指金融企業在業務經營及管理工作中發生的各種費用，發生業務及管理費時，會計分錄為：

借：業務及管理費
　　應交稅費——應交增值稅（進項稅額）
　貸：銀行存款等

(四) 稅金及附加的核算

稅金及附加包括消費稅、城市維護建設稅、資源稅、教育費附加及房產稅、土地使用稅、車船使用稅、印花稅等相關稅費。作為金融企業，該項目主要涉及城市維護建設稅、教育費附加和印花稅，企業應根據稅法規定計算應繳納的相關稅金。金融企業在核算城市維護建設稅、教育費附加和印花稅時，應設置「稅金及附加」科目進行核算，該科目借方登記按稅法規定計提的各項稅金，會計期末，將該科目的借方餘額全部轉入到「本年利潤」科目中去，期末無餘額。該科目應當按照稅金的種類進行明細核算。

計提應交納稅金時，會計分錄為：

借：稅金及附加——城市維護建設稅
　　　　　　——教育費附加
　　　　　　——印花稅
　貸：應交稅費——應交城市維護建設稅
　　　　　　——應交教育費附加

——應交印花稅

期末結轉餘額時的會計分錄：

借：本年利潤

　　貸：稅金及附加

(五) 其他業務成本的核算

其他業務成本是指金融企業除主營業務活動以外的其他經營活動所發生的支出，包括出租固定資產的累計折舊、出租無形資產的累計攤銷等。

發生其他業務支出時，會計分錄為：

借：其他業務成本

　　貸：累計折舊等

(六) 資產減值損失的核算

資產減值損失是指企業在期末根據減值測試對諸如應收帳款、存貨、持有至到期投資、長期股權投資、固定資產、在建工程、工程物資、無形資產、貸款、抵債資產、損餘物資和商譽等資產計提資產減值準備所形成的損失。有關資產減值損失的具體核算方法我們在前面已有詳細闡述，在此只做簡單概括。企業發生資產減值時的會計分錄為：

借：資產減值損失

　　貸：壞帳準備

　　　　長期股權投資減值準備

　　　　持有至到期投資減值準備

　　　　貸款損失準備等

如果已減值的資產價值又得以恢復，應在原已計提的減值準備金額內，按恢復增加的金額做上述相反的會計分錄。

第三節　利潤的核算

一、利潤的概念

利潤是指企業在一定期間實現的用貨幣表現的經營成果，包括收入減去費用後的淨額（營業利潤）、直接計入當期利潤的利得和損失等。利潤屬於所有者權益範疇，是衡量經營管理水平的重要綜合指標。它反映了金融企業在一定會計期間的經營業績和獲利能力，反映了金融企業的投入產出效率和經濟效益，有助於金融企業投資者和債權人據此進行盈利預測，評價金融企業經營績效，做出正確的決策。

第十四章 金融企業損益的核算

二、金融企業利潤的構成

金融企業利潤取決於收入和費用、直接計入當期利潤的利得和損失金額的計算。

(一) 商業銀行綜合收益總額的計算步驟

綜合收益總額 = 淨利潤 + 其他綜合收益的稅後淨額

淨利潤 = 利潤總額 – 所得稅費用

利潤總額 = 營業利潤 + 營業外收支淨額

營業利潤 = 營業收入 – 營業支出

其中：營業收入 = 利息淨收入 + 手續費及佣金淨收入 + 投資收益(損失則減去) + 公允價值變動收益(損失則減去) + 匯兌收益(損失則減去) + 其他業務收入

營業支出 = 稅金及附加 + 業務及管理費 + 資產減值損失 + 其他業務成本

(二) 保險公司綜合收益總額的計算步驟

綜合收益總額 = 淨利潤 + 其他綜合收益的稅後淨額

淨利潤 = 利潤總額 – 所得稅費用

利潤總額 = 營業利潤 + 營業外收支淨額

營業利潤 = 營業收入 – 營業支出

其中：營業收入 = 已賺保費 + 投資收益（損失則減去）+ 公允價值變動收益（損失則減去）+ 匯兌收益（損失則減去）+ 其他業務收入

營業支出 = 退保金 + 賠付支出 – 攤回賠付支出 + 提取保險責任準備金 – 攤回保險責任準備金 + 保單紅利支出 + 分保費用 + 稅金及附加 + 手續費及佣金支出 + 業務及管理費 – 攤回分保費用 + 其他業務成本 + 資產減值損失

(三) 證券公司綜合收益總額的計算步驟

綜合收益總額 = 淨利潤 + 其他綜合收益的稅後淨額

淨利潤 = 利潤總額 – 所得稅費用

利潤總額 = 營業利潤 + 營業外收支淨額

營業利潤 = 營業收入 – 營業支出

其中：營業收入 = 手續費及佣金淨收入(代理買賣證券業務淨收入 + 證券承銷業務淨收入 + 委託客戶資產管理業務淨收入) + 利息淨收入 + 投資收益(損失則減去) + 公允價值變動收益(損失則減去) + 匯兌收益(損失則減去) + 其他業務收入

營業支出 = 稅金及附加 + 業務及管理費 + 資產減值損失 + 其他業務成本

三、金融企業利潤形成的核算

由於金融企業營業收入和營業支出內容的核算在前面各章節已有述及，此處不再重複。這裡只著重對營業外收支和所得稅費用的核算進行闡述。

(一) 營業外收入的核算

營業外收入是指企業發生的與其經營活動無直接關係的各項淨收入，主要包括處置非流動資產利得、非貨幣性資產交換利得、債務重組利得、罰沒利得、政府補助利得、確實無法支付而按規定程序經批准後轉做營業外收入的應付款項、捐贈利得、盤盈利得等。

該項目需設置「營業外收入」科目進行核算，該科目的貸方登記各項營業外收入的發生數，會計期末，將貸方餘額全部轉入到「本年利潤」科目中去，結轉後本科目無餘額。在該科目下，應根據營業外收入的類別設置明細科目進行核算。

發生營業外收入時，會計分錄為：

借：庫存現金等
　　貸：營業外收入

(二) 營業外支出的核算

營業外支出是指企業發生的與其經營活動無直接關係的各項淨支出，包括處置非流動資產損失、非貨幣性資產交換損失、債務重組損失、罰款支出、捐贈支出、非常損失等。

該項目需設置「營業外支出」科目進行核算，該科目的借方登記各項營業外支出的發生數，會計期末，將借方餘額全部轉入到「本年利潤」科目中去，結轉後本科目無餘額。在該科目下，應根據營業外支出的類別設置明細科目進行核算。

發生營業外支出時，會計分錄為：

借：營業外支出
　　貸：庫存現金等

(三) 所得稅費用的核算

1. 所得稅費用

所得稅費用是由利潤總額按照稅法的相關規定調整以後，按照適用稅率計算得出的應從利潤中扣除的金額。在中國，企業的會計核算和稅收處理遵循不同的原則，服務於不同的目的。由於會計準則和稅法對收益、費用、資產、負債等的確認時間和範圍存在差異，從而導致稅前會計利潤與應稅所得之間產生差異，這一差異分為永久性差異和暫時性差異兩種類型。

第十四章　金融企業損益的核算

（1）永久性差異。永久性差異是指某一期間發生，以后各期不能轉回或消除，即該項差異不影響其他會計期間。其成因是由於會計準則或會計制度與稅法在收入與費用確認和計量的口徑上存在差異。永久性差異有以下幾種類型：①按會計制度規定核算是作為收益計入會計報表，在計算應納稅所得額時不確認為收益，如企業購買的國債利息收入不計入應納稅所得額，不繳納所得稅，但按照會計準則規定，企業購買國債產生的利息收入，計入收益。②按會計制度規定核算時不作為收益計入會計報表，在計算應納稅所得額時作為收益繳納所得稅，如企業以自己生產的產品用於工程項目，稅法規定按該產品的售價與成本的差額計入應納稅所得額，但按會計制度規定則按成本轉帳，不產生利潤，不計入當期損益。③按會計制度規定核算時確認為費用或損失計入會計報表，在計算應納稅所得額時則不允許扣減，如各種贊助費，按會計制度規定計入當期利潤表，減少當期利潤，但在計算應納稅所得額時則不允許扣減。④按會計制度規定核算時不確認為費用或損失，在計算應納稅所得額時則允許扣減。

按規定，企業在計算應納稅所得額時，應將稅前會計利潤調整為應稅所得。

（2）暫時性差異。暫時性差異是指資產或負債的帳面價值與其計稅基礎之間的差額。未作為資產和負債確認的項目，按照《稅法》規定可以確定其計稅基礎的，該計稅基礎與其帳面價值之間的差額也屬於暫時性差異。按照暫時性差異對未來期間應稅金額的影響，分為應納稅暫時性差異和可抵扣暫時性差異兩類。

應納稅暫時性差異是指在確定未來收回資產或清償負債期間的應納稅所得額時，將導致產生應稅金額的暫時性差異，即「遞延所得稅負債」項目。

可抵扣暫時性差異是指在確定未來收回資產或清償負債期間的應納稅所得額時，將導致產生可抵扣金額的暫時性差異，即「遞延所得稅資產」項目。

2. 計稅基礎

企業在取得資產、負債時，應當確定其計稅基礎。資產、負債的帳面價值與其計稅基礎存在差異的，應當按照《企業會計準則》規定確認所產生的遞延所得稅資產或遞延所得稅負債。

（1）資產的計稅基礎。資產的計稅基礎是指企業收回資產帳面價值過程中，計算應納稅所得額時按照《稅法》規定可以自應稅經濟利益中抵扣的金額。

資產的計稅基礎 = 未來可稅前列支的金額

［例14-2］某項環保設備，原價為1,000萬元，使用年限為10年，會計處理時按照直線法計提折舊，稅收處理允許加速折舊，企業在計稅時對該項資產按雙倍餘額遞減法計提折舊，淨殘值為0。計提了2年的折舊后，會計期末，企業對該項固定資產計提了80萬元的固定資產減值準備。

帳面價值 = 1,000 - 100 - 100 - 80 = 720（萬元）

計稅基礎 = 1,000 - 200 - 160 = 640（萬元）

(2) 負債的計稅基礎。負債的計稅基礎是指負債的帳面價值減去未來期間計算應納稅所得額時按照《稅法》規定可予抵扣的金額。

負債的計稅基礎＝帳面價值－未來可稅前列支的金額

負債的確認與償還一般不會影響企業的損益，也不會影響應納稅所得額，如企業的短期借款、應付帳款等，其計稅基礎即為帳面價值。但是，某些情況下，負債的確認可能會影響企業的損益，進而影響不同期間的應納稅所得額，使得其計稅基礎與帳面價值之間產生差額。

[例14－3] 企業因銷售商品提供售后服務等原因於當期確認了100萬元的預計負債。《稅法》規定，有關產品售后服務等與取得經營收入直接相關的費用於實際發生時允許稅前列支。假定企業在確認預計負債的當期未發生售后服務費用。

帳面價值＝100（萬元）

計稅基礎＝帳面價值100－可從未來經濟利益中扣除的金額100＝0

3. 所得稅費用的相關會計科目

(1)「所得稅費用」。該科目核算企業根據《所得稅準則》確認的應從當期利潤總額中扣除的所得稅費用。「所得稅費用」科目應當按照「當期所得稅費用」「遞延所得稅費用」進行明細核算。

資產負債表日，企業按照《稅法》計算確定的當期應交所得稅金額。

借：所得稅費用——當期所得稅費用

　　貸：應交稅費——應交所得稅

期末，應將「所得稅費用」科目的餘額轉入「本年利潤」科目，結轉后，「所得稅費用」科目應無餘額。

(2)「遞延所得稅資產」。本科目核算企業根據《所得稅準則》確認的可抵扣暫時性差異產生的所得稅資產。

資產負債表日，企業根據《所得稅準則》應予確認的遞延所得稅資產。

借：遞延所得稅資產

　　貸：所得稅費用——遞延所得稅費用

本期還應確認的遞延所得稅資產的應有餘額大於其帳面餘額的，應按其差額確認。

借：遞延所得稅資產

　　貸：所得稅費用——遞延所得稅費用

本期應確認的遞延所得稅資產的應有餘額小於其帳面餘額的，則做相反的會計分錄。

「遞延所得稅資產」科目期末借方餘額反映企業已確認的遞延所得稅資產的餘額。

(3)「遞延所得稅負債」。本科目核算企業根據《所得稅準則》確認的應納稅暫時性差異產生的所得稅負債。本科目應當按照應納稅暫時性差異項目進行明細核算。

第十四章　金融企業損益的核算

資產負債表日，企業根據《所得稅準則》應予確認的遞延所得稅負債。
借：所得稅費用——遞延所得稅費用
　　貸：遞延所得稅負債
本期還應予確認的遞延所得稅負債的應有餘額大於其帳面餘額的，應按其差額確認。
借：所得稅費用——遞延所得稅費用
　　貸：遞延所得稅負債
應予確認的遞延所得稅負債的應有餘額小於其帳面餘額的，則做相反的會計分錄。
「遞延所得稅負債」科目期末貸方餘額，反映企業已確認的遞延所得稅負債的餘額。

4. 所得稅費用核算的帳務處理

如前所述，金融企業按照《企業會計準則》計算出永久性差異和暫時性差異。對於永久性差異，應於發生當期進行調整；而對於暫時性差異，則要根據《企業會計準則》的規定，應當採用資產負債表債務法進行處理。

資產負債表債務法是指企業在取得資產、負債時，應當確定其計稅基礎，資產負債的帳面價值與其計稅基礎存在差異，應當確認所產生的遞延所得稅資產或遞延所得稅負債的一種方法。

[例14-4] 某金融企業2016年年底有關所得稅資料如下：

(1) 該企業所得稅採用資產負債表債務法核算，2016年所得稅率為25%；年初遞延所得稅資產為49.5萬元，年初遞延所得稅負債為0。

(2) 本年度實現利潤總額500萬元，其中取得國債利息收入20萬元，因發生違法經營被罰款10萬元，因違反合同支付違約金30萬元（可在稅前抵扣），工資及相關附加超過計稅標準60萬元；上述收入或支出已全部用現金結算完畢。

(3) 年末計提固定資產減值準備50萬元（年初減值準備為0），使固定資產帳面價值比其計稅基礎小50萬元；轉回存貨跌價準備70萬元，使存貨可抵扣暫時性差異由年初餘額90萬元減少到年末的20萬元。《稅法》規定，計提的減值準備不得在稅前抵扣。

(4) 年末計提產品保修費用40萬元，計入銷售費用，預計負債餘額為40萬元。按《稅法》規定，產品保修費在實際發生時可以在稅前抵扣。

(5) 至2015年末尚有60萬元虧損沒有彌補。

(6) 假設除上述事項外，沒有發生其他納稅調整事項；同時假設2017年所得稅稅率25%。

該企業所得稅會計處理如下：

(1) 計算2016年應交所得稅：

2016年應交所得稅＝應納稅所得額×所得稅率＝[（利潤總額500－國債利息收入20＋違法經營罰款10＋工資超標60＋計提固定資產減值50－轉回存貨跌價準

備 70 + 計提保修費 40) － 彌補虧損 60］×25% ＝［570 - 60］×25% ＝ 510 × 25% ＝ 127.5（萬元）

（2）計算暫時性差異影響額，確認遞延所得稅資產和遞延所得稅負債：

① 固定資產項目的遞延所得稅資產年末餘額 = 50 × 25% ＝ 12.5（萬元）

② 存貨項目的遞延所得稅資產年末餘額 = 20 × 25% ＝ 5（萬元）

③ 預計負債項目的遞延所得稅資產年末餘額 = 40 × 25% ＝ 10（萬元）

④ 彌補虧損項目的遞延所得稅資產年末餘額 = 0 × 25% ＝ 0

⑤ 2016 年末遞延所得稅資產總餘額 = 12.5 + 5 + 10 + 0 ＝ 27.5（萬元）

（3）計算 2016 年所得稅費用：

2016 年所得稅費用 = 當期所得稅 + 遞延所得稅

＝ 2016 應交所得稅 + (期末遞延所得稅負債 - 期初遞延所得稅負債) - (期末遞延所得稅資產 - 期初遞延所得稅資產)

＝ 127.5 + (0 - 0) - (27.5 - 49.5)

＝ 127.5 + 0 - (-22) ＝ 149.5（萬元）

（4）編制會計分錄：

借：所得稅費用　　　　　　　　　　　　　　　1,495,000
　　貸：應交稅費——應交所得稅　　　　　　　　1,275,000
　　　　遞延所得稅資產　　　　　　　　　　　　 220,000

四、期末損益帳戶的結轉

期末損益帳戶的結轉需通過設置「本年利潤」帳戶進行的，本科目是用於核算企業當期實現的淨利潤（或發生的淨虧損）。利潤結轉有兩種方法：帳結法和表結法。帳結法是通過將各損益類科目餘額轉入「本年利潤」科目，結出當期的利潤，如該科目餘額在貸方，表示利潤；反之，則為虧損。一般金融企業在平時不結轉各項損益類科目的餘額，而是通過利潤表結出當期損益結果，稱為表結法。待到年末，再按帳結法將各損益類科目的全年餘額轉入「本年利潤」科目，結出當年利潤總額。年度終了，應將本年收入和支出相抵後結出的本年實現的淨利潤，轉入「利潤分配」科目，借記「本年利潤」科目，貸記「利潤分配——未分配利潤」科目，如為淨虧損，則做相反的會計分錄。結轉後「本年利潤」科目應無餘額。

各類金融企業利潤的具體組成項目大體相同，只是在個別地方存在差異，下面以商業銀行為例加以說明。

（一）期末結轉各項收益時，編制會計分錄

借：利息收入
　　手續費及佣金收入

第十四章 金融企業損益的核算

　　　　公允價值變動損益
　　　　匯兌損益
　　　　其他業務收入
　　　　營業外收入
　　　　投資收益
　　　貸：本年利潤

(二) 期末結轉各項成本費用時，編制會計分錄
　　　借：本年利潤
　　　　貸：利息支出
　　　　　　手續費及佣金支出
　　　　　　業務及管理費
　　　　　　匯兌損益
　　　　　　公允價值變動損益
　　　　　　投資收益
　　　　　　稅金及附加
　　　　　　營業外支出
　　　　　　資產減值損失
　　　　　　所得稅費用
　　　　　　其他業務成本

(三) 年末結轉本年利潤時，編制會計分錄
　　　借：本年利潤
　　　　貸：利潤分配——未分配利潤
　　　如為淨虧損，則做上述相反分錄。

五、利潤分配的核算

(一) 利潤分配的順序

　　利潤分配是將金融企業所實現的利潤總額，按照有關法規和投資協議所確認的比例，在國家、金融企業、投資者之間進行分配。金融企業實現的利潤總額，首先要依法繳納所得稅，稅後利潤才能按規定的分配順序進行。

　　(1) 彌補虧損。根據中國有關法規規定，一般企業和股份有限公司每期實現的淨利潤，首先要彌補以前年度尚未彌補的虧損。如果企業年度中發生虧損，允許用繳納所得稅前的利潤彌補，但彌補期不得超過 5 年，5 年內未能連續彌補完的虧損，只能用繳納所得稅後的利潤彌補。

(2) 提取各類準備金。①從事存貸款業務的金融企業，按規定提取的一般風險準備也應作為利潤分配處理。②從事證券業務的金融企業，應按本年實現淨利潤的一定比例提取一般風險準備，用於彌補虧損，不得用於分紅、轉增資本。③從事信託業務的金融企業，應按本年實現淨利潤的一定比例提取信託賠償準備，用於彌補虧損，不得用於分紅、轉增資本。

(3) 提取法定盈餘公積金。法定盈餘公積金按照企業稅后利潤的10%提取，當企業法定盈餘公積金累計額達到其註冊資本的50%以上時可以不再提取。法定盈餘公積可以用於轉增資本，但《公司法》規定，用法定盈餘公積轉增資本時，轉增資本后所留存的該項公積金不得少於轉增前公司註冊資本的25%。

(4) 應付優先股股利。

(5) 提取任意盈餘公積金。提取任意盈餘公積金是指企業根據自身情況提取的任意盈餘公積。對是否提取任意盈餘公積、任意盈餘公積的提取比例以及用任意盈餘公積轉增資本的規定，在法律上沒有限制。

(6) 應付普通股股利。

(7) 轉作資本（或股本）的普通股股利。

(二) 利潤分配的核算

為了加強利潤分配的核算，金融企業應設置「利潤分配」科目。該科目用於核算金融企業按規定分配的利潤或應彌補的虧損和歷年分配（或補虧）后的結存額。借方反映各種利潤分配事項，貸方反映抵減利潤分配的事項。年度終了，企業將「本年利潤」轉入「利潤分配——未分配利潤」，同時，將「利潤分配」科目其他明細科目的餘額均轉入「未分配利潤」明細科目，結轉后，「利潤分配」科目下除有「未分配利潤」明細科目外，其他明細科目均無餘額。「利潤分配——未分配利潤」年末借方餘額表示歷年累計未彌補的虧損總額，貸方餘額表示歷年累計未分配利潤總額。本科目應按照利潤分配的項目設置明細科目進行核算。

(1) 年末，結轉本年利潤，會計分錄為：

借：本年利潤

　　貸：利潤分配——未分配利潤

如為淨虧損，則做上述相反分錄。

(2) 提取一般風險準備，會計分錄為：

借：利潤分配——提取一般風險準備

　　貸：一般風險準備

(3) 提取法定盈餘公積金、任意盈餘公積金，會計分錄為：

借：利潤分配——提取法定盈餘公積

　　　　　　——提取任意盈餘公積

　　貸：盈餘公積——法定盈餘公積

第十四章 金融企業損益的核算

　　　　　　——任意盈餘公積
（4）分配給股東或投資者的利潤，會計分錄為：
借：利潤分配——應付現金股利或利潤
　　貸：應付股利（或應付利潤）
（5）轉增資本，會計分錄為：
借：利潤分配——轉做股本的股利
　　貸：股本等
（6）用盈餘公積彌補虧損，會計分錄為：
借：盈餘公積——法定盈餘公積
　　　　　　——任意盈餘公積
　　貸：利潤分配——盈餘公積補虧
（7）一般風險準備彌補虧損，會計分錄為：
借：一般風險準備
　　貸：利潤分配——一般風險準備補虧
（8）年末，將「利潤分配」科目除「未分配利潤」明細科目以外的其他明細科目結清，會計分錄為：
借：利潤分配——未分配利潤
　　貸：利潤分配——提取一般風險準備
　　　　　　　　——提取法定盈餘公積
　　　　　　　　——提取任意盈餘公積
　　　　　　　　——應付現金股利或利潤
　　　　　　　　——轉做股本的股利
借：利潤分配——盈餘公積補虧
　　　　　　——一般風險準備補虧
　　貸：利潤分配——未分配利潤

復習思考題

1. 金融企業收入包括哪些來源？其帳務如何處理？
2. 金融企業費用包括哪些內容？其帳務如何處理？
3. 金融企業的利潤由哪些部分組成？其帳務如何處理？
4. 什麼是永久性差異？什麼是暫時性差異？什麼是計稅基礎？
5. 如何進行所得稅帳務處理？
6. 利潤分配的順序如何？其帳務如何處理？

第十五章　金融企業財務報告

本章重點

1. 資產負債表的編制。
2. 利潤表的編制。
3. 現金流量表的編制。

引導案例

　　為解決執行《企業會計準則》的證券公司在財務報告編制工作中遇到的實際問題，2014年財政部發布通知，對現行證券公司財務報表格式和附註內容進行了修改和完善。過去，證券公司財務報表是按《企業會計準則》進行編制的，財政部並沒有特別的規定。而證監會在1999年發布《證券公司年度報告內容與格式準則》，2002年發布《證券公司財務報表附註編制的一般規定》。為進一步提高證券公司信息披露的相關性、準確性，證監會又在2002年、2008年、2013年對《證券公司年度報告內容與格式準則》進行了三次修訂，並從2008年開始對證券公司財務報表附註的編制有了特別的規定。因此，財政部此次對證券公司財務報表格式和附註內容進行修改和完善，使證券公司的財務報表更加規範。

　　此次修訂之后，合併資產負債表項目修訂六項，合併利潤表修訂「手續費及佣金收入」下三個其中項，報表附註項目由原來的十五項增加至十七項，其中主要會計政策及會計估計項目由十九項增加至二十九項，增加了財務報表的編制基礎以及

第十五章 金融企業財務報告

遵循《企業會計準則》的聲明。並對證券公司財務報表重要項目附註的披露格式做了具體的要求，並編寫了詳細的填制說明。

思考：報表附註有什麼作用？為什麼要增加證券公司報表附註項目？

（資料參考：http://xlc.zcmedia.cn/2014/0307/1095.shtml.新理財）

第一節 財務會計報告概述

一、編制財務會計報告的概念和意義

財務會計報告，是指金融企業對外提供的反映金融企業某一特定日期財務狀況和某一會計期間經營成果、現金流量、所有者權益等會計信息的書面文件。它以帳簿記錄為主要依據，經過加工、匯總形成，是會計核算的最終產品，是傳遞會計信息的主要手段。通過財務會計報告傳送的信息，對會計信息使用者有著重要的作用：為金融企業經營者加強企業管理，提高經濟效益提供可靠資料；為投資者、債權人提供所需信息；是政府監管部門進行宏觀經濟管理的重要信息來源。

二、財務會計報告的構成

財務會計報告包括會計報表及其附註和其他應當在財務會計報告中披露的相關信息和資料。《企業會計準則》中規定，財務報表至少應當包括資產負債表、利潤表、現金流量表、所有者權益（或股東權益）變動表和附註。

企業除了披露以上規定的會計報表外，還應披露其他相關信息。即應根據法律法規的規定和外部信息使用者的信息需求而定。如社會責任、對社區的貢獻和可持續發展能力等。本章主要以商業銀行、保險公司、證券公司的資產負債表、利潤表、現金流量表、所有者權益變動表和財務報表附註的內容為例加以說明。

三、財務會計報告編制的要求

企業的財務報表是向投資者、債權人、政府有關部門及其他報表使用者提供會計信息的。為適應投資主體多元化對會計信息的需求，必須按一定程序和方法，並按一定的要求進行編制。數字準確、內容完整是會計信息的質量要求，報送及時是報表使用者對會計信息的時效要求。因此，編制財務會計報告要求數字準確、內容完整、報送及時。

第二節　資產負債表

一、資產負債表的概念和作用

資產負債表是反映企業在某一特定日期財務狀況的報表。它是根據資產、負債和所有者權益之間的相互關係，按照一定的分類標準和一定的順序，把企業一定日期的資產、負債和所有者權益各項目予以適當排列，並對日常工作中形成的大量數據進行高度濃縮整理后編製而成的。它表明企業在某一特定日期所擁有或控制的經濟資源、所承擔的現實義務和所有者對企業淨資產的要求權。

資產負債表是主要財務報表之一，也是最重要的財務報表，它所提供的信息對國家、投資人、債權人及其他報表使用者有著重要的作用。通過資產負債表，有關方面可以瞭解金融企業以下幾個方面情況：金融企業所掌握的經濟資源及其構成；金融企業的負債渠道及其構成；金融企業所有者權益的構成；金融企業未來財務狀況的變化趨勢。

二、資產負債表的內容

企業的資產負債表應該按照資產、負債、所有者權益分類列報。其中資產和負債應當分別按流動資產和非流動資產、流動負債和非流動負債列示。《企業會計準則》還特別強調，金融企業的各項資產或負債，按照流動性列示能夠提供可靠且更相關信息的，可以按照其流動性順序列示。

(一) 資產

資產包括流動資產和非流動資產。資產滿足下列條件之一的，應當歸類為流動資產：

(1) 預計在一個正常營業週期中變現、出售或耗用；
(2) 主要為交易目的而持有；
(3) 預計在資產負債表日起一年內（含一年，下同）變現；
(4) 自資產負債表日起一年內，交換其他資產或清償負債的能力，不受限制的現金或現金等價物。

流動資產以外的資產應當歸類為非流動資產，並應按其性質分類列示。

資產項目是按照資產流動性強弱來排列的，流動性越強的資產，如貨幣資金、交易性金融資產等項目排列在前面；流動性弱的資產如固定資產、無形資產等不易變現的項目則排在后面。

第十五章　金融企業財務報告

（二）負債

負債包括流動負債和非流動負債。負債滿足下列條件之一的，應當歸類為流動負債：

(1) 預計在一個正常營業週期中清償；

(2) 主要為交易目的而持有；

(3) 自資產負債表日起一年內到期應予以清償；

(4) 企業無權自主地將清償推遲至資產負債表日后一年以上。

流動負債以外的負債應當歸類為非流動負債，並應按其性質分類列示。另外，還有一些特殊規定：

(1) 對於在資產負債表日起一年內到期的負債，企業預計能夠自主地將清償義務展期至資產負債表日后一年以上的，應當歸類為非流動負債；不能自主地將清償義務展期的，即使在資產負債表日后、財務報告批准報出日前簽訂了重新安排清償計劃協議，該項負債仍應歸類為流動負債。

(2) 企業在資產負債表日或之前違反了長期借款協議，導致貸款人可隨時要求清償的負債，應當歸類為流動負債。貸款人在資產負債表日或之前同意提供在資產負債表日后一年以上的寬限期，企業能夠在此期限內改正違約行為，且貸款人不能要求隨時清償，該項負債應當歸類為非流動負債。

(3) 其他長期負債存在類似情況的，比照（1）、（2）處理。

（三）所有者權益

在金融企業資產負債表中，所有者權益類至少應當單獨列示反映下列信息的項目：①實收資本；②資本公積；③一般風險準備；④盈餘公積；⑤未分配利潤。

負債和所有者權益是按照需要償還時間的長短來排列的，償還時間越短的排在越前面。需要在一年內或一個營業週期內償還的流動負債排在最前面；一年以上或一個營業週期以上才需要償還的長期負債排在次位；所有者權益在企業清算之前不需要償還的則排在最后面。

三、資產負債表的格式

資產負債表各會計要素及要素項目的不同排列方式，形成了該表的具體格式。資產負債表的格式多種多樣，常見的有報告式和帳戶式兩種。

（一）報告式資產負債表

報告式資產負債表也稱垂直式資產負債表，是將列入資產負債表的各項目垂直排列，先列示資產，然后列示負債，最后列示所有者權益。資產總額＝負債總額＋所有者權益總額，或者資產總額－負債總額＝所有者權益總額。其簡化格式如

金融企業會計

表 15-1 所示。

表 15-1　　　　　　　　　　　資產負債表（報告式）

編製單位：　　　　　　　　　　__年__月__日　　　　　　　　　　單位：元

項　目	金　額	
	期末餘額	年初餘額
資產： 　流動資產 　非流動資產 　其他非流動資產 　　資產合計		
負債： 　流動負債 　非流動負債 　其他非流動負債 　　負債合計		
所有者權益： 　實收資本 　資本公積 　盈餘公積 　一般風險準備 　未分配利潤 　　所有者權益合計		

（二）帳戶式資產負債表

帳戶式資產負債表是將表分左右兩方，資產項目列示在左方，負債和所有者權益列示在右方，左右雙方總計金額平衡。從表 15-2 可以看出，帳戶式資產負債表的優點是資產和權益之間的平衡關係一目了然。因此，世界各國普遍採用這種格式，中國的資產負債表也採用此格式。

表 15-2　　　　　　　　　　　資產負債表（帳戶式）　　　　　　　　　會商銀 01 表

編製單位：　　　　　　　　　　__年__月__日　　　　　　　　　　　　單位：元

資　產	期末餘額	年初餘額	負債和所有者權益 （或股東權益）	期末餘額	年初餘額
資產：			負債：		
現金及存放 中央銀行款項			向中央銀行借款		
存放同業款項			同業及其他金融機構 存放款項		
貴金屬			拆入資金		

第十五章 金融企業財務報告

表15-2(續)

資產	期末餘額	年初餘額	負債和所有者權益 (或股東權益)	期末餘額	年初餘額
拆出資金			以公允價值計量且其變動計入當期損益的金融負債		
以公允價值計量且其變動計入當期損益的金融資產			衍生金融負債		
衍生金融資產			賣出回購金融資產款		
買入返售金融資產			吸收存款		
應收利息			應付職工薪酬		
發放貸款和墊款			應交稅費		
可供出售金融資產			應付利息		
持有至到期投資			預計負債		
長期股權投資			遞延收益		
投資性房地產			應付債券		
固定資產			遞延所得稅負債		
無形資產			其他負債		
遞延所得稅資產			負債合計		
其他資產			所有者權益 (或股東權益):		
			實收資本(或股本)		
			資本公積		
			減:庫存股		
			其他綜合收益		
			盈餘公積		
			一般風險準備		
			未分配利潤		
			所有者權益 (或股東權益)合計		
資產總計			負債和所有者權益 (或股東權益)總計		

四、資產負債表的編制方法

(一) 商業銀行資產負債表的編制方法

政策性銀行、信託投資公司、租賃公司、財務公司、典當公司應當執行商業銀

行資產負債表格式和附註規定，如有特別需要，可以結合本企業的實際情況，進行必要的調整和補充。

1. 商業銀行資產負債表格式（如表15-2所示）
2. 商業銀行資產負債表各要素的填列方法

（1）年初餘額欄的填列方法。資產負債表「年初餘額」欄內各項數字，應根據上年末資產負債表「期末餘額」欄內所列數字填列。如果上年度資產負債表規定的各個項目名稱和內容同本年度不相一致，應對上年年末資產負債表各項目的名稱和數字按照本年度的規定進行調整，填入表中「年初餘額」欄內。

（2）期末餘額欄的填列方法。資產負債表「期末餘額」欄內各項數字，一般應根據資產、負債和所有者權益期末情況分析填列，具體填列方法如下：

①「現金及存放中央銀行款項」項目，反映企業期末持有的現金、存放中央銀行款項等總額，應根據「庫存現金」「存放中央銀行款項」等科目的期末餘額合計填列。

②「存放同業款項」項目，反映商業銀行與同業進行資金往來而發生的存放於同業的款項。應根據「存放同業」科目的期末餘額填列。

③「貴金屬」項目，反映企業期末持有的貴金屬價值按成本與可變現淨值孰低計量的黃金、白銀等，應根據「貴金屬」科目的期末餘額填列。

④「拆出資金」項目，反映企業拆借給境內、境外其他金融機構的款項，應根據「拆出資金」科目的期末餘額減去「貸款損失準備」科目所屬相關明細科目期末餘額后的金額分析計算填列。

⑤「以公允價值計量且其變動計入當期損益的金融資產」項目，反映商業銀行持有的以公允價值計量且其變動計入當期損益的為交易目的所持有的債券投資、股票投資、基金投資、權證投資等金融資產。本項目應根據「以公允價值計量且其變動計入當期損益的金融資產」科目的期末餘額填列。

⑥「衍生金融資產」項目，反映企業期末持有的衍生工具、套期工具、被套期項目中屬於衍生金融資產的金額，應根據「衍生工具」「套期工具」「被套期項目」等科目的期末借方餘額分析計算填列。

⑦「買入返售金融資產」項目，反映商業銀行按返售協議約定先買入再按固定價格返售給賣出方的票據、證券、貸款等金融資產所融出的資金。本項目應根據「買入返售金融資產」科目的期末餘額填列，買入返售金融資產計提壞帳準備的，還應減去「壞帳準備」科目所屬相關明細科目的期末餘額。

⑧「應收利息」項目，反映商業銀行發放貸款、持有至到期投資、可供出售金融資產、存放中央銀行款項、拆出資金、買入返售金融資產等應收取的利息。本項目應根據「應收利息」科目的期末餘額，減去「壞帳準備」科目中有關應收利息計提的壞帳準備期末餘額后的金額填列。

⑨「發放貸款和墊款」項目，反映商業銀行發放的貸款和貼現資產扣減貸款損

第十五章　金融企業財務報告

失準備期末餘額后的金額。本項目應根據「貸款」「貼現資產」等科目的期末借方餘額合計，減去「貸款損失準備」科目所屬明細科目期末餘額后的金額分析計算填列。

⑩「可供出售金融資產」項目，反映商業銀行持有的可供出售金融資產的價值，包括劃分為可供出售的股票投資、債券投資等金融資產。本項目應根據「可供出售金融資產」科目的期末餘額，減去「可供出售金融資產減值準備」科目期末餘額后的金額填列。

⑪「持有至到期投資」項目，反映商業銀行持有至到期投資的攤餘價值。本項目應根據「持有至到期投資」科目的期末餘額，減去「持有至到期投資減值準備」科目期末餘額后的金額填列。

⑫「長期股權投資」項目，反映商業銀行持有的採用成本法和權益法核算的長期股權投資。本項目應根據「長期股權投資」科目的期末餘額，減去「長期股權投資減值準備」科目期末餘額后的金額填列。

⑬「投資性房地產」項目，反映商業銀行投資性房地產的價值，包括採用成本模式計量的投資性房地產和採用公允價值模式計量的投資性房地產。企業採用成本模式計量投資性房地產的，本項目應根據「投資性房地產」科目的期末餘額，減去「投資性房地產累計折舊（攤銷）」和「投資性房地產減值準備」科目期末餘額后的金額填列；企業採用公允價值模式計量投資性房地產的，本項目應根據「投資性房地產」科目的期末餘額填列。

⑭「固定資產」項目，反映商業銀行持有的各種固定資產原價減去累計折舊和累計減值準備后的淨額。本項目應根據「固定資產」科目的期末餘額，減去「累計折舊」和「固定資產減值準備」科目期末餘額后的金額填列。

⑮「無形資產」項目，反映商業銀行持有的無形資產，包括專利權、非專利技術、商標權、著作權、土地使用權等。本項目應根據「無形資產」科目的期末餘額，減去「累計攤銷」和「無形資產減值準備」科目期末餘額后的金額填列。

⑯「遞延所得稅資產」項目，反映商業銀行確認的可抵扣暫時性差異產生的遞延所得稅資產。本項目應根據「遞延所得稅資產」科目的期末餘額填列。

⑰「其他資產」項目，反映商業銀行除上述各項資產以外的資產，如長期待攤費用、存出保證金、應收股利、抵債資產、其他應收款等，應根據有關科目的期末餘額合計數填列。已計提減值準備的，還應扣減相應的減值準備。

長期應收款帳面餘額扣減累計減值準備和未實現融資收益的淨額、抵債資產帳面餘額扣減累計跌價準備后的淨額、「代理兌付證券」減去「代理兌付證券款」后的借方餘額，也在本項目反映。

⑱「向中央銀行借款」項目，反映商業銀行從中央銀行借入的款項。本項目應根據「向中央銀行借款」科目的期末餘額填列。

⑲「同業及其他金融機構存放款項」項目，反映商業銀行與同業進行資金往來

333

而發生的同業存放於本銀行的款項以及吸收的境內、境外金融機構的存款。本項目應根據「同業存放」科目的期末餘額填列。

⑳「拆入資金」項目，反映商業銀行從境內、境外金融機構拆入的款項。本項目應根據「拆入資金」科目的期末餘額填列。

㉑「以公允價值計量且其變動計入當期損益的金融負債」項目，反映商業銀行承擔的以公允價值計量且其變動計入當期損益的為交易目的所持有的金融負債。本項目應根據「以公允價值計量且其變動計入當期損益的金融負債」科目的期末餘額填列。

㉒「衍生金融負債」項目，反映衍生工具、套期項目、被套期項目中屬於衍生金融負債的金額，應根據「衍生工具」「套期工具」「被套期項目」等科目的期末貸方餘額合計數填列。

㉓「吸收存款」項目，反映商業銀行吸收的除同業存放款項以外的其他各種存款，包括單位存款、個人存款、信用卡存款、特種存款、轉貸款資金和財政性存款等。本項目應根據「吸收存款」科目所屬的「本金」「利息調整」等明細科目期末餘額分析計算填列。

㉔「賣出回購金融資產款」項目，反映商業銀行按回購協議賣出票據、證券、貸款等金融資產所融入的資金。本項目應根據「賣出回購金融資產款」科目的期末餘額填列。

㉕「應付職工薪酬」項目，反映商業銀行根據有關規定應付給職工的工資、職工福利、社會保險費、住房公積金、工會經費、職工教育經費、非貨幣性福利、辭退福利等各種薪酬。外商投資企業按規定從淨利潤中提取的職工獎勵及福利基金，也在本項目列示。本項目應根據「應付職工薪酬」科目的期末餘額填列。

㉖「應交稅費」項目，反映商業銀行按照《稅法》規定計算應繳納的各種稅費。本項目應根據「應交稅費」科目的期末貸方餘額填列；如「應交稅費」科目期末為借方餘額，應以「-」號填列。

㉗「應付利息」項目，反映商業銀行按照規定應當支付的利息，包括吸收存款、分期付息到期還本的長期借款、企業債券等應支付的利息。本項目應當根據「應付利息」科目的期末餘額填列。

㉘「預計負債」項目，反映企業商業銀行確認的對外提供擔保、未決訴訟、產品質量保證、重組義務、虧損性合同等預計負債。本項目應根據「預計負債」科目的期末餘額填列。

㉙「遞延收益」項目，反映企業尚待確認的收入或者收益。本項目應根據「遞延收益」科目的期末餘額填列。

㉚「應付債券」項目，反映商業銀行為籌集長期資金而發行的債券本金和利息。本項目應根據「應付債券」科目的期末餘額填列。

㉛「遞延所得稅負債」項目，反映商業銀行根據《所得稅準則》確認的應納稅暫時性差異產生的所得稅負債。本項目應根據「遞延所得稅負債」科目的期末餘額

第十五章 金融企業財務報告

填列。

㉜「其他負債」項目，反映商業銀行存入保證金、應付股利、其他應付款、遞延收益等負債的帳面餘額，應根據有關科目的期末餘額填列。

長期應付款帳面餘額減去未確認融資費用后的淨額、「代理兌付證券」減去「代理兌付證券款」后的貸方餘額，也在本項目反映。

㉝「實收資本」或「股本」項目，反映商業銀行各投資者實際投入的資本（或股本）總額。本項目應根據「實收資本」（或「股本」）科目的期末餘額填列。

㉞「資本公積」項目，反映商業銀行資本公積的期末餘額。本項目應根據「資本公積」科目的期末餘額填列。

㉟「庫存股」項目，反映商業銀行持有尚未轉讓或註銷的本公司股份金額。本項目應根據「庫存股」科目的期末餘額填列。

㊱「其他綜合收益」項目，反映企業其他綜合收益情況。該科目應當按照其他綜合收益項目的具體內容設置明細科目。企業在對其他綜合收益進行會計處理時，應當通過「其他綜合收益」科目處理，並與「資本公積」科目相區分。

㊲「盈餘公積」項目，反映商業銀行盈餘公積的期末金額。本項目應根據「盈餘公積」科目的期末金額填列。

㊳「一般風險準備」項目，反映商業銀行從淨利潤中提取的一般風險準備金額，應根據「一般風險準備」科目的期末餘額填列。

㊴「未分配利潤」項目，反映商業銀行尚未分配的利潤。本項目應根據「本年利潤」科目和「利潤分配」科目的餘額分析計算填列。未彌補的虧損在本項目內以「-」號填列。

(二) 保險公司資產負債表的編制方法

擔保公司應當執行保險公司資產負債表格式和附註規定，如有特別需要，可以結合本企業的實際情況，進行必要調整和補充。

1. 保險公司資產負債表格式（如表 15-3 所示）
2. 保險公司資產負債表各要素的填列方法

除下列項目以外的其他項目，比照商業銀行資產負債表的填報方法處理：

(1)「貨幣資金」項目，反映保險公司期末持有的現金、銀行存款、其他貨幣資金等總額，應根據「庫存現金」「銀行存款」「其他貨幣資金」等科目的期末餘額合計填列。保險公司持有的原始存款期限在三個月以內的定期存款，也在本項目反映。

(2)「應收保費」「應收代位追償款」「應收分保帳款」「應收分保未到期責任準備金」「保戶質押貸款」等資產項目，反映保險公司期末持有的相應資產的實際價值，應根據「應收帳款」「應收代位追償款」「應收分保帳款」「應收分保未到期責任準備金」「貸款」等科目期末借方餘額，減去「壞帳準備」「貸款損失準備」等科目所屬相關明細科目期末餘額后的金額填列。

表 15-3　　　　　　　　　　　資產負債表　　　　　　　　　　會保 01 表
編製單位：　　　　　　　　　　　__年__月__日　　　　　　　　　單位：元

資　產	期末餘額	年初餘額	負債和所有者權益（或股東權益）	期末餘額	年初餘額
資產：			負債：		
貨幣資金			短期借款		
拆出資金			拆入資金		
以公允價值計量且其變動計入當期損益的金融資產			以公允價值計量且其變動計入當期損益的金融負債		
衍生金融資產			衍生金融負債		
買入返售金融資產			賣出回購金融資產款		
應收利息			預收保費		
應收保費			應付手續費及佣金		
應收代位追償款			應付分保帳款		
應收分保帳款			應付職工薪酬		
應收分保未到期責任準備金			應交稅費		
應收分保未決賠款準備金			應付賠付款		
應收分保壽險責任準備金			應付保單紅利		
應收分保長期健康險責任準備金			保戶儲金及投資款		
保戶質押貸款			未到期責任準備金		
定期存款			未決賠款準備金		
可供出售金融資產			壽險責任準備金		
持有至到期投資			長期健康險責任準備金		
長期股權投資			長期借款		
存出資本保證金			應付債券		
投資性房地產			獨立帳戶負債		
固定資產			遞延所得稅負債		
無形資產			其他負債		
獨立帳戶資產			負債合計		
遞延所得稅資產			所有者權益（或股東權益）：		
其他資產			實收資本（或股本）		
			資本公積		
			減：庫存股		
			其他綜合收益		
			盈餘公積		
			一般風險準備		
			未分配利潤		
			所有者權益（或股東權益）合計		
資產總計			負債和所有者權益（或股東權益）總計		

(3)「應收分保未決賠款準備金」「應收分保壽險責任準備金」「應收分保長期健康險責任準備金」項目,反映保險公司從事再保險業務應向再保險接受人攤回的相應準備金扣減累計減值準備后的帳面價值,應根據「應收分保保險責任準備金」科目所屬相關明細科目期末借方餘額,減去「壞帳準備」科目所屬相關明細科目期末餘額后的金額分析填列。

(4)「存出資本保證金」「獨立帳戶資產」等資產項目,反映保險公司期末持有的相應資產的價值,應根據「存出資本保證金」「獨立帳戶資產」等科目期末借方餘額填列。

(5)「其他資產」項目,反映保險公司應收股利、應收代位追償款、預付帳款、存出保證金、其他應收款等資產的帳面餘額,應根據有關科目的期末餘額填列。已計提減值準備的,還應扣減相應的減值準備。

長期應收款帳面餘額扣減累計減值準備和未實現融資收益后的淨額、抵債資產帳面餘額扣減累計跌價準備后的淨額、損餘物資帳面餘額扣減累計跌價準備后的淨額,也在本項目反映。

(6)「預收保費」「應付手續費及佣金」「應付分保帳款」「保戶儲金及投資款」「未到期責任準備金」「獨立帳戶負債」等項目,反映保險公司從事再保險業務應向再保險分出人或再保險接受人支付但尚未支付的款項等,應根據「預收帳款」「應付帳款」「應付分保帳款」「保戶儲金」「未到期責任準備金」「獨立帳戶負債」等科目期末貸方餘額填列。

(7)「未決賠款準備金」「壽險責任準備金」「長期健康險責任準備金」等負債項目,反映保險公司提取的未決賠款準備金、壽險責任準備金、長期健康險責任準備金期末餘額,應根據「保險責任準備金」科目所屬相關明細科目期末貸方餘額分析填列。

(8)「其他負債」項目,反映保險公司應付股利、應付利息、存入保證金、預計負債等負債的帳面餘額,應根據有關科目的期末餘額填列。

(三) 證券公司資產負債表的編制方法

資產管理公司、基金公司、期貨公司應當執行證券公司資產負債表格式和附註規定,如有特別需要,可以結合本企業的實際情況,進行必要調整和補充。

1. 證券公司資產負債表格式(如表15-4所示)
2. 證券公司資產負債表各要素的填列方法

除下列項目以外的其他項目,比照商業銀行資產負債表的列報方法處理:

(1)「貨幣資金」項目,反映證券公司期末持有的現金、銀行存款和其他貨幣資金總額,應根據「庫存現金」「銀行存款」「其他貨幣資金」等科目的期末餘額合計填列。證券經紀業務取得的客戶資金存款應在本項目下單獨反映。

(2)「結算備付金」項目,反映證券公司期末持有的為證券交易的資金清算與

表 15-4　　　　　　　　　　　　　資產負債表　　　　　　　　　　　　　會證 01 表
編製單位：　　　　　　　　　　　＿＿年＿月＿日　　　　　　　　　　　　單位：元

資　產	期末餘額	年初餘額	負債和所有者權益（或股東權益）	期末餘額	年初餘額
資產：			負債：		
貨幣資金			短期借款		
其中：客戶資金存款			其中：質押借款		
結算備付金			拆入資金		
其中：客戶備付金			以公允價值計量且其變動計入當期損益的金融負債		
拆出資金			衍生金融負債		
以公允價值計量且其變動計入當期損益的金融負債			賣出回購金融資產款		
衍生金融資產			代理買賣證券款		
買入返售金融資產			代理承銷證券款		
應收利息			應付職工薪酬		
存出保證金			應交稅費		
可供出售金融資產			應付利息		
持有至到期投資			預計負債		
長期股權投資			遞延收益		
投資性房地產			長期借款		
固定資產			應付債券		
無形資產			遞延所得稅負債		
其中：交易席位費			其他負債		
遞延所得稅資產			負債合計		
其他資產			所有者權益（或股東權益）：		
			實收資本（或股本）		
			資本公積		
			減：庫存股		
			其他綜合收益		
			盈餘公積		
			一般風險準備		
			未分配利潤		
			所有者權益（或股東權益）合計		
資產總計			負債和所有者權益（或股東權益）總計		

交收而存入指定清算代理機構的款項金額，應根據「結算備付金」科目的期末餘額填列。證券經紀業務取得的客戶備付金應在本項目下單獨反映。

（3）「存出保證金」項目，反映證券公司因辦理業務需要存出或交納的各種保證金款項期末餘額，應根據「存出保證金」科目的期末餘額填列。

（4）「無形資產」項目，反映證券公司無形資產在期末的實際價值，應根據「無形資產」科目的期末餘額，減去「累計攤銷」「無形資產減值準備」等科目期末餘額后的金額填列。證券公司繳納的交易席位費的可收回金額應在本項目下單獨反映。

（5）「其他資產」項目，反映證券公司應收帳款、應收股利、其他應收款、長期待攤費用等資產的帳面餘額，應根據有關科目的期末餘額填列。已計提減值準備的，還應扣減相應的減值準備。

另外，長期應收款帳面餘額扣減累計減值準備和未實現融資收益後的淨額、抵債資產帳面餘額扣減累計跌價準備後的淨額、「代理兌付證券」減去「代理兌付證券款」後的借方餘額，也在本項目反映。

（6）「代理買賣證券款」「代理承銷證券款」項目，反映證券公司接受客戶有效的代理買賣證券資金、承銷證券后應付未付給委託單位的款項，應根據「代理買賣證券款」「代理承銷證券款」科目的期末貸方餘額填列。

（7）「其他負債」項目，反映證券公司應付股利、其他應付款、遞延收益等負債的帳面餘額，應根據有關科目的期末餘額填列。

另外，長期應付款帳面餘額減去未確認融資費用後的淨額、「代理兌付證券」減去「代理兌付證券款」後的貸方餘額，也在本項目反映。

第三節　利潤表

一、利潤表的概念和作用

利潤表是反映企業在一定會計期間的經營成果的會計報表。它把一定時期的營業收入與同一會計期間相關的營業費用進行配比，以計算出企業一定時期的稅後淨利潤。利潤表所提供的盈利或虧損資料，往往是衡量管理成就的主要依據，對於投資者、債權人以及稅務機關等有關方面都具有重要作用。通過利潤表可以瞭解：

（1）企業利潤（或虧損）的形成情況，據以分析、考核企業經營目標和利潤計劃的執行情況，分析企業利潤增減變動的原因；

（2）企業依法納稅情況；

（3）評價對企業投資的價值和回報，判斷企業的資本是否保全；

（4）預測企業未來期間的經營狀況和盈利水平。

二、利潤表的格式

利潤表的格式有單步式和多步式兩種。

(一) 單步式利潤表

單步式利潤表是將一定會計期間的所有收入加在一起，然後再把所有費用、支出加在一起，兩者相減，一次性計算出當期淨損益。其基本結構如表 15-5 所示。

表 15-5　　　　　　　　　　　利潤表（單步式）

編製單位：　　　　　　　　　　＿＿＿年＿＿月　　　　　　　　　　單位：元

項　目	本　年　金　額	上　年　金　額
一、收入		
××收入		
××收入		
××收入		
××收入		
收入合計		
二、費用		
××成本		
××稅金		
××費用		
費用合計		
三、淨利潤		

單步式利潤表具有步驟簡化、結構簡單、易於理解和編制簡便的特點。但它難以滿足報表使用者的需要，因為根據這種報表所提供的資料，反映不出企業利潤的構成內容，而是把企業所有的收入和費用等內容摻和在一起，不分層次和步驟，既無法判斷企業營業性收益與非營業性收益對實現利潤的影響，也無法判斷主營業務收益與附營業務收益對實現利潤的影響，也不便於對未來盈利能力進行預測。因此，在中國，單步式利潤表主要用於那些業務比較單純的服務諮詢行業。

(二) 多步式利潤表

多步式的利潤表是按照利潤的構成內容分層次、分步驟地逐步、逐項計算編制而成的報表。按照這一要求，企業淨利潤的計算一般有以下三個步驟：

第一步：以利息淨收入、手續費及佣金淨收入和其他業務收入為基礎，減去稅

第十五章 金融企業財務報告

金及附加、業務及管理費、資產減值損失、其他業務成本,加上公允價值變動收益(減去公允價值變動損失)、投資收益(減去投資損失)和匯兌收益(減去匯兌損失)計算出營業利潤;

第二步:以營業利潤為基礎,加上營業外收入,減去營業外支出,計算出利潤總額;

第三步:以利潤總額為基礎,減去所得稅費用,計算出淨利潤(或淨虧損)。

普通股或潛在普通股已公開交易的企業以及正處於公開發行普通股或潛在普通股過程中的企業,還應當在利潤表中列示每股收益信息。

多步式利潤表具體格式,如表 15-6 所示。

表 15-6　　　　　　　　利潤表(多步式)　　　　　　　會商銀 02 表
編製單位:　　　　　　　＿＿＿年＿＿月　　　　　　　　　單位:元

項　　　目	本年金額	上年金額
一、營業收入		
利息淨收入		
利息收入		
利息支出		
手續費及佣金淨收入		
手續費及佣金收入		
手續費及佣金支出		
投資收益(損失以「-」號填列)		
其中:對聯營企業和合營企業的投資收益		
公允價值變動收益(損失以「-」號填列)		
匯兌收益(損失以「-」號填列)		
其他業務收入		
二、營業支出		
稅金及附加		
業務及管理費		
資產減值損失		
其他業務成本		
三、營業利潤(虧損以「-」號填列)		
加:營業外收入		
其中:非流動資產處置利得		
減:營業外支出		
其中:非流動資產處置損失		
四、利潤總額(虧損總額以「-」號填列)		

表15-6(續)

項　　目	本年金額	上年金額
減：所得稅費用		
五、淨利潤（淨虧損以「－」號填列）		
六、其他綜合收益的稅後淨額		
（一）以后不能重分類進損益的其他綜合收益		
（二）以后將重分類進損益的其他綜合收益		
七、綜合收益總額		
八、每股收益		
（一）基本每股收益		
（二）稀釋每股收益		

多步式利潤表根據經營活動的主次和經營活動對企業利潤的貢獻情況排列編制。它能夠科學地揭示企業利潤及構成內容的形成過程，從而便於對企業生產經營情況進行分析，有利於不同企業之間進行比較，有利於預測企業今后的盈利能力。因此，世界大多數國家採用多步式利潤表。按國際慣例，中國現行《企業會計準則》也採用了多步式利潤表格式。

三、利潤表的編制方法

(一) 商業銀行利潤表的編制方法

1. 商業銀行利潤表格式（如表15-6所示）
2. 商業銀行利潤表各要素的填列方法

利潤表中的大部分項目都可以根據帳戶的發生額分析填列。具體填列方法如下：

(1) 上年金額欄的填列方法。利潤表中「上年金額」欄內各項數字，應根據上年度利潤表「本年金額」欄內所列示的數字填列。如上年度利潤表規定的各個項目的名稱和內容同本年度不一致，應對上年度利潤表各項目的名稱和數字按照本年度的規定進行調整，填入本表的「上年金額」欄內。

(2) 本年金額欄的填列方法。利潤表中「本年金額」欄內各項數字，其具體填列方法如下：

① 「營業收入」項目，反映「利息淨收入」「手續費及佣金淨收入」「投資收益」「公允價值變動收益」「匯兌收益」「其他業務收入」等項目的金額合計。

② 「利息淨收入」項目，應根據「利息收入」項目金額，減去「利息支出」項目金額后的餘額計算填列。其中「利息收入」「利息支出」項目，反映企業經營存貸款業務等確認的利息收入和發生的利息支出，應根據「利息收入」「利息支出」等科目的發生額分析計算填列。企業債券投資的利息收入、發行債券的利息支出，

也可以分別在該項目反映。

③「手續費及佣金淨收入」項目，反映「手續費及佣金收入」項目餘額減去「手續費及佣金支出」項目餘額后的金額。其中「手續費及佣金收入」「手續費及佣金支出」等項目，反映企業確認的包括辦理結算業務等在內的手續費、佣金收入和發生的手續費、佣金支出，應根據「手續費及佣金收入」「手續費及佣金支出」等科目的發生額分析計算填列。

④「匯兌收益」項目，反映企業外幣貨幣性項目因匯率變動形成的淨收益，應根據「匯兌損益」科目的發生額分析填列。如為淨損失，以「－」號列示。

⑤「營業支出」項目，反映「稅金及附加」「業務及管理費」「資產減值損失」「其他業務成本」等項目的金額合計。

⑥「業務及管理費」項目，反映企業在業務經營和管理過程中發生的電子設備運轉費、安全防範費、物業管理費等費用，應根據「業務及管理費」科目的發生額分析填列。

⑦「公允價值變動收益」項目，反映企業按照相關準則規定應當計入當期損益的資產或負債公允價值變動淨收益，如交易性金融資產當期公允價值的變動額。如為淨損失，以「－」號填列。

⑧「投資收益」項目，反映企業以各種方式對外投資所取得的收益。如為淨損失，以「－」號填列。企業持有的交易性金融資產處置時，處置收益部分應當自「公允價值變動損益」項目轉出，列入本項目。

⑨「營業外收入」「營業外支出」項目，反映企業發生的與其經營活動無直接關係的各項收入和支出。其中，處置非流動資產利得和損失，應當單獨列示。

⑩「利潤總額」項目，反映企業實現的利潤總額。如為虧損總額，以「－」號填列。

⑪「所得稅」項目，反映企業根據所得稅準則確認的應從當期利潤總額中扣除的所得稅費用。

⑫「其他綜合收益稅后淨額」項目，反映企業根據其他會計準則規定未在當期損益中確認的各項利得和損失，應當根據該科目及其所屬明細科目的本期發生額分析填列。

⑬「基本每股收益」和「稀釋每股收益」項目，應當根據每股收益準則的規定計算的金額填列。

(二) 保險公司利潤表的編制方法

1. 保險公司利潤表格式（如表 15-7 所示）
2. 保險公司利潤表各要素的填列方法

除下列項目以外的其他項目，比照商業銀行利潤表的列報方法處理：

(1)「營業收入」項目，反映「已賺保費」「投資收益」「公允價值變動收益」

表 15-7　　　　　　　　　　　　　　利潤表　　　　　　　　　　　　　　會保 02 表

編製單位：　　　　　　　　　　　　　　　　年　　月　　　　　　　　　　　　　　單位：元

項　目	本年金額	上年金額
一、營業收入		
已賺保費		
保險業務收入		
其中：分保費收入		
減：分出保費		
提取未到期責任準備金		
投資收益（損失以「-」號填列）		
其中：對聯營企業和合營企業的投資收益		
公允價值變動收益（損失以「-」號填列）		
匯兌收益（損失以「-」號填列）		
其他業務收入		
二、營業支出		
退保金		
賠付支出		
減：攤回賠付支出		
提取保險責任準備金		
減：攤回保險責任準備金		
保單紅利支出		
分保費用		
稅金及附加		
手續費及佣金支出		
業務及管理費		
減：攤回分保費用		
其他業務成本		
資產減值損失		
三、營業利潤（虧損以「-」號填列）		
加：營業外收入		
其中：非流動資產處置利得		
減：營業外支出		
其中：非流動資產處置損失		
四、利潤總額（虧損總額以「-」號填列）		
減：所得稅費用		
五、淨利潤（淨虧損以「-」號填列）		
六、其他綜合收益的稅后淨額		
（一）以后不能重分類進損益的其他綜合收益		
（二）以后將重分類進損益的其他綜合收益		
七、綜合收益總額		
八、每股收益		
（一）基本每股收益		
（二）稀釋每股收益		

「匯兌收益」「其他業務收入」等項目的金額合計。定期存款、保戶質押貸款、買入返售金融資產形成的利息收入，也在「投資收益」項目反映。

（2）「已賺保費」項目，反映「保險業務收入」項目金額減去「分出保費」「提取未到期責任準備金」項目金額后的餘額。

「保險業務收入」項目，反映企業從事保險業務確認的原保費收入和分保費收入，應根據「保費收入」科目的發生額分析填列。

「分出保費」項目，反映企業從事再保險業務分出的保費，應根據「分出保費」科目的發生額分析填列。

「提取未到期責任準備金」項目，反映企業提取的未到期責任準備金，應根據「提取未到期責任準備金」科目的發生額分析填列。

（3）「營業支出」項目反映「退保金」「賠付支出」「提取保險責任準備金」「保單紅利支出」「分保費用」「稅金及附加」「手續費及佣金支出」「業務及管理費」「其他業務成本」「資產減值損失」等項目金額合計，減去「攤回賠付支出」「攤回保險責任準備金」「攤回分保費用」等項目金額后的餘額。

（4）「退保金」項目，反映企業壽險原保險合同提前解除時按照約定退還投保人的保單現金價值，應根據「退保金」科目的發生額分析填列。

（5）「賠付支出」項目，反映企業因保險業務發生的賠付支出，包括原保險合同賠付支出和再保險合同賠付支出，應根據「賠付支出」科目的發生額分析填列。

（6）「提取保險責任準備金」項目，反映企業提取的保險責任準備金，包括未決賠款準備金、壽險責任準備金、長期健康險責任準備金，應根據「提取保險責任準備金」科目的發生額分析填列。

（7）「保單紅利支出」項目，反映企業按原保險合同約定支付給投保人的紅利，應根據「保單紅利支出」科目的發生額分析填列。

（8）「分保費用」項目，反映企業從事再保險業務支付的分擔費用，應根據「分保費用」科目的發生額分析填列。

（9）「攤回賠付支出」「攤回保險責任準備金」「攤回分保費用」等項目，反映企業從事再保險分出業務向再保險接受人攤回的賠付支出、保險責任準備金、分保費用，應根據「攤回賠付支出」「攤回保險責任準備金」「攤回分保費用」等科目的發生額分析填列。

（三）證券公司利潤表的編制方法

1. 證券公司利潤表格式（如表15-8所示）
2. 證券公司利潤表各要素的填列方法

除下列項目以外的其他項目，比照商業銀行利潤表的列報方法處理：

（1）「營業收入」項目反映「手續費及佣金淨收入」「利息淨收入」「投資收益」「公允價值變動收益」「匯兌收益」「其他業務收入」等項目的合計金額。

表 15-8　　　　　　　　　　　利潤表　　　　　　　　　　會證 02 表

編製單位：　　　　　　　　　____年__月　　　　　　　　　單位：元

項　　目	本年金額	上年金額
一、營業收入		
手續費及佣金淨收入		
其中：代理買賣證券業務淨收入		
證券承銷業務淨收入		
受託客戶資產管理業務淨收入		
利息淨收入		
投資收益（損失以「-」號填列）		
其中：對聯營企業和合營企業的投資收益		
公允價值變動收益（損失以「-」號填列）		
匯兌收益（損失以「-」號填列）		
其他業務收入		
二、營業支出		
稅金及附加		
業務及管理費		
資產減值損失		
其他業務成本		
三、營業利潤（虧損以「-」號填列）		
加：營業外收入		
其中：非流動資產處置利得		
減：營業外支出		
其中：非流動資產處置損失		
四、利潤總額（虧損總額以「-」號填列）		
減：所得稅費用		
五、淨利潤（淨虧損以「-」號填列）		
六、其他綜合收益的稅后淨額		
（一）以后不能重分類進損益的其他綜合收益		
（二）以后將重分類進損益的其他綜合收益		
七、綜合收益總額		
八、每股收益		
（一）基本每股收益		
（二）稀釋每股收益		

第十五章 金融企業財務報告

(2)「手續費及佣金淨收入」項目，反映企業確認的代理承銷、兌付和買賣證券等業務實現的手續費及佣金收入減去發生的各項手續費、風險結算金、承銷業務直接相關的各項費用及佣金支出後的淨額，應根據「手續費及佣金收入」「手續費及佣金支出」等科目的發生額分析計算填列。「代理買賣證券業務淨收入」「證券承銷業務淨收入」「委託客戶資產管理業務淨利收入」等應在本項目下單獨反映。

第四節 現金流量表

一、現金流量表的概念和作用

現金流量表是以現金為基礎編制的財務狀況變動表。是綜合反映企業在一定會計期間內現金及現金等價物流入和流出的會計報表，表明企業獲得現金和現金等價物的能力。金融企業編制現金流量表的主要目的，是為會計報表使用者提供一定會計期間內現金及現金等價物流入和流出的信息，以便其瞭解和評價金融企業獲取現金和現金等價物的能力，並據以預測金融企業未來現金流量。

現金流量表的作用主要有：彌補資產負債表、利潤表信息量的不足；有助於分析企業收益質量及影響現金淨流量的因素；有助於評價企業支付能力、償債能力和週轉能力；有助於預測企業未來現金流量。

二、現金流量表編制的基礎

現金流量表以現金及現金等價物為基礎編制，劃分經營活動、投資活動和籌資活動，按照收付實現制原則編制，將權責發生制下的盈利信息調整為收付實現制下的現金流量信息。本章提及現金時，除非同時提及現金等價物，均包括現金和現金等價物。

(一) 現金

現金，是指企業庫存現金以及可以隨時用於支付的存款。不能隨時用於支付的存款不屬於現金。現金主要包括：

(1) 庫存現金。庫存現金是指企業持有可隨時用於支付的現金，與「庫存現金」科目的核算內容一致。

(2) 銀行存款。銀行存款是指企業存入金融機構、可能隨時用於支取的存款，與「銀行存款」科目核算內容基本一致，但不包括不能隨時用於支付的銀行存款。例如，不能隨時支取的定期存款等不應作為現金；提前通知金融機構便可支取的定期存款則應包括在現金範圍內。

(3) 其他貨幣資金。其他貨幣資金是指存放在金融機構的外埠存款、銀行匯票

存款、銀行本票存款、信用卡存款、信用證保證金存款和存出投資款等，與「其他貨幣資金」科目核算內容一致。

對金融企業而言，現金流量表的現金包括庫存現金及存入本行營業部門的銀行存款、存放中央銀行款項、存放同業款項。但必須注意以下幾個問題：

（1）存放中央銀行款項和存放同業款項不全屬於現金。屬於現金的存款必須是「可隨時用於支付的存款」，商業銀行向人民銀行繳存的存款準備金、外幣清算、業務保證金等，是不能隨時用於支付的，故不能包括在現金中。金融企業存放於其他金融企業的款項，如果是有期限規定的，或者是作為質押等有附加條件限制的，也不能隨時用於支付，同樣不能包括在現金之中。

（2）拆放同業款項由於期限的長短不同及可能存在的附加條件，也是屬於不能隨時用於支付的款項，不能列入現金之中。

（3）聯行存放款項和存放聯行款項不屬於現金。聯行往來是金融企業一個比較特殊的項目，由於其往來雙方同屬一個銀行系統，即同屬一個總行的各個分支機構間的帳務往來，類似於工商企業的內部往來。當金融企業總行在編制匯總或合併的現金流量表時，這部分往帳與來帳款項將被抵銷。因此，聯行往來不歸屬現金，應在現金流量表中單獨列示，以便於報表使用者對此瞭解和分析。

（二）現金等價物

現金等價物，是指企業持有的期限短、流動性強、易於轉換為已知金額現金、價值變動風險很小的投資。其中，「期限短」一般是指從購買日起 3 個月內到期。例如可在證券市場上流通的 3 個月內到期的短期債券等。

現金等價物雖然不是現金，但其支付能力與現金的差別不大，可視為現金。例如，企業不保證支付能力，手持必要的現金，為了不使現金閒置，可以購買短期債券，在需要現金時，隨時可以變現。

現金等價物的定義本身，包含了判斷一項投資是否屬於現金等價物的四個條件：①期限短；②流動性強；③易於轉換為已知金額的現金；④價值變動風險很小。其中，期限短、流動性強，強調了變現能力，而易於轉換為已知金額的現金、價值變動風險很小，則強調了支付能力的大小。現金等價物通常包括 3 個月內到期的短期債券投資。權益性投資變現的金額通常不確定，因而不屬於現金等價物。

三、現金流量及其分類

（一）現金流量

現金流量是指金融企業現金及現金等價物的流入、流出的數量，也就是在一定時期內，金融企業實際收入的現金和實際付出的現金。現金淨流量是指現金流入與流出的差額。現金淨流量可能是正數也可能是負數，如果是正數，則為淨流入，如

第十五章 金融企業財務報告

果是負數則為淨流出。現金淨流量反映了金融企業各類活動形成的現金流量的最終結果,即金融企業在一定時期內,現金流入大於現金流出,還是現金流出大於現金流入。一般說來,流入大於流出反映了金融企業現金流量的良好趨勢。現金淨流量也是現金流量表所要反映的一個重要指標。

(二) 現金流量的分類

根據企業業務活動的性質和現金流量的來源,《現金流量表準則》將企業一定期間產生的現金流量分為三類:經營活動現金流量、投資活動現金流量和籌資活動現金流量。

(1) 經營活動。經營活動是指企業投資活動和籌資活動以外的所有交易和事項。各類企業由於行業特點不同,對經營活動的認定存在一定差異。對於商業銀行而言,經營活動主要包括對外發放的貸款和收回的貸款本金、吸收的存款和支付的存款本金、同業存款及存放同業款項、向其他金融企業拆借的資金、利息收入和利息支出、收回的已於前期核銷的貸款、經營證券業務的企業買賣證券所收到或支出的現金、融資租賃所收到的現金等。

(2) 投資活動。投資活動是指企業長期資產的購建和不包括在現金等價物範圍內的投資及其處置活動。金融企業的投資活動主要是指金融企業的長期資產。金融企業的長期資產是指固定資產、無形資產、在建工程、其他資產等持有期限在一年或一個營業週期以上的資產。由於已經將包括在現金等價物範圍內的投資視同現金,所以將之排除在外。投資活動主要包括:取得和收回投資、購建和處置固定資產、無形資產和其他長期資產等。

(3) 籌資活動。籌資活動是指導致企業資本及債務規模和構成發生變化的活動。這裡所說的資本,既包括實收資本(股本),也包括資本溢價(股本溢價);這裡所說的債務,是指對外舉債,包括向銀行借款、發行債券以及償還債務等。通常情況下,應付帳款、應付票據等屬於經營活動,不屬於籌資活動。金融企業發生與資本有關的現金流入和流出項目,一般包括吸收投資、發行股票、分配利潤等;債務是指企業對外舉債所借入的款項,如發行債券等。

對於企業日常活動之特殊的、不經常發生的特殊項目,如自然災害損失、保險賠款、捐贈等,應當歸並相關類別中,並單獨反映。比如,對於自然災害損失和保險賠款,如果能夠確指,屬於流動資產損失,應當列入經營活動產生的現金流量;屬於固定資產損失,應當列入投資活動產生的現金流量。如果不能確指,則可以列入經營經營產生的現金流量。捐贈收入和支出,可以列入經營活動。如果特殊項目的現金流量金額不大,則可以列入現金流量類別下的「其他」項目,不單列項目。

四、現金流量表的結構和內容

金融企業現金流量表的結構和內容如表 15-9 所示。

現金流量表由主表和補充資料兩部分組成。其中主表按照現金流量的分類，分為經營活動、投資活動和籌資活動三部分，從現金流入和流出兩個方面列報有關現金收付項目和現金流量淨額，這種列表方法稱為直接法。補充資料則是從另一個角度，即以淨利潤為起點，通過調整不涉及現金的收入、費用、營業外收支等有關項目的增減變動，據以計算出經營活動產生的現金流量，是經營活動現金流量的又一種列表方法，與直接法相區別，稱為間接法。

表15-9　　　　　　　　　　　現金流量表　　　　　　　　　　會商銀03表

編製單位：　　　　　　　　　　　　年　　月　　　　　　　　　　　單位：元

項　　目	本年金額	上年金額
一、經營活動產生的現金流量：		
客戶存款和同業存放款項淨增加額		
向中央銀行借款淨增加額		
向其他金融機構拆入資金淨增加額		
收取利息、手續費及佣金的現金		
收到其他與經營活動有關的現金		
經營活動現金流入小計		
客戶貸款及墊款淨增加額		
存放中央銀行和同業款項淨增加額		
支付手續費及佣金的現金		
支付給職工以及為職工支付的現金		
支付的各項稅費		
支付其他與經營活動有關的現金		
經營活動現金流出小計		
經營活動產生的現金流量淨額		
二、投資活動產生的現金流量：		
收回投資收到的現金		
取得投資收益收到的現金		
收到其他與投資活動有關的現金		
投資活動現金流入小計		
投資支付的現金		
購建固定資產、無形資產和其他長期資產支付的現金		
支付其他與投資活動有關的現金		
投資活動現金流出小計		
投資活動產生的現金流量淨額		

第十五章　金融企業財務報告

表15-9(續)

項　　目	本年金額	上年金額
三、籌資活動產生的現金流量：		
吸收投資收到的現金		
發行債券收到的現金		
收到其他與籌資活動有關的現金		
籌資活動現金流入小計		
償還債務支付的現金		
分配股利、利潤或償付利息支付的現金		
支付其他與籌資活動有關的現金		
籌資活動現金流出小計		
籌資活動產生的現金流量淨額		
四、匯率變動對現金及現金等價物的影響		
五、現金及現金等價物淨增加額		
加：期初現金及現金等價物餘額		
六、期末現金及現金等價物餘額		

五、現金流量表的填列方法

(一) 商業銀行現金流量表的編制方法

　　1. 商業銀行現金流量表格式（如表15-9所示）
　　2. 商業銀行現金流量表各要素的填列方法
　　(1) 經營活動產生的現金流量。企業應當採用直接法列示經營活動產生的現金流量。經營活動是指企業投資活動和籌資活動以外的所有交易和事項。直接法是指通過現金收入和現金支出的主要類別列示經營活動的現金流量。金融企業經營活動產生的現金流量至少應當單獨列示反映下列信息的項目：

　　①客戶存款和同業存放款項淨增加額。本項目反映商業銀行本期吸收的境內外金融機構以及非同業存放款項以外的各種存款的淨增加額。本項目可以根據「吸收存款」「同業存放」等科目的記錄分析填列。商業銀行可以根據需要增加項目，例如，本項目可以分解成「吸收活期存款淨增加額」「吸收活期存款以外的其他存款」「支付活期存款以外的其他存款」「同業存放淨增加額」等項目。

　　②向中央銀行借款淨增加額。本項目反映商業銀行本期向中央銀行借入款項的淨增加額。本項目可以根據「向中央銀行借款」科目的記錄分析填列。

　　③向其他金融機構拆入資金淨增加額。本項目反映商業銀行本期從境內外金融機構拆入款項所取得的現金，減去拆借給境內外金融機構款項而支付的現金后的淨

351

額。本項目可以根據「拆入資金」和「拆出資金」等科目的記錄分析填列。本項目如為負數，應在經營活動現金流出類中單獨列示。

④收取利息、手續費及佣金的現金。本項目反映商業銀行本期收到的利息、手續費及佣金，減去支付的利息、手續費及佣金的淨額。本項目可以根據「利息收入」「利息支出」「手續費及佣金收入」「應收利息」等科目的記錄分析填列。

⑤收到其他與經營活動有關的現金。本項目反映商業銀行除上述項目以外，與經營活動有關的其他現金流入。其他現金流入如金額較大，應單列項目反映。

⑥客戶貸款及墊款淨增加額。本項目反映商業銀行本期發放的各種客戶貸款以及辦理商業票據貼現、轉貼現融出及融入資金等業務的款項的淨增加額。本項目可以根據「貸款」「貼現資產」「貼現負債」等科目的記錄分析填列。商業銀行可以根據需要增加項目，例如，本項目可以分解成「收回中長期貸款」「發放中期貸款」「發放短期貸款淨增加額」「墊款淨增加額」等項目。

⑦存放中央銀行和同業款項淨增加額。本項目反映商業銀行本期存放於中央銀行以及境內外金融機構的款項的淨增加額。本項目可以根據「存放中央銀行款項」「存放同業」等科目的記錄分析填列。

⑧支付手續費及佣金的現金。本項目反映商業銀行本期支付的利息、手續費及佣金。本項目可以根據「手續費及佣金支出」等科目的記錄分析填列。

⑨支付給職工以及為職工支付的現金。本項目反映企業本期實際支付給職工的現金以及為職工支付的現金，包括企業為獲得職工提供的服務，本期實際給予各種形式的報酬以及其他相關支出，如支付給職工的工資、獎金、各種津貼和補貼等以及為職工支付的其他費用，不包括支付給在建工程人員的工資。支付在建工程人員的工資，在「購建固定資產、無形資產和其他長期資產所支付的現金」項目中反映。

企業為職工支付的醫療、保險、失業、工傷、生育等社會保險基金、補充養老保險、住房公積金，企業為職工繳納的商業保險金，因解除與職工勞動關係給予的補償，現金結算的股份支付以及企業支付給職工或為職工支付的其他福利費用等，應根據職工的工作性質和服務對象，分別在「購建固定資產、無形資產和其他長期資產所支付的現金」和「支付給職工以及為職工支付的現金」項目中反映。

本項目可以根據「庫存現金」「銀行存款」「應付職工薪酬」等科目的記錄分析填列。

⑩支付的各項稅費。本項目反映企業按規定支付的各項稅費，包括本期發生並支付的稅費以及本期支付以前各期發生的稅費和預交的稅金，如支付的教育費附加、印花稅、房產稅、土地增值稅、車船使用稅、所得稅等。本項目可以根據「應交稅費」「庫存現金」「銀行存款」等科目分析填列。

⑪支付的其他與經營活動有關的現金。本項目反映企業除上述各項外，支付的其他與經營活動有關的現金，如罰款支出、支付的差旅費、業務招待費、保險費、經營租賃支付的現金等。其他與經營活動有關的現金，如果金額較大，應單列項目

第十五章 金融企業財務報告

反映。本項目可以根據有關科目的記錄分析填列。

（2）投資活動產生的現金流量。

①收回投資收到的現金。本項目反映企業出售、轉讓或到期收回現金等價物以外的交易性金融資產、持有至到期投資、可供出售金融資產、長期股權投資、投資性房地產而收到的現金。不包括債權性投資收回的利息、收回的非現金資產以及處置子公司及其他營業單位收到的現金淨額。債權性投資收回的本金，在本項目反映，債權性投資收回的利息，不在本項目中反映，而在「取得投資收益所收到的現金」項目中反映。處置子公司及其他營業單位收到的現金淨額單設項目反映。本項目可以根據「交易性金融資產」「持有至到期投資」「可供出售金融資產」「長期股權投資」「投資性房地產」「庫存現金」「銀行存款」等科目的記錄分析填列。

②取得投資收益收到的現金。本項目反映企業因股權性投資而分得的現金股利，從子公司、聯營企業或合營企業分回利潤而收到的現金，因債權性投資而取得的現金利息收入。股票股利不在本項目中反映，包括在現金等價物範圍內的債券性投資，其利息收入在本項目中反映。本項目可以根據「應收股利」「應收利息」「投資收益」「庫存現金」「銀行存款」等科目的記錄分析填列。

③收到其他與投資活動有關的現金。本項目反映企業除上述各項目外，收到的其他與投資活動有關的現金。其他與投資活動有關的現金，如果價值較大的，應單列項目反映。本項目可以根據有關科目的記錄分析填列。

④投資支付的現金。本項目反映企業進行權益性投資和債權性投資所支付的現金，包括企業取得的除現金等價物以外的交易性金融資產、持有至到期投資、可供出售金融資產而支付的現金以及支付的佣金、手續費等交易費用。企業購買優惠證券的價款中含有債券利息的以及溢價或折價購入的，均按實際支付的金額反映。

企業購買股票和債券時，實際支付的價款中包含的已宣告但尚未領取的現金股利或已到付息期但尚未領取的債券利息，應在「支付的其他與投資活動有關的現金」項目中反映；收回購買股票和債券時支付的已宣告但尚未領取的現金股利或已到付息期但尚未領取的債券利息，應在「收到的其他與投資活動有關的現金」項目中反映。

⑤購建固定資產、無形資產和其他長期資產支付的現金。本項目反映企業購買、建造固定資產、取得無形資產和其他長期資產所支付的現金及增值稅款、支付的應由在建工程和無形資產負擔的職工薪酬現金支出。不包括為購建固定資產而發生的借款利息資本化的部分以及融資租入固定資產支付的租賃費。資本化的借款利息和融資租賃租入的固定資產支付的租賃費，在籌資活動產生的現金流量中單獨反映。

⑥支付其他與投資活動有關的現金。本項目反映企業除上述各項目外，支付的其他與投資活動有關的現金。其他與投資活動有關的現金，如果價值較大的，應列項目反映。本項目可以根據有關科目的記錄分析填列。

（3）籌資活動產生的現金流量。

①吸收投資收到的現金。本項目反映企業以發行股票、債券等方式籌集資金實

際收到的款項淨額（發行收入減去支付的佣金等發行費用后的淨額）。以發行股票等方式籌集資金而由企業直接支付的審計、諮詢等費用，不在本項目中反映，而在「支付的其他與籌資活動有關的現金」項目中反映；由金融企業直接支付的手續費、宣傳費、諮詢費、印刷費等費用，從發行股票、債券取得的現金收入中扣除，以淨額列示。本項目可以根據「實收資本（或股本）」「資本公積」「庫存現金」「銀行存款」等科目的記錄分析填列。

②發行債券收到的現金。本項目反映商業銀行發行債券收到的現金，本項目可以根據「應付債券」等科目的記錄分析填列。

③收到的其他與籌資活動有關的現金。本項目反映企業除上述各項目外，收到的其他與籌資活動有關的現金。其他與籌資活動有關的現金，如果價值較大，應單列項目反映。本項目可根據有關科目的記錄分析填列。

④償還債務所支付的現金。本項目反映企業以現金償還債務的本金，包括：歸還向中央銀行的借款本金、償付到期的債券本金等。企業償還的借款利息、債券利息，在「分配股利、利潤或償付利息所支付的現金」項目中反映，不在本項目中反映。本項目可以根據「向中央銀行借款」「交易性金融負債」「應付債券」「庫存現金」「銀行存款」等科目的記錄分析填列。

⑤分配股利、利潤或償付利息支付的現金。本項目反映企業實際支付的現金股利、支付給其他投資單位的利潤或用現金支付的借款利息、債券利息。不同用途的借款，其利息的開支渠道不一樣，如在建工程、財務費用等，均在本項目中反映。本項目可以根據「應付股利」「應付利息」「利潤分配」「財務費用」「在建工程」「製造費用」「研發支出」「庫存現金」「銀行存款」等科目的記錄分析填列。

⑥支付的其他與籌資活動有關的現金。本項目反映企業除上述各項目外，支付的其他與籌資活動有關的現金，如以發行股票、債券等方式籌集資金而由企業直接支付的審計、諮詢等費用，融資租賃所支付的現金，以分期付款方式構建固定資產以后各項支付的現金等。其他與籌資活動有關的現金，如果價值較大的，應單列項目反映。本項目可以根據有關科目的記錄分析填列。

（4）匯率變動對現金的影響。編制現金流量表時，應當將企業外幣現金流量以及境外子公司的現金流量折算成記帳本位幣。《現金流量表準則》規定，外幣現金流量以及境外子公司的現金流量，應當採用現金流量發生日的即期匯率或按照系統合理的方法確定的、與現金流量發生日即期匯率近似的匯率折算。匯率變動對現金的影響額應當作為調節項目，在現金流量表中單獨列報。

匯率變動對現金的影響，指企業外幣現金流量及境外子公司的現金流量折算成記帳本位幣時，所採用的是現金流量發生日的匯率或按照系統合理的方法確定的、與現金流量發生日即期匯率近似的匯率，而現金流量表「現金及現金等價物淨增加額」項目中外幣現金淨增加額是按資產負債表日的即期匯率折算。這兩者的差額即為匯率變動對現金的影響。

第十五章 金融企業財務報告

(二) 保險公司現金流量表的編制方法

1. 保險公司現金流量表格式（如表 15-10 所示）

表 15-10　　　　　　　　　　現金流量表　　　　　　　　　會保 03 表
編製單位：　　　　　　　　　　___年___月　　　　　　　　　　　單位：元

項　　目	本年金額	上年金額
一、經營活動產生的現金流量：		
收到原保險合同保費取得的現金		
收到再保險業務現金淨額		
保戶儲金及投資款淨增加額		
收到其他與經營活動有關的現金		
經營活動現金流入小計		
支付原保險合同賠付款項的現金		
支付手續費及佣金的現金		
支付保單紅利的現金		
支付給職工以及為職工支付的現金		
支付的各項稅費		
支付其他與經營活動有關的現金		
經營活動現金流出小計		
經營活動產生的現金流量淨額		
二、投資活動產生的現金流量：		
收回投資收到的現金		
取得投資收益收到的現金		
收到其他與投資活動有關的現金		
投資活動現金流入小計		
投資支付的現金		
質押貸款淨增加額		
購建固定資產、無形資產和其他長期資產支付的現金		
支付其他與投資活動有關的現金		
投資活動現金流出小計		
投資活動產生的現金流量淨額		
三、籌資活動產生的現金流量：		
吸收投資收到的現金		
發行債券收到的現金		
收到其他與籌資活動有關的現金		
籌資活動現金流入小計		

355

表15-10(續)

項　　　目	本年金額	上年金額
償還債務支付的現金		
分配股利、利潤或償付利息支付的現金		
支付其他與籌資活動有關的現金		
籌資活動現金流出小計		
籌資活動產生的現金流量淨額		
四、匯率變動對現金及現金等價物的影響		
五、現金及現金等價物淨增加額		
加：期初現金及現金等價物餘額		
六、期末現金及現金等價物餘額		

2. 保險公司現金流量表各要素的填列方法

保險公司現金流量表的編制，除下列項目外，應比照商業銀行現金流量表編制處理：

（1）收到原保險合同保費取得的現金。本項目反映保險公司本期收到的原保險合同保費取得的現金。包括本期收到的原保險保費收入、本期收到的前期應收原保險保費、本期預收的原保險保費和本期代其他企業收取的原保險保費，扣除本期保險合同提前解除以現金支付的退保費。本項目應根據「庫存現金」「銀行存款」「應收帳款」「預收帳款」「保費收入」等科目的記錄分析填列。

（2）收到再保險業務現金淨額。本項目反映保險公司本期從事再保險業務實際收支的現金淨額。本項目可以根據「銀行存款」「應收分保帳款」「應付分保帳款」等科目的記錄分析填列。

（3）保戶儲金淨增加額。本項目反映保險公司向投保人收取的以儲金利息作為保費收入的儲金，以及以投資收益作為保費收入的投資保障型保險業務的投資本金，減去保險公司向投保人返還的儲金和投資本金后的淨額。本項目可以根據「現金」「銀行存款」「保戶儲金」「應收保戶儲金」等科目的記錄分析填列。

（4）支付原保險合同賠付款項的現金。本項目反映保險公司向投保人收取的以儲金利息作為保費收入的儲金以及以投資收益作為保費收入的投資保障型保險業務的投資本金，減去保險公司向投保人返還的儲金和投資本金后的淨額。本項目可以根據「庫存現金」「銀行存款」「保戶儲金」「應收保戶儲金」等科目的記錄分析填列。

（5）支付手續費及佣金的現金。本項目反映保險公司本期實際支付手續費及佣金等現金。本項目應根據「應付帳款」「手續費及佣金支出」等科目的記錄分析填列。

（6）質押貸款淨增加額。本項目反映保險公司本期發放保戶質押貸款的現金淨額。本項目可以根據「貸款」「銀行存款」等科目的記錄分析填列。

第十五章 金融企業財務報告

保險公司可以單獨設置「處置損餘物資收到的現金淨額」和「代位追償收到的現金」等項目,或者在「收到的其他與經營活動有關的現金」項目中反映。

(三) 證券公司現金流量表的編制方法

1. 證券公司現金流量表格式(如表 15-11 所示)

表 15-11　　　　　　　　　　現金流量表　　　　　　　　　　會證 03 表

編製單位:　　　　　　　　　____年____月　　　　　　　　　單位:元

項　目	本年金額	上年金額
一、經營活動產生的現金流量:		
處置交易性金融資產淨增加額		
收取利息、手續費及佣金的現金		
拆入資金淨增加額		
回購業務資金淨增加額		
收到其他與經營活動有關的現金		
經營活動現金流入小計		
支付利息、手續費及佣金的現金		
支付給職工以及為職工支付的現金		
支付的各項稅費		
支付其他與經營活動有關的現金		
經營活動現金流出小計		
經營活動產生的現金流量淨額		
二、投資活動產生的現金流量:		
收回投資收到的現金		
取得投資收益收到的現金		
收到其他與投資活動有關的現金		
投資活動現金流入小計		
投資支付的現金		
購建固定資產、無形資產和其他長期資產支付的現金		
支付其他與投資活動有關的現金		
投資活動現金流出小計		
投資活動產生的現金流量淨額		
三、籌資活動產生的現金流量:		
吸收投資收到的現金		
發行債券收到的現金		
收到其他與籌資活動有關的現金		
籌資活動現金流入小計		

表15-11(續)

項　　目	本年金額	上年金額
償還債務支付的現金		
分配股利、利潤或償付利息支付的現金		
支付其他與籌資活動有關的現金		
籌資活動現金流出小計		
籌資活動產生的現金流量淨額		
四、匯率變動對現金及現金等價物的影響		
五、現金及現金等價物淨增加額		
加：期初現金及現金等價物餘額		
六、期末現金及現金等價物餘額		

2. 證券公司現金流量表各要素的填列方法

證券公司現金流量表的編制，除下列項目外，應比照商業銀行現金流量表編制處理：

(1) 處置交易性金融資產淨增加額。本項目反映證券公司本期自行買賣交易性金融資產所取得的現金淨增加額。本項目可以根據「交易性金融資產」等科目的記錄分析填列。本項目如為負數，應在經營活動現金流出類項目中單獨列示。

(2) 拆入資金淨增加額。本項目反映證券公司本期從境內外金融機構拆入款項所取得的現金，減去拆借給境內外金融機構款項而支付的現金後的淨額。本項目可以根據「拆入資金」「拆出資金」等科目的記錄分析填列。本項目如為負數，應在經營活動現金流出類項目中列示。

(3) 回購業務資金淨增加額。本項目反映證券公司本期按回購協議賣出票據、證券、貸款等金融資產所融入的現金，減去按返售協議約定先買入再按固定價格返售給賣出方的票據、證券、貸款等金融資產所融出的現金後的現金增加額。本項目可以根據「買入返售金融資產」「賣出回購金融資產款」等科目的記錄分析填列。本項目如為負數，應在經營活動現金流出類項目中單獨列示。證券公司可以根據需要將本項目分為「買入返售證券收到的現金淨額」「賣出回購證券支付的現金淨額」等項目列示。

此外，證券公司還可以根據需要單獨設置「代理買賣業務的現金淨額」「代理兌付債券的現金淨額」等項目，以反映證券公司從事代理業務產生的現金流量。

六、現金流量表的補充資料格式、內容及填列方法

(一) 現金流量表的補充資料格式及內容

金融企業現金流量表補充資料格式及內容，如表15-12所示。現金流量表附註適用於一般企業、商業銀行、保險公司、證券公司等各類企業。

第十五章 金融企業財務報告

表15-12　　　　　　　　　　現金流量表補充資料表　　　　　　　　單位：元

補 充 資 料	行次	本年金額	上年金額
1. 將淨利潤調節為經營活動現金流量：			
淨利潤			
加：資產減值準備			
固定資產折舊、油氣資產折耗、生產性生物資產折舊			
無形資產攤銷			
長期待攤費用攤銷			
處置固定資產、無形資產和其他長期資產的損失（收益以「－」號填列）			
固定資產報廢損失（收益以「－」號填列）			
公允價值變動損失（收益以「－」號填列）			
財務費用（收益以「－」號填列）			
投資損失（收益以「－」號填列）			
遞延所得稅資產減少（增加以「－」號填列）			
遞延所得稅負債增加（減少以「－」號填列）			
存貨的減少（增加以「－」號填列）			
經營性應收項目的減少（增加以「－」號填列）			
經營性應付項目的增加（減少以「－」號填列）			
其他			
經營活動產生的現金流量淨額			
2. 不涉及現金收支的重大投資和籌資活動：			
債務轉為資本			
一年內到期的可轉換公司債券			
融資租入固定資產			
3. 現金及現金等價物淨變動情況：			
現金的期末餘額			
減：現金的期初餘額			
加：現金等價物的期末餘額			
減：現金等價物的期初餘額			
現金及現金等價物淨增加額			

(二) 現金流量表補充資料的填列方法

　　企業應當採用間接法在現金流量補充資料中披露將淨利潤調節為經營活動現金流量的信息。現金流量表補充資料包括將淨利潤調節為經營活動現金流量、不涉及

현金收支的重大投資和籌資活動、現金及現金等價物淨變動情況等項目。

1. 將淨利潤調節為經營活動產生的現金流量

(1) 資產減值準備。本項目反映金融企業本期計提的各項資產的減值準備,包括:壞帳準備、投資性房地產減值準備、長期股權投資減值準備、持有至到期投資減值準備、固定資產減值準備、在建工程減值準備、工程物資減值準備、無形資產減值準備、商譽減值準備等。企業計提的各項資產減值準備,包括在利潤表中,屬於利潤的減除項目,但沒有發生現金流出,所以,在將淨利潤調節為經營活動現金流量時,需要調增。本項目可根據「資產減值損失」科目的記錄分析填列。

(2) 固定資產折舊、油氣資產折耗、生產性生物資產折舊。本項目反映金融企業本期計提的固定資產折舊。企業計提的固定資產折舊,並沒有發生現金流出,在將淨利潤調節為經營活動現金流量時,需要予以調增。本項目可根據「累計折舊」科目的貸方發生額分析填列。

(3) 無形資產攤銷和長期待攤費用攤銷。企業對使用壽命有限的無形資產計提攤銷以及長期待攤費用攤銷時,計入業務及管理費,不涉及現金收支,所以在此將淨利潤調節為經營活動現金流量時,需要調增。這個項目可根據「累計攤銷」「長期待攤費用」科目的貸方發生額分析填列。

(4) 處置固定資產、無形資產和其他長期資產的損失(減:收益)。企業處置固定資產、無形資產和其他長期資產發生的損益,屬於投資活動產生的損益,不屬於經營活動產生的損益,所以,在將淨利潤調節為經營活動現金流量時,需要予以剔除。如為損失,在將淨利潤調節為經營活動現金流量時,應當調增;如為收益,在將淨利潤調節為經營活動現金流量時,應當調減。本項目可根據「營業外收入」「營業外支出」等科目所屬有關明細科目的記錄分析填列;如為淨收益,以「-」號填列。

(5) 固定資產報廢損失。企業發生的固定資產報廢損益,屬於投資活動產生的損益,不屬於經營活動產生的損益,所以,在將淨利潤調節為經營活動現金流量時,需要予以剔除。同樣,投資性房地產發生報廢、毀損而產生的損失,也需要予以剔除。如為淨損失,在將淨利潤調節為經營活動現金流量時,應當調增;如為淨收益,在將淨利潤調節為經營活動現金流量時,應當調減。本項目可根據「營業外支出」「營業外收入」等科目所屬有關明細科目的記錄分析填列。

(6) 公允價值變動損失。公允價值變動損失反映企業交易性金融資產、投資性房地產等公允價值變動形成的應計入當期損益的利得或損失。企業發生的公允價值變動損失,通常與企業的投資活動或籌資活動有關,而且並不影響企業當期的現金流量。為此,應當將其從淨利潤中剔除。本項目可以根據「公允價值變動損益」科目的發生額分析填列。如為持有損失,在將淨利潤調節為經營活動現金流量時,應當調增;如有持有利得,在將淨利潤調節為經營活動現金流量時,應當調減。

(7) 財務費用。企業發生的財務費用中不屬於經營活動的部分,應當在將淨利

潤調節為經營活動現金流量時將其加回。本項目可根據「利息支出」科目的本期借方發生額分析填列；如為收益，以「－」號填列。

（8）投資損失（減：收益）。企業發生的投資損益，屬於投資活動產生的損益，不屬於經營活動產生的損益，所以在將淨利潤調節為經營活動現金流量時，需要予以剔除。如為淨損失，在將淨利潤調節為經營活動現金流量時，應當調增；如為淨收益，在將淨利潤調節為經營活動現金流量時，應當調減。本項目可根據利潤表中「投資收益」項目的數字填列；如為投資收益，以「－」號填列。

（9）遞延所得稅資產減少（減：增加）。遞延所得稅資產減少使計入所得稅費用的金額大於當期應交的所得稅金額，其差額沒有發生現金流出，但在計算淨利潤時已經扣除，在將淨利潤調節為經營活動現金流量時，應當調增。遞延所得稅資產增加使計入所得稅費用的金額小於當期應交的所得稅金額，二者之間的差額並沒有發生現金流入，但在計算利潤時已經包括在內，在將淨利潤調節為經營活動現金流量時，應當調減。本項目可以根據資產負債表「遞延所得稅資產」項目期初、期末餘額分析填列。

（10）遞延所得稅負債增加（減：減少）。遞延所得稅負債增加使計入所得稅費用的金額大於當期應交的所得稅金額，其差額沒有發生現金流出，但在計算淨利潤時已經扣除，在將淨利潤調節為經營活動現金流量時，應當調增。如果遞延所得稅負債減少使計入當期所得稅費用的金額小於當期應交的所得稅金額，其差額並沒有發生現金流入，但在計算淨利潤時已經包括在內，在將淨利潤調節為經營活動現金流量時，應當調減。本項目可以根據資產負債表「遞延所得稅負債」項目期初、期末餘額分析填列。

（11）存貨的減少（減：增加）。金融企業不存在存貨，故不考慮此項的調整。

（12）經營性應收項目的減少（減：增加）。經營性應收項目包括應收票據、應收帳款、預付帳款、長期應收款和其他應收款中與經營活動有關的部分以及應收的增值稅銷項稅額等。經營性應收項目期末餘額小於經營性應收項目期初餘額，說明本期收回的現金大於利潤表中所確認的銷售收入，所以，在將淨利潤調節為經營活動現金流量時，需要調增。經營性應收項目期末餘額大於經營性應收項目期初餘額，說明本期銷售收入中有一部分沒有收回現金，但是，在計算淨利潤時這部分銷售收入已包括在內，所以，在將淨利潤調節為經營活動現金流量時，需要調減。本項目應當根據有關科目的期初、期末餘額分析填列；如為增加，以「－」號填列。

（13）經營性應付項目的增加（減：減少）。經營性應付項目包括應付票據、應付帳款、預收帳款、應付職工薪酬、應交稅費、應付利息、長期應付款、其他應付款中與經營活動有關的部分以及應付的增值稅進項稅額等。經營性應付項目期末餘額大於經營性應付項目期初餘額，說明本期購入的存貨中有一部分沒有支付現金，但是，在計算淨利潤時卻通過銷售成本包括在內，在將淨利潤調節為經營活動現金

流量時，需要調增；經營性應付項目期末餘額小於經營性應付項目期初餘額，說明本期支付的現金大於利潤表中確認的銷售成本，在將淨利潤調節為經營活動產生的現金流量時，需要調減。本項目應當根據有關科目的期初、期末餘額分析填列；如為減少，以「-」號填列。

2. 不涉及現金收支的重大投資和籌資活動

不涉及現金收支的重大投資和籌資活動反映企業一定期間內影響資產或負債但不形成該期現金收支的所有投資和籌資活動的信息。這些投資和籌資活動雖然不涉及當期現金收支，但對以後各期的現金流量有重大影響。例如，企業融資租入設備，將形成的負債計入「長期應付款」帳戶，當期並不支付設備款及租金，但以後各期必須為此支付現金，從而在一定期間內形成了一項固定的現金支出。

因此，《現金流量表準則》規定，企業應當在附註中披露不涉及當期現金收支，但影響企業財務狀況或在未來可能影響企業現金流量的重大投資和籌資活動，主要包括：①債務轉為資本，反映企業本期轉為資本的債務金額；②一年內到期的可轉換公司債券，反映企業一年內到期的可轉換公司債券的本息；③融資租入固定資產，反映企業本期融資租入的固定資產。

3. 現金及現金等價物淨變動情況

該項目應當與現金流量表中的「現金及現金等價物淨增加額」項目的金額相等。

(三) 企業應當披露的當期取得或處置子公司及其他營業單位的有關信息

《現金流量表準則——應用指南》中列示了企業當期取得或處置其他營業單位有關信息的披露格式。主要項目如表 15-13 所示。

表 15-13　　　　企業當期取得或處置其他營業單位有關信息披露表　　　　單位：元

項　目	金　額
一、取得子公司及其他營業單位的有關信息	
1. 取得子公司及其他營業單位的價格	
2. 取得子公司及其他營業單位支付的現金和現金等價物	
減：子公司及其他營業單位持有的現金和現金等價物	
3. 取得子公司及其他營業單位支付的現金淨額	
4. 取得子公司的淨資產	
流動資產	
非流動資產	
流動負債	
非流動負債	

第十五章 金融企業財務報告

表15-13(續)

項　目	金　額
二、處置子公司及其他營業單位的有關信息	
1. 處置子公司及其他營業單位的價格	
2. 處置子公司及其他營業單位收到的現金和現金等價物	
減：子公司及其他營業單位持有的現金和現金等價物	
3. 處置子公司及其他營業單位收到的現金淨額	
4. 處置子公司的淨資產	
流動資產	
非流動資產	
流動負債	
非流動負債	

(四) 企業應當披露的現金和現金等價物的有關信息

企業應按下列格式在附註中披露現金和現金等價物的構成、現金和現金等價物在資產負債表中列報項目的相應金額以及企業持有但不能由其母公司或集團內其他子公司使用的大額現金和現金等價物的金額，比如國外經營的子公司受當地外匯管制等限制而不能由集團內母公司或其他子公司正常使用的現金和現金等物等，如表15-14所示。

表15-14　　　　　　　　現金及現金等價物披露表　　　　　　　　單位：元

項　目	本年金額	上年金額
一、現金		
其中：庫存現金		
可隨時用於支付的銀行存款		
可隨時用於支付的其他貨幣資金		
可用於支付的存放中央銀行款項		
存放同業款項		
拆放同業款項		
二、現金等價物		
其中：三個月內到期的債券投資		
三、期末現金及現金等價物餘額		
其中：母公司或集團內子公司使用受限制的現金和現金等價物		

第五節　所有者權益變動表

一、所有者權益變動表的概念和作用

所有者權益變動表是反映構成所有者權益的各組成部分當期的增減變動情況的報表。綜合收益和與所有者（或股東，下同）的資本交易導致的所有者權益的變動，應當分別列示。其中，與所有者的資本交易，是指企業與所有者以其所有者身分進行的、導致企業所有者權益變動的交易。所有者權益變動表應當全面反映一定時期所有者權益變動的情況，不僅包括所有者權益總量的增減變動，還包括所有者權益增減變動的重要結構性信息，特別是要反映直接計入所有者權益的利得和損失，讓報表使用者準確理解所有者權益增減變動的根源。

所有者權益變動表全面反映了企業所有者權益在年度的變化情況，便於會計信息使用者深入分析企業所有者權益的增減變動情況，並進而對企業的資本保值增值情況作出正確判斷，從而提供對決策有用的信息。

二、所有者權益變動表的內容和結構

政策性銀行、信託投資公司、租賃公司、財務公司、典當公司應當執行商業銀行所有者權益變動表格式和附註規定；擔保公司應當執行保險公司所有者權益變動表格式和附註規定；資產管理公司、基金公司、期貨公司應當執行證券公司所有者權益變動表格式和附註規定，如有特別需要，可以結合本企業的實際情況，進行必要調整和補充。

（一）所有者權益變動表的內容

在所有者權益變動表中，企業至少應當單獨列示反映下列信息項目：

（1）綜合收益總額。綜合收益，是指企業在某一期間與所有者之外的其他方面進行交易或發生其他事項所引起的淨資產變動。綜合收益的構成包括兩部分：淨利潤和其他綜合收益的稅后淨額。其中，前者是企業已實現並已確認的收益，後者是企業未實現但根據會計準則的規定已確認的收益。在合併所有者權益變動表中還應單獨列示歸屬於母公司所有者的綜合收益總額和歸屬於少數股東的綜合收益總額。

（2）會計政策變更和前期差錯更正的累積影響金額。

（3）所有者投入資本和向所有者分配利潤等。

（4）按照規定提取的盈餘公積。

（5）所有者權益個組成部分的期初和期末餘額及其調整情況。

（二）所有者權益變動表的結構

為了清楚地表明構成所有者權益的各組成部分當期的增減變動情況，所有者權

第十五章 金融企業財務報告

益變動表應當以矩陣的形式列示。一方面，列示導致所有者權益變動的交易或事項，改變了以往僅僅按照所有者權益的各組成部分反映所有者權益變動的情況，而是從所有者權益變動的來源對一定時期所有者權益變動情況進行全面反映；另一方面，按照所有者權益各組成部分（包括實收資本、資本公積、其他綜合收益、盈餘公積、未分配利潤和庫存股）及其總額列示交易或事項對所有者權益的影響。

此外，企業還需要提供比較所有者權益變動表，因此所有者權益變動表還就各項目再分為「本年金額」和「上年金額」兩欄分別填列。商業銀行所有者權益變動表的具體結構如表 15－15 所示。

表 15－15　　　　　　　　　所有者權益變動表　　　　　　　　會商銀 04 表

編製單位：　　　　　　　　　　　　年度　　　　　　　　　　　　單位：元

項　目	本年金額							上年金額						
	實收資本（或股本）	資本公積	減：庫存股	其他綜合收益	盈餘公積	一般風險準備	未分配利潤	所有者權益合計	實收資本（或股本）	資本公積	減：庫存股	其他綜合收益	盈餘公積	一般風險準備	未分配利潤	所有者權益合計
一、上年年末餘額																
加：會計政策變更																
前期差錯更正																
二、本年年初餘額																
三、本年增減變動金額（減少以「－」號填列）																
（一）綜合收益總額																
（二）所有者投入和減少資本																
1. 所有者投入資本																
2. 股份支付計入所有者權益的金額																
3. 其他																
（三）利潤分配																
1. 提取盈餘公積																
2. 提取一般風險準備																
3. 對所有者（或股東）的分配																
4. 其他																
（四）所有者權益內部結轉																
1. 資本公積轉增資本（或股本）																
2. 盈餘公積轉增資本（或股本）																
3. 盈餘公積彌補虧損																
4. 一般風險準備彌補虧損																
5. 其他																
四、本年年末餘額																

三、所有者權益變動表的填列方法

金融企業所有者權益變動表的填列方法與其他一般企業基本類似，本節以商業銀行為例介紹所有者權益變動表的填列方法：

(1)「上年年末餘額」項目，反映商業銀行上年資產負債表中實收資本（或股本）、資本公積、其他綜合收益、盈餘公積、未分配利潤的年末餘額。

(2)「會計政策變更」和「前期差錯更正」項目，應根據「盈餘公積」「利潤分配」「以前年度損益調整」等科目的發生額分析填列，並在「上年年末餘額」的基礎上調整得出「本年年初餘額」項目。

(3)「本年增減變動額」項目分別反映如下內容：

①「綜合收益總額」項目，反映商業銀行當年的綜合收益總額，應根據當年利潤表中「其他綜合收益的稅后淨額」和「淨利潤」項目填列，並對應列在「其他綜合收益」和「未分配利潤」欄。

②「所有者投入和減少資本」項目，反映商業銀行當年所有者投入的資本和減少的資本，其中：「所有者投入資本」項目，反映商業銀行接受投資者投入形成的實收資本（或股本）和資本公積，應根據「實收資本」「資本公積」等科目的發生額分析填列，並對應列在「實收資本」和「資本公積」欄。

「股份支付計入所有者權益的金額」項目，反映商業銀行處於等待期中的權益結算的股份支付當年計入資本公積的金額，應根據「資本公積」科目所屬的「其他資本公積」二級科目的發生額分析填列，並對應列在「資本公積」欄。

③「利潤分配」下各項目，反映當年對所有者（或股東）分配的利潤（或股利）金額和按照規定提取的盈餘公積金額，並對應列在「未分配利潤」和「盈餘公積」欄。其中：

「提取盈餘公積」項目，反映商業銀行按照規定提取的盈餘公積，應根據「盈餘公積」「利潤分配」科目的發生額分析填列。

「提取一般風險準備」項目，反映商業銀行按照規定提取的一般風險準備金，應根據「一般風險準備」「利潤分配」科目的發生額分析填列。

「對所有者（或股東）的分配」項目，反映對所有者（或股東）分配的利潤（或股利）金額，應根據「利潤分配」科目的發生額分析填列。

④「所有者權益內部結轉」下各項目，反映不影響當年所有者權益總額的所有者權益各組成部分之間當年的增減變動，包括資本公積轉增資本（或股本）、盈餘公積轉增資本（或股本）、盈餘公積彌補虧損等。其中：

「資本公積轉增資本（或股本）」項目，反映商業銀行以資本公積轉增資本或股本的金額，應根據「實收資本」「資本公積」等科目的發生額分析填列。

「盈餘公積轉增資本（或股本）」項目，反映商業銀行以盈餘公積轉增資本或股

本的金額,應根據「實收資本」「盈餘公積」等科目的發生額分析填列。

「盈餘公積彌補虧損」項目,反映商業銀行以盈餘公積彌補虧損的金額,應根據「盈餘公積」「利潤分配」等科目的發生額分析填列。

「一般風險準備彌補虧損」項目,反映商業銀行以一般風險準備彌補虧損的金額,應根據「一般風險準備」「利潤分配」等科目的發生額分析填列。

(4) 上年金額欄的列報方法

商業銀行應當根據上年度所有者權益變動表「本年金額」欄內所列數字填列本年度「上年金額」欄內各項數字。如果上年度所有者權益變動表規定的項目的名稱和內容同本年度不一致,應對上年度所有者權益變動表相關項目的名稱和金額按本年度的規定進行調整,填入所有者權益變動表「上年金額」欄內。

(5) 本年金額欄的列報方法

所有者權益變動表「本年金額」欄內各項數字一般應根據「實收資本(或股本)」「資本公積」「其他綜合收益」「盈餘公積」「一般風險準備」「利潤分配」「庫存股」「以前年度損益調整」等科目的發生額分析填列。

商業銀行的淨利潤及其分配情況作為所有者權益變動的組成部分,不需要單獨設置利潤分配表列示。

值得注意的是,保險公司和證券公司所有者權益變動表,比照商業銀行格式,在此不做專門闡述。

第六節 會計報表附註

一、會計報表附註的概念和作用

附註是財務報表不可或缺的組成部分,是對在資產負債表、利潤表、現金流量表和所有者權益變動表等報表中列示項目的文字描述或明細資料以及對未能在這些報表中列示項目的說明等。

在會計報表中,無論是主表還是附表,由於受固定格式和規定內容的限制,只能對外提供定量的財務會計信息,從而影響會計報表使用者對會計報表內容的理解。因此,企業除了編制和提供會計報表外,還應編制和對外提供會計報表附註。通過附註,使報表使用者能夠瞭解企業所採用的是什麼樣的會計政策,這樣會計報表使用者看到的不同時期、不同企業的會計報表存在差異,除了外界環境和企業經營管理的原因之外,很大程度上是因為企業採用了不同的會計政策的緣故;除此之外,附註還詳細地說明了影響企業財務狀況和經營成果的特殊事項,這些特殊事項對未來可能產生較大影響,這些事項所帶來的財務結果是正常交易情況下所不可能產生的,需要特別說明,否則會對會計報表使用者產生不利影響;企業的重大事項也需

第十五章 金融企業財務報告

（4）現金及現金等價物的構成。

3. 遵循《企業會計準則》的聲明

應當明確說明編制的財務報表符合《企業會計準則》體系的要求，真實、公允地反映了企業的財務狀況、經營成果和現金流量等有關信息。如果企業編制的財務報表只是部分地遵循了《企業會計準則》，附註中不得做出這種表述。

4. 重要會計政策和會計估計

根據《企業會計準則第30號——財務報表列報準則》的規定，企業應當披露採用的重要會計政策和會計估計，不重要的會計政策和會計估計可以不披露。判斷會計政策和會計估計是否重要，應當考慮與會計政策或會計估計相關項目的性質和金額。商業銀行除了披露一般企業需要披露的如會計政策的確定依據、會計估計中所採用的關鍵假設和不確定因素的確定依據外，還應根據商業銀行的特殊性，作如下內容的披露：貸款的種類和範疇；計提貸款損失準備的範圍和方法；各種公允價值的確定；各項收入和費用支出確認所採用的會計政策；提取一般風險準備金所採用的會計政策和依據；合併會計報表的編制方法等。

5. 會計政策和會計估計變更以及差錯更正的說明

企業應當按照《企業會計準則第28號——會計政策、會計估計變更和差錯更正》及其應用指南的規定，披露會計政策和會計估計變更以及差錯更正的有關情況。

（1）會計政策變更的性質、內容和原因；

（2）當期和各個列報前期財務報表中受影響的項目名稱和調整金額；

（3）無法進行追溯調整的，說明該事實和原因以及開始應用變更後的會計政策的時點、具體應用情況；

（4）會計估計變更的內容和原因；

（5）會計估計變更對當期和未來期間的影響數；

（6）會計估計變更的影響數不能確定的，披露這一事實和原因；

（7）前期差錯的性質；

（8）各個列報前期財務報表中受影響的項目名稱和更正金額；

（9）無法進行追溯重述的，說明該事實和原因以及對前期差錯開始進行更正的時點、具體更正情況。

6. 報表重要項目的說明

企業應當以文字和數字描述相結合，盡可能以列表形式披露報表重要項目的構成或當期增減變動情況，並且報表重要項目的明細金額合計，應當與報表項目金額相銜接。在披露順序上，一般應當按照資產負債表、利潤表、現金流量表、所有者權益變動表的順序及其項目列示的順序。商業銀行報表重要項目的說明主要包括以下內容：

（1）現金及存放中央銀行款項的構成及期初、期末帳面餘額等信息。

（2）拆出資金的期初、期末帳面餘額等信息。

（3）以公允價值計量且其變動計入當期損益的金融資產。

金融企業會計

在報表附註中加以說明,這樣可以幫助報表使用者瞭解哪些是應當引起注意的重要信息,從而滿足他們的需要;另外,財務報表附註還能夠補充說明財務報表本身無法表達的情況,可以彌補財務報表本身表達方式的不足。

因為會計報表附註具有上述重大作用,所以越來越受到各國的重視,紛紛要求企業詳盡編寫,其內容發展越來越多,其重要性甚至有超過會計報表的趨勢。

二、會計報表附註披露的基本要求

(1)附註披露的信息應是定量、定性信息的結合,從而能從量和質兩個角度對企業經營事項完整地進行反映,也才能滿足信息使用者的決策需求。

(2)附註應當按照一定的結構進行系統合理的排列和分類,有順序地披露信息。由於附註的內容繁多,因此更應按邏輯順序排列,分類披露,條理清晰,具有一定的組織結構,以便於報表使用者理解和掌握,也更好地實現財務報表的可比性。

(3)附註相關信息應當與資產負債表、利潤表、現金流量表和所有者權益變動表等報表中列示的項目相互參照,以有助於報表使用者聯繫相關聯的信息,並由此從整體上更好地理解財務報表。

三、會計報表附註的一般內容

附註是財務報表的重要組成部分。附註應當按照如下順序披露有關內容:企業的基本情況;財務報表的編制基礎;遵循《企業會計準則》的聲明;重要會計政策和會計估計;會計政策和會計估計變更以及差錯更正的說明;重要報表項目的說明;其他需要說明的重要事項。

四、金融企業會計報表附註的具體內容

(一)商業銀行會計報表附註的具體內容

1. 商業銀行的基本情況

(1)企業註冊地、組織形式和總部地址;

(2)企業的業務性質和主要經營活動,如企業所處的行業、所提供的主要產品或服務、客戶的性質、銷售策略、監管環境的性質等;

(3)母公司以及集團最終母公司的名稱;

(4)財務報告的批准報出者和財務報告批准報出日。

2. 財務報表的編制基礎

(1)會計年度;

(2)記帳本位幣;

(3)會計計量所運用的計量基礎;

（4）衍生金融工具的構成及期初、期末帳面價值等信息。

（5）買入返售金融資產的構成及期初、期末帳面餘額等信息。

（6）發放貸款及墊款情況。包括貸款及墊款的各種分佈情況、逾期貸款的情況及期初、期末帳面餘額、貸款損失準備的計提與轉出情況等。

（7）可供出售金融資產的構成及期初與期末的公允價值等信息。

（8）持有至到期投資的構成及期初與期末帳面餘額和期末公允價值等信息。

（9）其他資產（存出保證金、應收股利、其他應收款、抵債資產）期初、期末帳面價值等信息。

（10）企業應當分別借入中央銀行款項、國家外匯存款等披露期末帳面餘額和年初帳面餘額。

（11）企業應當分別同業、其他金融機構存放款項披露期末帳面餘額和年初帳面餘額。

（12）企業應當分別銀行拆入、非銀行金融機構拆入披露期末帳面餘額和年初帳面餘額。

（13）以公允價值計量且其變動計入當期損益的金融負債。

（14）賣出回購金融資產款的構成及其期初、期末帳面餘額等信息。

（15）吸收存款的構成及其期初、期末帳面餘額。

（16）應付債券的發行情況及其期初、期末帳面餘額。

（17）其他負債（存入保證金、應付股利、其他應付款）期初、期末帳面餘額。

（18）披露一般風險準備的期末、年初餘額及計提比例。

（19）利息收入與利息支出的構成及其本期、上期發生額等信息。

（20）手續費及佣金收入與支出的構成及其本期、上期發生額等信息。

（21）投資收益的構成及其本期、上期發生額等信息。

（22）公允價值變動收益的構成及其本期、上期發生額等信息。

（23）業務及管理費的構成及其本期、上期發生額等信息。

（24）分部報告。以業務分部（或地區分部）為主要報告形式，在主要報告形式的基礎上，對於次要報告形式，企業還應披露對外交易收入、分部資產總額。

另外，在主要報告形式的基礎上，對於次要報告形式，企業還應披露對外交易收入、分部資產總額。

（25）擔保物。按照《企業會計準則第37號——金融工具列報》第21條和第22條的相關規定進行披露。

（26）金融資產轉移（含資產證券化）。按照《企業會計準則第37號——金融工具列報》第20條的相關規定進行披露。

7. 或有和承諾事項的說明

（1）預計負債的種類、形成原因以及經濟利益流出不確定性的說明；

（2）各類預計負債的期初、期末餘額和本期變動情況；

（3）與預計負債有關的預期補償金額和本期已確認的預期補償金額；

第十五章 金融企業財務報告

(4) 或有負債的種類及其形成原因,包括已貼現商業承兌匯票、未決訴訟、未決仲裁、對外提供擔保等形成的或有負債;

(5) 經濟利益流出不確定性的說明;

(6) 或有負債預計產生的財務影響以及獲得補償的可能性;無法預計的,應當說明原因;

(7) 信貸承諾的披露;

(8) 存在經營租賃承諾、資本支出承諾、證券承銷及債券承兌承諾的,還應披露有關情況。

8. 資產負債表日后事項的說明

(1) 每項重要的資產負債表日后非調整事項的性質、內容及其對財務狀況和經營成果的影響,無法做出估計的,應當說明原因;

(2) 資產負債表日后,企業利潤分配方案中擬分配的以及經審議批准宣告發放的股利或利潤。

9. 關聯方關係及其交易

(1) 母公司和子公司的名稱。母公司不是該企業最終控製方的,還應當披露最終控製方名稱。母公司和最終控製方均不對外提供財務報表的,還應當披露母公司之上與其最相近的對外提供財務報表的母公司名稱。

(2) 母公司和子公司的業務性質、註冊地、註冊資本(或實收資本、股本)及其變化。

(3) 母公司對該企業或者該企業對子公司的持股比例和表決權比例。

(4) 關聯方交易的金額。

(5) 未結算項目的金額、條款和條件以及有關提供或取得擔保的信息。

(6) 未結算應收項目的壞帳準備金額。

(7) 定價政策。

10. 風險管理

按照《企業會計準則第37號——金融工具列報》第25~45條的相關規定進行披露。

(二) 保險公司會計報表附註的具體內容

1. 保險公司的基本情況(略)
2. 財務報表的編制基礎(略)
3. 遵循《企業會計準則》的聲明(略)
4. 重要會計政策和會計估計(略)
5. 會計政策和會計估計變更以及差錯更正的說明(略)

以上1~5項,應當比照商業銀行相應項目進行披露。

6. 報表重要項目說明

(1) 應收保費帳齡結構的披露。

（2）應收代位追償款帳齡結構及金額重大代位追償款產生的原因和未確認理由的披露。

（3）定期存款的披露。按存款期限長短分別披露期末帳面餘額和年初帳面餘額。

（4）其他資產按不同項目分別披露期末帳面餘額和年初帳面餘額。

（5）保戶儲金（或保戶投資款）按到期期限不同分別披露期末帳面餘額和年初帳面餘額。

（6）保險合同準備金按不同項目分別披露其增減變動情況及期末帳面餘額和年初帳面餘額；另外原保險合同未決賠償款準備金也要按已發生已報案和已發生未報案分別披露期末帳面餘額和年初帳面餘額。

（7）其他負債按不同項目分別披露期末帳面餘額和年初帳面餘額。

（8）企業應當分別原保險合同和再保險合同披露提取未到期責任準備金的本期發生額和上期發生額。

（9）賠付支付按保險合同和內容分別披露本期發生額和上期發生額。

（10）提取保險責任準備金。

（11）攤回保險公司責任準備金的披露。

（12）分部報告。

（13）投資連結產品。投資連結產品基本情況，包括名稱、設立時間、帳戶特徵、投資組合規定、投資風險等；獨立帳戶單位數及每一獨立帳戶單位淨資產；獨立帳戶的投資組合情況；風險保費、獨立帳戶管理費計提情況；投資連結產品採用的主要會計政策；獨立帳戶資產的估值原則。

除以上項目以外的其他項目，應當比照商業銀行進行披露。

7. 或有事項

或有事項比照商業銀行進行披露。

8. 資產負債表日後事項

資產負債表日後事項比照商業銀行進行披露。

9. 關聯方關係及其交易

關聯方關係及其交易比照商業銀行進行披露。

10. 風險管理

（1）保險風險。

① 風險管理目標和減輕風險的政策：

A. 管理資產負債的技術，包括保持償付能力的方法等；

B. 選擇和接受可承保保險風險的政策，包括確定可接受風險的範圍和水平等；

C. 評估和監控保險風險的方法，包括內部風險計量模型、敏感性分析等；

D. 限制和轉移保險風險的方法，包括共同保險、再保險等。

② 保險風險類型：

A. 保險風險的內容；

第十五章 金融企業財務報告

B. 減輕保險風險的因素及程度,包括再保險等;
C. 可能引起現金流量發生變動的因素。
③ 保險風險集中度:
A. 保險風險集中的險種;
B. 保險風險集中的地域。
④ 不考慮分出業務的索賠進展信息的披露格式。
⑤ 與保險合同有關的重大假設:
A. 重大假設,包括死亡率、發病率、退保率、投資收益率等;
B. 對假設具有重大影響的數據的來源;
C. 假設變動的影響及敏感性分析;
D. 影響假設不確定性的事項和程度;
E. 不同假設之間的關係;
F. 描述過去經驗和當前情況;
G. 假設與可觀察到的市場價格或其他公開信息的符合程度。
(2) 除保險風險以外的其他風險,應當比照商業銀行進行披露。

(三) 證券公司會計報表附註的具體內容

證券公司應當按照規定披露附註信息,主要包括下列內容:
1. 證券公司的基本情況(略)
2. 財務報表的編制基礎(略)
3. 遵循《企業會計準則》的聲明(略)
4. 重要會計政策的會計估計(略)
5. 會計政策和會計估計變更以及差錯更正的說明(略)
以上1~5項,應當比照商業銀行相應項目進行披露。
6. 報表重要項目的說明
(1) 貨幣資金的披露。
(2) 買入返售金融資產的披露。
(3) 存出保證金的披露。
(4) 企業應當披露代理承銷證券的方式(全額包銷、餘額包銷、代銷)、承銷證券的種類等情況。
(5) 企業應當披露代理兌付債券的方式、種類、記名證券或無記名證券等情況。
(6) 交易席位費的披露。
(7) 其他資產的披露。
(8) 賣出回購金融資產款的披露。賣出回購金融資產款除比照商業銀行進行披露外,還應按交易對手披露。
(9) 代理買賣證券款的披露。
(10) 代理承銷證券款的披露。

（11）代理兌付證券款的披露。
（12）其他負債的披露。
（13）受託客戶資產管理業務的披露。
（14）手續費及佣金淨收入的披露。
（15）受託客戶資產管理手續費及佣金收入的披露。
（16）分部報告。
（17）除以上項目以外的其他項目，應當比照商業銀行進行披露。

7. 或有事項

或有事項比照商業銀行進行披露。

8. 資產負債表日后事項

資產負債表日后事項比照商業銀行進行披露。

9. 關聯方關係及其交易

關聯方關係及其交易比照商業銀行進行披露。

10. 風險管理

（1）風險管理政策和組織架構。①風險管理政策主要包括對各種風險的來源、正式風險治理組織和科學的監督流程及其定期復核制度以及在嚴格職責分離、監督和控製基礎上各相關業務部門、高級管理人員和風險管理職能部門之間的溝通和協作等。②風險治理組織架構，主要包括各風險管理委員會和相關職能部門的設立和運轉情況。

（2）信用風險。信用風險除比照商業銀行披露必要的信用風險信息外，還應按行業、地區和交易對手的信用評級等級分別披露信用風險信息。

（3）流動風險。流動風險除比照商業銀行披露必要的流動風險信息外，還應披露進行流動性風險管理擬採取的主要措施。

（4）市場風險。市場風險比照商業銀行披露市場風險信息。

復習思考題

1. 財務報表具體包括哪些內容？
2. 簡要說明資產負債表的作用。
3. 商業銀行的資產負債表主要包括哪些內容？這些內容是如何構成的？
4. 簡要說明利潤表的作用。
5. 商業銀行的利潤表的主要內容是什麼？其結構有哪兩種方式？
6. 所有者權益變動表的作用是什麼？
7. 金融企業的所有者權益變動表主要包括哪些內容？
8. 概述所有者權益變動表的主要內容。
9. 會計報表附註有什麼作用？商業銀行的會計報表附註主要包括哪些內容？

參考文獻

［1］財政部會計司編寫組. 企業會計準則講解［M］. 北京：人民出版社，2007.

［2］中華人民共和國財政部. 企業會計準則應用指南［M］. 北京：中國時代出版社，2007.

［3］中國人民銀行支付結算司. 中國支付體系發展報告［M］. 北京：中國金融出版社，2007.

［4］於小鐳. 新企業會計準則實務指南（金融企業類）［M］. 北京：機械工業出版社，2007.

［5］王允平，闞新紅，李曉梅. 金融企業會計［M］. 北京：經濟科學出版社，2007.

［6］王敏. 商業銀行會計［M］. 北京：經濟科學出版社，2008.

［7］丁元霖. 銀行會計［M］. 上海：立信會計出版社，2006.

［8］於希文. 銀行會計［M］. 上海：立信會計出版社，2003.

［9］楊華. 金融企業新會計準則應用與講解［M］. 北京：中國金融出版社，2007.

［10］李剛，王小松. 金融會計實務［M］. 北京：首都經濟貿易大學出版社，2007.

［11］張鳳衛. 金融企業會計［M］. 北京：清華大學出版社，北京交通大學出版社，2008.

［12］中國證券業協會. 證券市場基礎知識［M］. 北京：中國財政經濟出版社，2003.

［13］http://www.pbc.gov.cn/（中國人民銀行網站）.

［14］http://www.cbrc.gov.cn（中國銀行業監督管理委員會網站）.

［15］http://www.csrc.gov.cn/（中國證券監督管理委員會網站）.

［16］http://www.circ.gov.cn/（中國保險監督管理委員會網站）.

國家圖書館出版品預行編目(CIP)資料

金融企業會計 / 章穎薇、王竹萍 主編. -- 第三版.
-- 臺北市：財經錢線文化，2018.08
　　面；　公分
ISBN 978-986-96840-0-2(平裝)
1.銀行會計
　562.38　　　107013288

書　名：金融企業會計
作　者：章穎薇、王竹萍 主編
發行人：黃振庭
出版者：崧博出版事業有限公司
發行者：財經錢線文化事業有限公司
E-mail：sonbookservice@gmail.com
粉絲頁　　　　　網　址：
地　址：台北市中正區延平南路六十一號五樓一室
8F.-815, No.61, Sec.1, Chongqing S. Rd., Zhongzheng Dist., Taipei City 100, Taiwan (R.O.C.)
電　話：(02)2370-3310　傳　真：(02) 2370-3210
總經銷：紅螞蟻圖書有限公司
地　址：台北市內湖區舊宗路二段 121 巷 19 號
電　話：02-2795-3656　傳真：02-2795-4100　網址：
印　刷：京峯彩色印刷有限公司（京峰數位）

本書版權為西南財經大學出版社所有授權崧博出版事業股份有限公司獨家發行電子書繁體字版。若有其他相關權利及授權需求請與本公司聯繫。

定價：650 元
發行日期：2018 年 8 月第三版
◎ 本書以POD印製發行